冶金工业出版社

普通高等教育“十四五”规划教材

道路桥梁检测与维修加固技术

主　编　田　帅
副主编　张　军　鲁明星　任雅露
　　　　张铁志　关　恺　余　芳
　　　　姚　钦　孙德财

扫一扫查看本书资源

北　京
冶 金 工 业 出 版 社
2025

内容提要

本书系统介绍了道路桥梁的检测与维修加固技术，主要内容包括道路桥梁检测与维修加固的意义、路基工程现场检测、路面工程现场检测、路基与路面的维修加固、桥梁结构的检测、桥梁荷载试验和维修加固。此外，书中结合了工程实际案例，增强了教材的专业性与实用性。

本书可供高等院校道路工程与土木工程等专业本科生、研究生和高职院校学生使用，也可供从事道桥设计、施工、监理、科研的工程技术人员学习参考。

图书在版编目(CIP)数据

道路桥梁检测与维修加固技术 / 田帅主编. -- 北京 : 冶金工业出版社, 2025. 7. -- (普通高等教育“十四五”规划教材). -- ISBN 978-7-5240-0241-3

Ⅰ. U41; U44

中国国家版本馆 CIP 数据核字第 20253XY493 号

道路桥梁检测与维修加固技术

出版发行	冶金工业出版社	**电　　话**	(010)64027926
地　　址	北京市东城区嵩祝院北巷 39 号	**邮　　编**	100009
网　　址	www. mip1953. com	**电子信箱**	service@ mip1953. com

责任编辑　李泓璇　美术编辑　吕欣童　版式设计　郑小利

责任校对　郑　娟　责任印制　禹　蕊

北京印刷集团有限责任公司印刷

2025 年 7 月第 1 版，2025 年 7 月第 1 次印刷

787mm×1092mm　1/16；15. 5 印张；370 千字；235 页

定价 39. 00 元

投稿电话　(010)64027932　投稿信箱　tougao@cnmip. com. cn

营销中心电话　(010)64044283

冶金工业出版社天猫旗舰店　yjgycbs. tmall. com

(本书如有印装质量问题，本社营销中心负责退换)

前　言

随着近年来我国交通基础设施建设的蓬勃发展，新材料和新工艺在道路桥梁工程中的应用不仅促进了道路桥梁建设水平的提高，也对道路桥梁的检测、维修、加固等工程技术提出了更高的要求。

为顺应全国高等教育道路桥梁与渡河工程专业建设的要求，本书以培养应用型人才为目的，依据道桥检测与维修加固技术课程的教学目标，参考国家、行业颁布的现行技术标准和规程编写，共分为7章，主要介绍了路基与路面工程、桥梁结构检测的基础知识，桥梁荷载试验，路基与路面、桥梁的维修与加固的技术和方法。在此内容的基础上，书中融入了思政育人元素，配备了紧密贴合工程实际的例题、练习题，旨在培养学生积极思考和独立解决工程实际问题的能力，搭建从理论到实践的“桥梁”，增强教材的实用性和可操作性。

本书由辽宁科技大学田帅担任主编并统稿，沈阳工业大学王海军教授主审，具体编写分工为：辽宁科技大学田帅、张军编写第1章，鲁明星编写第3章，任雅露编写第6章，田帅编写第7章，辽宁科技大学张铁志、杭州交投数智工程检测有限公司姚钦编写第2章，杭州交投数智工程检测有限公司关恺、辽宁科技大学鲁明星编写第4章，沈阳工业大学余芳、辽宁中汉建筑工程有限公司孙德财编写第5章。辽宁科技大学硕士研究生张晓涛、王天琦、隋彬、刘建帅、雷成硕、林祥威、郭澎硕参与了本书的整理工作。

本书的出版得到了辽宁科技大学土木工程学院、沈阳工业大学、杭州交投数智工程检测有限公司、辽宁中汉建筑工程有限公司以及辽宁科技大学本科教材规划项目的大力支持，在此表示衷心的感谢！

由于编者水平有限，书中不妥之处，敬请读者批评指正。

编　者

2024年10月

目　　录

1 绪　论

【学习目标】

了解：道桥检测与维修加固的意义、技术现状与发展趋势。

熟悉：道桥检测数据的分析与处理方法、道桥维修加固的技术途径与基本要求。

掌握：检测数据的修约规则、可疑数据取舍的计算方法、工程质量检测评定方法。

1.1 道桥检测与维修加固的意义

工程检测工作不仅是道路和桥梁施工技术管理中一个重要的组成部分，也是施工质量控制和竣工验收评定工作中不可缺少的一个主要环节，通过工程检测能合理地控制并科学地评定工程质量。因此，道路与桥梁工程检测工作对于提高工程质量、加快工程进度、降低工程造价、推动施工技术进步等起着极为重要的作用。

在公路服役过程中，由于自然界各种因素的侵蚀、荷载的反复作用，道路和桥梁结构会发生各种损伤或局部破坏。为维护正常的交通运输，减少公路病害，确保行车安全，保持公路与自然环境协调，道路和桥梁的检测与维修加固同样具有重要意义。

1.2 道桥检测与维修加固的技术现状与发展趋势

早期道桥检测使用目视检查、声波检测、红外热像检测、拉力试验、结构静动态测量法等传统检测手段。传统检测方法简单，人工检测偏多，存在检测范围小、耗时长、准确性低、阻塞交通等问题。

随着科技的进步，国内外道桥工程检测仪器与加固技术不断发展，许多检测新技术以及新型加固材料已开始广泛应用，使得道桥工程质量检测和维修加固的手段更为快捷、准确、简便、安全。

我国道桥工程检测、加固技术的研究起步较晚，因此，深入系统地开展道桥工程检测加固技术的研究，开发具有自主知识产权的新技术，完善我国道桥工程检测加固规程和行业标准，对全面实施我国道路与桥梁工程的正常运营具有重要意义。

近年来，国际上道桥工程检测加固技术发展迅速，总的发展趋势是由人工检测转向自动化检测，由破损检测转向无损检测，由采用一般技术转向采用高新技术。道桥检测设备不断改进，未来将会依托大数据、云计算、人工智能等现代化技术手段，实现道桥工程全生命周期的安全管控和养护。

1.3 道桥检测数据的分析与处理

1.3.1 检测数据的分析

1.3.1.1 真值

真值即真实值，是指在一定条件下，被测量的、客观存在的实际值。真值通常是一个未知量，包括理论真值、规定真值和相对真值。

（1）理论真值。理论真值也称绝对真值，如平面三角形三个内角之和恒为180°。

（2）规定真值。规定真值也称约定真值，是国际上公认的某些基准量值，例如1982年米定义咨询委员会提出新的米定义为：米等于光在真空中1/299792458s时间间隔内所经路径的长度。该米定义作为计量长度的规定真值。

（3）相对真值。计量器具按度不同分为若干等级，上一等级的指示值即为下一等级的真值，此真值称为相对真值。如在力值的传递标准中，用二等标准测力计校准三等标准测力计，此时二等标准测力计的指示值即为三等标准测力计的相对真值。

1.3.1.2 误差

误差根据表示方法的不同，分为绝对误差和相对误差两大类。

（1）绝对误差。绝对误差（ΔL）是指实测值与被测量的真值之间的差值，计算方法为

$$\Delta L = L - L_0 \tag{1.1}$$

式中 L——实测值；

L_0——被测量的真值。

（2）相对误差。相对误差（δ）是指绝对误差与被测真值（或实际值）的比值，计算方法为

$$\delta = \frac{\Delta L}{L_0} \times 100\% \approx \frac{\Delta L}{L} \times 100\% \tag{1.2}$$

式中 ΔL——绝对误差。

【例1-1】 用毫米钢尺测量某路面结构层的厚度为50 mm，且已知钢尺最大绝对误差为0.5 mm，问此结构层的真正厚度是多少？相对误差是多少？

解： 根据题意可知 $L = 50$ mm，$\Delta L = 0.5$ mm

由式（1.1）得真正厚度 $L_0 = L \pm \Delta L = (50 \pm 0.5)$ mm

由式（1.2）得相对误差 $\delta = \Delta L / L = (0.5/50) \times 100\% = 1\%$

在任何测量过程中，都会不可避免地产生误差。产生误差的原因是多方面的，主要可以归纳为装置误差、环境误差、人员误差和方法误差。误差依据其性质，可分为系统误差、随机误差和过失误差。

1.3.2 数据的统计与表达

1.3.2.1 数据统计的特征量

数据统计的特征量主要包括算术平均值、中位数、标准差和变异系数。

（1）算术平均值。如果 n 个样本数据分别为 x_1，x_2，x_3，…，x_n， 那么，样本的算术平均值为

$$\bar{x} = \frac{1}{n} \times (x_1 + x_2 + x_3 + \cdots + x_n) = \frac{1}{n}\sum_{i=1}^{n} x_i \tag{1.3}$$

【例 1-2】 某路段沥青混凝土面层抗滑性能检测时，采用摆式测定仪测定摩擦系数的检测点共有 10 个，测得的结果（摆值）分别为 58、56、60、53、48、54、50、61、57、55。求摩擦系数的算术平均值。

解： 摩擦系数的算术平均值为

$$\overline{F}_{\mathrm{B}} = \frac{1}{10} \times (58+56+60+53+48+54+50+61+57+55) = 55.2$$

（2）中位数。在一组数据 x_1，x_2，x_3，…，x_n 中，按其数值大小排序，排在中间位置的数称为中位数。当 n 为奇数时，中间位置的数只有一个；当 n 为偶数时，中间位置的数有两个，则取这两个数的平均值作为中位数，即

$$\check{x} = x_{\frac{n+1}{2}} \quad (n\text{ 为奇数}) \tag{1.4}$$

$$\check{x} = \frac{1}{2}\left(x_{\frac{n}{2}} + x_{\frac{n}{2}+1}\right) \quad (n\text{ 为偶数}) \tag{1.5}$$

（3）标准差。标准差是衡量样本数据波动性（离散程度）的指标。样本的标准差 S 可按式（1.6）计算。

$$S = \sqrt{\frac{(x_1 - \bar{x})^2 + (x_2 - \bar{x})^2 + \cdots + (x_i - \bar{x})^2}{n - 1}} = \sqrt{\frac{\sum_{i=1}^{n} (x_i - \bar{x})^2}{n - 1}} \tag{1.6}$$

【例 1-3】 求【例 1-2】中的标准差 S。

解： $S = \sqrt{\frac{(58 - 55.2)^2 + (56 - 55.2)^2 + (60 - 55.2)^2 + \cdots + (55 - 55.2)^2}{10 - 1}} = 4.13$

（4）变异系数。变异系数（C_{v}）反映样本数据的波动性，是标准差和算术平均值的比值，即

$$C_{\mathrm{v}} = \frac{S}{\bar{x}} \times 100\% \tag{1.7}$$

【例 1-4】 若采用摆式测定仪测得的甲路段沥青混凝土路面面层的摩擦系数算术平均值为 55.2，标准差为 4.13；乙路段的摩擦系数算术平均值为 60.8，标准差为 4.27，求两

段路的变异系数。

解：由式（1.7）得甲路段 $C_v = \frac{4.13}{55.2} \times 100\% = 7.48\%$

乙路段 $C_v = \frac{4.27}{60.8} \times 100\% = 7.02\%$

虽然甲路段的标准差小于乙路段的标准差，但甲路段的变异系数大于乙路段的变异系数，说明甲路段的摩擦系数相对波动比乙路段的大，面层抗滑稳定性较差。

1.3.2.2 数据的统计方法

数据的统计方法包括直方图、正态分布和 t 分布。

（1）直方图。直方图即质量分布图，是把收集到的工序质量数据，画成长方形（柱状）连接图。

（2）正态分布。设连续型随机变量的概率密度为 $f(x)$，则有

$$f(x) = \frac{1}{\sqrt{2\pi}\sigma} e^{-\frac{(x-\mu)^2}{2\sigma^2}} \quad (-\infty < x < +\infty) \tag{1.8}$$

则称 X 服从参数为 σ 的正态分布，记为 $X \sim N(\mu, \sigma^2)$，其中 μ 为均值，σ 为方均差（$\sigma>0$）。

（3）t 分布。设 $X \sim N(0,1)$，$Y \sim X^2(n)$，并且 X 与 Y 相互独立，则称随机变量 $T = \frac{X}{\sqrt{Y/n}}$ 服从自由度为 n 的 t 分布，记为 $T \sim t(n)$，t 分布的概率密度函数为

$$h(t,n) = \frac{\Gamma\left(\frac{n+1}{2}\right)}{\sqrt{\pi n}\,\Gamma\left(\frac{n}{2}\right)}\left(1 + \frac{t^2}{n}\right)^{\frac{-(n+1)}{2}} \quad (-\infty < t < +\infty) \tag{1.9}$$

式中 $\Gamma(\cdot)$ ——伽马函数。

当 n 足够大时，分布近似于 $N(0,1)$ 分布。但对于较小的 n，t 分布与 $N(0,1)$ 分布相差很大。

1.3.2.3 数据的表达方法

测量数据的表达方法通常有表格表示法、图形表示法和数学公式法 3 种。

（1）表格表示法，简称表格法。这种方法在自然科学和工程技术上经常使用。

（2）图形表示法。图形法的显著优点，就是醒目，极易从图形上看出函数的变化规律。但是，对图形进行数学解析也相当困难，同时利用图形得到某点对应的函数值时误差常常较大。

（3）数学公式法。该法利用试验数据，根据某种数学原理和原则建立试验方程-经验公式。然而，建立公式的过程比较烦琐，有时还要多次反复计算才能得到与测量数据更接近的公式。

1.3.2.4 原始数据的记录与整理

（1）原始记录要求。保证数据正确无误，不许更改；在标准格式的记录表上记录；使用钢笔或签字笔填写，不得使用铅笔；有效数字取舍必须遵循误差理论和数字修约规

则；不需要填写的一栏需用“/”占位；保管期不得少于2年。

（2）原始数据整理。区分可剔除异常值与不可剔除异常值，检测数据的有效位数与检测系统的准确度相适应，同一参数检测数据少于3个时，采用算数平均值法；同一参数检测数据大于3个时，采用数据统计法计算代表值；采用对比检测法对试验仪器的准确度进行评定。

1.3.3 数据的处理方法

1.3.3.1 数据的修约

（1）修约的定义。修约即数据定位，是对规定精确范围之外的数字进行取舍。修约主要针对计量值数据，而非计数值数据。

（2）数据修约间隔及修约规则。

1）修约间隔。

修约间隔是确定修约保留位数的一种方式。修约间隔的数值一经确定，修约值即应为该修约间隔数值的整数倍。

例如：指定修约间隔为0.1，修约值应在0.1的整数倍中选取，相当于修约到一位小数；指定修约间隔为100，修约值应在100的整数倍中选取，相当于修约到百位数。

2）修约规则。

① 拟舍去数字的最左一位数字小于5时，则舍去。

② 拟舍去数字的最左一位数字大于5时，则进1。

③ 拟舍去数字的最左一位数字等于5，而后面的数字并非全是0时，则进1。

④ 拟舍去数字的最左一位数字等于5，而后面无数字或数字全部为0时，所保留的末位数字为奇数（1、3、5、7、9）则进1，若为偶数（0、2、4、6、8）则舍去。

例如：修约间隔为0.1：2.050→2.0。根据规则④，拟舍去数字的最左一位数字等于5，后面数字为0，所保留的末位数字0为偶数，则舍去数字5、0，修约后数值为2.0。

修约间隔为10^3：$4500 \to 4\times10^3$；$5500 \to 6\times10^3$

⑤ 负数修约时，先将它的绝对值按上述规则进行修约，然后在修约值前加上负号。

例：将下列数字修约到“十”位数。

$$-255 \to -26\times10,\quad -245 \to -24\times10$$

⑥ 0.5单位修约时，将拟修约数值乘以2，按指定数位、规则修约，将所得数值除以2。

例如：将以下数字修约到“个”数位的0.5单位（修约间隔为0.5）。

$$50.25 \xrightarrow{\times 2} 100.50 \xrightarrow{\text{修约间隔为1}} 100.0 \xrightarrow{\div 2} 50.0$$

⑦ 0.2单位修约时，将拟修约数值乘以5，按指定数位、规则修约后，将所得数值除以5。

例如：将以下数字修约到“百”数位的0.2单位（修约间隔为20）。

$$-930 \xrightarrow{\times 5} -4650 \xrightarrow{\text{修约间隔为100}} -4600 \xrightarrow{\div 5} -920$$

⑧ 拟舍去的数字并非单独的一个数字时，不得对该数值连续进行修约，应按拟舍去的数字中最左侧的第一位数字的大小，按照上述各条一次修约完成。

例如：将 15.4546 修约成整数。

$$15.4546 \rightarrow 15 \ (\surd)$$

$$15.4546 \xrightarrow{0.001} 15.455 \xrightarrow{0.01} 15.46 \xrightarrow{0.1} 15.5 \xrightarrow{1} 16(\times)$$

上述数值修约规则（也称“奇升偶舍法”）不同于“四舍五入”的方法，其进舍的状况具有平衡性，修约值之和变大的可能性与变小的可能性是一样的。

为了方便记忆，将修约的规则归纳为以下口诀：四舍六入五考虑，五后非零则进一，五后为零视奇偶，奇升偶舍要注意，修约一次要到位。

1.3.3.2 特异数据或可疑数据的取舍

质量的波动自然会引起质量检测数据参差不齐，有时还会发现一些明显过大或过小的数据，这些数据称为特异数据或可疑数据。特异数据是指在数据集中显著不同于其他数据的点。可疑数据是指在实际分析工作中，一组平行测量数据中有个别的数据过高或过低。在进行数据分析以前，必须对这些特异数据或可疑数据做个别处理或将其从整个数据中剔除。处理特异数据的准则如下：

(1) 3S 准则。当总体的标准差 σ 未知时，以样本标准差 S 估计 σ，并以 3S 代替 3σ。3S 准则适用于样本容量 $n > 50$ 的情况。设 x_1，x_2，…，x_k，…，x_n 是从总体中抽取的样本，其中 x_k 为过大或过小值，判断方法如下：

1）计算数据的平均值 $\overline{x}$，求出样本标准差 S。

2）计算 $|x_k - \overline{x}|$，如果 $|x_k - \overline{x}| > 3S$，将 x_k 剔除，否则保留。

(2) 肖维纳特准则。设 x_1，x_2，…，x_i，…，x_n 是从总体抽出的样本，判断方法如下：

1）计算样本平均值 $\overline{x}$，求出样本标准差 S。

2）对每个样本值 x_i 计算 $|x_i - \overline{x}|$，如果 $|x_i - \overline{x}| > K_x S$，则将 x_i 剔除，否则保留。K_x 值见表 1.1。

表 1.1 肖维纳特准则 K_x

n	K_x	n	K_x	n	K_x
5	1.65	19	2.22	50	2.58
6	1.73	20	2.24	60	2.64
7	1.79	21	2.26	70	2.69
8	1.80	22	2.28	80	2.73
9	1.92	23	2.30	90	2.78
10	1.96	24	2.31	100	2.81
11	2.00	25	2.33	150	2.93
12	2.04	26	2.34	185	3.00
13	2.07	27	2.35	200	3.02
14	2.10	28	2.37	250	3.11
15	2.13	29	2.38	500	3.29
16	2.16	30	2.39	1000	3.48
17	2.18	35	2.45	2000	3.66
18	2.20	40	2.50	5000	3.89

（3）格拉布斯准则。格拉布斯准则较适用于样本容量 $n \leqslant 25$ 的情况。设 x_1，x_2，…，x_i，…，x_n 是从总体抽出的样本，判断方法如下：

1）计算样本平均值 $\overline{x}$，求出样本标准差 S。

2）对每个样本值 x_i 计算 $\dfrac{|x_i - \overline{x}|}{S}$，如果 $\dfrac{|x_i - \overline{x}|}{S} > g_0(a, n)$，则将 x_i 剔除，否则保留。$g_0(a, n)$ 是一个与样本容量 n 及给定的检验水平 a 有关的系数，a 通常取 0.05 和 0.01，$g_0(a, n)$ 的值见表 1.2。

表 1.2　格拉布斯准则 $g_0(a, n)$

n	a		n	a		n	a	
	0.01	0.05		0.01	0.05		0.01	0.05
3	1.15	1.15	12	2.55	2.28	21	2.91	2.58
4	1.49	1.46	13	2.61	2.33	22	2.94	2.60
5	1.75	1.67	14	2.66	2.37	23	2.96	2.62
6	1.94	1.82	15	2.70	2.41	24	2.99	2.64
7	2.10	1.94	16	2.75	2.44	25	3.01	2.66
8	2.22	2.03	17	2.78	2.48	30	3.10	2.74
9	2.32	2.11	18	2.82	2.50	35	3.18	2.81
10	2.41	2.18	19	2.85	2.53	40	3.24	2.87
11	2.48	2.23	20	2.88	2.56	50	3.34	2.96

应用上述 3 种判断准则时，应注意以下几点：

（1）剔除特异数据或可疑数据时，首先应对样本观测值中的最小值和最大值进行判断。

（2）特异数据或可疑数据每次只能剔除一个，剔除后按照剩下的样本观测值重新计算，再做第二次判断，如此逐个剔除，直到所有剩下的数值不再是特异数据或可疑数据为止。

（3）不允许一次同时剔除多个样本观测值。

（4）采用不同准则判断后结论不一致时，要对所选方法的适用范围、合理性、产生特异数据或可疑数据原因做进一步分析。

【例 1-5】　对于一盘混凝土，取 15 个试件进行抗压强度试验，测试结果如下（单位：MPa）：31.2、33.1、30.5、31.0、32.3、31.2、29.4、24.0、30.4、33.0、32.2、31.0、28.6、29.2、30.3，试用 3S 准则判断这些数据中是否混有特异数据或可疑数据。

解：根据题意得　　　$n = 15$，$x_{max} = 33.1$，$x_{min} = 24.0$

首先，判断最小值 24.0 是否为特异数据或可疑数据，对数据进行统计计算可得 $\overline{x} = 30.49$，$S = 2.23$，$3S = 6.69$

$$|24.0 - 30.49| = 6.49 < 6.69$$

说明此值在 3S 内，不应剔除。

其次，判断最大值 33.1 是否为可疑数据。

$$|33.1-30.49| = 2.61 < 6.69$$

则 33.1 应保留，全部数据均无须剔除。

1.3.4 抽样检验

1.3.4.1 总体与样本

抽取总体中的一小部分个体加以检测，以了解和分析总体质量状况，是工程质量检验的主要方法，其主要目的是对产品的合格性进行控制。统计分析中把所要研究对象的全体称为总体，又称母体，组成整体的每个单元称为个体，一小部分个体称为样本。

1.3.4.2 抽样检验的类型

抽样检验分为非随机抽样与随机抽样两类。

（1）非随机抽样。进行人为的有意识的挑选取样即为非随机抽样。采用非随机抽样方法所得到的检验结论可信度较低。

（2）随机抽样。随机抽样是以数理统计为科学基础，根据样本取得的质量数据来推断总体的一种抽样检验方法。这类方法所得到的数据代表性强，质量检测的可靠性得到基本保证。

公路工程质量检验的随机抽样方式一般采用以下三种：

（1）简单随机抽样。在总体中，直接抽取样本的方法即为简单随机抽样。这是一种完全随机化的抽样方法，是采取一定的方式获取随机数，以确保抽样的随机性，随机数可利用掷骰子和抽签的方法获得。

（2）系统随机抽样。将总体分为若干个部分，然后从每一个部分抽取一个或若干个个体，组成样本。

（3）分层随机抽样。一项工程或工序往往是由若干个不同的班组施工的。分层抽样法就是根据此类情况，将工序或工程分为若干层，按一定比例确定每层应抽取的样品数，对每层按简单随机抽样法抽取样品，以便了解每层的质量状况，分析每层产生质量问题的原因。

1.3.4.3 道桥工程现场随机取样方法

依据编号 1~28 共 28 块硬纸片，应用随机数表 1.3，确定测定区间或测定断面和测点位置。下面以路基路面工程为例，列出测点位置测定方法，步骤如下：

（1）从布袋中任意取出一块硬纸片，纸片上的号码数即为随机数表中的栏号。从 1~28 栏中选出该栏号中的一栏。

（2）按照测点数的频度要求（总的取样数为 n）依次找出栏号的取样位置数，每个栏号均有 A、B、C 三列。根据检验数量 n（当 $n>30$ 时应分次进行），在所选定栏号的 A 列找出等于所需取样位置数的全部数，如 01，02，…，n。

（3）确定取样位置的纵向距离，找出与 A 列中相对应的 B 列中的数值，以此数乘以检测区间的总长度，并加上该段的起点桩号，即可得出取样位置距该段起点的距离或桩号。

（4）确定取样位置的横向距离，找出与 A 列中相对应的 C 列中的数值，以此数乘以路基路面的宽度，再减去宽度的一半，即得出取样位置离路中心线的距离。

表 1.3 一般取样的随机数

栏号1			栏号2			栏号3			栏号4			…		
A	*B*	*C*	*A*	*B*	*C*	*A*	*B*	*C*	*A*	*B*	*C*	*A*	*B*	*C*
15	0.033	0.578	05	0.048	0.879	21	0.013	0.220	18	0.089	0.716	…	…	…
21	0.101	0.300	17	0.074	0.156	30	0.036	0.853	10	0.102	0.330	…	…	…
23	0.129	0.916	18	0.102	0.191	10	0.052	0.746	14	0.111	0.925	…	…	…

注：此表共28个栏号，每个栏号取样位置数量为30，第1~28栏号中的*A*、*B*、*C*值可参考有关规程、规范或标准。

1.3.4.4 抽样检验评定方法

根据《公路工程质量检验评定标准 第一册 土建工程》(JTG F80/1—2017)，公路工程质量评定采用合格率的方法，也就是根据检测值是否符合质量标准进行评定，按合格率判别。

1.4 道桥工程质量检验与评定

本节依据《公路工程质量检验评定标准 第一册 土建工程》(JTG F80/1—2017)介绍道桥工程质量检测的评定方法。根据设计任务、施工管理和质量检验评定的需要，应在施工准备阶段将建设项目分为单位工程、分部工程和分项工程，见表1.4。

表 1.4 建设项目划分

单位工程	分部工程	分项工程
路基工程（每10 km或每标段）	路基土石方工程（1~3 km路段）①	土方路基、填石路基、软土地基处治、土工合成材料处治层等
	排水工程（1~3 km路段）①	管节预制，混凝土排水管施工，检查（雨水）井砌筑，土沟，浆砌水沟，盲沟，跌水，急流槽，水簸箕，排水泵站沉井、沉淀池等
	小桥及符合小桥标准的通道，人行天桥，渡槽（每座）	钢筋加工及安装，砌体，混凝土扩大基础，钻孔灌注桩，混凝土墩、台，墩、台身安装，台背填土，就地浇筑梁、板，预制安装梁、板，就地浇筑拱圈，混凝土桥面板桥面防水层，支座垫石和挡块，支座安装，伸缩装置安装，栏杆安装，混凝土护栏，桥头搭板，砌体坡面护坡，混凝土构件表面防护，桥梁总体等
	涵洞、通道（1~3 km路段）①	钢筋加工及安装，涵台，管节预制，管座及涵管安装，波形钢管涵安装，盖板预制，盖板安装，箱涵浇筑，拱涵浇（砌）筑，倒虹吸竖井、集水井砌筑，一字墙和八字墙，涵洞填土，顶进施工的涵洞，砌体坡面防护，涵洞总体等
	防护支挡工程（1~3 km路段）①	砌体挡土墙、墙背填土、边坡锚固防护、土钉支护、砌体坡面防护、石笼防护、导流工程等
	大型挡土墙，组合挡土墙（每处）	钢筋加工及安装，砌体挡土墙，悬臂式挡土墙，扶壁式挡土墙，锚杆、锚定板和加筋土挡土墙，墙背填土等

续表1.4

单位工程	分部工程	分 项 工 程
路面工程（每10 km或每标段）	路面工程（1~3 km路段）①	垫层、底基层、基层、面层、路缘石、路肩等

① 按路段长度划分的分部工程，高速公路、一级公路宜取低值，二级及二级以下公路可取高值。

公路工程质量检验评定应按分项工程、分部工程、单位工程逐级进行。公路工程质量检验评定应符合以下规定：分项工程完工后，应根据评定标准进行检验，对工程质量进行评定。隐蔽工程在隐蔽前应检查合格。分部工程、单位工程完工后，应汇总评定所属分项工程、分部工程质量资料，检查外观质量，对工程质量进行评定。

1.4.1 工程质量检验

分项工程应按基本要求、实测项目、外观质量和质量保证资料等检验项目分别检查。分项工程质量应在所使用的原材料、半成品、成品及施工控制要点等符合基本要求的规定，无外观质量限制缺陷且质量保证资料真实齐全时，方可进行检验评定。实测项目检验应按下式计算检查项目合格率：

$$\text{检测项目合格率}=\frac{\text{合格的检查点(组)数}}{\text{该检查项目的全部检查点(组)数}}\times 100\%$$

检查项目合格判定应符合下列规定：关键项目的合格率应不低于95%（机电工程应为100%），否则该检查项目为不合格。一般项目的合格率不低于80%，否则该检查项目为不合格。

工程应有真实、准确、齐全、完整的施工原始记录、试验检测数据、质量检验结果等质量保证资料。检验项目评定为不合格的，应进行整修或返工处理，直至合格。

1.4.2 工程质量评定

工程质量等级分为合格与不合格。评定为不合格的分项工程和分部工程，经返工、加固、补强或调测，满足设计要求后，可重新进行检验评定。所含单位工程合格，该合同段评定为合格；所含合同段合格，该建设项目评定为合格。

【例1-6】 请根据某桥梁水泥混凝土桥面铺装的工程质量检查情况，进行桥面铺装的工程质量评定。

某桥梁水泥混凝土桥面铺装的检查情况如下：

（1）该桥桥面铺装表面清洁、无浮土，接缝填缝料和接缝的位置、规格、尺寸的设置均满足设计要求。桥面铺装利于桥面积水的排除，泄水孔数量符合设计要求。

（2）该桥为水泥混凝土桥面板，桥梁总长41.5m，位于二级公路上，桥面铺装采用C40混凝土，桥面铺装检查项目有混凝土强度、厚度、平整度、横坡、抗滑构造深度。混凝土强度实测数据为44.1 MPa、44.75 MPa、46.95 MPa、47.4 MPa、44.5 MPa、45.2 MPa、46.1 MPa、47.85 MPa、46.1 MPa、46.95 MPa。厚度偏差实测数据为11 mm、−2 mm、4 mm、−3 mm、5 mm、2 mm。平整度-最大间隙 h 实测数据为1.5 mm、1.0 mm、

2.0 mm、1.5 mm。横坡偏差实测数据为 0.15%、0.20%、−0.15%、−0.10%、0.10%。抗滑构造深度实测数据为 0.6 mm、0.8 mm、0.7 mm、0.9 mm、0.8 mm。

（3）该桥桥面铺装外观质量全面检查，满足规定要求。

（4）该桥具有真实、完整的施工原始记录、试验检测数据，质量保证资料齐全。

解：依据《公路工程质量检验评定标准　第一册　土建工程》（JTG F80/1—2017）附录 A，混凝土桥面板桥面铺装属于分项工程，因此该桥桥面铺装按分项工程评定。

据此标准，混凝土桥面板桥面铺装基本要求如下：

桥面铺装强度满足设计要求，表面清洁、无浮土；

接缝填料应符合规范规定并满足设计要求；

接缝的位置、规格、尺寸及传力杆、拉力杆的设置应满足设计要求；

铺筑后按施工规范要求养护；

应对干缩、温缩产生的裂缝进行处理；

桥面泄水孔进水口附近的铺装应有利于桥面积水和渗入水的排除，泄水孔数量不得少于设计要求。

混凝土桥面板桥面铺装实测项目应符合表 1.5 的规定。按照评定标准，对该桥桥面铺装进行评定，见表 1.6。

表 1.5　某水泥混凝土桥面铺装实测项目

项次	检查项目		规定值或允许偏差		检查方法和频率
			高速公路 一级公路	其他公路	
1①	混凝土强度/MPa		在合格标准内		按 JTG F80/1—2017 附录 D 检查
2	厚度/mm		+10，−5		水准仪：以同桥面板产生相同挠度变形的点为基准点，测量桥面铺装施工前后相对高差；长度不大于 100 m 每车道测 3 处，每增加 100 m 每车道增加 2 处
3	平整度	σ/mm	≤1.32	≤2.0	平整度仪：全桥每车道连续检测，每 100 m 计算 σ、IRI
		IRI/$\mathrm{m\cdot km^{-1}}$	≤2.2	≤3.3	
		最大间隙 h/mm	≤3	≤5	3 m 直尺：半幅车道板带每 200 m 测 2 处，每处使用 3 m 直尺进行 5 次测量
4	横坡/%		±0.15	±0.25	水准仪：长度不大于 200 m 时测 5 个断面，每增加 100 m 增加 1 个断面
5	抗滑构造深度/mm		0.7~1.1	0.5~0.9	铺砂法：长度不大于 200 m 时测 5 处，每增加 100 m 增加 1 处

① 分项工程中对结构安全、耐久性和主要使用功能起决定性作用的检查项目。

表 1.6 某桥梁水泥混凝土桥面铺装的工程质量评定表

<table>
<tr><td>基本要求</td><td colspan="15">该桥桥面铺装表面清洁、无浮土，接缝填缝料和接缝的位置、规格、尺寸的设置均满足设计要求。桥面铺装利于桥面积水的排除，泄水孔数量符合设计要求</td><td colspan="3">满足要求</td></tr>
<tr><td rowspan="7">实测项目</td><td rowspan="2">项次</td><td rowspan="2">检查项目</td><td rowspan="2">规定值或允许偏差</td><td colspan="12">实测值或实测偏差值</td><td colspan="3">质量评定</td></tr>
<tr><td>1</td><td>2</td><td>3</td><td>4</td><td>5</td><td>6</td><td>7</td><td>8</td><td>9</td><td>10</td><td>11</td><td>12</td><td>合格点数</td><td>合格率/%</td><td>合格判定</td></tr>
<tr><td>1</td><td>混凝土强度/MPa</td><td>≥40</td><td>44.1</td><td>44.75</td><td>46.95</td><td>47.4</td><td>44.5</td><td>45.2</td><td>46.1</td><td>47.85</td><td>46.1</td><td>46.95</td><td></td><td></td><td>10</td><td>100</td><td>合格①</td></tr>
<tr><td>2</td><td>厚度/mm</td><td>+10，-5</td><td>11</td><td>-2</td><td>4</td><td>-3</td><td>5</td><td>2</td><td></td><td></td><td></td><td></td><td></td><td></td><td>5</td><td>83.3</td><td>合格②</td></tr>
<tr><td>3</td><td>平整度-最大间隙 h/mm</td><td>≤5</td><td>1.5</td><td>1.0</td><td>2.0</td><td>1.5</td><td></td><td></td><td></td><td></td><td></td><td></td><td></td><td></td><td>4</td><td>100</td><td>合格</td></tr>
<tr><td>4</td><td>横坡/%</td><td>±0.25</td><td>0.15</td><td>0.20</td><td>-0.15</td><td>-0.10</td><td>0.10</td><td></td><td></td><td></td><td></td><td></td><td></td><td></td><td>5</td><td>100</td><td>合格</td></tr>
<tr><td>5</td><td>抗滑构造深度/mm</td><td>0.5~0.9</td><td>0.6</td><td>0.8</td><td>0.7</td><td>0.9</td><td>0.8</td><td></td><td></td><td></td><td></td><td></td><td></td><td></td><td>5</td><td>100</td><td>合格</td></tr>
<tr><td colspan="3">外观质量</td><td colspan="13">该桥桥面铺装外观质量全面检查，满足规定要求</td><td colspan="3">满足要求</td></tr>
<tr><td colspan="3">质量保证资料</td><td colspan="13">该桥具有真实、完整的施工原始记录和试验检测数据，质量保证资料齐全</td><td colspan="3">满足要求</td></tr>
<tr><td colspan="3">工程质量评定</td><td colspan="16">合格③</td></tr>
</table>

① 桥面铺装混凝土强度推定值为 51.7 MPa，每组数据均在 40 MPa 以上，因此混凝土强度符合设计要求。

② 厚度偏差属于一般项目，由于其合格率不低于 80%，因此该检查项目为合格。

③ 该桥桥面铺装基本要求、实测项目、外观质量和质量保证资料均满足要求，因此其工程质量评定为合格。

1.5 道桥维修加固的技术途径与基本要求

1.5.1 道桥维修加固的技术途径

路基维修加固，主要工程是支撑天然边坡或人工边坡以保持土体稳定或加强路基强度和稳定性，以及防护边坡在水温变化条件下遭破坏。按路基加固的不同部位，可分为坡面防护加固、边坡支挡、湿弱地基加固三种类型。

沥青路面养护补强的技术途径有小修路面病害、中修路面严重病害、路面大修及补强等。水泥路面养护补强的技术途径有裂缝修补、局部修补、板下封堵、整块板更换等。

桥梁维修加固，一般是通过对构件补强和结构性能的改善，以达到恢复或提高现有桥梁的承载能力，延长其使用寿命，适应现代交通运输发展的需要。目前，国内外对桥梁进行加固改造的技术途径，主要有加强薄弱构件、增加辅助构件、改变结构体系、减轻恒载、加固墩台及基础等。

1.5.2 道桥维修加固的基本要求

1.5.2.1 路基养护加固工作的基本要求

路基养护加固工作的基本要求如下：

（1）加固和维修边坡、路肩。

（2）维修各种公路防护结构物和管理公路两侧用地。

（3）改善道路排水系统。

（4）清除道路两侧及路面的障碍，处理好塌陷问题，检查险情，预防道路被破坏。

（5）局部加厚路基，拓宽坡度，改善公路急弯处坡度和视距，保证行车安全。

（6）预防泥石流和滑坡等自然灾害，做好应急疏通措施预防，对路面出现的裂缝及时修补。

1.5.2.2 路面养护维修工作的基本要求

路面养护维修工作的基本要求如下：

（1）保持路面平整，路拱适应，线条顺直，路容整洁，排水良好。发现路面初期病害必须及早处治，严禁各类履带车在未采取保护路面措施时在路面上直接行驶。

（2）必须做好预防性、经常性养护，发现缺陷，弄清原因，及时采取维修措施，以保持路面的完好。

1.5.2.3 桥梁加固改造的基本要求

桥梁加固改造的基本要求如下：

（1）加固改造技术可靠，耐久性满足使用要求。

（2）与新建造一座桥梁相比，加固费用应当省，经济效益应当高。

（3）设备简单，施工方便。

（4）尽量不中断交通或少中断交通。

（5）加固改造材料性能应当好，养护工作量尽量少。

（6）尽量减少对原桥梁结构的损伤。

课程思政

清廉实干的“中国铁路之父”

詹天佑最为世人所熟知的，是他作为总工程师主持修建京张铁路。京张铁路是中国第一条完全不使用外国资金和人员，完全由中国人自己修筑的铁路。而詹天佑不大为世人熟知的，是他在临终口授《遗呈》中的真情表露：“从事路工始终垂三十年，只知报国，从不敢殖产营私。”简单的话语，也是他对自己一生的高度概括。

“中国地大物博，而于一路之工，必须借重外人，引以为耻！”是詹天佑的报国观。在留美幼童中，回国后服务于铁路界的约有30人，在铁路界担任过要职的也有10多人，他们遍及全国各地，参与了国家各条铁路的修筑，当中最杰出的代表无疑是詹天佑。他打破了“中国人不能独立修建铁路”的妄言，带领施工人员，通过潜心钻研，共同修建了京张铁路。对祖国的赤胆忠心与精湛的技术本领，缺一不可。弥留之际，詹天佑也语不及私，对培育工程学后人、国家铁路事业发展、维护中国铁路权益等三件大事提出建议，以“得尽天佑未了之血忱”。

“从不敢殖产营私”，是詹天佑的廉洁观。京张铁路比原计划提前两年竣工，节约白银28万两，是外国承包商费用的五分之一。仅此一点，足以看出詹天佑勤俭节约、廉洁奉公的工作作风。《詹氏家训》中的“训尔廉”一条，有“惟义是从钱不爱，利害两字总无干”“我劝儿孙廉居心，合浦还珠只因廉”等教诲。詹天佑不仅践行了这一优良家训，而且在此基础上将其发扬光大，对青年知识分子提出了“修业、进德、守规、处事”等必须具备的立身要则。

在詹天佑身上，我们既看到了中国知识分子所体现出的爱国情怀，也看到了中华传统美德所塑造出的经久不衰的人格魅力。

詹天佑不仅为今人留下了见证中国人尊严、荣誉、胆识和智慧的铁路，也留下了一条以“修业、进德、守规、处事”为立身要则、堪为典范的人生之路。

练习题

1-1 按照要求修约下列数字。

(1) 18.2432只保留一位小数　　(2) 26.4743只保留一位小数

(3) 16.0502只保留一位小数　　(4) 15.05只保留一位小数

(5) 15.15只保留一位小数　　(6) 15.4546成整数

(7) 942到“百”位数的0.2单位　　(8) −275到“十”位数

(9) −50.75修约到“个”位数的0.5单位　　(10) 6500间隔为10^3

1-2 请用$3S$准则对以下问题进行特异数据或可疑数据判别。

(1) 实验室内进行同配比的混凝土强度试验，其试验结果如下：29.2 MPa、31.2 MPa、33.1 MPa、31.0 MPa、32.3 MPa、24.0 MPa、33.0 MPa、31.0 MPa、28.6 MPa、30.3 MPa。

(2) 某路段碎石基层极限抗压强度试验结果分别为：0.792 MPa、0.306 MPa、0.968 MPa、0.804 MPa、0.447 MPa、0.874 MPa、0.702 MPa、0.424 MPa、0.498 MPa、1.075 MPa、0.815 MPa。

1-3 现对两路段沥青混凝土面层抗滑性能检测，两路段摩擦系数的检测值分别有10个测点，甲路段的结果为60、57、59、50、51、49、58、55、61、52（摆值），乙路段的结果为48、57、62、55、53、50、57、56、60、55（摆值），求甲、乙两路段的变异系数。

2 路基工程现场检测

【学习目标】

了解：路基工程质量检查项目。

熟悉：路基强度和弹性模量检测原理与方法。

掌握：路基压实度检测、路基回弹弯沉检测的方法与注意事项。

2.1 路基工程质量检查项目

路基按材料可分为土方路基和石方路基。土方路基以黏性土、砂性土等为主，主要用于平原地区的填方或挖方段。石方路基以天然石材或石屑等为主，主要用于山区的石方路堑、填石路基。

2.1.1 基本要求

2.1.1.1 土方路基的基本要求

土方路基的基本要求为：

(1) 在路基用地和取土坑范围内，应清除地表植被、杂物、积水、淤泥和表土，处理坑塘，并按规范和设计要求对基底进行压实。

(2) 路基填料应符合规范和设计的规定，经认真调查、试验后合理选用。

(3) 填方路基须分层填筑压实，每层表面平整，路拱合适，排水良好。

(4) 施工临时排水系统应与设计排水系统结合，勿使路基附近积水，避免冲刷边坡。

(5) 在设定取土区内合理取土，不得滥开滥挖。

2.1.1.2 石方路基的基本要求

石方路基的基本要求为：

(1) 石方路堑的开挖宜采用光面爆破法。爆破后应确保边坡安全、稳定。

(2) 修筑填石路堤时应进行地表清理，逐层水平填筑石块，摆放平稳，码砌边部。填石空隙用石碴、石屑嵌压稳定。采用振动压路机分层碾压，压至填筑层顶面石块稳定。18 t 以上压路机振压至两边无明显标高差异。

(3) 路基表面应整修平整。

2.1.2 几何尺寸检查

2.1.2.1 检测项目

在路基施工过程中、交工验收期间，都有必要检测路基各部分的几何尺寸，以保证其符合规定的要求。路基的几何尺寸检测项目的要求见表 2.1，检测项目有纵断面高程、中线偏位、宽度、横坡和边坡。

表 2.1 路基的几何尺寸检测项目表

结构名称	检测项目	规定值或允许偏差		检测方法和频率
		高速公路、一级公路	其他公路	
土方路基	纵断面高程/mm	+10，-15	+10，-20	水准仪：中线位置每 200 m 测 2 点
	中线偏位/mm	50	100	全站仪：每 200 m 测 2 点，弯道加 HY、YH 两点
	宽度/mm	符合要求		米尺：每 200 m 测 4 点
	横坡/%	±0.3	±0.5	水准仪：每 200 m 测 2 个断面
	边坡	符合要求		尺量：每 200 m 测 4 点
石方路基	纵断面高程/mm	+10，-20	+10，-30	水准仪：中线位置每 200 m 测 2 点
	中线偏位/mm	50	100	全站仪：每 200 m 测 2 点，弯道加 HY、YH 两点
	宽度/mm	符合要求		米尺：每 200 m 测 4 点
	横坡/%	±0.3	±0.5	水准仪：每 200 m 测 2 个断面
	边坡	符合要求		尺量：每 200 m 测 4 点

注：表中 HY 指缓圆点，YH 指圆缓点。

2.1.2.2 方法与步骤

（1）准备工作：准备钢卷尺、经纬仪、全站仪、水准仪、塔尺、粉笔等。

（2）路基各部分几何尺寸测试。

路基各部分的宽度及总宽度测试：使用钢卷尺，对高速公路及一级公路，宽度及总宽度准确至 0.005 m；对其他等级公路，宽度及总宽度准确至 0.01 m。实测宽度与设计宽度的差值符合规定值。

纵断面高程测试：使用精密水准仪，准确至 0.001 m。

路基横坡测试：对于无中央分隔带的道路，横坡是指路拱两侧直线部分的坡度；对于有中央分隔带的道路，横坡是指路基与中央分隔带交界处及路基边缘与路肩交界处两点的路程差与水平距离的比值，以百分率表示。

（3）中线偏位测定。

测量实际路基中心线与设计路基中心线的距离作为中线偏位，对高速公路及一级公路，准确至 0.001 m。

2.1.2.3 检测路段数据整理

根据检测的数据，计算并评定检测路段各几何指标的平均值、标准差、变异系数，并用数据统计法计算代表值 x_i。单边控制指标计算方法如式（2.1）所示。

$$x_i = \bar{x} \pm \frac{St_\alpha}{\sqrt{n}} \tag{2.1}$$

双边控制指标计算方法如式（2.2）所示。

$$x_i = \bar{x} \pm \frac{St_{\frac{\alpha}{2}}}{\sqrt{n}} \tag{2.2}$$

式中 $\bar{x}$——一个评定路段内测定的平均值；

S——标准差；

n——测点数；

α——保证率；

t_α——t分布中随测点数和保证率变化的系数，即保证率系数，$t_\alpha/\sqrt{n}$值见表2.2。

表2.2 $t_\alpha/\sqrt{n}$值

测点数 n	保证率 α			测点数 n	保证率 α		
	99%	95%	90%		99%	95%	90%
2	22.501	4.456	2.176	20	0.568	0.387	0.297
3	4.021	1.686	1.089	21	0.552	0.376	0.289
4	2.270	1.177	0.819	22	0.537	0.367	0.282
5	1.676	0.953	0.686	23	0.523	0.358	0.275
6	1.374	0.823	0.603	24	0.510	0.350	0.269
7	1.188	0.734	0.544	25	0.498	0.342	0.264
8	1.060	0.670	0.500	26	0.487	0.335	0.258
9	0.966	0.615	0.466	27	0.477	0.328	0.250
10	0.892	0.580	0.437	28	0.467	0.322	0.248
11	0.833	0.546	0.414	29	0.458	0.316	0.244
12	0.785	0.518	0.393	30	0.449	0.310	0.239
13	0.744	0.494	0.376	40	0.383	0.266	0.206
14	0.708	0.473	0.361	50	0.340	0.237	0.184
15	0.678	0.455	0.347	60	0.308	0.216	0.167
16	0.651	0.438	0.335	70	0.285	0.199	0.155
17	0.626	0.423	0.324	80	0.266	0.186	0.145
18	0.605	0.410	0.314	90	0.249	0.175	0.136
19	0.586	0.398	0.305	100	0.236	0.166	0.129

2.1.3 强度指标检查

2.1.3.1 土基的应力-应变特性

压入承载板试验，是以一定尺寸的刚性承载板置于土基（土质路床）顶面，逐级加荷卸荷，记录施加于承载板上的荷载及由荷载所引起的沉降变形，根据试验结果，绘出土基顶面压应力与回弹变形的关系，典型曲线见图 2. 1。

根据弹性力学理论，通过试验测得的回弹变形，可以用式（2. 3）计算承载板中心处土基的回弹模量。

$$E_0 = \frac{pD(1 - \mu_0^2)}{l} \tag{2.3}$$

式中　E_0——土基的回弹模量，MPa；

l——承载板相对于压强的回弹变形，cm；

D——承载板的直径，cm；

μ_0——土基的泊松比；

p——承载板的压强，MPa。

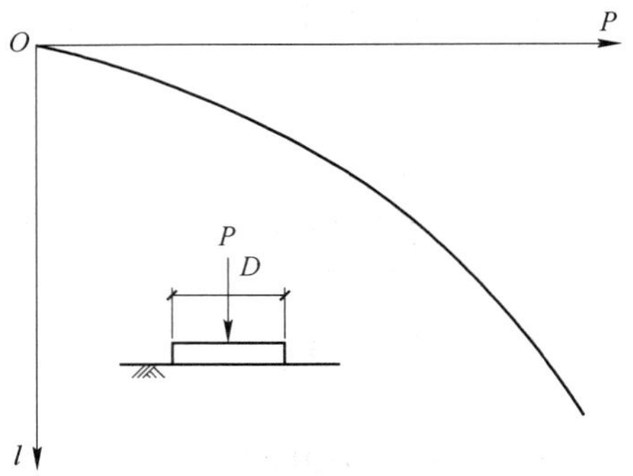

图 2. 1　土基的顶面压应力-回弹变形关系曲线

2. 1. 3. 2　重复荷载对土基的影响

土基承受着车轮荷载的重复作用，为适应这一特点，可采用重复加载的三轴压缩试验来确定路基土的回弹模量。应力施加频率为 20~30 次/min，每次作用的持续时间为 0. 1~0. 2 s，按重复应力作用 600~1000 次后的回弹变形确定动态回弹模量 E_R。

2. 1. 3. 3　回弹模量

以回弹模量表征土基的荷载-变形特性，反映土基在瞬时荷载作用下的可恢复变形性质。车辆荷载通过路面传至土基的垂直压力，通常采用圆形承载板向土基加荷载来模拟。压板下土基顶面的变形为等值，接触压力采用压板下的平均压力。承载板在荷载作用下的变形为

$$l = \frac{pD}{E_0}(1 - \mu_0^2)\frac{\pi}{4} \tag{2.4}$$

式中　l——相对于 p 的回弹模量变形，cm；

p——承载板下平均压力，MPa。

测得刚性承载板的变形后，即可用式（2. 4）反算求得土基的回弹模量 E_0。

2. 1. 3. 4　土基现场 CBR 值

承载能力以材料抵抗局部荷载压入变形的能力表征，并以高质量标准碎石为基础，取它们的相对比值表示土基现场 CBR 值，计算方法如式（2. 5）所示。

$$\text{CBR} = \frac{p}{p_s} \times 100\% \tag{2.5}$$

式中　p——对应与某一贯入度的土基单位压力，MPa；

p_s——与土基贯入度相同的标准压力，MPa。

试验时，用一个面积为 19. 35 cm^2 的标准压头，以 0. 127 cm/min 的速度压入路基土中，记录每贯入 0. 254 cm 时的单位压力，直至总压入深度达到 1. 27 cm 为止。

标准压力值是用高质量碎石材料由试验而得，见表 2. 3。

表 2. 3　标准压力值

贯入度/cm	0. 254	0. 508	0. 762	1. 016	1. 270
标准压力/MPa	7. 03	10. 55	13. 36	16. 17	18. 23

2.1.3.5 地基反应模量

在刚性路面设计中，文克勒地基模型采用地基反应模量表征地基强度。地基反应模量的计算方法为

$$K = \frac{p}{l} \tag{2.6}$$

式中 K——地基反应模量值，N/cm^3，用规定的直径为 76 cm 的圆形刚性承载板试验确定。

2.1.4 平整度检查

2.1.4.1 检查要求

我国公路工程路基的平整度指标、检测方式和频率见表 2.4。

表 2.4 公路路基平整度要求

结构层		规定值或允许值			检测方式和频率
		高速公路、一级公路	其他公路		
			二级公路	三级、四级公路	
土方路基	h/mm	15	20		3 m 直尺；每200 mm测 2 处，每处使用 3 m 直尺测量 5 次
石方路基	h/mm	20	30		

2.1.4.2 平整度测试方法

使用 3 m 直尺测定平整度的方式有单尺测定最大间隙和等距离（1.5 m）连续测定两种。两种方法测定的平整度有较好的相关关系。单尺测定常用于施工质量控制与检查验收，测定时要计算出测定段的合格率。等距离连续测定也可用于施工质量检查验收，测定时要算出标准差，用标准差来表示平整程度。

2.2 土方路基压实度检测

路基施工过程中，压实度是一项很重要的质量控制指标，需要进行经常性的检测。土方路基压实度规定值见表 2.5。

表 2.5 土方路基压实度规定值

结构层次		压实度 k 规定值/%			检测方式和频率
		高速公路、一级公路	二级公路	三级、四级公路	
零填及路基		96	95	94	密度法：每 200 m 每压实层测 2 处
路堤/cm	0~80	96	95	94	
	>80~150	94	94	93	
	>150	93	92	90	

对于土基来讲，实验室的标准密度是通过击实试验取得的；对于无黏聚力且粒径较大的砂砾、碎石材料，可用振动台法或表面振实仪法进行。

由于工地上压实后路基土的密度很难达到实验室的标准密度，因此，在实际工作中，要求用其相对比值压实度 k 来表示，如式（2.7）所示。

$$k = \frac{\rho_d}{\rho_m} \times 100\% \tag{2.7}$$

式中 ρ_d——工地实测密度，g/cm^3；

ρ_m——实验室得到的标准密度，g/cm^3。

工地上路基土的密度测定的方法有很多种，归纳起来主要有两大类。一类是无破损检测方法，即利用放射性同位素在土基和路面材料中的吸收和折射原理制成的各种仪器进行检测。另一类是破损检测法，有环刀法、水袋法、灌砂法、核子密湿度仪法、贯入仪法、表干法、排水法、蜡封法等。目前无破损检测仪器未能大规模普及，大多数情况下我国对工地路基土的密度的测定仍以破损检测法为主。

2.2.1 灌砂法

灌砂法是国际通用的方法，适用于路基土的各种材料压实层的密度和压实度检测。它的特点是可以测定各种土的密度，而且得到的是整个碾压层的平均密度。

用灌砂法测定密度和压实度时，应符合下列规定：

（1）当集料的最大粒径小于 13.2 mm、测定层的厚度不超过 150 mm 时，宜采用 ϕ100 mm 的小型灌砂筒测试。

（2）当集料的最大粒径不小于 13.2 mm，但不大于 31.5 mm，测定层的厚度不超过 200 mm 时，应用 ϕ150 mm 的大型灌砂筒测试。

灌砂法计算施工压实度如式（2.8）所示。

$$K = \frac{\rho_d}{\rho_c} \times 100\% \tag{2.8}$$

式中 K——测试地点的施工压实度；

ρ_d——试样的干密度，g/cm^3；

ρ_c——击实试验得到的试样的最大干密度，g/cm^3。

2.2.2 环刀法

环刀法适用于现场测定土基的密度及压实度，也适用于测定细粒土及无机结合料细粒土的密度。

环刀法使用的仪具有人工取土器，包括环刀，环盖，定向筒和击实锤系统（导杆、落锤、手柄）。环刀内径为 6~8 cm，高为 2~3 cm，壁厚为 1.5~2 mm。

其他有天平、小铁锹、修土刀、毛刷、直尺、钢丝锯、凡士林、木板及测定含水量设备等。

按有关试验方法对检测试样用同种材料进行击实试验，得到最大干密度及最佳含水量。

用人工取土器测定黏性土及无机结合料稳定细粒土密度的步骤如下：

（1）擦净环刀，称取环刀质量 M_2，准确至 0.1 g。

（2）在试验地点，将面积约 30 cm×30 cm 的地面清扫干净，并铲去压实层表面浮动及不平整的部分，达一定深度，使环刀打下后，能达到要求的取土深度，但不得将下层扰动。

（3）将定向筒齿钉固定于铲平的地面上，顺次将环刀、环盖放入定向筒内与地面垂直。

（4）将导杆保持垂直状态，用取土器落锤将环刀打入压实层中，至环盖顶面与定向筒上口平齐为止。

（5）去掉击实锤和定向筒，用镐将环刀及试样挖出。

（6）轻轻取下环盖，用修土刀自边至中削去环刀两端余土，用直尺检测至修平为止。

（7）擦净环刀外壁，用天平称取环刀及试样合计质量 M_1，准确至 0.1 g。

（8）自环刀中取出试样，取具有代表性的试样，测定其含水量 ω 。

用人工取土器测定砂性土或砂层密度的步骤如下：

（1）如为湿润的砂土，试验时不需要使用击实锤和定向筒。在铲平的地面上，挖出一个直径较环刀外径略大的砂土柱，将环刀刃口向下，平置于砂土柱上，用两手平稳地将环刀垂直压下，直至砂土柱突出环刀上端约 2 cm 时停止。

（2）削掉环刀口上的多余砂土，并用直尺刮平。

（3）在环刀上口盖一块平滑的木板，一只手按住木板，另一只手用小铁锹将试样从环刀底部切断，然后将装满试样的环刀反转过来，削去环刀刃口上部的当余砂土，并用直尺刮平。

（4）擦净环刀外壁，称环刀与试样合计质量 M_1，准确至 0.1 g。

（5）自环刀中取具有代表性的试样测定其含水量。

（6）干燥的砂土不能挖成砂土柱时，可直接将环刀压入或打入土中。

本试验须进行两次平行测定，其平行差值不得大于 0.03 g/cm³，求其算术平均值。

试样的湿密度及干密度计算方法如式（2.9）和式（2.10）所示。

$$\rho_w = \frac{4(M_1 - M_2)}{\pi d^2 h} \tag{2.9}$$

$$\rho_d = \frac{\rho_w}{1 + 0.01\omega} \tag{2.10}$$

式中 ρ_w——试样的湿密度，g/cm³；

ρ_d——试样的干密度，g/cm³；

M_1——环刀或取芯套筒与试样的合计质量，g；

M_2——环刀或取芯套筒质量，g；

d——环刀或取芯套筒直径，cm；

h——环刀或取芯套筒高度，cm；

ω——试样的含水量。

施工压实度的计算方法如式（2.11）所示。

$$K = \frac{\rho_d}{\rho_c} \times 100\% \tag{2.11}$$

式中 K——测试地点的施工压实度；

ρ_d——试样的干密度，g/cm³；

ρ_c——击实试验得到的试样的最大干密度，g/cm³。

2.2.3 核子密湿度仪法

核子密湿度仪法适用于现场以散射法或直接透射法测定路基的密度和含水量，并计算施工压实度，是现场检测压实度较常用的一种仪器，按规定方法标定后，其检测结果可作为工程质量评定与验收的依据。这种方法属于非破坏性检测，允许对同一测试位置进行重复测试，以确定合适的碾压方法，达到所要求的压实度，但只用于施工质量的现场快速评定。

在核子密湿度仪内部有一个含铯-137 的反射源，可以产生 γ 射线，用来测量密度；还有一个含镅-241 或铍的放射源，可以产生中子，用来测量含水量。另外，还有一套 γ 射线探测器和中子探测器，用来探测 α 射线和慢中子的数量，进而判断被测物质的密度、含水量。

施工干密度及压实度的计算方法如式（2.12）和式（2.13）所示。

$$\rho_d = \frac{\rho_w}{1+\omega} \tag{2.12}$$

$$K = \frac{\rho_d}{\rho_m} \tag{2.13}$$

式中 K——测试地点的施工压实度，以百分数表示；

ω——含水率，以小数表示；

ρ_w——由核子密湿度仪测定的实际密度，g/cm³，一组不少于 13 个点，取平均值；

ρ_m——土基的密度。

2.2.4 其他方法

2.2.4.1 气囊检测方法

我国路基工程密度试验一般采用灌砂法或灌水法。灌砂法的主要缺点是测试速度慢，而且试验前必须做烦琐的标准砂标定工作。灌水法虽然比灌砂法方便，但是人为及客观环境影响因素较多，测试精度低。气囊检测法克服了这类方法的缺点，经室内和现场测试证明，这种方法比灌砂法检测速度快，比灌水法的检测精确，仪器轻便、操作简单，易于推广应用。

2.2.4.2 探地雷达方法

探地雷达的检测原理是利用高频电磁脉冲波（10 M~1000 MHz）以宽频带短脉冲形式由发射天线送入地下，如图 2.2 所示，电磁波传播速度可用来确定压实度、含水量等公路工程质量指标。

2.2.4.3 瑞利波法

我国对瑞利波的研究始于 20 世纪 80 年代。目前利用瑞利波检测路基压实度理论已趋于成熟。瑞利波动态无损检测技术可以快速、准确地检测道路工程质量，价格优廉，其现场测试工作布置如图 2.3 所示。利用瑞利波的反演分析，可以获得道路各层结构的剪切波速及其模量，从而确定道路结构层强度。

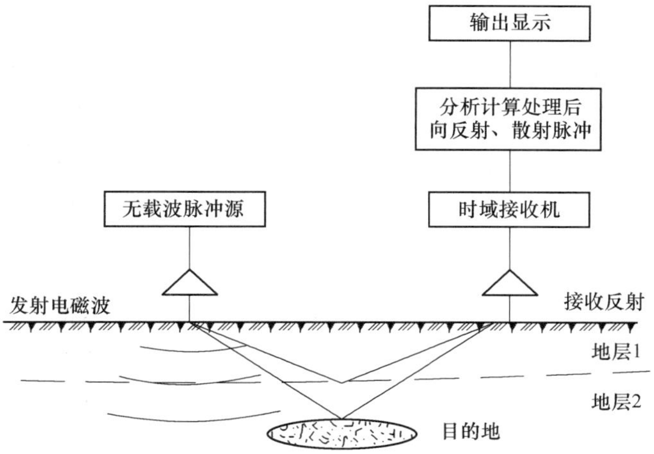

图 2.2　探地雷达探测原理

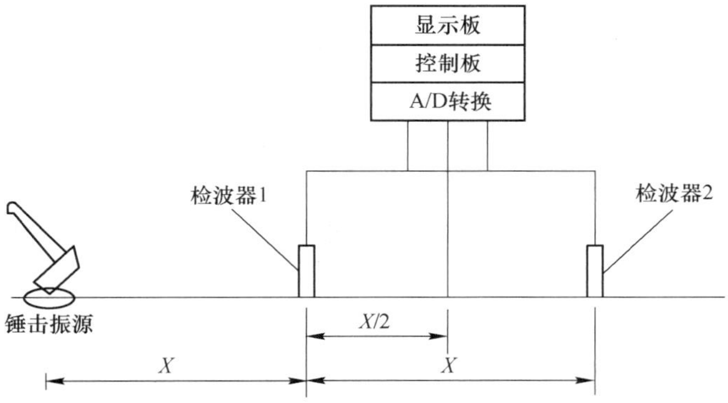

图 2.3　瑞利波现场测试工作布置

2.3　土基强度和回弹模量检测

路基是受车辆荷载作用的承载结构，在正常使用时应具有足够的强度、刚度和稳定性。因此在路基设计时，首先应对路基材料的力学性质进行正确的评价，然后根据其力学性质进行路面结构设计，以满足道路在使用年限内的正常行车要求。

2.3.1　土基强度检测

2.3.1.1　现场 CBR 测定仪测定土基现场 CBR 值

在路基施工现场，用载货汽车作为反力架，通过千斤顶连续加载，使贯入杆匀速压入路基。为了模拟路面结构对土基的附加应力，在贯入位置安放荷载板。路基强度越高，贯入量为 2.5 mm 或 5.0 mm 时的荷载越大，即 CBR 值越大。现场测试装置如图 2.4 所示。

将贯入试验得到的各等级荷载数除以贯入断面积（19.625 cm^2），得到各级压强，绘制荷载压强-贯入量曲线，如图 2.5 所示。当曲线如图中 2 所示有明显下凹的情况时，应

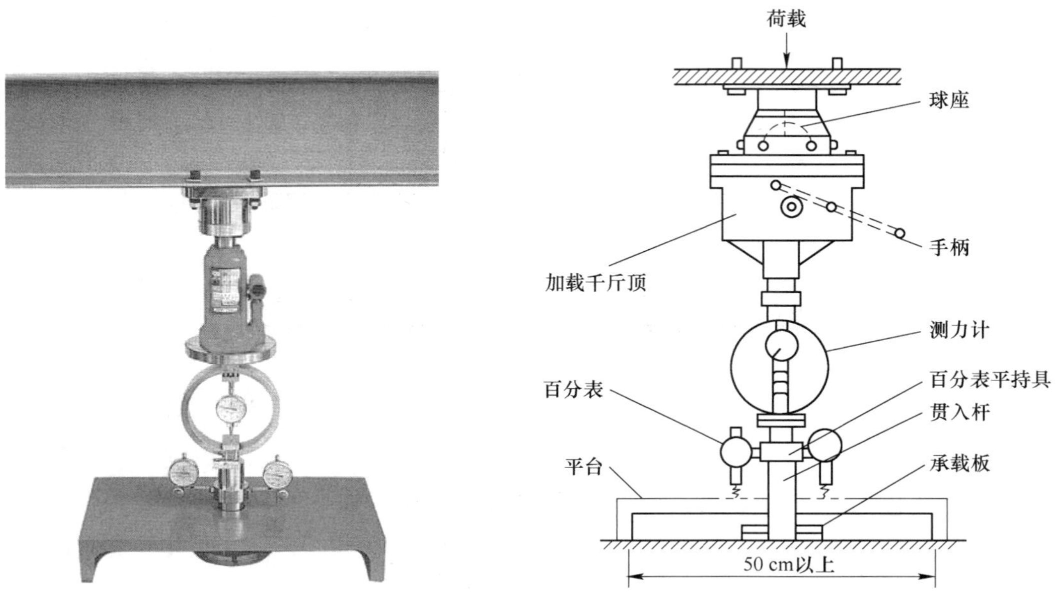

(a) (b)

图 2.4 CBR 现场测试装置

(a) 实物图；(b) 结构组成

在曲线的拐弯处做切线延长修正贯入量，以与坐标轴相交的点 O′作为原点，得到修正后的荷载压强-贯入量曲线。

从荷载压强-贯入量曲线上读取贯入量为 2.5 mm 及 5.0 mm 时的荷载压强 p_1，按式（2.14）计算现场 CBR 值。CBR 值一般以贯入量为 2.5 mm 时的测定值为准。当贯入量为 5.0 mm 的 CBR 值大于贯入量为 2.5 mm 的 CBR 值时，应重新试验。如重新试验结果仍然如此时，则以贯入量为 5.0 mm 时的 CBR 值为准。

$$\mathrm{CBR}=\frac{p_1}{p_0}\times 100\% \qquad (2.14)$$

式中 p_1——荷载压强，MPa；

p_0——标准压强，当贯入量为 2.5 mm 时其值为 7 MPa，当贯入量为 5.0 mm时其值为 10.5 MPa。

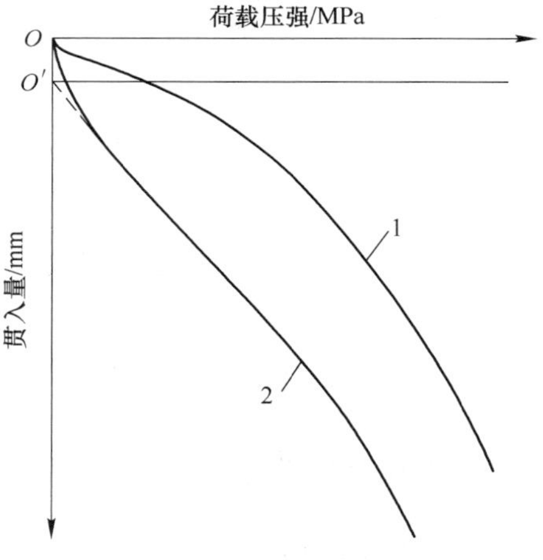

图 2.5 荷载压强-贯入量关系曲线

2.3.1.2 落球仪快速测定土基现场 CBR 值

一定质量的球从一定高度自由下落到土基表面后，陷入深度越小，表明路基强度越高。根据落球在一定高度自由下落陷入土面所做的功与室内标准试验贯入深度所做的功相等的原理，推导得出由落球陷痕直径 D 值计算现场 CBR 值的方法。

落球仪快速测定土基现场 CBR 值试验方法适用于细粒土用落球仪在现场快速测定土

基的现场 CBR 值。落球仪结构与形状如图 2.6 所示。落球及导杆的总质量为（4.5±0.01）kg，其落高为（600±0.5）mm，落球半径为（47±0.1）mm。

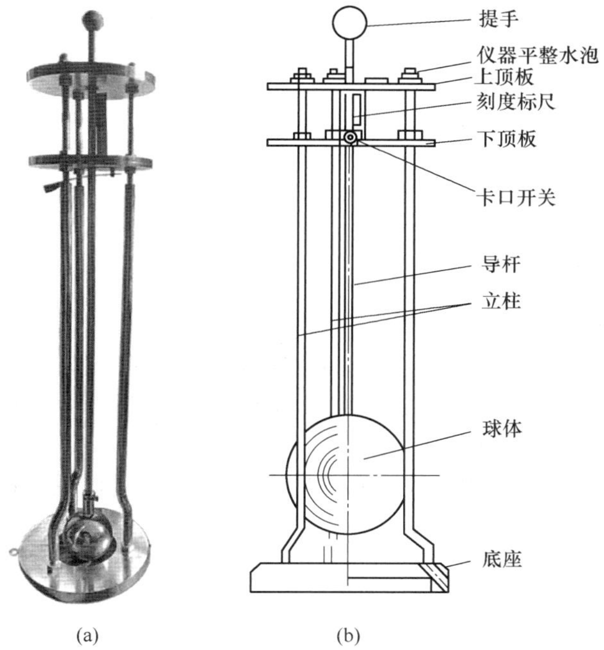

图 2.6　落球仪的结构与形状
（a）实物图；（b）结构组成

由量测的落球陷痕直径 D 值，按式（2.15）计算现场 CBR 值。

$$\mathrm{CBR} = C\alpha \tag{2.15}$$

式中　C——有效系数。

通过建立的相关关系确定，当无此条件时，黏性土类可取 0.35，砂性土类可取 0.45；α 为仪器系数，按式（2.16）计算，也可由表 2.6 查得。

表 2.6　落球仪的仪器系数

D/cm	α	D/cm	α	D/cm	α	D/cm	α	D/cm	α	D/cm	α
2.5	1332.33	3.3	361.16	4.1	128.52	4.9	54.28	5.7	25.69	6.5	13.16
2.6	1108.39	3.4	313.58	4.2	114.63	5.0	49.16	5.8	23.56	6.6	12.15
2.7	928.82	3.5	274.44	4.3	102.23	5.1	44.62	5.9	21.62	6.7	11.23
2.8	782.97	3.6	239.07	4.4	91.49	5.2	40.5	6.0	19.85	6.8	10.39
2.9	664.01	3.7	209.85	4.5	82.08	5.3	36.95	6.1	18.25	6.9	9.61
3.0	565.95	3.8	184.79	4.6	73.82	5.4	33.65	6.2	16.79	7.0	8.90
3.1	485.29	3.9	163.24	4.7	66.49	5.5	30.72	6.3	15.47	7.1	8.24
3.2	417.56	4.0	144.63	4.8	60.01	5.6	28.09	6.4	14.26	7.2	7.64

$$\alpha = \frac{\left(H + R - \sqrt{R^2 - \frac{D^2}{4}}\right)W}{1.01D^{1.39}\left(R - \sqrt{R^2 - \frac{D^2}{4}}\right)^{1.62}} \tag{2.16}$$

式中 D——落球陷痕直径，cm；

W——导杆与落球质量，取值 4.5 kg；

H——球体落高，取值 60 cm；

R——球体半径，取值 4.7 cm。

2.3.2 土基回弹模量检测

2.3.2.1 承载板测定

承载板测定方法适用于在现场土基表面，通过承载板对土基逐级加载、卸载，测出每级荷载下相应的土基回弹变形值，经过计算求得土基回弹模量。使用承载板测定的土基回弹模量可作为路面设计参数使用。

现场测试装置由千斤顶、测力计（测力环或压力表）及球座组成，如图 2.7 所示。

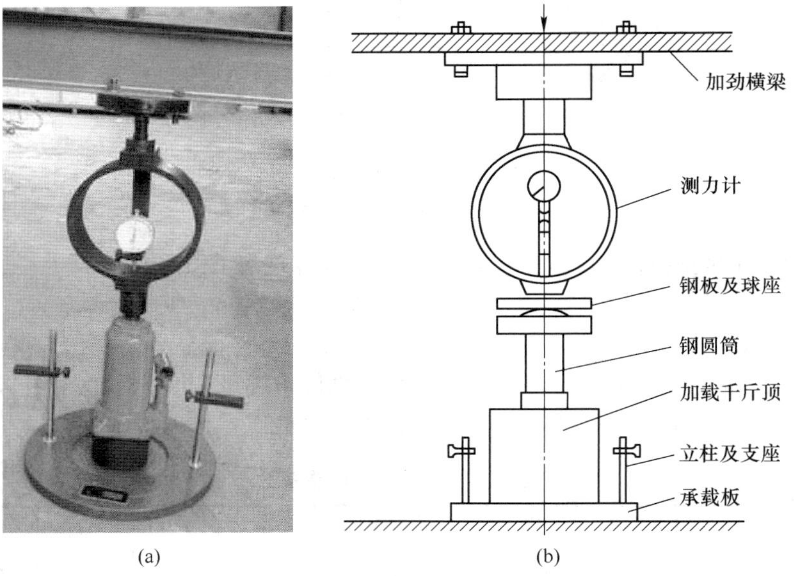

图 2.7 承载板试验现场测试装置

（a）实物图；（b）结构组成

各级压力的回弹变形值加上该级的影响量则为计算的回弹变形值。表 2.7 列出了以后轴重 60 kN 的标准车为测试车的各级荷载影响量的计算值。当使用其他类型的测试车时，各级压力下的影响量按式（2.17）计算。

$$\alpha_i = \frac{(T_1 + T_2)\pi D^2 p_i}{4T_1 Q}\alpha \tag{2.17}$$

式中 T_1——测试车前后轴距，m；

T_2——加劲小梁距后轴距离，m；

Q——测试车后轴重，N；

p_i——该级承载板压力，Pa；

α——总影响量；

α_i——该级压力的分级影响量。

表 2.7 各级荷载影响量（后轴 60 kN 车）

承载板压力/MPa	0.05	0.10	0.15	0.20	0.30	0.40	0.50
影响量①	0.06α	0.12α	0.18α	0.24α	0.36α	0.48α	0.60α

① 影响量准确至 0.01 mm。

将各级计算回弹变形值点绘于标准计算纸上，排除显著偏离的异常点并绘出顺滑的 p-l 曲线。若曲线起始部分出现反弯，应按图 2.8 所示修正原点 O，O'则是修正后的原点。

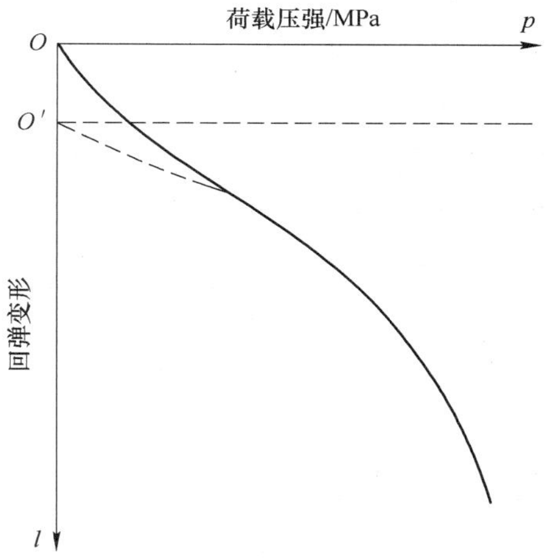

图 2.8 修正原点

相应于各级荷载下的土基回弹模量 E_i 值可按式（2.18）计算。

$$E_i = \frac{\pi D}{4}\frac{p_i}{l_i}(1-\mu_0^2) \qquad (2.18)$$

式中 l_i——相对于荷载 p_i 时的回弹变形，cm。

取结束试验前的各回弹变形值按线性回归方法由式（2.19）计算土基回弹模量 E_0 值。

$$E_0 = \frac{\pi D}{4}\frac{\sum p_i}{\sum l_i}(1-\mu_0^2) \qquad (2.19)$$

式中 l_i——结束试验前的各级荷载实测回弹变形值，cm；

p_i——对应于 l_i 的各级荷载的压力值，MPa。

【例 2-1】 某路土基利用承载板法的实测数据见表 2.8，计算该土基的回弹模量。

解： 计算结果见表 2.8。用线性归纳法计算土基回弹量 E_0

$$E_0 = 20.68 \times \frac{(0.05+0.10+0.15+0.20+0.30)}{(21.42+32.84+49.36+65.68+96.52)\times 10^{-3}} = 62.2\ \text{MPa}$$

表 2.8 计算结果

路线和桩号：K79+107 右半幅

测定层位：土基

承载板直径：30 cm 测定日期：某年某月某日

千斤顶油压表读数	荷载/kN	承载板压力/MPa	百分表读数		总弯沉		回弹弯沉		分级影响量	计算回弹弯沉	备注
			左	右	左	右	左	右			
0	0	0	0	0							预压
10	3.53	0.05	15	12	30	24					

续表 2.8

千斤顶油压表读数	荷载/kN	承载板压力/MPa	百分表读数		总弯沉		回弹弯沉		分级影响量	计算回弹弯沉	备注
			左	右	左	右	左	右			
0	0	0	2	2			24	20			相差 26.1%
调零	0	0	0	0	0	0	0	0			正式测定
10	3.53	0.05	14	18	28	36					
0	0	0	3	3			22	20	0.06×7=0.42	21.42	
20	7.07	0.10	31	28	62	56					
0	0	0	14	13			34	30	0.12×7=0.84	32.84	
30	10.60	0.15	65	54	130	108					
0	0	0	40	31			50	46	0.18×7=1.26	49.86	
40	14.14	0.20	90	83	180	166					
0	0	0	56	53			68	60	0.24×7=1.68	65.68	
60	21.21	0.30	148	118	296	236					
0	0	0	98	74			100	88	0.36×7=2.52	96.52	
70	24.74	0.35	165	144	330	288					l>1 mm 停止测定
0		0	108	93			114	102			
取走千斤顶		0	103	89							
汽车开走后		0	99	86			8	6			

$$总影响量\ \alpha = \frac{[(103-99)+(89-86)]\times 2}{2} = 7$$

注：表中百分表读数、总弯沉、回弹弯沉、分级影响量、计算回弹弯沉准确至 0.01 mm。

2.3.2.2 贝克曼梁测定

适用于在土基厚度不小于 1 m 的粒料整层表面，用弯沉仪测试各测点的回弹弯沉值。

A 仪具

(1) 标准车。标准车为双轴、后轴双侧 4 轮的载货汽车。其标准轴荷载、轮胎尺寸、轮胎间隙及轮胎气压等主要参数应符合表 2.9 的要求。由表 2.9 可知，测试车应采用后轴 10 t 的标准轴载 BZZ-100 的汽车。

表 2.9 标准车参数

标准轴载等级	BZZ-100	标准轴载等级	BZZ-100
后轴标准轴载/kN	100±1	单轮传压面当量圆直径/cm	21.30±0.5
一侧双轮荷载/kN	50±0.5	轮隙宽度	应满足能自由插入弯沉仪测头的测试要求
轮胎充气压力/MPa	0.70±0.05		

(2) 路面弯沉仪。该仪器由贝克曼梁、百分表及表架组成。贝克曼梁由合金铝制成，上有水准泡，其前臂（按触路面）与后臂（装百分表）长度比为 2∶1。

（3）其他仪具：接触式路表温度计、接长杆、皮尺、口哨、白油漆或粉笔、指挥旗等。

B　测试步骤

（1）在测试路段布置测点，其距离随测试需要而定，在测点处画上标记。

（2）将弯沉仪插入汽车后轮之间的缝隙处，与汽车方向一致，梁臂不得碰到轮胎。弯沉仪测头置于测点上（轮隙中心前方 5~10 cm 处），并安装百分表到弯沉仪的测定杆上，百分表调零，用手指轻轻叩打弯沉仪，百分表应稳定回零。使用弯沉仪时，可以是单侧测定，也可以是双侧同时测定。

（3）测定者吹哨发令指挥汽车缓缓前进，百分表随路面变形的增加而持续向前转动。当表针转动到最大值时，迅速读取初读数 L_1，汽车仍在继续前进，表针反向回转，待汽车驶出弯沉影响半径（3 m 以上）后，吹口哨或挥动指挥红旗，汽车停止，待表针回转稳定后，再次读取读数 L_2。汽车前进的速度宜为 5 km/h 左右。

C　计算方法

（1）全部测定值的算术平均值 $\bar{L}$，单次测量的标准差 S 和自然误差 r_0 计算方法如式（2.20）~式（2.22）所示。

$$\bar{L} = \frac{\sum L_i}{N} \tag{2.20}$$

$$S = \sqrt{\frac{\sum (L_i - L)^2}{N - 1}} \tag{2.21}$$

$$r_0 = 0.675S \tag{2.22}$$

式中　$\bar{L}$——回弹弯沉的平均值（以 0.01 mm 作为计算单位）；

S——回弹弯沉测定值的标准差（0.01 mm）；

r_0——回弹弯沉测定值的自然误差（0.01 mm）；

L_i——各测点的回弹弯沉值（0.01 mm）；

N——测点总数。

（2）计算各测点的测定值与算术平均值的偏差值 $d_i = L_i - \bar{L}$，并计算较大的偏差与自然误差之比 d_i/r_0。当某个测点的观测值的 d_i/r_0 值大于规定的 d_i/r_0 极限值时，则应舍弃该测点；然后重复式（2.20）~式（2.22）的步骤计算其余各测点算术平均值 L 及标准差 S。

（3）代表弯沉值的计算方法如式（2.23）所示。

$$L_r = \bar{L}' + S' \tag{2.23}$$

式中　L_r——弯沉值；

$\bar{L}'$——舍弃不符合要求的测点后其余各测点弯沉的算术平均值；

S'——舍弃不符合要求的测点后其余各测点弯沉值的标准差。

（4）土基、整层材料的回弹模量计算方法如式（2.24）所示。

$$E_0 = \frac{2p\delta}{L_r}(1 - \mu_0^2)\alpha \tag{2.24}$$

式中 p——测定车轮的平均垂直荷载，MPa；

δ——测定用标准车双圆荷载单轮传压面当量圆的半径，cm；

μ_0——测定层材料的泊松比，根据相关规范的规定取用；

α——弯沉系数，取值 0.712。

2.4 路基回弹弯沉检测

路基回弹弯沉值是评估路基承载能力的一种方法，用于施工控制及施工验收中（竣工验收弯沉值），是公路工程的一个基本参数。路基回弹弯沉检测的试验原理是：在路基上施加一定荷载，使路基发生弯曲和沉降，通过测量路基的变形量评估路基的承载能力。回弹弯沉值越大，表明路基承载能力越小，反之则越大。通常所说的回弹弯沉值是指标准后轴载双轮组轮隙中心处的最大回弹弯沉值。路基回弹弯沉检测技术按照荷载施加方式不同，主要分为静力弯沉检测、稳态动力弯沉检测以及脉冲动力弯沉检测。

A 静力弯沉检测

静力弯沉仪是测量缓慢加载时路表的最大弯沉值所使用的弯沉量测仪器。主要有贝克曼梁弯沉仪、承载板试验加载测量系统、路面曲率仪及洛克鲁瓦弯沉仪。

1953 年，WASHO 道路试验中首次采用贝克曼梁。下面主要介绍贝克曼梁测定路基回弹弯沉的试验方法。本方法适用于测定各类路基路面的回弹弯沉，用以评定其整体承载能力。沥青路面的弯沉以路表温度为 20 ℃时为准，在其他温度测试时，对厚度大于 5 cm 的沥青路面，弯沉值应予以温度修正。试验原理是利用杠杆原理制成的杠杆式弯沉仪测定轮隙弯沉。

贝克曼梁弯沉仪的使用注意事项涉及安装位置的选择、设备校准和维护、数据采集和分析，以及结果解读和应用。贝克曼梁弯沉检测的优点在于它适用于测定静止加载时或非常慢的速度加载时路面的弹性弯沉值，能够良好地反映出路面的总体强度。但这种方法也受到一些限制，包括主观因素的影响和室内实验条件的限制，这可能会影响测量结果的准确性。

B 稳态动力弯沉检测

稳态动力弯沉仪是以一定的方式给路面施加正弦振动荷载，由分布于路表的一组传感器获取此稳态荷载作用下的弯沉盆信息，以分析路面的动态刚度的一类弯沉仪。这类弯沉仪主要有动力弯沉测试仪、道路等级评价及振动器等。这些仪器都是先靠自重对路表施加较大的静力预压，然后通过内置偏心振子对路面施加稳态动力荷载和静力荷载叠加后共同作用于路面，记录路面在稳态振动下的动态弯沉盆。

但是，稳态动力弯沉仪不能很好地模拟实际行车荷载对路面的作用，并且一种型号的弯沉仪施加荷载幅值和周期都是固定的。

C 脉冲动力弯沉检测

为了模拟汽车快速行驶的实际情况，不少国家开发了动态弯沉的测试设备。落锤式弯沉仪是脉冲式动力弯沉仪的典型代表，其主要原理是通过计算机控制下的液压系统提升并释放一重锤，从而对路面施加脉冲荷载，荷载大小通过改变锤重和提升高度调整，并通过刚性圆盘作用到路面上。路面的弯沉由 5~9 个传感器测定，能较准确地反映弯沉盆的外形，从而为路面模量反算提供基础。有了模量，就能进一步分析出路面结构的应力、应变状况，评价路面的承载能力。落锤式弯沉仪的主要特点为测速快、精度高。

课程思政

拳拳游子爱国心

“科学与技术的进步，应该使全人类共同幸福。中国的科学家和工程师，努力为祖国人民服务，同时也就是为世界人民服务。”这段话出自我国著名的土力学家，中国铁路路基土工技术的主要开拓者卢肇钧。

卢肇钧1941年毕业于清华大学土木工程系，1948年获美国哈佛大学科学硕士学位，1948年至1950年在美国麻省理工学院攻读土力学博士研究生并在土力学研究室任助理研究员，1950年任唐山交通大学（现西南交通大学）教师，兼任唐山铁道技术研究所（现中国铁道科学研究院）副研究员，后一直在铁道科学研究院工作，并在铁道科学研究院建立了中国铁路第一个土工研究室。1991年，卢肇钧当选为中国科学院院士。

卢肇钧长期从事土的基本性质及特殊土地区筑路技术的研究。在他的主持研究下，从西北地区盐渍土、东南沿海软黏土到中南和西南各省膨胀土都制定了相关的设计原则。20世纪50年代，他主持研究盐渍土和软土工程性质和筑路技术，提出了硫酸盐渍土的松膨性对路基稳定性的影响，在中国最早成功地采用排水砂井处理软土路基，并制定了软土的试验和设计标准。在膨胀土和裂土的基本性质研究方面，他首先获得了膨胀土强度变化的规律，并发现非饱和土的吸附强度与其膨胀压力的相互关系。他积极参与国内外学术交流，为推动土力学学科和岩土工程专业的发展做出了重要的贡献。

“党已经领导全国人民从斗争中获得了政治上的解放，现在继续领导我们进行大规模的经济建设。我认为自己应当在这些伟大崇高的工作中贡献出一切力量。”这段话源自卢肇钧的入党志愿书。卢肇钧院士用行动践行新时代科学家精神，一生忠心报国，为新中国克服铁路建设中遇到的路基土工程难题做出了积极的贡献。

练 习 题

2-1 单项选择题

(1) 对土方路基质量评定影响最大的指标是（　　）

A. 压实度　　B. 平整度　　C. 宽度　　D. 纵断面高程

(2) 根据“评定标准”规定，某一级公路土基压实度标准为96%，当某测点的压实度为92.5%时，评定结果为（　　）

A. 优良　　B. 合格　　C. 不合格并扣分　　D. 不合格并返工

(3) 环刀法测定压实度时，环刀取样位置应位于压实层的（　　）

A. 上部　　B. 中部　　C. 底部　　D. 任意位置

2-2 判断题

(1) 虽然连续平整度仪法测试速度快，结果可靠，但是一般不用于路基平整度测试。（　　）

(2) 贝克曼梁仅能用于路面弯沉的测定，不能用于路基路面综合回弹模量的测定。（　　）

2-3　简答题

(1) 路基压实度有哪些检测方法？这些方法各有何优缺点？

(2) 路基强度和模量检测有哪些常用方法？测得的指标分别是什么？

(3) 用贝克曼梁检测路基弯沉和用落锤式弯沉仪检测路基弯沉存在哪些差别？

3 路面工程现场检测

【学习目标】

了解：路面工程各结构层次的实测项目；路面现场测试随机选点的方法。

熟悉：路面几何尺寸、厚度、压实度、平整度、弯沉、抗滑性能、沥青路面渗水系数、外观等实测项目的测试方法及分类、检测原理、仪器材料组成、检测方法步骤、数据处理及质量检验评定方法。

掌握：路面基层检测原理与方法，路面面层检测原理与方法。

3.1 路面工程质量检查项目

路面基层和面层是路面体系中的重要组成部分，本节主要介绍常用路面基层及面层的实测项目。

3.1.1 路面基层和底基层实测项目

路面基层在道路结构中位于路基和路面面层之间，是用高质量材料铺筑的主要承重层，起着“承上启下”的作用，如图 3.1 所示。

图 3.1 路面结构分层

1—面层；2—基层；3—底基层；4—路基

按照基层材料组成差异，本节主要介绍公路工程建设中常用的稳定土基层和底基层、稳定粒料基层和底基层、级配碎（砾）石基层和底基层的实测项目和检测方法。

3.1.1.1 稳定土基层和底基层

稳定土基层和底基层包括水泥土、石灰土、石灰粉煤灰、石灰粉煤灰土等，稳定土基层和底基层实测项目应符合表 3.1 的规定。

3.1.1.2 稳定粒料基层和底基层

稳定粒料基层和底基层包括水泥稳定材料、石灰稳定材料、石灰粉煤灰稳定材料、水泥粉煤灰稳定材料等，稳定粒料基层和底基层实测项目应符合表 3.2 的规定。

3.1.1.3 级配碎（砾）石基层和底基层

级配碎（砾）石基层和底基层实测项目应符合表 3.3 的规定。

表 3.1 稳定土基层和底基层实测项目

项次	检查项目		规定值或允许偏差				检查方式和频率
			基层		底基层		
			高速公路、一级公路	其他公路	高速公路、一级公路	其他公路	
1①	压实度/%	代表值	—	≥95	≥95	≥93	灌砂法、钻芯法；每 200 m 测 2 点
		极值	—	≥91	≥91	≥89	
2	平整度/mm		—	≤12	≤12	≤15	3 m 直尺；每 200 m 测 2 处，每处测量 5 次
3	纵断高程/mm		—	+5，-15	+5，-15	+5，-20	水准仪；每 200 m 测 2 个断面
4	宽度/mm		满足设计要求		满足设计要求		尺量；每 200 m 测 4 个断面
5①	厚度/mm	代表值	—	-10	-10	-12	挖坑或钻取芯样；每 200 m 测 2 点
		合格值	—	-20	-25	-30	
6	横坡/%		—	±0.5	±0.3	±0.5	水准仪；每 200 m 测 2 个断面
7①	强度/MPa		满足设计要求		满足设计要求		7 天无侧限抗压强度

① 分项工程中对结构安全、耐久性和主要使用功能起决定性作用的检查项目。

表 3.2 稳定粒料基层和底基层实测项目

项次	检查项目		规定值或允许偏差				检查方式和频率
			基层		底基层		
			高速公路、一级公路	其他公路	高速公路、一级公路	其他公路	
1①	压实度/%	代表值	≥98	≥97	≥96	≥95	灌砂法、钻芯法；每 200 m 测 2 点
		极值	≥94	≥93	≥92	≥91	
2	平整度/mm		≤8	≤12	≤12	≤15	3 m 直尺；每 200 m 测 2 处，每处测量 5 次
3	纵断高程/mm		+5，-10	+5，-15	+5，-15	+5，-20	水准仪；每 200 m 测 2 个断面
4	宽度/mm		满足设计要求		满足设计要求		尺量；每 200 m 测 4 点
5①	厚度/mm	代表值	-8	-10	-10	-12	挖坑或钻取芯样；每 200 m 测 2 点
		合格值	-10	-20	-25	-30	
6	横坡/%		±0.3	±0.5	±0.3	±0.5	水准仪；每 200 m 测 2 个断面
7①	强度/MPa		满足设计要求		满足设计要求		7 天无侧限抗压强度

① 分项工程中对结构安全、耐久性和主要使用功能起决定性作用的检查项目。

表 3.3 级配碎（砾）石基层和底基层实测项目

<table>
<tr><th rowspan="3">项次</th><th rowspan="3" colspan="2">检查项目</th><th colspan="4">规定值或允许偏差</th><th rowspan="3">检查方式和频率</th></tr>
<tr><th colspan="2">基层</th><th colspan="2">底基层</th></tr>
<tr><th>高速公路、一级公路</th><th>其他公路</th><th>高速公路、一级公路</th><th>其他公路</th></tr>
<tr><td rowspan="2">1①</td><td rowspan="2">压实度/%</td><td>代表值</td><td colspan="2">≥98</td><td colspan="2">≥96</td><td rowspan="2">灌砂法、钻芯法；每200 m 测2 点</td></tr>
<tr><td>极值</td><td colspan="2">≥94</td><td colspan="2">≥92</td></tr>
<tr><td>2</td><td colspan="2">弯沉值（0.01 mm）</td><td colspan="2">满足设计要求</td><td colspan="2">满足设计要求</td><td>落锤式弯沉仪 FWD（1 km：40 点）；自动弯沉仪或贝克曼梁（1 km：80 点）</td></tr>
<tr><td>3</td><td colspan="2">平整度/mm</td><td>≤8</td><td>≤12</td><td>≤12</td><td>≤15</td><td>3 m 直尺；每 200 m 测 2 处，每处测量 5 次</td></tr>
<tr><td>4</td><td colspan="2">纵断高程/mm</td><td>+5，−10</td><td>+5，−15</td><td>+5，−15</td><td>+5，−20</td><td>水准仪；每 200 m 测 2 个断面</td></tr>
<tr><td>5</td><td colspan="2">宽度/mm</td><td colspan="2">满足设计要求</td><td colspan="2">满足设计要求</td><td>尺量；每 200 m 测 4 点</td></tr>
<tr><td rowspan="2">6①</td><td rowspan="2">厚度/mm</td><td>代表值</td><td>−8</td><td>−10</td><td>−10</td><td>−12</td><td rowspan="2">挖坑或钻取芯样；每200 m测 2 点</td></tr>
<tr><td>合格值</td><td>−10</td><td>−20</td><td>−25</td><td>−30</td></tr>
<tr><td>7</td><td colspan="2">横坡/%</td><td>±0.3</td><td>±0.5</td><td>±0.3</td><td>±0.5</td><td>水准仪；每 200 m 测 2 个断面</td></tr>
</table>

① 分项工程中对结构安全、耐久性和主要使用功能起决定性作用的检查项目。

3.1.2 路面面层实测项目

路面面层是直接通行车辆同大气相接触的层位，应具有较高的结构强度、刚度、耐磨、不透水和高低温稳定性，并且其表面层还应具有良好的平整度和粗糙度。

本节主要介绍公路工程建设中常用的水泥混凝土面层、沥青混凝土面层的实测项目和检测方法。

3.1.2.1 水泥混凝土面层

水泥混凝土面层实测项目应符合表 3.4 的规定。

表 3.4 水泥混凝土面层实测项目

<table>
<tr><th rowspan="2">项次</th><th rowspan="2" colspan="2">检查项目</th><th colspan="2">规定值或允许偏差</th><th rowspan="2">检查方式和频率</th></tr>
<tr><th>高速公路、一级公路</th><th>其他公路</th></tr>
<tr><td>1①</td><td colspan="2">弯拉强度/MPa</td><td colspan="2">在合格标准内</td><td>标准小梁法或钻芯劈裂法</td></tr>
<tr><td rowspan="3">2①</td><td rowspan="3">板厚度/mm</td><td>代表值</td><td colspan="2">−5</td><td rowspan="3">钻孔取样法；每 200 m 测 2 点</td></tr>
<tr><td>合格值</td><td colspan="2">−10</td></tr>
<tr><td>极值</td><td colspan="2">−15</td></tr>
</table>

续表 3.4

项次	检查项目		规定值或允许偏差		检查方式和频率
			高速公路、一级公路	其他公路	
3	平整度②	σ /mm	≤1.32	≤2.0	平整度仪：全线每车道连续检测，每 100 m 计算 σ，IRI
		IRI/m · km^{-1}	≤2.2	≤3.3	
		最大间隙 h/mm	3	5	3 m 直尺：每半幅车道每 200 m 测 2 处，每处测量 5 次
4	抗滑构造深度/mm	一般路段	0.7~1.1	0.5~1.0	铺砂法：每 200 m 测 1 处
		特殊路段③	0.8~1.2	0.6~1.1	
5	横向力系数 SFC	一般路段	≥50	—	单轮式横向力系数测试系统：每 20 m 测 1 点
		特殊路段③	≥55	≥50	
6	相邻板高差/mm		≤2	≤3	尺量：胀缝每条测 2 点；纵、横缝每 200 m 抽查 2 条，每条测 2 点
7	纵、横缝顺直度/mm		≤10		纵缝 20 m 拉线尺量：每 200 m 测 4 处，横缝沿板宽拉线尺量：每 200 m 测 4 条
8	中线平面偏位/mm		20		全站仪：每 200 m 测 2 点
9	路面宽度/mm		±20		尺量：每 200 m 测 4 点
10	纵断高程/mm		±10	±15	水准仪：每 200 m 测 2 个断面
11	横坡/%		±0.15	±0.25	水准仪：每 200 m 测 2 个断面
12	断板率④/%		≤0.2	≤0.4	目测：全部检数断板面板块数占总块数比例

① 分项工程中对结构安全、耐久性和主要使用功能起决定性作用的检查项目。

② 表中 σ 为平整度仪测定的标准差，IRI 为国际平整度指数；h 为 3 m 直尺与面层的最大间隙。

③ 特殊路段：高速公路、一级公路特殊路段包括立体交叉匝道、平面交叉口、弯道、变速车道、组合坡度不小于 3%坡度段、桥面、隧道路面及收费站广场等处；其他公路特殊路段包括设超高路段、组合坡度大于或等于 4%坡度段、交叉口路段、桥面及其上下坡段、隧道路面及集镇附近路段等处。

④ 断板率中包含断角率，应统计行车道与超车道面板，不计硬路肩板，不计入修复后的面板。

3.1.2.2 沥青混凝土面层和沥青碎（砾）石面层

沥青混凝土面层和沥青碎（砾）石面层实测项目应符合表 3.5 的规定。

表 3.5 沥青混凝土面层和沥青碎（砾）石面层实测项目

项次	检查项目	规定值或允许偏差		检查方式和频率
		高速公路、一级公路	其他公路	
1③	压实度①/%	不小于试验室标准密度的 96%（*98%） 不小于最大理论密度的 92%（*94%） 不小于试验段密度的 98%（*99%）		钻芯法：每 200 m 测 1 点。核子(无核)密度仪每 200 m 测 1 处，每处 5 点

续表 3.5

项次	检查项目		规定值或允许偏差		检查方式和频率
			高速公路、一级公路	其他公路	
2	平整度	σ/mm	≤1.2	≤2.5	平整度仪：全线每车道连续检测，每 100 m 计算 IRI 或 σ
		IRI/m·km^{-1}	≤2.0	≤4.2	
		最大间隙 h/mm	—	5	3 m 直尺：每 200 m 测 2 处，每处测量 5 次
3	弯沉值（0.01 mm）		不大于设计验收弯沉值		落锤式弯沉仪：每一双车道评定路段（不超过 1 km）测 40 点，多车道公路相应增加测点 自动弯沉仪或贝克曼梁：每一双车道评定路段（不超过 1 km）测 80 点，多车道公路相应增加测点
4	渗水系数 /mL·min^{-1}	SMA 路面	≤120	—	渗水试验仪：每 200 m 测 1 处
		其他沥青混凝土路面	≤200		
5	摩擦系数		满足设计要求	—	摆式仪：每 200 m 测 1 处 横向力系数测定车：全线连续检测
6	构造深度		满足设计要求	—	铺砂法：每 200 m 测 1 处
7①	厚度② /mm	代表值	总厚度：-5%H 上面层：-10%h	-8%H	钻取芯样：每 200 m 测 1 点
		合格值	总厚度：-10%H 上面层：-20%h	-15%H	
8	中线平面偏位/mm		20	30	全站仪：每 200 m 测 2 点
9	纵断高程/mm		±15	±20	水准仪：每 200 m 测 2 个断面
10	宽度/mm	有侧石	±20	±30	尺量：每 200 m 测 4 个断面
		无侧石	不小于设计值		
11	横坡/%		±0.3	±0.5	水准仪：每 200 m 测 2 个断面
12④	矿料级配		满足生产配合比要求		T0725，每台班 1 次
13④	沥青含量		满足生产配合比要求		T0722、T0721、T0735，每台班 1 次
14	马歇尔稳定度		满足生产配合比要求		T0709，每台班 1 次

① 表内压实度，高速公路、一级公路应选用两个标准评定，以合格率低的作为评定结果；其他公路选用 1 个标准进行评定。* 指 SMA 路面。

② 表列沥青层厚度仅规定负允许偏差。H 为沥青层总厚度，h 为沥青上面层厚度；其他公路的厚度代表值和合格值允许偏差按总厚度计，当 $H \leq 60$ mm 时，允许偏差分别为-5 mm 和-10 mm，当 $H > 60$ mm 时，允许偏差分别为-8%H 和-15%H。

③ 分项工程中对结构安全、耐久性和主要使用功能起决定性作用的检查项目。

④ T0725 为沥青混合料的矿料级配检验方法，T0722 为沥青混合料中沥青含量试验（离心分离法）；T0721 为沥青混合料中沥青含量试验（射线法）；T0735 为沥青混合料中沥青含量试验（燃烧炉法）；T0709 为沥青混合料马歇尔稳定度试验。

3.2　路面现场检测项目

本节主要介绍公路路面现场测试随机选点方法以及路面几何尺寸、厚度、压实度、平整度、弯沉、抗滑性能、外观、沥青路面渗水系数等实测项目的检测方法。

3.2.1　路面现场测试随机选点方法

路面现场测试随机选点方法包括均匀法、随机法、定向法、连续法和综合法。

(1) 均匀法。均匀法是将道路沿纵向或横向进行等间距划分，并在划分点处做好标记，在划分点上布置测点，如图 3.2 所示。

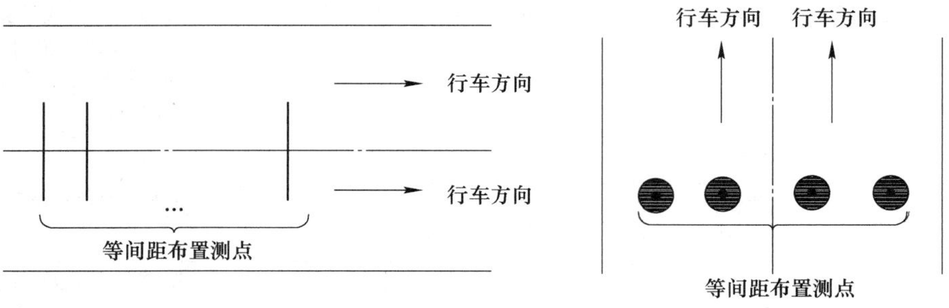

图 3.2　均匀法选点示意图

(2) 随机法。随机取样选点的方法是按数理统计原理在路面现场测试时确定测点位置的方法，适于采用随机法或综合法选点的各类公路路面现场测试工作。其中，随机法通常通过从布袋中随机抽取硬纸片或使用随机数表等方式确定测点位置。综合法通常按照随机法等两种以上的选点方法确定测点位置。

(3) 定向法。定向法是选取轮迹带或出现裂缝、错台、板角等具有某个特征或指定的位置作为测点，如图 3.3 所示。

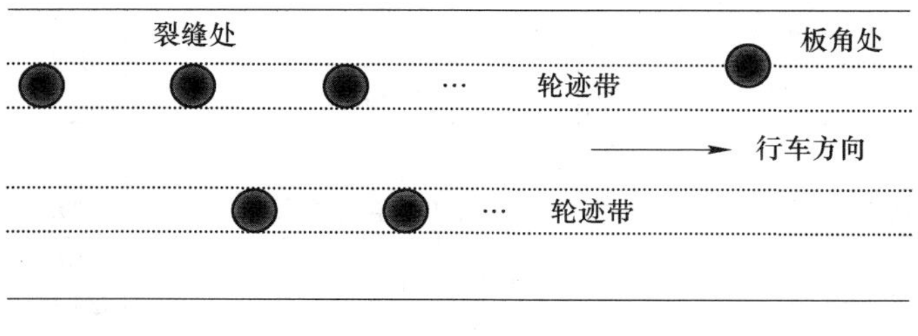

图 3.3　定向法选点示意图

(4) 连续法。连续法是按相应标准的规定，沿道路纵向间距连续、均匀布置测区，如图 3.4 所示。

(5) 综合法。综合法是同时按照上述两种以上选点方法的规定，确定测点位置。通常沿道路纵向连续选择测区，测区内随机选择测点，或者沿道路纵向均匀确定测区，测区内定向选取测点等。

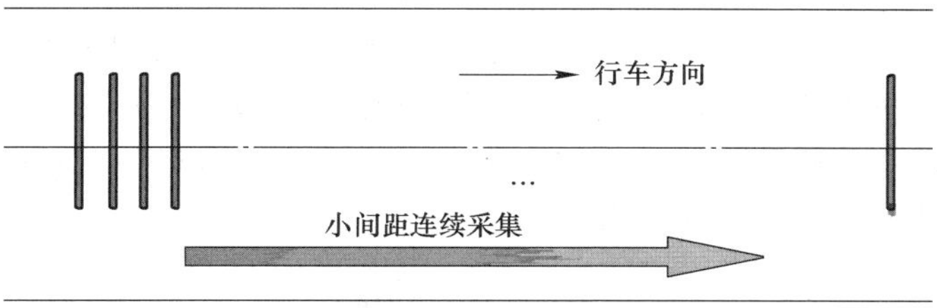

图 3.4 连续法选点示意图

3.2.2 路面几何尺寸检测

在路面施工过程中、竣（交）工质量评定过程及旧路调查中，需要检测路面的宽度、纵断面高程、横坡、中线偏位、边坡坡度等项目，以评价道路线形和几何尺寸是否符合规范要求。

3.2.2.1 主要仪器与工具

检测路面几何尺寸所用的主要仪器与工具，如图 3.5 所示。

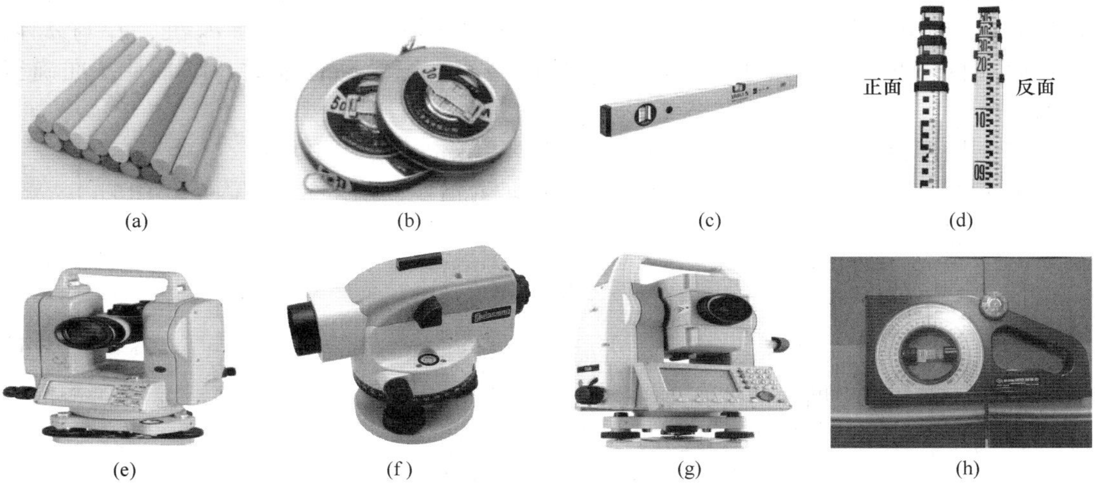

图 3.5 几何尺寸检测仪器与工具

（a）粉笔；（b）钢卷尺；（c）水平尺；（d）水准尺；（e）经纬仪；（f）水准仪；（g）全站仪；（h）坡度测量仪

3.2.2.2 路面各部分的宽度及总宽度测定

用钢卷尺沿中心线垂直方向上水平量取路面各部分的宽度 B_1，以米计，准确至 0.001 m。

按式（3.1）计算各个断面的宽度偏差 ΔB_i。总宽度为路面各部分宽度之和。

$$\Delta B_i = B_{1i} - B_{0i} \tag{3.1}$$

式中 B_{1i}——第 i 个断面的实测宽度，m；

B_{0i}——第 i 个断面的设计宽度，m；

ΔB_i——第 i 个断面的宽度偏差，m。

3.2.2.3　纵断面高程测定

（1）将水准仪架设在路面平顺处调平，将水准尺竖立在设计高程的纵断面位置上，以路线附近的水准点高程作为基准。测量高程并记录读数 H_1，以米计，准确至 0.001 m。

（2）连续测试全部测点，并与水准点闭合，闭合差应达到三等水准测量要求。按式（3.2）计算各个断面的纵断面高程偏差 ΔH_i。

$$\Delta H_i = H_{1i} - H_{0i} \tag{3.2}$$

式中　H_{1i}——第 i 个断面的纵断面实测高程，m；

H_{0i}——第 i 个断面的纵断面设计高程，m；

ΔH_i——第 i 个断面的纵断面高程偏差，m。

3.2.2.4　路面横坡测定

（1）对于设有中央分隔带的路面，将水准仪（全站仪）架设在路面平顺处调平，将水准尺分别竖立在路面与中央分隔带分界的路缘带边缘 d_1 处及路面与路肩交界位置或外侧路缘石边缘 d_2 处，d_1 与 d_2 两测点应在同一横断面上，测量 d_1 与 d_2 处的高程并记录读数，以米计，准确至 0.001 m。

（2）对于无中央分隔带的路面，将水准仪（全站仪）架设在路面平顺处调平，将水准尺分别竖立在道路中心 d_1 及路面与路肩交界位置或外侧路缘石边缘 d_2 处，d_1 与 d_2 两测点应在同一横断面上，测量 d_1 与 d_2 处的高程，记录高程读数，以米计，准确至 0.001 m。

（3）用钢卷尺测量两测点的水平距离，以米计，准确至 0.005 m。

采用式（3.3）和式（3.4）计算断面的横坡和横坡偏差，结果准确至 0.01%。

$$i_{1i} = \frac{d_{1i} - d_{2i}}{B_{1i}} \times 100\% \tag{3.3}$$

$$\Delta i_i = i_{1i} - i_{0i} \tag{3.4}$$

式中　i_{1i}——第 i 个断面的横坡，%；

d_{1i}，d_{2i}——第 i 个断面测点处的高程读数，m；

B_{1i}——第 i 个断面测点 d_{1i} 与 d_{2i} 之间的水平距离，m；

Δi_i——第 i 个断面的横坡偏差，%；

i_{0i}——第 i 个断面的设计横坡，%。

3.2.2.5　路面中线偏位的测定

（1）对于有中线坐标的道路，根据待测点 P 的施工桩号，在道路上标记 P 点，从设计资料中查出该点的设计坐标，用经纬仪（全站仪）对该设计坐标进行放样，并在放样点 P' 作好标记，量取 PP' 的长度，即为中线偏位 Δ_{CL}，以毫米计，准确至 1 mm。

（2）对于无中线坐标的道路，根据待测点 P 的施工桩号，在道路上标记 P 点，由设计资料计算出该点的坐标，用经纬仪（全站仪）对该坐标进行放样，并在放样点 P' 作好标记，量取 PP' 的长度，即为中线偏位 Δ_{CL}，以毫米计，准确至 1 mm。

3.2.2.6　检测记录

采用以上方法测定路基路面几何尺寸后，应进行检测结果记录，如表 3.6 所示。

表 3.6　路面几何尺寸检测记录

工程名称		某公路工程			路段桩号			检测日期			
检测者					计算者			校核者			
结构名称		沥青混凝土面层									
序号	测点桩号	纵断面高程/m			横坡/%			宽度/m			中线偏位/mm
		实测值 H_{1i}	设计值 H_{0i}	差值 ΔH_i/m	实测值 i_{1i}	设计值 i_{0i}	差值 Δi_i/m	实测值 B_{1i}	设计值 B_{0i}	差值 ΔB_i/m	实测值
1		47.875	47.884	-0.009	1.98	1.5	0.48	21.515	21.5	0.015	10
2		48.137	48.127	0.010	1.86	1.5	0.36	21.510	21.5	0.010	15

3.2.3　路面厚度检测

在路面检测中，一般将各结构层厚度检测与压实度检测同时进行。通常采用挖坑法、钻芯法、短脉冲雷达法，其中挖坑法适用于基层或砂石路面的厚度测试，可量取挖坑灌砂深度为结构厚度；钻芯法适用于沥青面层、水泥混凝土路面板和能够取出完整芯样的基层的厚度测试，可量取芯样作为结构厚度。短脉冲雷达广泛应用于路面厚度检测，该方法效率较高，而且准确性能满足施工要求。

3.2.3.1　挖坑法和钻芯法

A　仪具

挖坑法和钻芯法测试仪具如下：

(1) 挖坑用镐、铲、凿子、锤子、小铲、毛刷。

(2) 钻芯机：手推式或车载式，见图 3.6。钻头的标准直径为 100 mm。

(3) 量尺：钢直尺、游标卡尺，分度值不大于 1 mm。

(4) 其他：直尺、搪瓷盘、棉纱等。

B　挖坑法厚度测试

(1) 选择一块约 400 mm × 400 mm 的表面平坦试验地点，清扫干净。选择镐、铲、凿子等适当工具，开挖至层位底面，坑洞大体呈圆形，边开挖边将材料铲出，置于搪瓷盘中。

(2) 用毛刷清扫坑底，确认已开挖至下一层的顶面。

(3) 将直尺平放横跨于坑的两边，用钢直尺在坑的中部位置垂直伸至坑底，测量坑底至直尺下缘的距离，即为测试层的厚度 T_1，以毫米计，准确至 1 mm。

C　钻芯法厚度测试

(1) 选择一块约 400 mm×400 mm 的表面平坦试验地点，清扫干净。用路面取芯机钻孔并取出芯样（见图 3.7），钻孔深度应超过测试层的底面。

(2) 取出完整芯样后，找出与下层的分界面。

(3) 用钢直尺或游标卡尺沿芯样圆周对称的十字方向量取表面至分界面的高度，共 4 处，计算其平均值，即为该层的厚度 T_1，以毫米计，准确至 1 mm。

挖坑和钻芯后，清理干净坑中的残留物或积水，采用同类型材料填补压实。

图 3.6 钻芯机

图 3.7 钻芯取样现场测试图

D 数据处理

按式（3.5）计算路面厚度偏差 ΔT_i 。

$$\Delta T_i = T_{1i} - T_{0i} \tag{3.5}$$

式中 T_{1i} ——路面第 i 层的实测厚度，mm；

T_{0i} ——路面第 i 层的设计厚度，mm；

ΔT_i ——路面第 i 层厚度的偏差，mm。

3.2.3.2 短脉冲雷达法

短脉冲雷达检测路面厚度是一种无损、高效并且能连续检测的方法，其检测路面厚度的原理是：利用天线发射雷达波（电磁波），电磁波在路面结构层中传播时遇到不同的介质会发生反射，识别分界面，反射信号重新被天线接收，根据电磁波的走时和在介质中的波速推算出路面厚度，如图 3.8 所示。

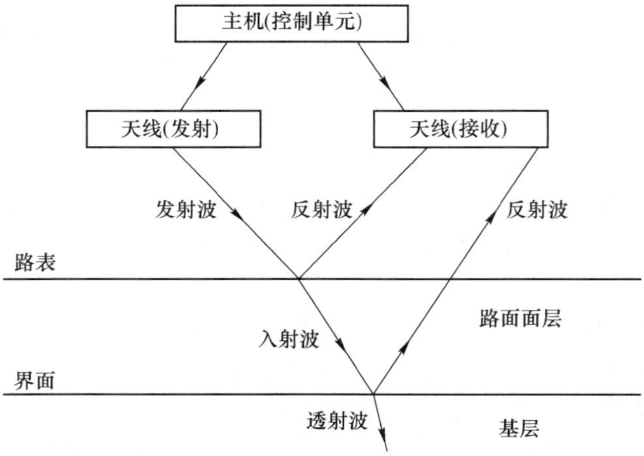

图 3.8 短脉冲雷达法检测工作原理

3.2.3.3 路面结构层厚度评定

路段内路面结构层厚度按代表值的允许偏差和单个测定值的允许偏差进行评定。厚度代表值为厚度的算术平均值的下置信界限值，按式（3.6）计算。

$$T_L = \overline{T} - S\frac{t_\alpha}{\sqrt{n}} \tag{3.6}$$

式中 T_L——厚度代表值；

$\overline{T}$——厚度平均值；

S——标准差；

n——检查数量；

t_α——t 分布中随测点数和保证率（置信度 α）而变的系数，其中高速公路、一级公路基层底基层的保证率为 99%，面层的保证率为 95%；其他公路基层、底基层保证率为 95%，面层保证率为 90%；$t_\alpha/\sqrt{n}$ 值见表 2.2。

在进行路面厚度质量评定时，要确保结构层的平均厚度，以代表值是否小于设计厚度减代表值的允许偏差为评定标准。若厚度代表值小于设计厚度减去代表值允许偏差时，则相应分项工程评为不合格；若厚度代表值大于或等于设计厚度减去代表值允许偏差时，则按单点测定值是否超过单点合格值计算合格率。

【例 3-1】 某高速公路水泥稳定砂砾基层设计厚度为 36 cm，该评定路段的基层厚度检测值为 37 cm、38 cm、35 cm、36 cm、35 cm、37 cm、38 cm、35 cm、37 cm、39 cm。请评定其厚度是否满足要求，并计算合格率（采用的保证率为 99%，代表值允许偏差为 −8 mm，单值允许偏差为 −15 mm）。

解：

厚度平均值 $\overline{T} = 36.7$ cm，标准差 $S = 1.42$ cm

根据 $n = 10$，$\alpha = 99\%$，查表 2.2 得：$\dfrac{t_\alpha}{\sqrt{n}} = \dfrac{t_{0.99}}{\sqrt{10}} = 0.892$

厚度代表值 $T_L = \overline{T} - S\dfrac{t_\alpha}{\sqrt{n}} = 36.7 - 1.42 \times 0.892 = 35.43$ cm

已知设计厚度 $T_d = 36$ cm，允许偏差 $\Delta T = 8$ mm，单点合格允许偏差 $\Delta T_{合格} = 15$ mm

因为 $T_L > T_d - \Delta T = 36 - 0.8 = 35.2$ cm

且 $T_{i\max} = 39 > T_d - T_{合格} = 34.5$ cm，$T_{i\min} = 35 > T_d - T_{合格} = 34.5$ cm

又因合格数 $m = 10$，检测点数 $n = 10$，所以，该路段水泥稳定砂砾基层厚度的合格率为 100%。

3.2.4 路面压实度检测

路面压实质量用压实度来表示，路面基层和沥青混凝土面层的压实度计算方式如下所示。现场常用的压实度检测方法和适用范围见表 3.7。

$$路面基层的压实度 = \frac{材料压实后的干密度}{该材料的标准最大干密度} \times 100\%$$

$$\text{沥青混凝土面层的压实度} = \frac{\text{混合料试件毛体积密度}}{\text{标准密度}} \times 100\%$$

表 3.7 现场压实度检测方法及适用范围

检测方法	适用范围
灌砂法	适用于在现场测定基层（或底基层）、砂石路面及路基土的各种材料压实层的密度和压实度，也适用于沥青表面处治、沥青灌入式面层的密度和压实度检测，但不适用于填石路堤等有大孔洞或大孔隙材料的压实度检测
环刀法	适用于细粒土及无机结合料稳定细粒土的密度测试。但对无机结合料稳定细粒土，其龄期不宜超过2天，且适用于施工过程中的压实度检测
核子法	适用于现场用核子密度仪以散射法或直接透射法测定路基或路面材料的密度和含水率，并计算施工压实度，同时适用于施工质量的现场快速评定，不宜用做仲裁试验或评定验收试验
钻芯法	适用于检验从压实的沥青路面上钻取的芯样试件的密实度，以评定沥青面层的施工压实度，同时适用于龄期较长的无机结合料稳定类基层和底基层的密度检测

3.2.4.1 *灌砂法*

A 仪具

（1）灌砂筒：金属材质，根据需要采用，其形式和主要尺寸如图3.9、图3.10所示，并符合表3.8的规定。

（2）标定罐：金属材质，上端有罐缘，形式和主要尺寸见图3.9、图3.10，并符合表3.9的规定。

表 3.8 灌砂筒类型

灌砂筒类型/mm	填料最大粒径/mm	适宜的测试层厚度/mm
100	<13.2	≤150
150	<31.5	≤200
200	<63	≤300
250及以上	≤100	≤400

表 3.9 灌砂设备的主要尺寸要求

灌砂设备类型			小型灌砂设备	中型灌砂设备	大型灌砂设备
灌砂筒	储砂筒	直径/mm	100	150	200
		容积/cm³	2121	4771	8482
	流砂孔	直径/mm	10	15	20
标定罐	金属标定罐	内径/mm	100	150	200
		外径/mm	150	200	250
基板	金属方盘基板	边长/mm	350	400	450
		深/mm	40	50	60
	中孔	直径/mm	100	150	200
	板厚	厚/mm	≥1.0（铁）	≥1.0（铁）	≥1.0（铁）
			≥1.2（铝合金）	≥1.2（铝合金）	≥1.2（铝合金）

图 3.9 灌砂筒、标定罐和基板实物图

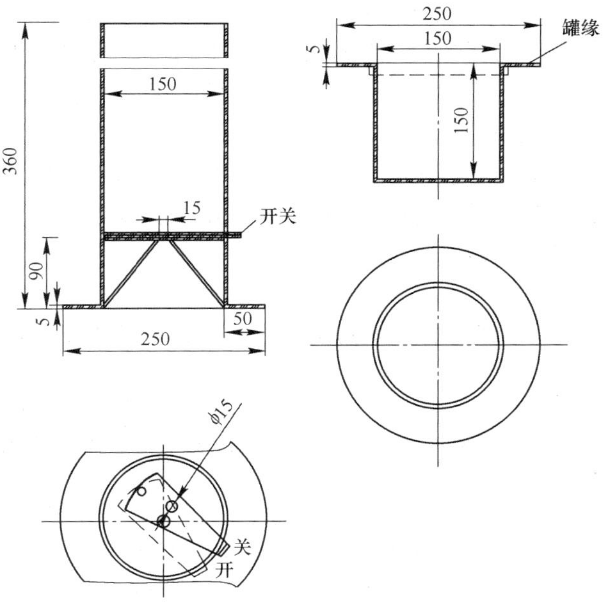

图 3.10 灌砂筒和标定罐结构

此外，还需要基板、玻璃板、铝盒、电子秤、含水率测试设备、量砂、塑料筒、长把勺、毛刷等。

B 方法与步骤

(1) 按照有关标准和规程对结构层进行击实试验，得到最大干密度 ρ_c 。

(2) 按表 3.8 和表 3.9 选用灌砂设备。

(3) 标定灌砂设备下部圆锥体内砂的质量。

(4) 标定量砂的松方密度 ρ_s 。

C 测定步骤

(1) 在试验地点，选一块平坦表面，将其清扫干净，面积不得小于基板面积。

(2) 将基板放在平坦表面上。当表面的粗糙度较大时，将盛有量砂 m_1 的灌砂筒放在基板中孔上，做好基板位置标识。将灌砂筒的开关打开，让砂流入基板中孔内，直到储砂筒内的砂不再下流时关闭开关。取下灌砂筒，并称量储砂筒内砂的质量 m_5， 准确至 1 g。

(3) 取走基板，收回留在试验地点未混入杂质的量砂，重新将表面清扫干净。

(4) 将基板放回原处并固定，沿基板中孔凿洞（洞的直径与灌砂筒直径一致）。在凿洞过程中，要将凿松的材料取出装入塑料袋中或大铝盒内密封，防止水分蒸发。试洞的深度应等于测试层厚度，但不得有下层材料混入。称取洞内材料质量 m_ω， 准确至 1 g。

(5) 从挖出的全部材料中取有代表性的试样，放在铝盒或洁净的搪瓷盘中，按照有关规定测试其含水率 ω。 单组取样，称其质量 m_d 。

(6) 储砂筒内放满砂到要求质量 m_1， 将基板安放在试坑原位上。灌砂筒安放在基板中间，下口对准基板中孔，打开灌砂筒开关，让砂流入试坑内。在此期间，不应碰灌砂筒，直到储砂筒内的砂不再下流时，关闭开关。取走灌砂筒，并称量筒内剩余砂的质量

m_4，准确至 1 g。

（7）如清扫干净的平坦表面粗糙度不大，也可省去（2）和（3）的操作。在试洞挖好后，将灌砂筒直接对准试坑，中间不需要放基板。打开灌砂筒开关，让砂流入试坑内。在此期间，不应碰灌砂筒，直到储砂筒内的砂不再下流时，关闭开关。取走灌砂筒，并称量剩余砂的质量 m'_4，准确至 1 g。

（8）取走基板，将留在试坑内未混入杂质的量砂收回；将坑内剩余量砂清理干净后，回填与被测结构同材质的填料，并用铁锤分 3~4 层夯实。

D 数据处理

填满试坑所用砂的质量的计算方式如下。

（1）灌砂时，当试坑上放有基板，填满试坑砂的质量 m_b 计算方法如式（3.7）所示。

$$m_b = m_1 - m_4 - (m_1 - m_5) \tag{3.7}$$

（2）灌砂时，试坑上不放基板，填满试坑砂的质量 m_b 计算方法如式（3.8）所示。

$$m_b = m_1 - m'_4 - m_2 \tag{3.8}$$

式中 m_1——灌砂前灌砂筒内砂的质量，g；

m_2——灌砂筒下部圆锥体内砂的质量，g；

m_4，m'_4——灌砂后，储砂筒内剩余砂的质量，g；

$m_1 - m_5$——灌砂筒下部圆锥体内及基板和粗糙表面间砂的合计质量，g。

试坑材料的湿密度（ρ_ω）计算方法如式（3.9）所示。

$$\rho_\omega = \frac{m_\omega}{m_b} \times \rho_s \tag{3.9}$$

式中 m_ω——试坑中取出的全部材料的质量，g；

ρ_s——量砂的松方密度，g/cm³。

试坑材料的干密度（ρ_d）可按式（3.10）计算。

$$\rho_d = \frac{\rho_\omega}{1 + 0.01\omega} \tag{3.10}$$

式中 ω——试坑材料的含水率,%。

当为水泥、石灰、粉煤灰等无机结合料稳定土时，可按式（3.11）计算其密度。

$$\rho'_d = \frac{m_d}{m_b} \times \rho_s \tag{3.11}$$

式中 ρ'_d——当为水泥、石灰、粉煤灰等无机结合料稳定土时的密度，g/cm³；

m_d——试坑中取出的稳定土的烘干质量，g。

施工压实度 K 可按式（3.12）计算。

$$K = \frac{\rho_d}{\rho_c} \tag{3.12}$$

式中 ρ_d——试样的干密度，g/cm³；

ρ_c——击实试验得到的最大干密度，g/cm³。

【例 3-2】 某高速公路在 K27+000~K28+000 的路段内，选取 6 个测点对水泥粉煤灰稳定碎石底基层用灌砂法检测压实度，试根据表 3.10 中记录的检测数据计算各桩号的压实度。

表 3.10 压实度检测表（灌砂法）

工程名称	某公路工程	检测路段		K27+000～K28+000		检测日期	
试验者		计算者				校核者	
结构层	水泥粉煤灰底基层						
取样桩号		K27+219	K27+410	K27+488	K27+525	K27+763	K27+903
测点位置（距中线距离）/m		左 3.34	左 3.43	左 3.82	左 2.78	左 2.47	左 1.73
灌砂前砂+容器的质量/g		8000	8000	8000	8000	8000	8000
灌砂后砂+容器的质量/g		5310	5060	4700	5180	5310	4695
灌砂筒下部圆锥体内砂的质量/g		840	840	840	840	840	840
试坑灌入量砂的质量/g							
量砂堆积松散密度/$g \cdot cm^{-3}$		1.50	1.50	1.50	1.50	1.50	1.50
试坑中挖出的湿料质量/g		2655	3000	3500	2850	2690	3520
试样湿密度/$g \cdot cm^{-3}$							
含水率/%		10.2	10.4	10.0	10.1	10.6	10.4
试坑材料干密度/$g \cdot cm^{-3}$							
最大干密度/$g \cdot cm^{-3}$		2.01	2.01	2.01	2.01	2.01	2.01
压实度							

解： 以 K27+219 左 3.34 m 处压实度计算为例：

试坑灌入量砂的质量 $m_b = 8000 - 5310 - 840 = 1850$ g

试样湿密度 $$\rho_\omega = \frac{m_\omega}{m_b} \times \rho_s = \frac{2655}{1850} \times 1.50 = 2.15 \ (g/cm^3)$$

试坑材料干密度 $$\rho_d = \frac{\rho_\omega}{1 + 0.01\omega} = \frac{2.15}{1 + 0.01 \times 10.2} = 1.95 \ (g/cm^3)$$

压实度 $$K = \frac{\rho_d}{\rho_c} \times 100\% = \frac{1.95}{2.01} \times 100\% = 97\%$$

同理，其他取样测点位置的压实度依次为 97%、97%、98%、98%、97%。

3.2.4.2 核子密湿度仪测定压实度

核子密湿度仪用于施工现场路基路面压实度控制及快速评定，具有使用方便、测试效率高的优点。但由于受仪器设备型号、仪器的标定和环境等多种因素的影响，其测定数值具有较大的波动性，因此规定检测时必须标定，且标定的条件尽量与测定时条件相同。核子密湿度仪标定后，其检测结果方可作为工程质量评定与验收的依据。

在施工现场用核子密湿度仪测定路基路面材料的密度、含水率时可采用散射和直接透射两种方式。其中，散射方式主要用于测试沥青混合料面层的压实度或硬化混凝土等难以打孔材料的密度。直接透射方式主要用于测试厚度不大于 30 cm 的土基、基层材料或非硬化性水泥混凝土等可以打孔材料的密度及含水率。

核子密湿度仪应符合行业标准《核子密湿度仪》(JT/T 658) 的要求，其主要测试方法如下：

(1) 当用散射法测试沥青路面密度时，应先用细砂填平测点表面孔隙 (见图 3. 11)，再按如图 3. 12 所示的方法将仪器置于测点上测试。一组测值不应少于 13 点，取其平均值作为该段落的压实结果。

(2) 当使用直接透射法测试时，用导板、钻杆等在测点表面打孔，孔深应大于测试深度，且插进探杆后仪器不倾斜 (如图 3. 13)。按图 3. 14 所示的方法将探杆插入测试孔内，使之稳固，然后测试。

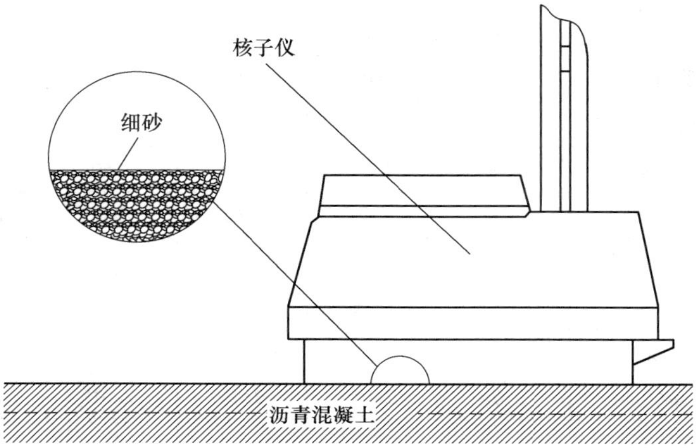

图 3. 11 用细砂填平测试的位置方法

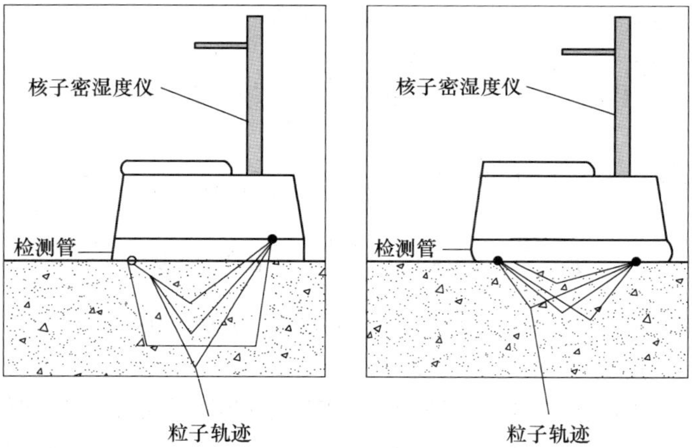

图 3. 12 散射法测定

3. 2. 4. 3 钻芯法测定沥青路面面层压实度

钻芯法适用于测试从压实的沥青路面上钻取沥青混合料芯样的密度，并计算施工压实度，以评价结构层的压实质量。测试时使用的仪具主要有路面取芯钻机 (见图 3. 15) 和电子静水天平 (见图 3. 16) 等。

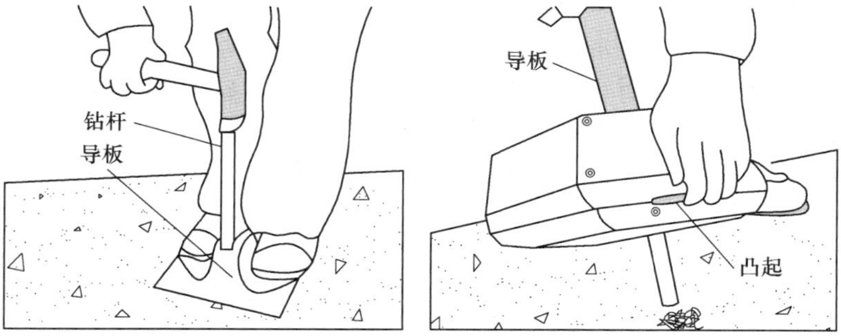

图 3.13 在路表面上打孔的方法

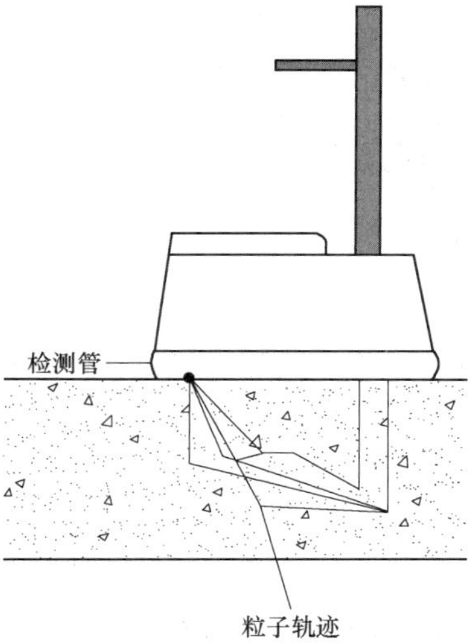

图 3.14 直接透射法测定

图 3.15 路面取芯钻机

按现行《公路路基路面现场测试规程》（JTG 3450—2019）中规定的方法钻取路面芯样（见图 3.17），芯样直径不宜小于 100 mm（见图 3.18）。当一次钻孔取得的芯样包含

图 3.16 电子静水天平

图 3.17 现场钻芯

不同层位的沥青混合料时，应根据结构组合情况用切割机将芯样沿各层结合面锯开，分层进行测试。

按《公路工程沥青及沥青混合料试验规程》（JTG E20—2011）的沥青混合料试件密度试验方法测试试件密度。按照《公路沥青路面施工技术规范》（JTG F40—2004）的规定，确定标准密度。根据试件密度和标准密度计算沥青路面的压实度。

图 3.18 芯样实物

3.2.4.4 无核密度仪测试压实度

在检测路面压实度的方法中，核子密度仪法具有无损、高效等优点，但在检测的同时会因为放射元素对环境和健康造成影响。无核密度仪不含放射元素，在使用过程中避免了此类问题，可以真正地实现无损、高效、安全的路面压实度检测。

国内主流的无核密度仪按照工作原理可分为电磁法无核密度仪和时域反算法无核密度仪。目前无核密度仪主要用在路面施工过程控制环节，不能用于交工验收或质量鉴定。对于新铺的沥青混合料路面，无核密度仪能快速、可靠地给出测试结果，有利于施工单位及时控制压实质量。

使用无核密度仪的试验方法为：在测试位置，使用无核密度仪对各测点进行测试，选择平均读取模式依次读取并记录显示的密度、湿度和温度等数值，取密度平均值作为该处密度测试结果。

3.2.4.5 压实度评定

路面压实度应以 1~3 km 长的路段为检验评定单元，按要求的检测频率进行现场压实度抽样检查，求算每一测点的压实度 K_i 。

检验评定段的压实度代表值 K（算术平均值的下置信界限）按式（3.13）计算。

$$K = \bar{k} - t_{\alpha}S/\sqrt{n} \geqslant K_0 \tag{3.13}$$

式中 $\bar{k}$——检验评定段内各测点压实度的平均值；

t_{α}——t 分布表中随测点数和保证率（或置信度 α）而变的系数。高速公路和一级公路的基层、底基层保证率为 99%，路基、路面面层保证率为 95%；其他公路的基层、底基层保证率为 95%，路基、路面面层保证率为 90%；

S——检测值的标准差；

n——检测点数；

K_0——压实度标准值。

（1）基层和底基层评定

1）$K \geqslant K_0$，且单点压实度 K_i 全部大于或等于规定值减 2 个百分点时，评定路段的压实度合格率为 100%。

2）$K \geqslant K_0$，且单点压实度 K_i 全部大于或等于规定极值时，按测定值不低于规定值减 2 个百分点的测点数计算合格率。

3）$K < K_0$，或某一单点压实度 K_i 小于规定极值时，该评定路段压实度为不合格，相应分项工程评为不合格。

（2）沥青面层评定

1）$K \geqslant K_0$ 且全部测点大于或等于规定值减 1 个百分点时，评定路段的压实度合格率为 100%。

2）$K \geqslant K_0$，按测定值不低于规定值减 1 个百分点的侧点数计算合格率。

3）$K < K_0$，评定路段的压实度应为不合格，相应分项工程评为不合格。

【例 3-3】 某二级公路在水泥稳定砂砾基层施工过程中，对其中一段的压实质量进行检查，检测结果详见压实度检测记录表 3.11，压实度标准值 $K_0=97\%$，规定极值为 93%。请按保证率为 95%计算该路段的压实度代表值及合格率，并进行压实质量评定。

表 3.11 压实度检测结果

检测点	1	2	3	4	5	6	7	8	9	10
压实度/%	97.5	98.3	98.5	96.1	97.7	98.8	99.0	98.6	97.3	97.3
检测点	11	12	13	14	15	16	17	18	19	20
压实度/%	98.2	97.4	99.2	97.2	97.5	98.0	98.3	97.5	97.3	98.5

解：测点压实度的平均值 $\overline{K}=97.91\%$，压实度的标准差 $S=0.76$

根据 $n=20$，$\alpha=95\%$，查表 2.2 得 $\dfrac{t_\alpha}{\sqrt{n}}=\dfrac{t_{0.95}}{\sqrt{20}}=0.387$

压实度代表值 $K=\overline{K}-S\times\dfrac{t_\alpha}{\sqrt{n}}=97.91\%-0.76\times0.387=97.62\%$

由于压实度代表值 $K>K_0=97\%$，单点压实度 $K_{i\max}=99.2\%$，$K_{i\min}=96.1\%$，$K_{i\min}>K_0-2\%=97\%-2\%=95\%$，所以全部单点压实度检验都符合要求，且单点压实度全部大于规定极值，$K_i>K_{极}=93\%$

合格点数 $m=20$，检测点数 $n=20$。

合格率 $P=m/n=20/20\times100\%=100\%$。

所以该路段的压实质量是合格的。

3.2.5 路面平整度检测

路面平整度的测试设备分为断面类及反应类。断面类测试设备主要用于测定路面表面凹凸情况，如最常用的 3 m 直尺及连续式平整度仪。反应类测试设备主要用于测定路面凹凸引起车辆振动的颠簸情况，最常用的测试设备是车载式颠簸累积仪。相比断面类，反应类指标是驾驶员和乘客直接感受到的平整度指标。路面平整度检测方法比较见表 3. 12。本节主要详细介绍 3 m 直尺法和连续式平整度仪法。

3. 2. 5. 1　3 m 直尺测定

用 3 m 直尺检测路面平整度是把 3 m 直尺放在被测定路段的表面上，测量路表与 3 m 直尺基准面的最大间隙，用该指标表示路面平整度，单位以毫米计，如图 3. 19 所示。3 m 直尺法适用于测定碾压成型后的路基路面各层表面的平整度，尤其是施工过程的质量控制，简便易行。

表 3. 12　路面平整度检测方式比较

检测方式	特　点	技术指标
3 m 直尺	设备简单、结果直观、间断测试、工作效率低、反映凹凸程度	最大间隙 h/mm
连续式平整度仪法	设备较复杂、连续测试、工作效率高、反映凹凸程度	标准差 σ/mm
车载式颠簸累积仪	设备复杂、工作效率高、连续测试、反映舒适性	单向累计值 VBI/cm · km^{-1}

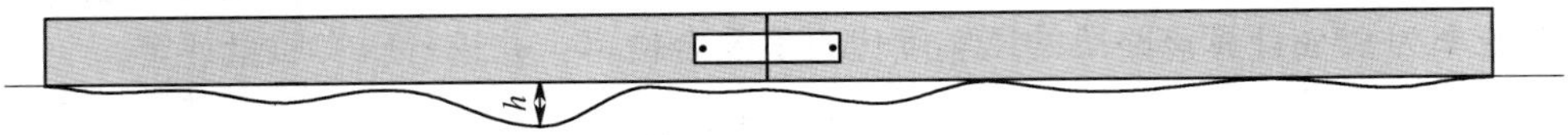

图 3. 19　用 3 m 直尺检测平整度

A　主要仪具

3 m 直尺测定时使用的主要仪具如下：

（1）3 m 直尺。3 m 直尺测量基准面长为 3 m，基准面应平直。3 m 直尺用硬木或铝合金钢等材料制成，如图 3. 20 所示。

（2）楔形塞尺。楔形塞尺是由硬木或金属制成的三角形塞尺，有手柄。塞尺的长度与高度之比不小于 10，宽度不大于 15 mm，边部有高度标记，分度值不大于 0. 5 mm，如图 3. 21 所示。

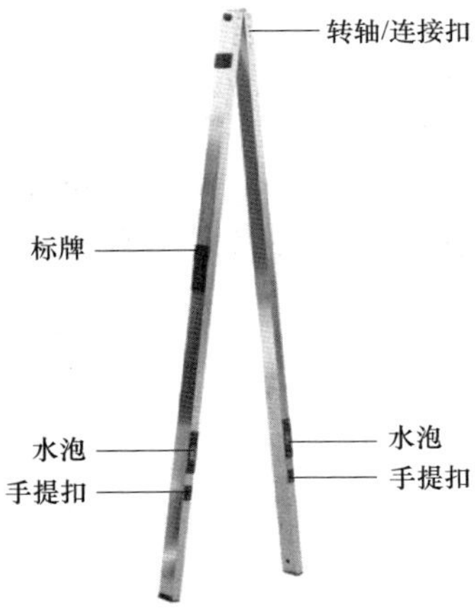

图 3. 20　3 m 直尺

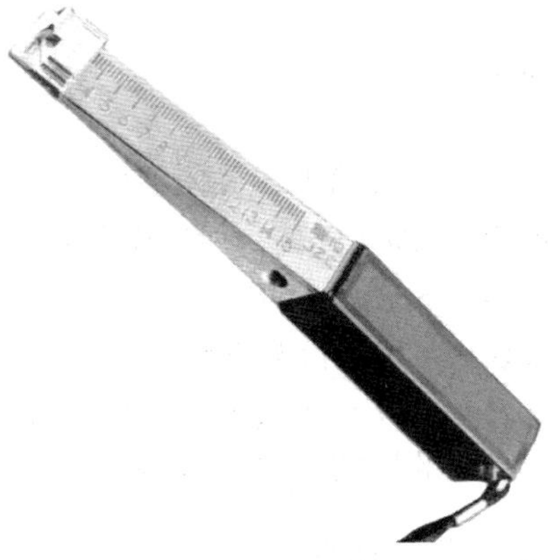

图 3. 21　楔形塞尺

B 测试步骤

用 3 m 直尺检测平整度的步骤如下：

（1）将 3 m 直尺沿道路纵向摆在测试位置的路面上。

（2）目测 3 m 直尺底面与路表面之间的间隙情况，确定最大间隙的位置。

（3）将具有高度标线的塞尺塞进间隙处，测试其最大间隙的高度。测量结果以毫米计，准确至 0.5 mm。

C 数据处理

单尺测试路面的平整度计算，以 3 m 直尺与路面的最大间隙 δ_m 为测试结果。连续测试 10 尺时，判断每尺最大间隙 δ_m 是否合格，并计算合格率，记录格式见表 3.13。

表 3.13 3 m 直尺测定平整度记录表

工程名称		某公路工程		检测路段		K18+150～K18+200			检测日期		
试验者				计算者					校核者		
结构层		沥青混凝土路面									
起讫桩号		实测值/mm									
K18+150		3.0	3.2	3.6	3.8	3.2	3.8	3.0	4.2	4.6	4.0
K18+200		3.6	4.8	5.2	5.4	4.6	4.4	3.6	3.8	4.4	4.6
测点数	20	标准值		5	最大值	5.4	最小值	3.0	平均值		4.04
小于标准值的点数		18		不合格点数		2		合格率		90%	

3.2.5.2 连续式平整度仪测定

连续式平整度仪通过测试路面纵向相对高程的标准差 σ 表征路面的平整度，以毫米计。我国的平整度仪大部分有自动计算功能，可自动打印并输出测试路段的标准差及振幅大于某一定值（如 3 mm、5 mm、8 mm、10 mm）的超差次数。连续式平整度仪不适用于在已有较多坑槽、破损严重的路面上测试。

A 仪具

连续式平整度仪使用的仪具如下：

（1）连续式平整度仪。连续式平整度仪结构及实物如图 3.22 和图 3.23 所示。除特殊情况外，连续式平整度仪的标准长度为 3 m。

（2）牵引车。牵引车为小面包车或其他小型牵引汽车。

B 测试步骤

连续式平整度仪的测试步骤如下：

（1）将连续式平整度仪置于测试路段路面起点上，保证测定轮位置在轮迹带范围内。

（2）在牵引汽车的后部，将连续式平整度仪与牵引汽车连接好，按照要求依次完成各项操作。

（3）启动牵引汽车，沿道路纵向行驶，横向位置保持稳定。

（4）确认连续式平整度仪工作正常。牵引连续式平整度仪的速度应保持匀速且沿车道方向行驶，速度宜为 5 km/h，最快不得超过 12 km/h。在测试路段较短时，也可用人力匀速拖拉连续式平整度仪来测试路面的平整度。

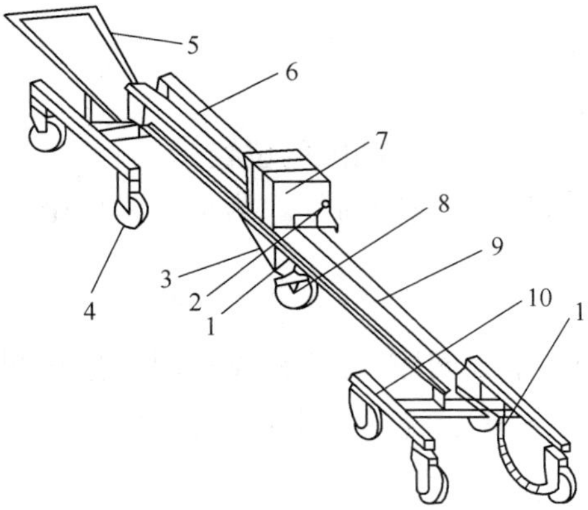

图 3.22 连续式平整度仪结构

1—测量架；2—离合器；3—拉簧；4—脚轮；5—牵引架；6—前架；7—记录计；8—测定轮；9—纵梁；10—后架；11—软轴

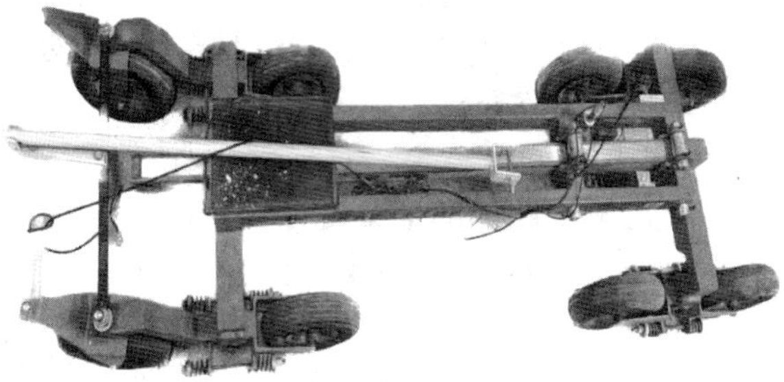

图 3.23 连续式八轮平整度仪

C 数据处理

（1）以 100 m 长度为一个计算区间，按式（3.14）计算该区间内采集的位移值 d_i 的标准差 σ_i，即该区间的平整度。计算结果以毫米计，保留 1 位小数。

$$\sigma_i = \sqrt{\frac{\sum d_i^2 - (\sum d_i)^2/N}{N-1}} \tag{3.14}$$

式中 σ_i——各计算区间的平整度计算值，mm；

d_i——以 100 m 为一个计算区间，每隔一定距离（自动采集间距为 10 cm，人工采集间距为 1.5 m）采集的路面凹凸偏差位移值，mm；

N——计算区间内用于计算标准差的测试数据个数。

（2）按照《公路路基路面现场测试规程》（JTG 3450—2019）中附录 B 的方法计算一个测试路段平整度的平均值、标准差、变异系数以及合格率。

3.2.6 路面承载能力检测

在竣（交）工质量评定过程中，弯沉值是检验路面整体承载能力是否符合设计要求的关键指标之一。目前，弯沉值的测试方法有很多，其中贝克曼梁法应用最为广泛。常用的弯沉值检测方式见表 3.14。

表 3.14 常用的弯沉值检测方式

检测方式	特点
贝克曼梁法	传统方法、速度慢、静态测试、比较成熟，目前属于常用方式
自动弯沉仪法	利用贝克曼梁原理快速连续测定，属于静态测试范畴。测试结果为总弯沉，需应用贝克曼梁进行标定换算
落锤式弯沉仪法	利用重锤自由落下的瞬间产生的冲击荷载测定弯沉，属于动态弯沉，能反酸路面的回弹模量。测量时快速连续，需应用贝克曼梁法进行标定换算

3.2.6.1 贝克曼梁法测定路面回弹弯沉

本方法适用于测试路基及沥青路面的回弹弯沉，以便评价其承载能力，不适用于路基冻结后的回弹弯沉检测。沥青路面的回弹弯沉受温度变化影响较大，为保证回弹弯沉值的可比性，现场测试的沥青路面回弹弯沉值以沥青面层平均温度 20 ℃为准，当沥青面层厚度大于 50 mm 时，需要进行温度修正。

A 仪具

贝克曼梁法测定路基路面回弹弯沉使用的主要仪具如下：

(1) 贝克曼梁。贝克曼梁结构见图 3.24，实物如图 3.25 所示，其前臂与后臂的长度比为 2∶1。贝克曼梁按长度分为 5.4 m（3.6 m+1.8 m）梁和 3.6 m（2.4 m+1.2 m）梁两种。长度为 5.4 m 的贝克曼梁适用于各种类型的路面结构回弹弯沉的测试，而长度为 3.6 m 的贝克曼梁适用于柔性基层沥青路面回弹弯沉的测试。

(2) 加载车。加载车为单后轴、单侧双轮组的载重车，其双轮轮隙应能满足自由插入贝克曼梁测头的要求，轴载、轮胎气压等技术参数应符合表 3.15 的要求。

(3) 百分表及表架。百分表及表架见图 3.25。

(4) 路表温度计。路表温度计的分辨力不大于 1 ℃。

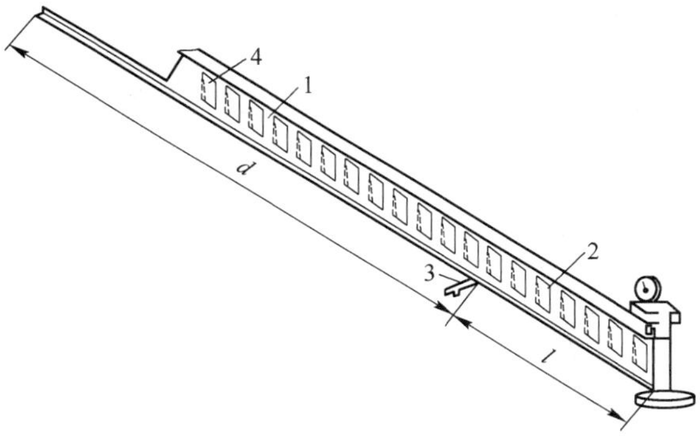

图 3.24 贝克曼梁结构

1—前臂；2—后臂；3—支点；4—大方孔

图 3.25 贝克曼梁实物

表 3.15 加载车参数要求

后轴标准轴载 P/kN	100±1
单侧双轮荷载/kN	50±0.5
轮胎气压/MPa	0.7±0.05
单轮传压面当量圆面积/mm^2	$(3.56±0.20)×10^4$

B 测试步骤

贝克曼梁法测试路基路面回弹弯沉的步骤如下：

(1) 将加载车停放在测试路段的测试位置，后轮一般应置于道路行车轮迹带上。将贝克曼梁插入加载车后轮轮隙处，与加载车行车方向一致，梁臂不得接触轮胎。贝克曼梁测头置于轮隙中心前方 30~50 mm 处测点上。用路表温度计测量并记录测点附近的路表温度。测量时可采用两台贝克曼梁对双侧轮迹同时进行回弹弯沉测试。

(2) 将百分表安装在表架上，并将百分表的测头安放在贝克曼梁的测定杆顶面。确保百分表正常归位。

(3) 指挥加载车缓缓前进，速度一般为 5 km/h 左右，百分表示值随路面变形持续增加。当示值最大时，迅速读取初读数 L_1。加载车仍继续前进，示值开始反向变化，待加载车驶出弯沉影响范围（约 3 m 以上），百分表示值稳定后，读取终读数 L_2。

(4) 指挥加载车沿轮迹带前行，驶向下一测试位置，重复上述步骤，完成测试路段的回弹弯沉测试。

C 弯沉仪的支点变形修正

当采用 5.4 m 贝克曼梁测试弯沉时，一般可不进行支点变形修正。当有可能引起贝克曼梁支座处变形时，测试时应检验支点有无变形。如果有变形，此时应用另一台测试用的贝克曼梁安装在测定用贝克曼梁的后方，其测点架于测定用贝克曼梁的支点旁。当加载车开出时，同时测定两台贝克曼梁的弯沉读数，若检验贝克曼梁百分表有读数，应该记录并进行支点变形修正。当在同一结构层上测定时，可在不同位置测定 5 次，求取其平均值，以后每次测定时以此平均值作为修正值。贝克曼梁支点变形修正原理如图 3.26 所示。

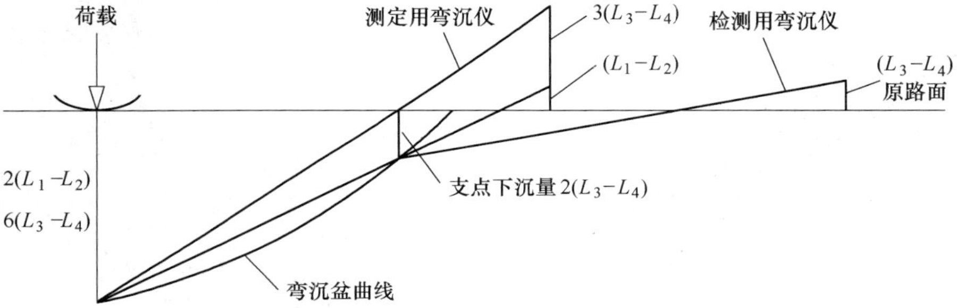

图 3.26 贝克曼梁支点变形修正原理

D 数据处理

路面测点的回弹弯沉值按式（3.15）计算。

$$l_t = (L_1 - L_2) \times 2 \tag{3.15}$$

式中 l_t——在沥青面层平均温度 t 时的回弹弯沉值，准确至 0.01 mm；

L_1——车轮中心临近贝克曼梁测头时百分表的最大读数，准确至 0.01 mm；

L_2——加载车驶出弯沉影响半径后待百分表稳定后的终读数，准确至 0.01 mm。

当需要进行弯沉仪支点变形修正时，按式（3.16）计算路面测点回弹弯沉值。

$$l_t = (L_1 - L_2) \times 2 + (L_3 - L_4) \times 6 \tag{3.16}$$

式中 L_3——加载车中心临近贝克曼梁测头时检验用贝克曼梁的最大读数，准确至 0.01 mm；

L_4——加载车驶出弯沉影响半径后检验用贝克曼梁的终读数，准确至 0.01 mm。

当沥青面层厚度大于 50 mm 时，回弹弯沉值应根据沥青面层平均温度进行温度修正，按下列步骤进行。

(1) 计算测定时的沥青面层平均温度，如式（3.17）所示。

$$t = (t_{25} + t_m + t_e)/3 \tag{3.17}$$

式中　t——测定时沥青面层平均温度,℃;

t_{25}——根据 t_0 由图 3.27 决定的路表向下 25 mm 处的温度,℃;

t_m——根据 t_0 由图 3.27 决定的沥青面层中间深度的温度,℃;

t_e——根据 t_0 由图 3.27 决定的沥青面层底面处的温度,℃;

t_0——测定时路表温度与测定前 5 d 日平均气温的平均值之和,℃，其中日平均气温为日最高气温与最低气温的平均值。

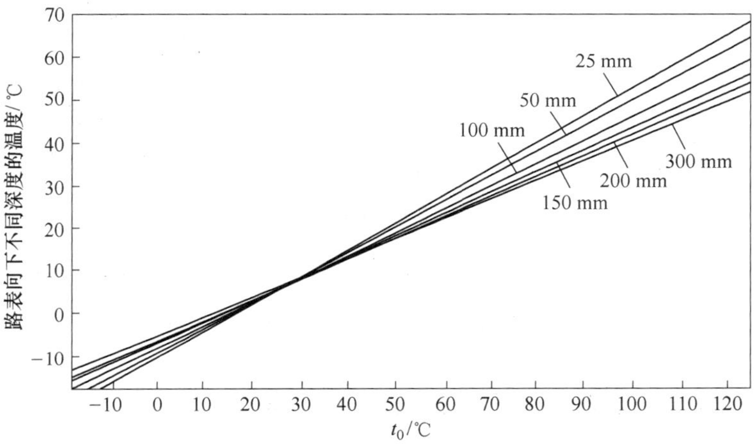

图 3.27　沥青面层平均温度的确定

（线上的数字表示从路表向下的不同深度）

（2）当沥青面层平均温度在（20±2）℃时，温度修正系数 $K = 1$。当沥青面层平均温度为其他温度时，应根据沥青面层厚度，分别由图 3.28 及图 3.29 求取不同基层的沥青路面弯沉值的温度修正系数 K。

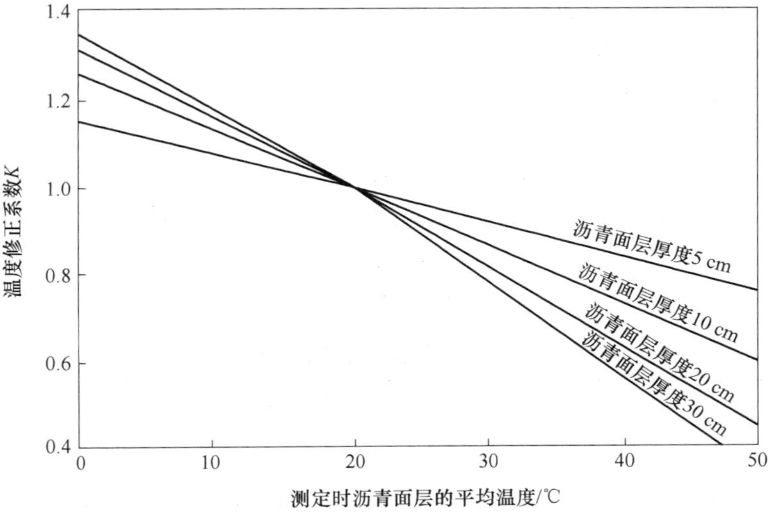

图 3.28　路面弯沉温度修正系数曲线（适用于粒料基层及沥青稳定类基层）

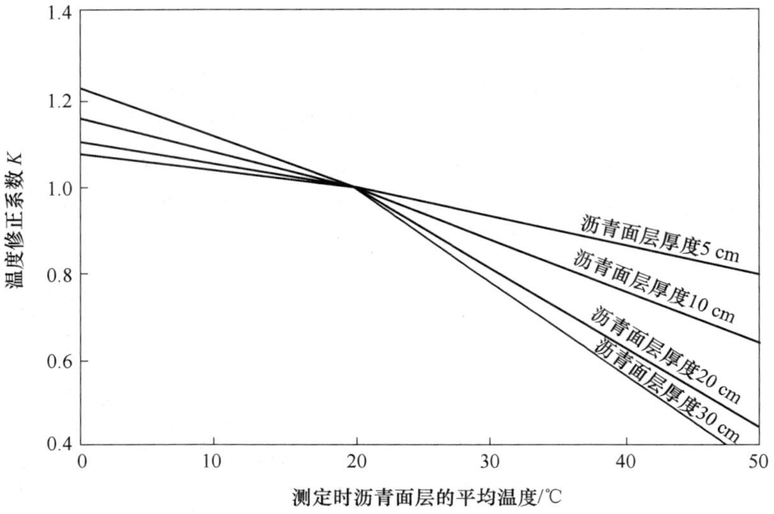

图 3.29 路面弯沉温度修正系数曲线（适用于无机结合料稳定类基层）

（3）修正后的沥青路面回弹弯沉值的计算如式（3.18）所示。

$$l_{20} = l_t \times K \tag{3.18}$$

式中 l_{20}——修正后的沥青路面回弹弯沉值（0.01 mm）。

E 弯沉值评定

（1）路基、沥青路面弯沉代表值为弯沉测量值的上波动界限，按式（3.19）计算。

$$l_{\mathrm{r}} = (\bar{l} + \beta S)K_1K_3 \tag{3.19}$$

$$K_3 = \mathrm{e}^{[9\times10^{-6}(\ln E_0 - 1)H_{\mathrm{a}} + 4\times10^{-3}](20-T)}$$

式中 l_{r}——弯沉代表值（0.01 mm）；

$\bar{l}$——实测弯沉的平均值（0.01 mm）；

S——标准差（0.01 mm）；

β——目标可靠指标，其值见表 3.16；

K_1——湿度影响系数，根据当地经验确定；

K_3——温度影响系数，路基顶面弯沉测定时取 1；路表弯沉测定时根据公式确定；

T——弯沉测定时沥青结合料类材料层中点实测或预估温度，℃；

H_{a}——沥青结合料类材料层厚度，mm；

E_0——平衡湿度状态下路基顶面回弹模量，MPa。

表 3.16 目标可靠指标 β 值

公路等级	高速公路	一级公路	二级公路	三级公路	四级公路
目标可靠度/%	95	90	85	80	70
目标可靠指标 β	1.65	1.28	1.04	0.84	0.52

（2）粒料类基层和底基层顶面弯沉代表值，应按式（3.20）计算。

$$l_r = \bar{l} + Z_\alpha S \tag{3.20}$$

式中 l_r——弯沉代表值（0.01 mm）；

$\bar{l}$——实测弯沉的平均值（0.01 mm）；

S——标准差（0.01 mm）；

Z_α——与要求保证率有关的系数，其中高速公路和一级公路 $Z_\alpha = 2.0$，二级公路 $Z_\alpha = 1.645$，二级以下公路 $Z_\alpha = 1.5$。

当弯沉代表值大于设计弯沉值时，相应分项工程评定结果应为不合格。

【例 3-4】 某新建二级公路竣工后，对其中一段沥青混凝土面层的弯沉值进行测定，检测结果见表 3.17。路面设计弯沉值 $l_d = 35$（0.01 mm），试判断该路段弯沉值是否满足验收要求（不考虑温度和湿度修正），计算结果保留 1 位小数。

表 3.17 弯沉值检测结果

序号	1	2	3	4	5	6	7	8	9	10
弯沉值(0.01 mm)	32	36	31	33	35	34	30	33	32	29

解： 实测弯沉的平均值 $\bar{l} = 32.5$（0.01 mm）

实测弯沉值的标准差 $S = 2.2$（0.01 mm）

该路段为二级公路，根据表 3.16 可知，目标可靠指标 $\beta = 1.04$

由式（3.19）可知，沥青路面弯沉代表值为

$$l_r = (\bar{l} + \beta S)K_1K_3 = (32.5 + 1.04 \times 2.2) \times 1.0 \times 1.0 = 34.8\ (0.01\ \text{mm})$$

根据计算结果，路面弯沉代表值 $l_r < l_d = 35$（0.01 mm），所以该路段的路面弯沉值满足验收要求。

3.2.6.2 自动弯沉仪测定路面弯沉

自动弯沉仪可用于测试沥青路面的总弯沉，评价其承载能力。不适用于有严重坑槽、车辙等病害，不具备正常通车条件路面的弯沉测试。自动弯沉仪利用贝克曼梁原理，与贝克曼梁法相比，该方法可进行连续检测，效率更高，近年来在公路工程验收和路面养护检测中应用得较为广泛。

A 仪具

自动弯沉仪法测定路面弯沉使用的仪具主要为 Lacroix 型自动弯沉仪，由承载车，测量机架，控制系统，位移、温度和距离传感器，数据采集与处理系统等部分组成，如图 3.30 所示。承载车为单后轴、单侧双轮组的载重车，其轴载、轮胎气压等参数应符合表 3.15 的要求。

B 测试步骤

自动弯沉仪法测定路面弯沉的测试步骤如下：

（1）通电预热测试系统。

（2）开启工程警灯和导向标等警告标志，在测试路段前 20 m 处将测量机架放在路面上。

（3）按照测试路段的现场技术要求设置所需的测试状态参数。

（4）缓慢加速承载车到测试速度，一般应控制在 3.5 km/h 以内。承载车沿正常行车

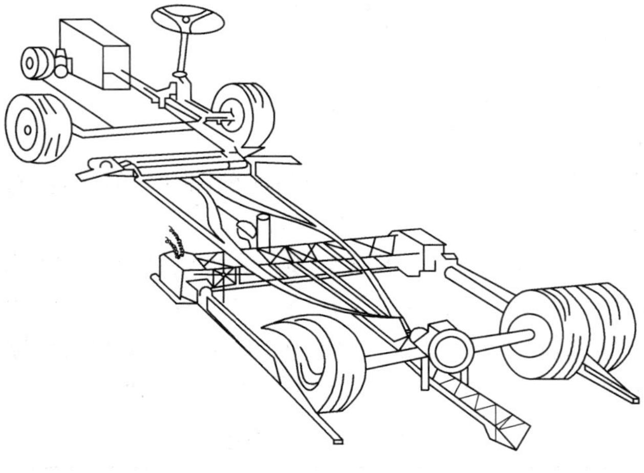

图 3.30 Lacroix 型自动弯沉仪测量机架示意图

轨迹驶入测试路段，开始测试。在测试过程中，根据承载车实际到达的位置，将测试路段起点和终点、桥涵等特征位置的桩号输入记录数据中。同时，测量并记录路表温度。

（5）当承载车驶出测试路段后，停止数据采集和记录，并缓慢停止承载车，提起测量机架。

（6）检查数据文件的完整性，确保测试内容正常，否则需要重新测试。

C 数据处理

自动弯沉仪法测得的数据在处理时应注意以下 3 点。

（1）自动弯沉仪采集路面弯沉盆峰值为路面总弯沉。左臂测值、右臂测值应按单独弯沉处理。

（2）按照相关规定，对现场检测的弯沉值进行温度修正。

（3）按照相关规定，对现场检测的弯沉值进行坡度修正。

3.2.6.3 落锤式弯沉仪测定路面弯沉

测定路面弯沉的方法中，贝克曼梁法和自动弯沉仪法都属于静态弯沉测法，而落锤式弯沉仪法采用落锤式弯沉仪测试路表在冲击荷载作用下产生的瞬时变形，即动态弯沉测法，以此评价路面承载能力。

A 仪具

落锤式弯沉仪法测定路面弯沉使用的仪具主要为落锤式弯沉仪（FWD），由荷载发生装置、弯沉检测装置、控制系统与牵引车等组成，如图 3.31 所示。

B 测试步骤

用落锤式弯沉仪测定路面弯沉的步骤如下：

（1）将 FWD 牵引至测试路段起始位置，输入测试位置信息，设定好状态参数。

（2）将承载板中心位置对准测点，测点应布置在车道轮迹带处。落下承载板，放下弯沉检测装置的各个位移传感器。

（3）启动荷载发生装置，落锤瞬时自由落下，冲击力作用于承载板上，又立即自动提升至原来位置固定。同时，记录荷载数据，各个位移传感器测量并记录路表变形数据，

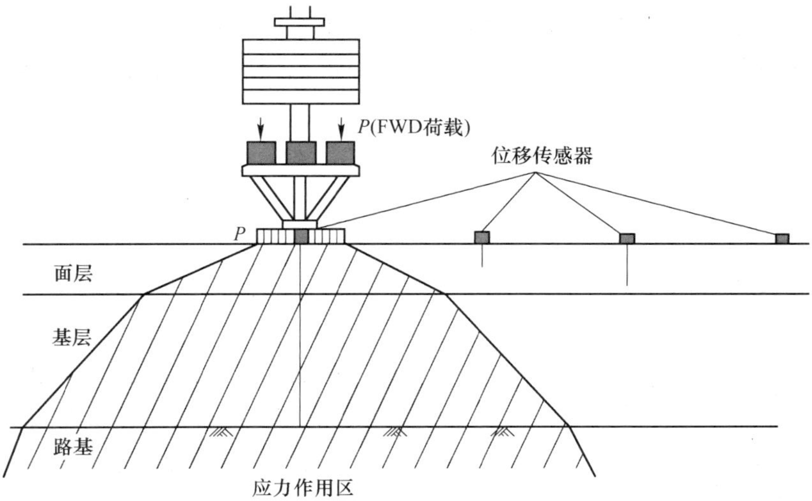

图 3.31 落锤式弯沉仪传感器布置及应力作用状态示意图

变形峰值即为弯沉值。每个测点重复测试不少于 3 次。

(4) 提起传感器及承载板，牵引车向前移动至下一个测点，重复上述步骤完成测试路段的弯沉测试。

C 数据处理

用落锤式弯沉仪测得的数据在处理时应注意以下 3 点。

(1) 舍去承载板中心位移传感器的首次测值，计算其后几次测值的平均值作为该点的弯沉值。

(2) 按照《公路沥青路面设计规范》(JTG D50—2017) 的规定，对弯沉值进行温度修正。

(3) 按照《公路路基路面现场测试规程》(JTG 3450—2019) 中附录 B 的方法，计算一个测试路段的弯沉平均值、标准差及代表值。

3.2.7 路面表面抗滑性能检测

路面表面的抗滑性能采用抗滑系数作为评价指标，抗滑系数以横向力系数 (SFC) 或摆式仪的刻度值 (BPN) 来表示。路面表面的构造深度 (TD) 也称纹理深度，是表征路面粗糙度的一种形式。路面构造深度和路面摩擦系数虽然都是评价路面表面抗滑性能的专业技术指标，但是两者表征的作用不同，不能互相代替。

路面表面抗滑性能检测方法有构造深度测试法 (手工铺砂法、电动铺砂法)，摆式仪测定摩擦系数，横向力系数测试法等，下面将具体介绍。

3.2.7.1 手工铺砂法测定路面表面构造深度

手工铺砂法适用于测试沥青路面及无刻槽水泥混凝土路面表面的构造深度，用以评定路面表面的抗滑性能。

A 仪具

手工铺砂法使用的仪具如下：

（1）手工砂铺仪：由量砂筒、推平板组成。量砂筒如图 3.32 所示，容积为（25±0.15）mL。推平板如图 3.33 所示，底面粘一层厚 1.5 mm 的橡胶片。

（2）其他仪具：量砂、量尺、装砂容器（小铲）、扫帚或毛刷、挡风板、刮尺、钢尺等。

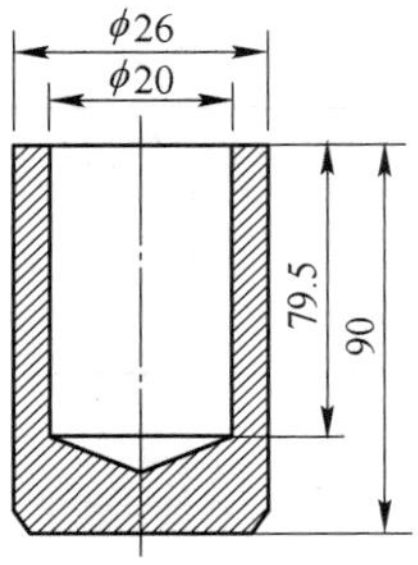

图 3.32　量砂筒

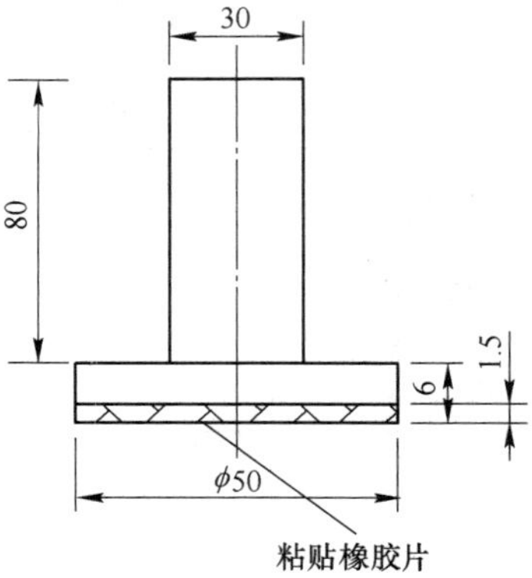

图 3.33　推平板

B　测试步骤

手工铺砂法测试路面构造深度的步骤如下：

（1）用扫帚或毛刷子将测点附近的路面清扫干净，面积不小于 30 cm×30 cm。

（2）用小铲向量砂圆筒中缓缓注入准备好的量砂至高出量砂筒成尖顶状，手提量砂筒上部，用钢尺轻轻叩打量砂筒中部 3 次，并用刮尺边沿筒口一次刮平。

（3）将砂倒在路面上，用推平板由里向外重复做摊铺动作，稍稍用力将砂向外均匀摊开，使砂填入路表面的空隙中，尽可能将砂摊成圆形，且不得在表面上留有浮动余砂。

（4）用钢板尺测量所构成圆的两个垂直方向的直径，取其平均值，准确至 1 mm。

（5）按以上方法，同一处平行测试不少于 3 次，3 个测点均位于轮迹带上，测点间距 3~5 m。

C　数据处理

构造深度测试结果按式（3.21）计算。

$$TD=\frac{1000V}{\pi D^2/4}=\frac{31831}{D^2} \tag{3.21}$$

式中　V——砂的体积，cm^3，取值为 25；

D——摊平砂的平均直径，mm。

按照《公路路基路面现场测试规程》（JTG 3450—2019）中附录 B 的方法，计算一个测试路段构造深度的平均值、标准差、变异系数。

3.2.7.2　电动铺砂法测定路面构造深度

电动铺砂法适用于测试沥青路面及无刻槽水泥混凝土路面表面构造深度，用以评定路面表面抗滑性能。电动铺砂法与手工铺砂法的基本原理相似，但测试方法有所差别。电动铺砂法是将固定体积量砂在路面上的摊铺长度与在玻璃板上的摊铺长度进行比较后得到构造深度。两种方法测试的构造深度存在差值，使用时应进行换算。

A　仪具

电动铺砂法使用的主要仪具如下：

（1）电动铺砂仪。电动铺砂仪的实物如图 3.34 所示，其构造如图 3.35 所示。

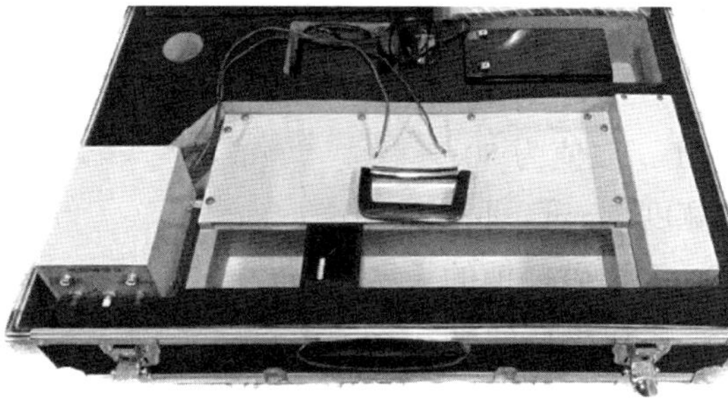

图 3.34　电动铺砂仪实物

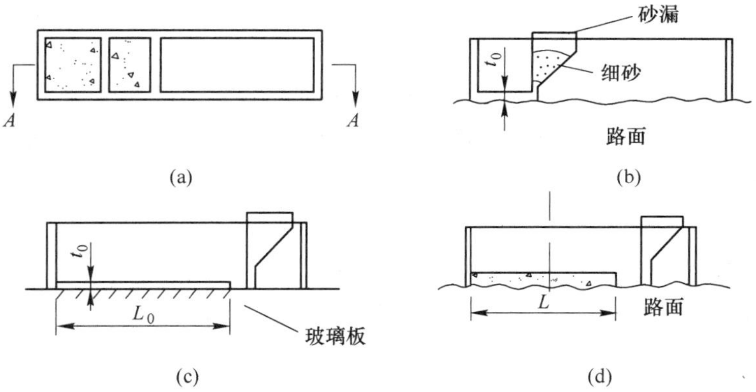

图 3.35　电动铺砂仪构造

（a）平面图；（b）A—A 断面；（c）标定；（d）测定

（2）其他仪具：量砂、标准量筒、玻璃板、灌砂漏斗等。

B　测试步骤

电动铺砂法测定构造深度的步骤如下：

（1）将测试地点用毛刷刷净，面积大于铺砂仪。

（2）将铺砂仪沿道路纵向平稳地放在路面上，将砂漏移至端部。

（3）在测试地点摊铺 50 mL 量砂，按图 3.36 的方法量取摊铺长度 L_1 及 L_2，由式（3.22）计算路面上 50 mL 量砂摊铺的长度 L，准确至 1 mm。

$$L = (L_1 + L_2)/2 \tag{3.22}$$

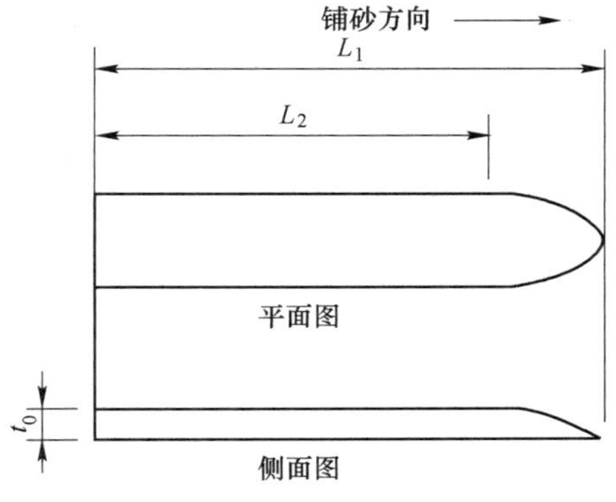

图 3.36　量砂摊铺的长度量取方法

（4）按以上方法，同一处平行测试不少于3次，3个测点均位于轮迹带上，测点间距3~5 m。

C　数据处理

（1）量砂在玻璃板上摊铺的标定厚度 t_0，可按式（3.23）计算。

$$t_0 = \frac{V}{B \times L_0} \times 1000 = \frac{1000}{L_0} \tag{3.23}$$

式中　V——量砂体积，mL，取值为50；

B——铺砂仪铺砂宽度，mm，取值为50；

L_0——玻璃板上50 mL量砂摊铺的长度，mm。

（2）构造深度 TD 按式（3.24）计算。

$$TD = \frac{L_0 - L}{L} \times t_0 = \frac{L_0 - L}{L \times L_0} \times 1000 \tag{3.24}$$

（3）按照《公路路基路面现场测试规程》（JTG 3450—2019）中附录B的方法，计算一个测试路段构造深度的平均值、标准差、变异系数。

3.2.7.3　摆式仪测定路面摩擦系数

指针式摆式仪可用于测试无刻槽水泥路面和沥青路面的摆式摩擦系数值BPN。摆式仪适用于测试沥青路面、标线或其他材料试件的抗滑性，用以评定路面或路面材料在潮湿状态下的抗滑能力。

A　仪具

用摆式仪测定路面摩擦系数使用的仪具主要为：

（1）指针式摆式仪，其结构如图3.37所示，测试时由人工通过指针在度盘上直接读值，摆值最小刻度为2。

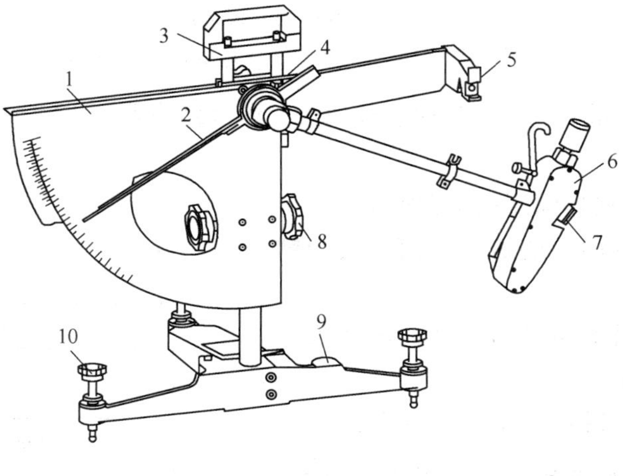

图3.37　指针式摆式仪结构

1—度盘；2—指针；3—紧固把手；4—松紧调节螺栓；5—释放开关；
6—摆；7—滑溜块；8—升降把手；9—水准泡；10—调平螺栓

（2）其他仪具：橡胶片、滑动长度量尺、喷水壶、路面温度计等。

B　测试步骤

用摆式仪测定路面摩擦系数的步骤如下：

（1）清洁路面。

（2）仪器调平。

（3）指针调零。

（4）校核滑动长度，直至滑动长度符合 126 mm+1 mm 的要求。

（5）将摆固定在右侧悬臂上，使摆处于水平位置，并把指针拨至右端靠紧摆杆。

（6）用喷水壶浇洒测点处路面，使之处于湿润状态。

（7）按下右侧悬臂上的释放开关，使摆在路面滑过，当摆杆回落时，用手接住摆杆并读数，但不做记录。

（8）按照步骤（5）~步骤（7）重复操作 5 次，读取并记录每次测试的摆值。5 个摆值中最大值与最小值的差值不得大于 3。如差值大于 3，则重复上述各项操作，至符合规定为止。

（9）在测点处用温度计测记潮湿路表温度，精确到 1 ℃。

（10）重复步骤（1）~步骤（9），完成一个测试位置 3 个测点的摆值测试。

C　数据处理

用摆式仪测得的数据在处理时应注意以下方面。

（1）计算每个测点 5 个摆值的平均值作为该测点的摆值 BPN_T，计算结果取整数。

（2）摆值的温度修正。当路面温度为 T 时测得的摆值 BPN_T，按式（3.25）换算成标准温度 20 ℃的摆值 BPN_{20}。

$$BPN_{20} = BPN_T + \Delta BPN \tag{3.25}$$

式中　BPN_T——路面温度为 T 时测得的摆值；

ΔBPN——温度修正值，取值见表 3.18。

表 3.18　温度修正值 ΔBPN

温度/℃	0	5	10	15	20	25	30	35	40
ΔBPN	-6	-4	-3	-1	0	+2	+3	+5	+7

（3）计算每个测试位置 3 个测点摆值的平均值作为该测试位置的摆值，计算结果取整数。

（4）按照《公路路基路面现场测试规程》（JTG 3450—2019）中附录 B 的方法，计算一个测试路段摆值的平均值、标准差、变异系数。

某工程应用摆式仪检测路面摩擦系数记录见表 3.19。

3.2.7.4　单轮式横向力系数测试系统测定路面摩擦系数

目前，我国已普遍使用横向力系数测试系统用于高等级公路抗滑能力的检测，测试速度和测试温度都对 SFC 测试结果产生较大影响。该系统适用于在新、改建路面工程质量验收和无严重坑槽、车辙等病害的正常行车条件下连续采集路面的横向力系数。

表 3.19 路面摩擦系数检测记录表

工程	某公路工程		检测路段		K18+000~K19+000			日期			
试验者			计算者					校核者			
结构	上面层		路面类型		AC-16C			仪器	摆式摩擦系数仪		
测点桩号	车道	测点位置	检测值						路面温度/℃	换算成 20 ℃时的摆值	测点平均值
			1	2	3	4	5	均值			
K18+153	行车道	前	76	75	77	75	77	76	25	78	78
		中	77	77	77	77	77	77	25	79	
		后	74	74	74	75	73	74	24	76	
K18+336	超车道	前	68	67	68	69	68	68	26	70	70
		中	67	67	67	67	68	67	26	69	
		后	70	70	71	70	69	70	26	72	
K18+638	行车道	前	70	70	71	71	70	70	26	72	71
		中	68	68	69	68	68	68	26	70	
		后	68	68	68	68	68	68	26	70	
K18+716	超车道	前	69	70	69	70	69	69	26	71	71
		中	68	69	67	68	68	68	26	70	
		后	71	72	70	72	70	71	25	73	
K18+913	超车道	前	80	80	80	79	81	80	26	82	83
		中	81	82	81	80	81	81	26	83	
		后	82	82	82	81	82	82	26	84	
测点数	5	设计值	≥45	平均值	75	标准差	5.7	变异系数	7.6%	合格率	100%

横向力系数测试系统由承载车、距离测试装置、横向力测试装置、供水装置和主控制单元组成，如图 3.38、图 3.39 所示，其中主控制单元除实施对测试装置和供水装置的操作控制外，同时还控制数据的传输、记录与计算等环节。

评定路段内的路面横向力系数应按 SFC 的设计或验收标准值进行评定。SFC 的代表值 SFC_γ 为 SFC 算术平均值的下置信界限值，即

$$SFC_\gamma = \overline{SFC} - \frac{t_\alpha}{\sqrt{n}}S \qquad (3.26)$$

式中 $\overline{SFC}$——SFC 算术平均值；

S——标准差；

n——采集数据样本数量。

当 SFC_γ 不小于设计或验收标准时，应以所有单个 SFC 值统计合格率；当 SFC_γ 小于设计或验收标准值时，该路段评定结果为不合格。

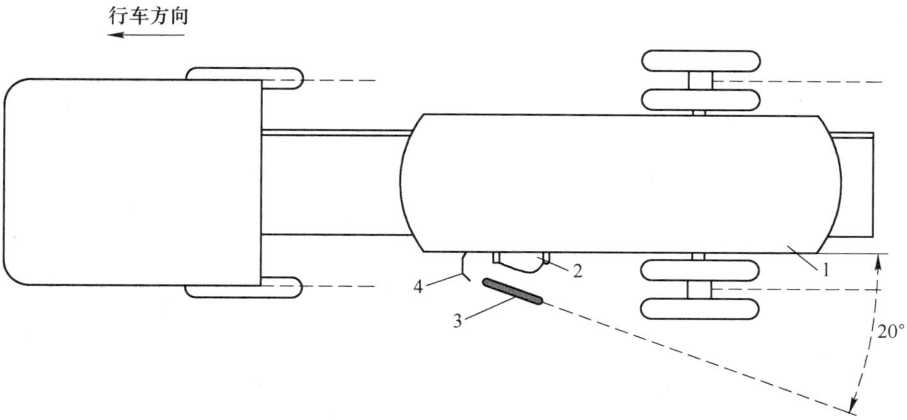

图 3.38 单轮式横向力系数测试系统结构

1—水罐；2—横向力测试装置；3—测试轮；4—供水口

(a) (b)

图 3.39 横向力系数测试系统

（a）横向力测定装置；（b）横向力系数测定车

3.2.8 沥青路面渗水系数检测

路面渗水系数（C_w）是指单位时间内渗入路面结构中的水量。本节主要介绍现场测试沥青路面渗水系数的方法。

3.2.8.1 仪具

沥青路面渗水系数检测使用的仪具如下：

（1）路面渗水仪，形状及尺寸如图 3.40 所示。上部盛水量筒由透明有机玻璃制成，容积 600 mL，玻璃上刻有刻度，在 100 mL 及 500 mL 处有粗标线，下方通过 ϕ10 mm 的细管与底座相接，中间有一开关。

（2）其他仪具：套环、水筒、大漏斗、秒表、密封材料等。

3.2.8.2 测试步骤

沥青路面渗水系数检测方法步骤如下：

（1）将塑料圈置于路面表面的测点上，确定密封的区域。

（2）用密封材料对环状密封区域进行密封处理。

（3）将套环压在条状密封材料表面，将渗水仪放在套环上对中，施加压力将渗水仪

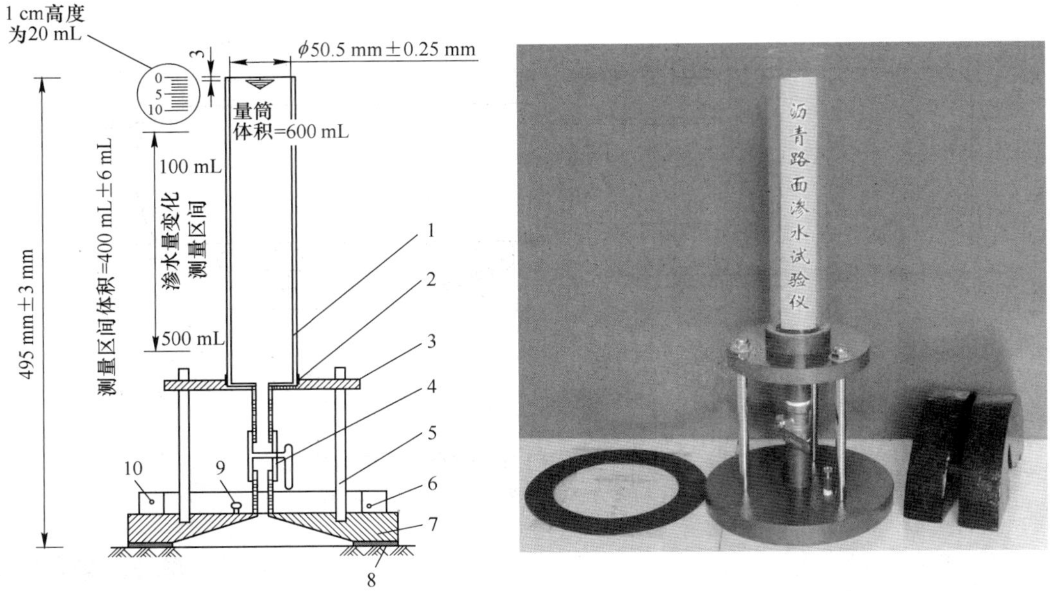

图 3.40　渗水仪结构与实物

1—盛水量筒；2—螺纹连接；3—顶板；4—阀；5—立柱支架；
6—压重钢圈；7—底座；8—密封材料；9—排气孔；10—套环

压在套环上，再将配重加上，以防压力水从底座与路面间流出。

（4）将开关及排气孔关闭，向量筒中注水超过 100 mL，打开开关和排气孔，使量筒中的水下流排出渗水仪底部内的空气，当水自排气孔顺畅排出时，关闭开关和排气孔，并再次向量筒中注水至 100 mL。

（5）将开关打开，待水面下降至 100 mL 刻度时，立即开动秒表开始计时，计时 3 min 后立即记录水量，结束试验。当计时不足 3 min 而水面已下降至 500 mL 时，立即记录水面下降至 500 mL 时所用的时间，结束试验。当开关打开后 3 min 时间内水面无法下降至 500 mL 刻度时，则开动秒表计时测试 3 min 内渗水量，结束试验。

（6）测试过程中，如果水从底座与密封材料间渗出，则表明底座与路面间密封不好，此试验结果无效。

（7）重复步骤（1）~步骤（6），测试 3 个测点的渗水系数。

3.2.8.3　数据处理

渗水系数按式（3.27）计算，计算结果准确至 0.1 mL/min。

$$C_w = \frac{V_2 - V_1}{t_2 - t_1} \times 60 \tag{3.27}$$

式中　V_1——第 1 次计时的水量，mL；

V_2——第 2 次计时的水量，mL；

t_1——第 1 次计时的时间，s；

t_2——第 2 次计时的时间，s。

以 3 个测点渗水系数的平均值作为该测试位置的结果，计算结果准确至 1 mL/min。

3.2.9 路面外观检测

路面的损坏类型因路面材料而异。《公路技术状况检验评定标准》中详细规定了沥青路面和水泥混凝土路面损坏的类型，其中沥青路面损坏类型包括龟裂、块状裂缝、纵向裂缝、车辙等 11 类，水泥混凝土路面损坏类型包括破碎板和错台等 11 类。在路面质量验收与评定、建立路面管理系统和确定路面维修方案时，都需要根据《公路路基路面现场测试规程》和《公路技术状况检验评定标准》的要求，测定沥青路面或水泥混凝土路面各类破损的数量与面积。本节主要介绍沥青路面或水泥混凝土路面表观损坏测试方法、沥青路面车辙测试方法及水泥混凝土路面错台测试方法。

3.2.9.1 路面表观损坏检测

本方法适用于人工调查法和图像视频法测试沥青路面和水泥路面的裂缝、坑槽、断板等表观损坏，以评价路面技术状况。

A 检测方法与步骤

路面表观损坏检测方法主要包括人工调查方法和图像视频测试方法。

a 人工调查方法。该方法的检测步骤如下：

（1）两个测试人员组成一个测试组，沿路肩徒步调查。

（2）量测或收集测试路段的路面长度及宽度。

（3）沿路面仔细观察和量测，并在损坏记录表格上填写路面损坏的桩号、位置、类型及尺寸等信息。根据周围交通状况可目测或采用量尺量测各类损坏。沥青路面和水泥混凝土路面的具体记录方式如下：

1）沥青路面记录方式。

纵向裂缝、横向裂缝和不规则裂缝等单根裂缝，主要采用钢卷尺或钢直尺量测其长度与宽度。缝宽按照该条裂缝宽度最大值计，宽度准确至 1 mm。缝长按照沿裂缝走向累计长度计算，调查结果准确至 0.01 m。其他包括龟裂、块状裂缝、坑槽、沉陷、波浪拥包、松散、泛油、修补等损坏，主要量测其面积。按照矩形量测其横断面切向和垂直方向最外边的长度和宽度。矩形应覆盖该处损坏面积，边框如图 3.41 所示，调查结果准确至 0.0001 m^2。

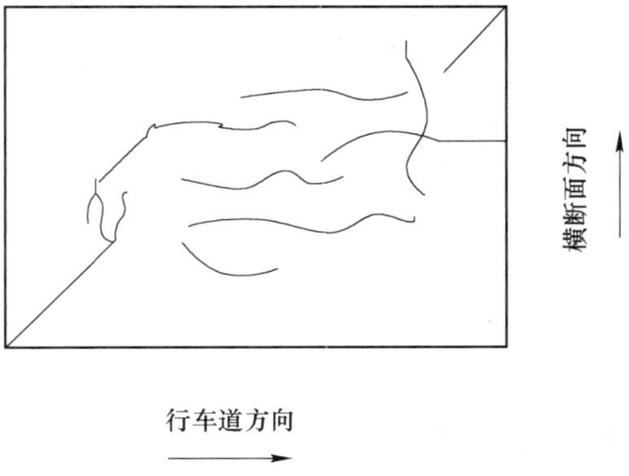

图 3.41 外侧矩形边框为测量边框

2）水泥混凝土路面记录方式。

裂缝、边角剥落、接缝料损坏、唧泥及裂缝修补等损坏，主要量测其长度，调查结果准确至 0.01 m。破碎板、板角断裂、拱起、坑洞、露骨及修补等损坏，主要量测其面积。按照涉及的板块、板角或包络面积计算，调查结果准确至 0.0001 m^2。

3）必要时可在损坏位置用粉笔或油漆做标记，拍摄照片或录像，并记录相应的桩号和照片编号。

b 图像视频测试方法

该方法主要采用自动化或者人机交互的方式识别路面损坏图像，并读取裂缝长度、损坏面积等，处理路面损坏。

B 数据处理

测试沥青路面损坏时，需计算测试路段的裂缝总长度和其他路面损坏的总面积，根据需要可计算破损率、裂缝率等指标。测试水泥混凝土路面损坏时，需计算测试路段损坏长度或面积，也可根据需要计算破损率、断板率等指标。

3.2.9.2 路面错台检测

路面错台检测用于测试在构造物端部接头、水泥混凝土路面的错台高度，以评价路面行车舒适程度。

A 检测方法与步骤

选择需要测试的断面，记录位置、桩号，描述错台的情况。路面错台的测试位置应选在接缝高差最大处，根据需要也可选择其他有代表性的位置。测试方法包括基准尺法、深度尺法和水准仪（全站仪）法，可根据实际情况选择。

(1) 基准尺法。将基准尺垂直跨越接缝并平放于高出的一侧，用塞尺或钢直尺量测接缝处基准尺下基准面与位置较低板块的高差，该高差即为该处的错台高度 D。测量结果准确至 1 mm。

(2) 深度尺法。将深度尺垂直置于高出的一侧，将测头顶出直至与沉降面接触为止，稳定后并读数，此数据即为该处的错台高度 D，结果准确至 1 mm。测点的选择应避开水泥混凝土板块崩边的位置。

(3) 水准仪（全站仪）法。将水准仪（全站仪）架设于路面平顺处调平，沿接缝在选定测点的两侧分别量测相对高程，测量结果准确至 1 mm。塔尺（棱镜）应放置在平整处，避开路面凸起和凹陷的位置。

B 数据处理

基准尺法和深度尺法的测试结果可直接作为错台高度 D，结果准确至 1 mm。水准仪（全站仪）法需计算接缝间的相对高程、差值的绝对值作为错台高度 D，结果准确至 1 mm。

3.2.9.3 沥青路面车辙检测

路面车辙深度直接反映了车辆行驶的舒适度及路面的安全性和使用期限。下面介绍沥青路面车辙的方法。

A 仪具

沥青路面车辙检测使用的仪具如下：

(1) 路面激光车辙仪。

(2) 横断面尺，如图 3.42 所示。横断面尺为金属制直尺，刻度间距 50 mm，长度不小于一个车道宽度。两端有把手及高度为 100~200 mm 的支脚，两支脚的高度相同，作为基准尺使用。

(3) 其他仪具：基准尺和量尺。

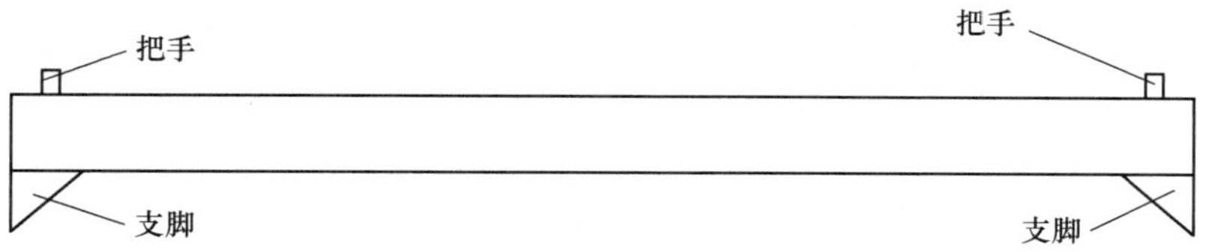

图 3.42　路面横断面尺

B　检测方法与步骤

沥青路面车辙检测方法主要包括横断面尺测试方法、基准尺测试方法和激光车辙仪测试方法。

(1) 横断面尺测试方法。本方法的测试步骤如下：

1) 确定测试路段，按照随机取样的方法选取测试断面，并做好标记。

2) 选择需测试车辙的断面，将横断面尺置于该测试断面上，方向与道路中心线垂直，两端支脚置于测试车道两侧。

3) 记录测试断面的桩号、位置及不同断面处的高差。

(2) 基准尺测试方法。当不需要测试横断面，仅需要测试最大车辙时，可采用本方法。测试步骤为：

1) 选择需测试车辙的断面，将基准尺置于该测试断面上，方向与道路中心线垂直。

2) 若车辙形状为图 3.43 中 (a)~(c) 型式，则需分别量测左、右轮迹带的车辙深度，具体做法为将基准尺分别置于左、右轮迹带辙槽两端最高位置，目测确定左、右轮迹带最大车辙位置，用量尺量取基准尺底面与路面之间的高差，将测量结果准确至 1 mm，记录车辙深度。

3) 若车辙形状为其他型式，则直接将基准尺置于断面辙槽两端最高位置，目测确定断面最大车辙位置，用量尺量取基准尺底面与路面之间的高差，将测量结果准确至 1 mm，记录车辙深度。

4) 记录测试断面的桩号、位置及断面处车辙深度。

(3) 激光车辙仪测试方法。该方法测试时应分车道测试，保持测试车中心线与车道中心线重合。测试系统自动记录被测试车道的路面车辙数据。

C　数据处理

(1) 按照图 3.43 规定的模式计算车辙深度 R_U，根据测试数据按图 3.43 的方法画出横断面图及顶面基准线。

(2) 在横断面图上确定车辙深度 R_{U1} 和 R_{U2}，将其精确至 1 mm，以其中最大值作为断面的最大车辙深度 R_U。

(3) 计算测试路段各测试断面最大车辙深度的平均值，并将其作为该测试路段的平均车辙深度。

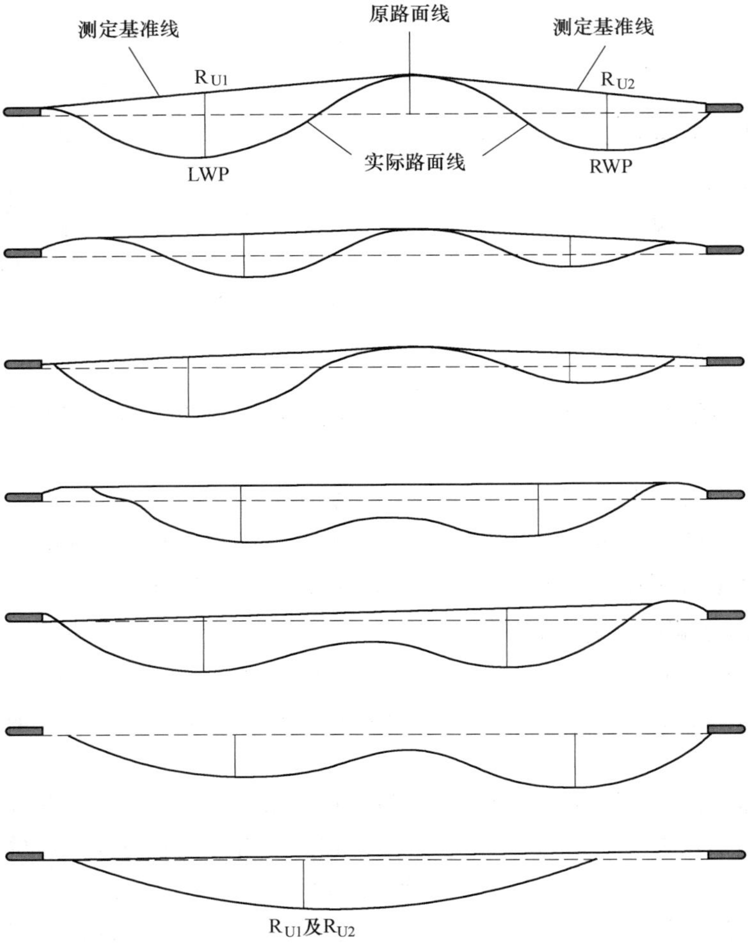

图 3.43 不同形状、不同程度的路面车辙示意图

（LWP、RWP 表示左轮迹带及右轮迹带，R_{U1}、R_{U2}分别表示左轮迹带、右轮迹带车辙深度）

3.3 其他检测项目

除第 3.2 节介绍的检测项目外，公路路面现场检测的其他项目中，本节主要介绍层间黏结强度检测和统计通过法测试路面对交通噪声的影响。

3.3.1 层间黏结强度检测

在实际路面设计、交工、竣工、养护过程中，层间黏结问题比较突出，因层间黏结不良导致的路面损坏问题较多，如沥青路面水平推移、车辙及拥包等病害。因此测试和评价不同材料之间的层间黏结强度十分重要。

3.3.1.1 仪具

层间黏结强度使用的仪具如下：

（1）拉拔仪，包括拉拔仪主机和拉头。拉拔仪主机的拉伸速率为（25±15）kPa/s。拉头用于黏结在测试路面或试件的表面，便于施加拉力，其直径一般为100 mm±0.1 mm。

（2）扭剪试验仪，包括扭矩计和扭剪盘。扭矩计一般配备一个扭杆，同时配一个扭矩读盘，能够显示最大扭矩。扭剪盘用于黏结在测试路面或试件的表面，便于安装扭矩计，并施加扭矩。

（3）其他仪具，包括温度计、量尺、秒表、黏结剂、钻芯机等。

3.3.1.2　拉拔试验方法与步骤

A　准备工作

（1）当进行结构层—黏结层的层间黏结试验时，需要安装拉头、切割环槽，如图3.44所示。首先用游标卡尺测试拉头直径，准确至0.1 mm；其次清理试验点表面，将拉头底部涂布一层黏结剂，并快速粘在需测试点表面；最后待黏结剂涂布后应养生、完全固化后，用刀具沿拉头边缘小心切割一个环槽，深度至下卧层顶面。

（2）当进行结构层—黏结层—结构层的层间黏结试验时，需钻出环槽、安装拉头，如图3.45所示。首先在测点处采用钻芯机钻出一个环槽，内径为100～102 mm，深度至下卧层表面10 mm以下；其次清理环槽内碎片，用游标卡尺实际测量环槽内径，准确至0.1 mm；最后清洗、干燥测点表面后，涂布黏结剂，注意黏结剂不要进入环槽，养生并完全固化后，准备下一步试验。

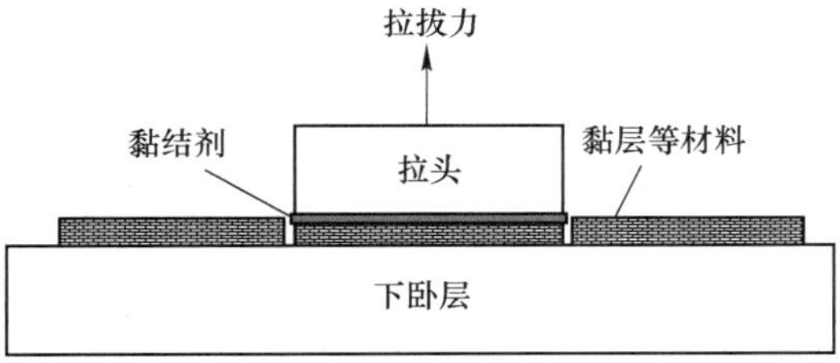

图3.44　结构层—黏结层的层间黏结试验

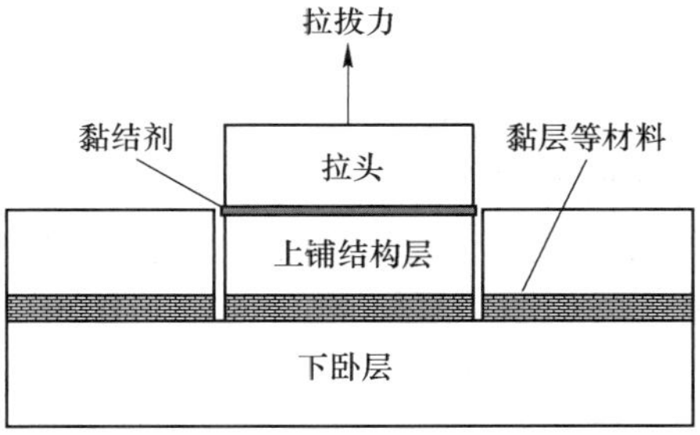

图3.45　结构层—黏结层—结构层的层间黏结试验

B　测试步骤

拉拔试验测试层间黏结强度的步骤如下：

（1）安装好拉拔仪，开动并进行拉拔测试。拉伸速率为（25±15）kPa/s。

（2）试验拉断时，读取最大拉力 F 作为试验结果。

（3）试验拉断后应注意观察断裂面情况，并在报告中详细注明。

（4）每个位置需要测试3个点，每个测点间距不小于500 mm，总间距控制在2 m内。

3.3.1.3　扭剪试验方法与步骤

A　准备工作

扭剪试验准备工作如下：

（1）当黏结层及以上部分的厚度小于15 mm时，按图3.46进行试验准备。按照本方法中拉拔试验的准备工作的相关步骤进行表面处理，黏结扭剪盘，进行下一步试验。试件表面应水平。

(2) 当黏结层及以上部分的厚度大于 15 mm 时，按图 3.47 进行试验准备。按照本方法中拉拔试验的准备工作的相关步骤进行表面处理，黏结扭剪盘，进行下一步试验。

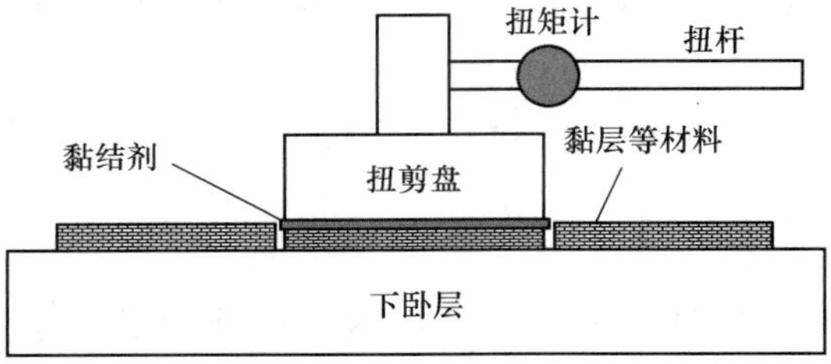

图 3.46 薄层扭剪试验时结构

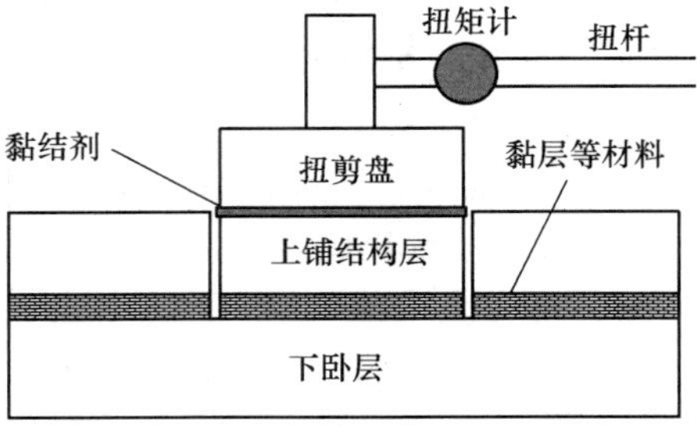

图 3.47 厚层扭剪试验时结构

B 试验步骤

扭剪试验测试层间黏结强度的步骤如下：

(1) 当黏结剂形成足够强度后，将扭矩计安装在扭剪盘上。

(2) 测量并记录路面温度。

(3) 人工匀速推动扭杆，使得扭杆在 30 s±5 s 内转动 90°，同时需要确保扭杆扭剪盘与测试路面表面或试件表面平行（角度小于 10°），当试验破坏时记录最大扭矩。

(4) 检验破坏断面并详细记录。

(5) 每个位置需要测试 3 个点，每个测点间距不小于 500 mm，总间距控制在 2 m 内。

C 数据处理

数据处理时应注意以下方面。

(1) 每个位置的 3 个测试值应不超过其平均值的 20%，否则该位置的测试结果应舍弃。

(2) 采用实测的最大拉力和拉头直径（或环槽内径），按式（3.28）计算拉拔强度 τ_{TAT}（MPa）。

$$\tau_{TAT} = \frac{4F}{3.14D^2} \tag{3.28}$$

式中 F——最大拉力，N；

D——实测拉头直径（或环槽内径），mm。

(3) 采用实测的最大扭矩和扭剪盘直径，按式（3.29）计算扭剪强度 τ_{TBT}（kPa）。

$$\tau_{TBT} = \frac{12M \times 10^6}{3.14D^3} \tag{3.29}$$

式中 M——实测最大扭矩，N·m；

D——扭剪盘直径，mm。

3.3.2 路面交通噪声检测

目前，国际上路面噪声的评价方法主要有远场法和近场法，其中远场法包括控制通过法（CPB）和统计通过法（SPB）。本节主要介绍统计通过法测试路面对交通噪声的影响。

3.3.2.1 仪具

统计通过法使用的仪具如下：

（1）声级计，满足 1 级声级计的要求，覆盖 315~5000 Hz 频率范围，其传声器为自由场型传声器。

（2）频率分析器，采用 1/3 倍频程滤波器，覆盖 315~5000 Hz 频率范围。

（3）其他仪具，包括声校准器、车速测量仪、温度计。

3.3.2.2 准备工作

（1）测试路段的选择。

1）选定的测试路段应顺直，长度不小于 60 m（交通流平均速度不小于 100 km/h 时，长度不小于 100 m），纵坡不大于 1%。路段表面应干燥、无明细污染，路面技术状况良好，且应避免选择有接缝的路段。

2）选定的测试路段背景噪声不应太大，以免干扰交通噪声的测试。一般要求现场其他活动所产生的噪声的 A 计权声压级应至少比测量时交通噪声的最大声级低 10 dB。

3）选定的测试路段，要求传声器周围 25 m 范围内没有任何声反射物体，如建筑物、声屏障等。

4）选定的测试路段应避免护栏对测量结果的影响。图 3.48 所示的长方形阴影区域内应无波形护栏和混凝土护栏。如果需要测试该路段，应先移除护栏或采用吸声材料覆盖后再测试。

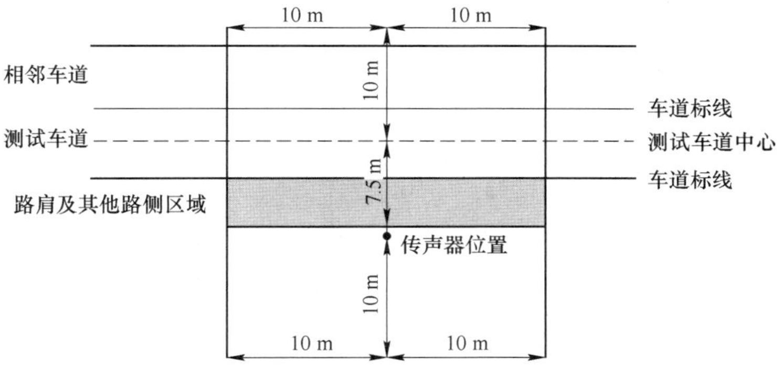

图 3.48 交通噪声测量对护栏影响的要求

（2）大风天气（一般要求风速不大于 5 m/s）及雨天不应进行测试。

（3）传声器一般按照测试行车方向右侧最外侧车道噪声的方式进行布设。

（4）声测装置的安装与检查。

（5）车辆分类和测量数量要求。

应对测试路段交通流中的车辆进行分类，以便进行数据处理。本方法将交通流中车辆分为 3 类，各类车辆测试数量要求如下，其余车辆可不予测量，第 2 类和第 3 类测量总量不少于 80 辆。

第 1 类：小客车，不少于 100 辆。

第 2 类：双轴的货车、公共汽车以及大客车，不少于 30 辆。

第3类：双轴以上的货车、公共汽车以及大客车，不少于30辆。

3.3.2.3 方法与步骤

(1) 噪声和车速测试。

1) 声级测试。在车辆经过的时候，测量最大A计权声压级，准确至0.01 dB。

2) 频谱测试。推荐测量1/3倍频程谱。在车辆经过A计权声压级达到其最大值时采集频谱。

3) 速度测试。在车辆中心点通过传声器时应测量车辆的速度，准确至1 km/h。

(2) 温度测试。

用温度计测试路面表面上方1.0~1.5 m高度处的空气温度，持续时间至少为15 s，宜连续测试。

(3) 测试过程中的检查。

测试过程中每4 h及测试结束时用声校准器对测声系统（包括传声器）整体敏感性进行一次检查，任何偏离都应记录在试验报告。如果校准读数相差超过0.5 dB，那么所有的中间测试应被视为无效。对于出现异常情况的车辆，应不予测试或从测试结果中剔除。

3.3.2.4 数据处理

(1) 声级—车速的线性回归分析。

计算处理由每类车辆测试的声级及车速的对数（以10为底）组成的数据对，采用最小二乘法，得到声级—车速的对数（以10为底）的回归直线。

(2) 确定速度类别。

计算测试车辆的平均车速作为交通流运行平均速度，按照以下标准确定道路速度类别。

1) 低速度类：平均速度为45~64 km/h；

2) 中速度类：平均速度为65~99 km/h；

3) 高速度类：平均速度大于等于100 km/h。

(3) 确定交通流的参考速度。

根据道路速度类别，按照表3.20确定每一类车辆的参考速度。对于被测试车辆的速度范围应满足：第2、第3类车的标准速度应在实测平均速度±1倍标准差范围内，第1类车的标准速度应在实测平均速度±1.5倍标准差范围内。

表3.20 不同道路速度类别下参考速度和典型加权因子

车辆类别	以下交通速度类别对应的标准速度					
	低速度		中速度		高速度	
	参考速度 /$km \cdot h^{-1}$	典型加权因子	参考速度 /$km \cdot h^{-1}$	典型加权因子	参考速度 /$km \cdot h^{-1}$	典型加权因子
第1类	50	0.900	80	0.800	110	0.700
第2类	50	0.075	70	0.100	85	0.075
第3类	50	0.025	70	0.100	85	0.225

(4) 计算参考速度下的声级。

在绘制的声级—车速的回归直线上，计算得到每一类车辆的回归直线上与相应参考速度对应的纵坐标声级。

(5) 计算统计通过指数。

按式 (3.30) 计算统计通过指数 SPBI(dB)，准确至 0.1。

$$SPBI = 10\lg\left[W_1 \times 10^{L_1/10} + W_2\left(\frac{V_1}{V_2}\right) \times 10^{L_2/10} + W_3\left(\frac{V_1}{V_3}\right) \times 10^{L_3/10}\right] \tag{3.30}$$

式中 L_1，L_2，L_3——标准车速对应的第 1，第 2 及第 3 类车辆的声级，dB；

W_1，W_2，W_3——加权因子。即交通流中第 1、第 2、第 3 类车辆的比例，合计为 1；

V_1，V_2，V_3——第 1、第 2、第 3 类车辆的标准速度，km/h。

在许多情况下，统计通过指数 SPBI 的主要用途是将特定的路面与某一参考路面按照规范标准进行对比，并将对比结果用差值表示出来。

3.4 工 程 实 例

3.4.1 沥青混凝土路面竣工验收实例

某项目桩号范围 K0+029.309~K0+463.109，全长 433.800 m，红线宽 20 m，为双向两车道。道路等级为城市支路。该道路在 2021 年 1 月进行竣工预验收，检测内容主要按设计施工图及某市市政基础设施工程资料管理规程进行，竣工预验收涉及道路、人行道工程、排水工程中的实测实量项目。

3.4.1.1 检验依据

检验依据如下：

(1) 工程设计文件；

(2)《公路路基路面现场测试规程》JTG 3450—2019；

(3)《城镇道路工程施工与质量验收规范》CJJ 1—2008；

(4) 某市城市道路工程质量检验标准；

(5) 某市排水工程施工及验收标准；

(6) 某市市政基础设施工程资料管理规程。

3.4.1.2 检验项目

检验内容包括道路工程、人行道工程、排水工程。

(1) 道路工程：沥青混凝土面层厚度，沥青混凝土面层压实度，路面平整度，路面高程、宽度、横坡，沥青混凝土面层弯沉。

(2) 人行道工程：平整度。

(3) 排水工程：检查井井底高程、检查井井口尺寸。

3.4.1.3 主要检测仪器

竣工预验收所使用的检测仪器见表 3.21。

表 3.21 主要检测仪器明细

序号	仪器名称	仪器型号	仪器精度	数量	用途
1	钻芯机	HZ-20B3	—	1	取芯
2	电子天平	TS510001	0.1 g	1	检测压实度
3	钢直尺	300 mm	1 mm	1	检测厚度
4	水准仪、5 m 塔尺	NA2	1 mm	1	检测高程、横坡
5	钢卷尺	50 m	1 mm	1	检测宽度
6	连续式平整度仪	LXBP-5A	0.25 mm	1	检测平整度
7	3 m 直尺	—	0.2 mm	1	检测平整度
8	全自动落锤式弯沉仪	HBL620	0.001 mm	1	检测弯沉

3.4.1.4 检测数据与分析

根据某市市政基础设施工程资料管理规程规定确定检测频率及数量，各检验项目的检验结果分别见表 3.22~表 3.31。

表 3.22 沥青混凝土路面厚度检验结果

工程名称	某城镇道路			检验依据	JTG 3450—2019 及地方标准		
检测层次	沥青混凝土芯样			检验方法	钻芯法		
设计厚度	上面层厚度：40 mm；下面层厚度：60 mm 总厚度：100 mm			仪器设备	钻芯机、钢直尺		
允许偏差/mm	代表值：总厚度-8（-8%H） 合格值：总厚度-15（-15%H）			检验日期	2021-01-15		
检验结果							
检验项目	桩号	实测厚度/mm	与设计厚度之差/mm	检验项目	桩号	实测厚度/mm	与设计厚度之差/mm
总厚度	K0+120	102	+2	上面层厚度	K0+120	42	+2
	K0+290	100	0		K0+290	40	0
	K0+420	100	0		K0+420	41	+1
该路段面层总厚度				该路段上面层厚度			
平均值/mm	100.7	标准差/mm	1.1547	平均值/mm	41.0	标准差/mm	1.0000
代表值/mm	99.4	合格率/%	100	代表值/mm	39.9	合格率/%	100
结论	该路段沥青混凝土面层所抽取测点总厚度满足设计及地方标准要求						

表 3.23 沥青混凝土面层压实度检验结果

<table>
<tr><td colspan="2">检验方法</td><td colspan="4">钻芯法</td><td colspan="2">检验日期</td><td colspan="4">2021-01-15</td></tr>
<tr><td colspan="2">仪器设备</td><td colspan="4">钻芯机、电子天平</td><td colspan="2">检验条件</td><td colspan="4">试验温度：25 ℃</td></tr>
<tr><td colspan="12">检 验 结 果</td></tr>
<tr><td colspan="2">取样位置</td><td>标准密度 g/cm^3</td><td>毛体积密度 g/cm^3</td><td>压实度/%</td><td>要求压实度/%</td><td colspan="2">取样位置</td><td>标准密度 g/cm^3</td><td>毛体积密度 g/cm^3</td><td>压实度/%</td><td>要求压实度/%</td></tr>
<tr><td rowspan="3">上面层</td><td>K0+120</td><td>2.433</td><td>2.360</td><td>97.0</td><td rowspan="3">≥95</td><td rowspan="3">下面层</td><td>K0+120</td><td>2.460</td><td>2.403</td><td>97.7</td><td rowspan="3">≥95</td></tr>
<tr><td>K0+290</td><td>2.433</td><td>2.345</td><td>96.4</td><td>K0+290</td><td>2.460</td><td>2.414</td><td>98.1</td></tr>
<tr><td>K0+420</td><td>2.433</td><td>2.336</td><td>96.0</td><td>K0+420</td><td>2.460</td><td>2.400</td><td>97.6</td></tr>
</table>

<table>
<tr><td colspan="5">上面层</td><td colspan="5">下面层</td></tr>
<tr><td>平均值/%</td><td>最小值/%</td><td>标准差/%</td><td>代表值/%</td><td>合格率/%</td><td>平均值/%</td><td>最小值/%</td><td>标准差/%</td><td>代表值/%</td><td>合格率/%</td></tr>
<tr><td>96.5</td><td>96.0</td><td>0.5033</td><td>96.0</td><td>100</td><td>97.8</td><td>97.6</td><td>0.2646</td><td>97.5</td><td>100</td></tr>
<tr><td>结论</td><td colspan="9">依据 JTG 3450—2019 标准检验，该路段沥青混凝土面层所抽取测点上面层、下面层压实度均满足地方标准要求</td></tr>
</table>

表 3.24 沥青路面平整度检验结果

<table>
<tr><td>工程名称</td><td>某城镇道路</td><td>检测层次</td><td>沥青混凝土</td></tr>
<tr><td>代表部位</td><td>K0+029.309~K0+463.109</td><td>平整度规定/mm</td><td>≤5</td></tr>
<tr><td>试验日期</td><td>2021-01-15</td><td>检验依据</td><td>JTG 3450—2019</td></tr>
<tr><td>检验方法</td><td>3 m 直尺测定法</td><td>仪器设备</td><td>3 m 直尺</td></tr>
<tr><td colspan="4">报 告 内 容</td></tr>
<tr><td>检验桩号</td><td>单尺最大间隙值/mm</td><td>检验桩号</td><td>单尺最大间隙值/mm</td></tr>
<tr><td>K0+035 左</td><td>1.5</td><td>K0+265 右</td><td>1.0</td></tr>
<tr><td>K0+065 右</td><td>1.5</td><td>K0+305 左</td><td>1.0</td></tr>
<tr><td>K0+105 右</td><td>1.0</td><td>K0+345 右</td><td>1.5</td></tr>
<tr><td>K0+145 左</td><td>1.5</td><td>K0+385 左</td><td>1.5</td></tr>
<tr><td>K0+185 右</td><td>1.5</td><td>K0+425 右</td><td>1.5</td></tr>
<tr><td>K0+225 右</td><td>1.0</td><td>K0+460 右</td><td>1.0</td></tr>
</table>

<table>
<tr><td colspan="6">该评定路段</td></tr>
<tr><td>总尺数/尺</td><td>12</td><td>不合格尺数总和/尺</td><td>0</td><td>总合格率/%</td><td>100</td></tr>
<tr><td>结论</td><td colspan="5">该路段所抽取测点路面平整度（3 m 直尺法）满足地方标准要求</td></tr>
</table>

表 3.25 人行道平整度检验结果

工程名称	某城镇道路	检测层次	彩色透水花砖
代表部位	K0+029.309~K0+463.109	设计要求/mm	≤4
试验日期	2021-01-15	检验依据	JTG 3450—2019
检验方法	3 m 直尺测定法	仪器设备	3 m 直尺
报告内容			
检验桩号	单尺最大间隙值/mm	检验桩号	单尺最大间隙值/mm
K0+035 左	3.0	—	—
K0+235 左	3.5	—	—
K0+335 左	3.0	—	—
K0+450 右	3.0	—	—
K0+250 右	2.5	—	—

该评定路段					
总尺数/尺	5	不合格尺数总和/尺	0	总合格率/%	100
结论	该路段所抽取测点人行道平整度（3 m 直尺法）满足地方标准要求				

表 3.26 沥青混凝土路面弯沉检验结果

工程名称	某城镇道路	检验依据	JTG 3450—2019
检测层次	沥青混凝土面层	仪器设备	全自动落锤式弯沉仪
试验日期	2021-01-15	检验方法	落锤法
代表部位	K0+029.309~K0+463.109	设计弯沉值（0.01 mm）	25.67

报告内容								
测点桩号	车道	平均弯沉（0.01 mm）	测点桩号	车道	平均弯沉（0.01mm）	测点桩号	车道	平均弯沉（0.01mm）
K0+040	左	19.55	K0+440	右	21.95	—	—	—
K0+120	左	19.90	K0+360	右	21.62	—	—	—
K0+200	左	20.24	K0+280	右	22.10	—	—	—
K0+280	左	20.72	K0+200	右	22.00	—	—	—
K0+360	左	20.76	K0+120	右	22.34	—	—	—
K0+440	左	21.05	K0+040	右	22.19	—	—	—

测点数/个	弯沉平均值（0.01 mm）	标准差（0.01 mm）	弯沉代表值（0.01 mm）
12	21.20	0.97	22.66
结论	该路段沥青混凝土面层所抽检弯沉结果满足设计及地方标准要求		

表 3.27 沥青混凝土路面宽度及总宽度检验结果

工程名称		某城镇道路			检测层次		沥青混凝土
检验日期		2021-01-10			仪器设备		钢卷尺
标准允许偏差/m		不小于设计规定			检验依据		JTG 3450—2019
检测位置		K0+029. 309～K0+463. 109					
检验项目	检测位置	设计宽度/m	检验结果/m				
			实测值		偏差值		总宽度
			左幅	右幅	左幅	右幅	
宽度及总宽度	K0+100	7. 00	7. 02	7. 01	0. 02	0. 01	14. 03
	K0+120	7. 00	7. 01	7. 01	0. 01	0. 01	14. 02
	K0+140	7. 00	7. 02	7. 01	0. 02	0. 01	14. 03
	K0+160	7. 00	7. 01	7. 01	0. 01	0. 01	14. 02
	K0+180	7. 00	7. 01	7. 00	0. 01	0. 00	14. 01
	K0+200	7. 00	7. 01	7. 01	0. 01	0. 01	14. 02
	K0+220	7. 00	7. 01	7. 01	0. 01	0. 01	14. 02
	K0+240	7. 00	7. 01	7. 01	0. 01	0. 01	14. 02
	K0+260	7. 00	7. 02	7. 01	0. 02	0. 01	14. 03
检测点数/点		18	合格点数/点	18	合格率/%		100
结论	该路段沥青混凝土面层所抽检路面宽度及总宽度结果满足地方标准要求						

表 3.28 沥青混凝土路面横坡检验结果

工程名称	某城镇道路	检测层次	沥青混凝土	检验日期	2021-01-10
检验依据	JTG 3450—2019 及地方标准	标准允许偏差/%	±0. 3	设计值/%	1. 5
检测位置	K0+029. 309～K0+463. 109	仪器设备	水准仪、5 m 塔尺、钢卷尺		
检验项目	检测位置	检验结果/%			
		实测值		偏差值	
		左幅	右幅	左幅	右幅
路面横坡	K0+100	1. 4	1. 3	−0. 1	−0. 2
	K0+120	1. 3	1. 4	−0. 2	−0. 1
	K0+140	1. 3	1. 3	−0. 2	−0. 2
	K0+160	1. 2	1. 1	−0. 3	−0. 4
	K0+180	1. 2	1. 2	−0. 3	−0. 3
	K0+200	1. 3	1. 3	−0. 2	−0. 2
	K0+220	1. 2	1. 3	−0. 3	−0. 2
	K0+240	1. 4	1. 6	−0. 1	0. 1
	K0+260	1. 6	1. 5	0. 1	0. 0
检测点数/点	18	合格点数/点	17	合格率/%	94
结论	该路段沥青混凝土面层所抽检路面横坡结果满足地方标准要求				

表 3.29 路基路面纵断面高程检验结果

工程名称	某城镇道路		检验日期	2021-01-10	
检测层次	沥青混凝土		仪器设备	水准仪、5 m 塔尺	
标准允许偏差/mm	±10		检验依据	JTG 3450—2019	
检测位置	K0+029. 309 ~ K0+463. 109				
检验项目	检测位置	检验结果/m			
		实测值	设计值	偏差值	
纵断面高程	K0+100	2. 813	2. 823	-0. 010	
	K0+120	2. 772	2. 784	-0. 012	
	K0+140	2. 785	2. 793	-0. 008	
	K0+160	2. 806	2. 814	-0. 008	
	K0+180	2. 829	2. 836	-0. 007	
	K0+200	2. 850	2. 857	-0. 007	
	K0+220	2. 867	2. 877	-0. 010	
	K0+240	2. 876	2. 884	-0. 008	
	K0+260	2. 869	2. 878	-0. 009	
检测点数/点	9	合格点数/点	8	合格率/%	89
结论	该路段沥青混凝土面层所抽检纵断面高程结果满足地方标准要求				

表 3.30 路基路面检查井井底高程检验结果

工程名称	某城镇道路		检测位置	K0+029. 309 ~ K0+463. 109
检验日期	2021-01-10		仪器设备	水准仪、5 m 塔尺、钢卷尺
标准允许偏差/mm	±10		检验依据	JTG 3450—2019
检验项目	检测位置	检验结果/m		
		实测值	设计值	偏差值
井底高程	Y1	0. 114	0. 125	-0. 011
	Y2	0. 099	0. 110	-0. 011
	Y3	0. 087	0. 095	-0. 008
	Y4	0. 065	0. 071	-0. 006
	Y5	0. 044	0. 049	-0. 005
	Y6	0. 028	0. 032	-0. 004
	Y7	0. 010	0. 017	-0. 007
	Y8	-0. 005	0. 002	-0. 007
	Y9	-0. 012	-0. 013	0. 001
	W1	0. 161	0. 167	-0. 006

续表 3.30

检验项目	检测位置	检验结果/m				
		实测值		设计值		偏差值
井底高程	W2	0.103		0.107		-0.004
	W3	0.044		0.047		-0.003
检测点数/点		12	合格点数/点	10	合格率/%	83
结论	该路段所抽检检查井井底高程结果满足地方标准要求					

表 3.31 路基路面检查井井口尺寸检验结果

工程名称		某城镇道路		检测位置		K0+029.309~K0+463.109
检验日期		2021-01-10		仪器设备		水准仪、5 m 塔尺、钢卷尺
标准允许偏差/mm		±20		检验依据		JTG 3450—2019
检验项目	检测位置	检验结果/mm				
		实测值		设计值		偏差值
井口尺寸	Y1	750		750		0
	Y2	752		750		2
	Y3	752		750		2
	Y4	753		750		3
	Y5	752		750		2
	Y6	752		750		2
	Y7	751		750		1
	Y8	753		750		3
	Y9	752		750		2
	W1	751		750		1
	W2	752		750		2
	W3	753		750		3
检测点数/点		12	合格点数/点	12	合格率/%	100
结论	该路段所抽检检查井井口尺寸结果满足地方标准要求					

3.4.1.5 检验结果汇总及结论

将各检验项目的检验结果汇总，得到该道路的竣工预验收结果汇总表，见表 3.32。从检验结果上看，所有检测项目均满足设计及标准要求，因此本工程项目达到了竣工预验收要求，可以进行竣工验收及其工程交付。

表 3.32 检验结果汇总

序号	检验项目	检测数量	检验结果
1	沥青混凝土面层厚度	总厚度 3 点 上面层 3 点 下面层 3 点	满足设计及地方标准要求

续表 3.32

序号	检验项目	检测数量	检验结果
2	沥青混凝土面层压实度	上下面层各 3 点	满足设计及地方标准要求
3	沥青路面平整度	12 点	满足地方标准要求
4	人行道平整度	5 点	满足地方标准要求
5	沥青路面弯沉	12 点	满足地方标准要求
6	路面宽度及总宽度	18 点	满足地方标准要求
7	路面横坡	18 点	满足地方标准要求
8	路面纵断面高程	9 点	满足地方标准要求
9	主路路基路面检查井井底高程	12 点	满足地方标准要求
10	主路路基路面检查井井口尺寸	12 点	满足地方标准要求

3.4.2　水泥混凝土路面性能检测实例

机场场道常选用水泥混凝土路面。考虑到目前国内机场应具备大型运输飞机使用的条件，同时还需满足寿命长、便于维修更新的特点。因此，开发一种机场场道混凝土装配式道面体系成为一个新的课题。某集团开展机场装配式道面体系的研究，并进行了 1∶1 足尺模型实体的试验验证。成套技术现已基本成熟，具备工程化应用的条件。

3.4.2.1　技术方案

机场道面结构分层共设计两种方案，如图 3.49 所示。两种方案所用过渡层不同。综合跑道尺寸、板块运输、吊装、受力等因素考虑，试验研究时选择 9 块预制板系统，单块预制板选取 5 m×2.5 m，厚度为 20～30 cm。

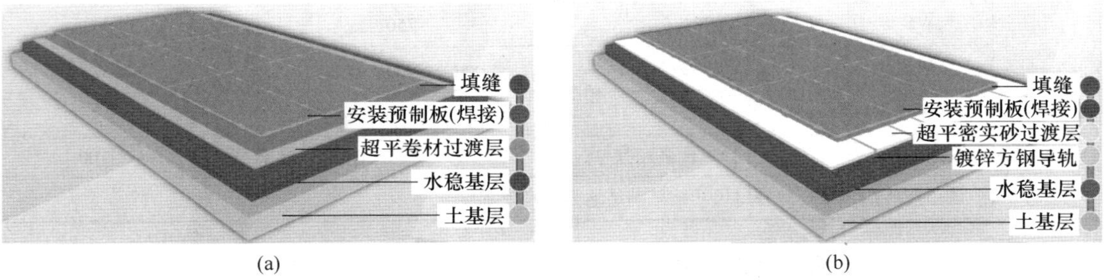

图 3.49　道面结构分层

(a) 超平卷材过渡层方案；(b) 超平密实砂过渡层方案

预制板结构设计分为：(1) 普通钢筋混凝土板，厚度 0.3 m，抗折强度 5.0 MPa，双层钢筋网片。(2) 预应力混凝土板，厚度 0.2 m，混凝土强度 C50，双层钢筋网片，双向三层预应力。(3) 高性能钢筋混凝土板：0.1 m 高延性混凝土+0.1 m 普通混凝土，单层钢筋网片。以普通钢筋混凝土预制板为例，其平面尺寸如图 3.50 所示。板面构造设计分为拉毛构造和菱形花纹构造。

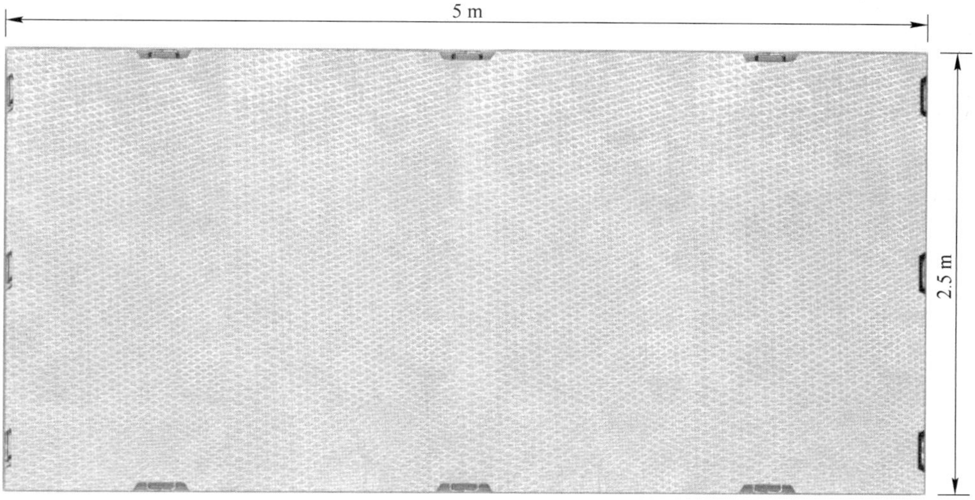

图 3.50　普通钢筋混凝土预制板平面尺寸

3.4.2.2　施工工艺

控制超平过渡层如图 3.51 所示。预制板施工工艺流程：定位放线—板块安装—预压—初验—焊接—填缝—验收。预制板吊装施工如图 3.52 所示。

(a)　　(b)

图 3.51　控制超平过渡层

（a）超平密实砂过渡层；（b）超平卷材过渡层

3.4.2.3　性能检测

A　检测项目

具体检测项目如下：

（1）结构性能检测：弯沉检测、板缝传荷检测、板底脱空状况检测、板底受力检测。

（2）功能性能检测：摩擦系数检测。

为便于检测记录和结果分析，9 块预制板系统编号如图 3.53 所示。检测基于两种机场道面结构分层方案，围绕普通钢筋混凝土预制板开展。

B　弯沉值检测

基于两种机场道面结构分层方案的弯沉检测结果如表 3.33 和表 3.34 所示。结果表

(a) (b)

图 3.52 预制板吊装施工

(a) 超平密实砂过渡层预制板吊装施工；(b) 超平卷材过渡层预制板吊装施工

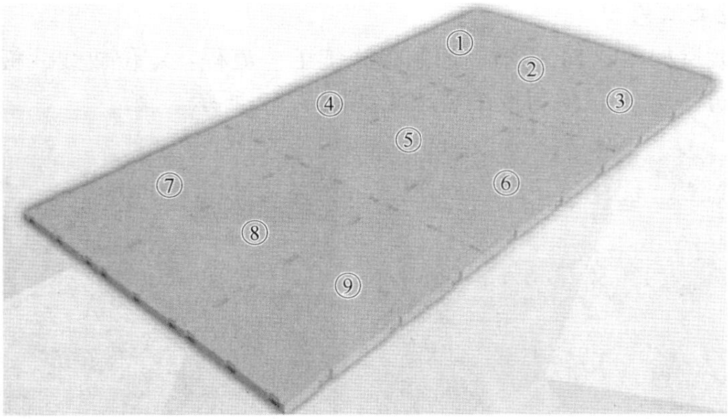

图 3.53 9 块预制板编号

明：两种过渡层方案中，各板受力变形均匀，焊接节点可有效实现各板块协同受力；超平卷材过渡层的数据好于超平密实砂过渡层。

表 3.33 “普通钢筋混凝土预制板+超平密实砂过渡层” 弯沉数据

板号		4	5	6	7	8	9
板中心弯沉/μm	连接	415.1	390.1	461.3	422.1	410.3	431.3
	非连接	562.3	559.2	568.1	551.6	575.1	562.3

表 3.34 “普通钢筋混凝土预制板+超平卷材过渡层” 弯沉数据

板号		4	5	6	7	8	9
板中心弯沉/μm	连接	362.6	297.3	383.5	408.6	378.4	408.4
	非连接	491.5	499.3	492.1	512.3	505.1	535.6

C 板缝传荷检测

两种过渡层方案板间连接检测结果分别如表 3.35 和表 3.36 所示。参考《民用机场道面评价管理技术规范》（MH/T 5024—2019）中的水泥混凝土道面接缝传荷能力等级评定标准：接缝传荷系数在80%以上，评定为好；接缝传荷系数在56%~80%，评定为中；接缝传荷系数在31%~55%，评定为次；接缝传荷系数在31%以下，评定为差。

表 3.35 "普通钢筋混凝土预制板+超平密实砂过渡层"板间连接检测结果

位置		弯沉比传递系数/%		降低率/%
		各板连接	各板非连接	
短边连接	非焊缝处	56.6	36.5	35.5
	焊缝处	62.8	39.1	37.7
长边连接	非焊缝处	57.8	42.6	26.3
	焊缝处	61.1	43.5	28.8

表 3.36 "普通钢筋混凝土预制板+超平卷材过渡层"板间连接检测结果

位置		弯沉比传递系数/%		降低率/%
		各板连接	各板非连接	
短边连接	非焊缝处	58.3	39.5	32.2
	焊缝处	62.5	45.1	27.8
长边连接	非焊缝处	57.9	40.1	30.7
	焊缝处	61.5	35.2	42.8

结果表明："普通钢筋混凝土预制板+超平密实砂过渡层"各板连接时弯沉比传递系数为56.6%~62.8%，非连接时为36.5%~43.5%，降低率在26.3%~37.7%，依据评定标准，各板连接状态下接缝传荷能力等级评定为中。"普通钢筋混凝土预制板+超平卷材过渡层"各板连接时弯沉比传递系数为57.9%~62.5%，非连接时为35.2%~45.1%，降低率在27.8%~42.8%，依据评定标准各板连接状态下接缝传荷能力等级评定为中。由此，两种过渡层方案中的板缝传荷能力相似。

D 板底脱空状况检测

两种过渡层方案板底脱空状况检测结果见表3.37和表3.38。参照标准评定，各板均未脱空。

表 3.37 "普通钢筋混凝土预制板+超平密实砂过渡层"板底脱空状况检测结果

板号	平整度极值/mm		道面板底脱空状况判定					总体评定
	板底	过渡层	长边中/板中	短边中/板中	标准要求	板角/板中	标准要求	
4	0	0	1.5	1.1	≤2.0	1.7	≤3.0	未脱空
5	0	0	1.7	1.2		1.8		未脱空
6	0	2.0（板角）	1.2	1.0		2.3		未脱空
7	0	0	1.5	1.0		1.8		未脱空
8	0	1.5（板角）	2.0	1.0		2.1		未脱空
9	0	2.5（板角）	1.1	1.1		2.5		未脱空

表 3.38 “普通钢筋混凝土预制板+超平卷材过渡层”板底脱空状况检测结果

板号	平整度极值/mm		道面板底脱空状况判定					总体评定
	板底	过渡层	长边中/板中	短边中/板中	标准要求	板角/板中	标准要求	
4	0	3.0（板角）	1.4	1.1	≤2.0	2.5	≤3.0	未脱空
5	0	2.5（板角）	1.6	1.3		2.1		未脱空
6	0	2.5（板角）	1.3	1.2		2.3		未脱空
7	0	0	1.5	1.4		1.7		未脱空
8	0	0	1.4	1.3		1.8		未脱空
9	0	0	1.6	1.5		1.8		未脱空

结果表明：超平密实砂过渡层平整度极值为 2.5 mm，混凝土板与超平密实砂过渡层保持接触良好；超平卷材过渡层平整度极值为 3.0 mm，混凝土板与超平卷材过渡层保持接触良好。

E 板底受力检测

两种过渡层方案板底受力检测结果如表 3.39 所示。参照《混凝土结构设计规范》（GB 50010—2010），C45 混凝土抗拉强度设计值 1.80 MPa，抗拉疲劳强度为 1.13~1.80 MPa。结果表明：板的长边中为最不利受力位置，拉应力较大；板底最大拉应力为 1.047 MPa，低于抗拉疲劳强度。比较两种过渡层方案可知，超平卷材过渡层的板底受力情况略好。

表 3.39 板底受力检测结果

锤击位置	最大应力位置	“普通钢筋混凝土预制板+超平密实砂过渡层”板底最大拉应力/MPa		“普通钢筋混凝土预制板+超平卷材过渡层”板底最大拉应力/MPa	
		冲击 250 kN	冲击 350 kN	冲击 250 kN	冲击 350 kN
板中心	板中	0.787	0.907	0.596	0.687
板短边中	短边中	0.589	0.714	0.468	0.540
板长边中	长边中	1.028	1.047	0.599	0.695

F 摩擦系数检测

采用摆式摩擦仪对拉毛表面和菱形块表面进行摩擦系数检测（见图 3.54），结果见表 3.40。

结果表明：与拉毛表面相比，菱形块表面处摩擦系数较小，相对低 20%；菱形块纹理摩擦系数受摆式摩擦仪摆锤下落的起始位置影响较大，菱形块边棱处摩擦系数比菱形块表面处高 37%；涂刷防护材料对表面摩擦系数增大影响显著，涂刷后，菱形块表面处摩擦系数增大了 40%。参照 MH/T 5024—2019 评定，各种板面构造设计均能达到“制动作用好”，抗滑性能评级能达到最高等级。

3.4.2.4 检测结论

在机场道面结构分层两种方案中，“普通钢筋混凝土预制板+超平卷材过渡层”的力学性能，总体上强于“普通钢筋混凝土预制板+超平密实砂过渡层”。机场场道混凝土装配式道面体系中的无注浆、免调平的技术路线可行。预制混凝土道面较现浇混凝土道面的质量、耐久性、表面状况均匀有大幅提升。规模化生产后预制混凝土道面技术具备推广条件。

(a)

(b)

图 3.54 摩擦系数检测
(a) 拉毛表面; (b) 菱形块表面

表 3.40 摩擦系数检测结果

板面构造设计	拉毛表面	菱形块表面	菱形块边棱	涂刷(材料)菱形块表面
摩擦系数	0.88	0.70	0.96	0.98

课程思政

万里坦途沥心血

如今，在我国960万平方公里的疆土之上有无数条高速公路，它们或贯通南北，或从东到西，或笔直前行，或蜿蜒前进，它们将中国大陆真正连成一个整体，为人们带来了无可替代的便利。

而在我国的高速公路史上有一个名字熠熠生辉——沙庆林。他不仅是交通运输部公路科学研究院的一名研究员，更是我国现代公路领域的首位工程院院士。

沙庆林从小就涌现出为中国公路事业奋斗的念头。1930年5月，沙庆林在江苏省宜兴市周铁桥镇出生。看着每天上学走的都是泥路和土路，他的心里埋下了一粒未来想要修缮国家公路的种子。1949年，贫苦农家出身的沙庆林考上了当时一流的大学——上海交通大学。

在选择专业时，沙庆林看到了公路专业。当时，很少有人主动选择公路专业。但沙庆林认为，公路虽然不起眼，却一定是中国必不可少的东西，如同活水之源泉，大树之根基。于是他怀着朴素而纯真的热情开始走向了未来他一辈子从事的事业。

曾经一颗梦的种子，在热情和努力的浇灌下长成了一棵让全国人民都得以乘凉的大树。他负责主持中国第一条高速公路建设：京津塘高速公路沥青路面结构设计研究项目。为了这一巨大工程，他特地建了实验室来研发实验设备，进行实地考察，从土质到路面承受研究都做了详细的记录。

作为一名中国工程师，他为中国公路事业奉献一生，产出的成果填补中国多项空白；

作为一名中国工程师，他曾7次援助国际上的公路工程，为祖国赢得一片美誉；作为一名中国工程师，他发挥了科学模范作用，带头为祖国培养了一大批专业的知识技术人才。

他曾说：“我觉得为国奉献永远是我的天职，路永远走下去，让它在我的脚下不断地伸延，伸延。”

练习题

3-1 简述路面几何尺寸检测包括的检测项目。

3-2 某高速公路沥青混凝土面层设计厚度为18 cm，该评定路段的厚度检测值分别为18.6 cm、17.9 cm、17.4 cm、16.8 cm、19.1 cm、18.2 cm、17.8 cm、18.5 cm、17.3 cm、19.2 cm，评定其厚度是否满足要求，并计算合格率（采用的保证率为95%，代表值容许偏差为−8 mm，单值容许偏差为−15 mm）。

3-3 简述常用路面压实度的检测方法。

3-4 某高速公路公路竣工后，在质量验收过程中对某段沥青混凝土面层的弯沉值进行测定，检测结果见表3.41。路面设计弯沉值为20（0.01 mm），试判断该路段弯沉值是否满足验收要求（不考虑温度和湿度修正）。

表3.41 弯沉值检测结果

序号	1	2	3	4	5	6	7	8	9	10
弯沉值	18	15	17	11	22	13	16	19	17	11

3-5 用摆式摩擦仪测定某高速公路沥青路面的摩擦值（路面温度为5 ℃）见表3.42，试计算该处路面的摩擦摆值，并评定该路面抗滑性是否合格，完成表3.42。

表3.42 摆式仪测定路面抗滑值试验检测记录表

测点桩号	车道	测点位置	1	2	3	4	5	均值	路面温度/℃	温度修正值(BPN)	换算成20 ℃时检测值(BPN)	测点平均值(BPN)
K0+100	行车道	前	48	48	47	47	47	47				
		中	50	50	51	51	50	50				
		后	49	49	49	49	48	49				
测点数		设计值(BPN)	≥45	平均值(BPN)		标准差(BPN)		变异系数/%		合格率/%		

4　道路维修与加固

【学习目标】

了解：网级路面管理系统、项目级路面管理系统；路面损坏的预测模型。

熟悉：边坡坡面防护、沿河路堤河岸冲刷防护以及湿软地基的加固处治方法。

掌握：路面状况调查评定方法；沥青路面养护维修技术；水泥混凝土路面养护维修技术。

4.1　路基防护与加固

由岩土所筑成的路基，大多数会暴露出来。长期受自然因素的作用，岩土在不利的水文、气候条件的作用下，其物理、力学性质将发生变化，逐渐导致路基发生破坏。为确保路基的强度与稳定性，路基的防护与加固，也是不可缺少的工程技术措施。实践经验证明，路基防护与加固工程对保证公路使用品质、提高投资效益均具有重要的意义。

路基防护与加固设施主要有坡面防护、冲刷防护、支挡工程以及湿软地基的加固。

4.1.1　坡面防护

坡面防护设施不承受外力作用，因此要求坡面岩土整体稳定牢固。常用的坡面防护设施有植物防护（种草、铺设草皮、植树、植草等）和矿料防护（抹面、喷浆、勾缝、石砌护面等)。植物防护可视为有“生命”（成活）防护，以土质边坡为主，矿料防护属于无机物防护，以石质路堑边坡为主。在一定程度上，植物防护在边坡稳定和改善路容方面优于无机物防护。

4.1.1.1　植物防护

植物防护对于坡高不大、边坡比较平缓的土质坡面是一种简易有效的防护设施。植物防护的方法有种草、铺设草皮和植树，也可采用拉伸网草皮、固定草种布或网格固定撒种等方法。

（1）种草防护。种草防护适用于边坡坡度不大于 1：1、土质适宜种草、不浸水或短期浸水但地面径流速度不超过 0.6 m/s 的边坡。不适宜种草的坡面，可以铺 5~10 cm 厚的种植土层，土层与原坡面结合稳固，如图 4.1 所示。

（2）铺设草皮防护。铺设草皮防护需要预先备料，铺时应自下而上，并用竹木小桩将草皮钉在坡面上。草皮应随挖随铺，相互贴紧，如图 4.2 所示。

当坡面冲刷比较严重，边坡较陡，径流速度大于 0.6 m/s，容许最大速度为 1.8 m/s 时，应根据具体条件，分别采用平铺（平行于坡面）、水平叠铺。垂直坡面或与坡面成一

图 4.1　种草防护

(a)　(b)

图 4.2　铺设草皮防护
（a）施工中；（b）施工后

半坡角的倾斜叠铺草皮，还可采用片石铺砌成方格或拱式边框，方格或框内再铺设草皮，如图 4.3 所示。

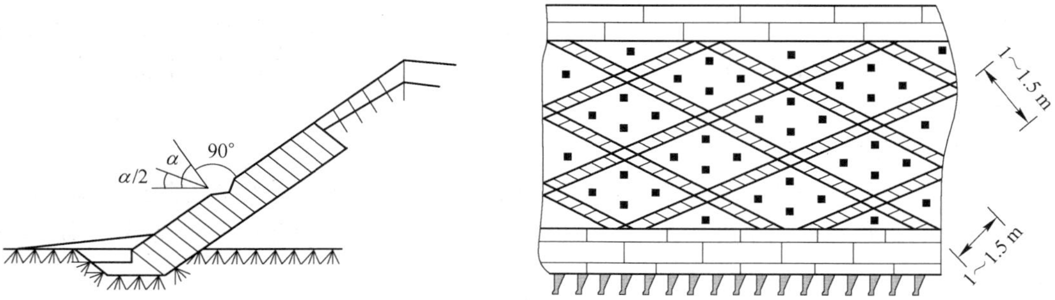

(a)　(b)

图 4.3　草皮防护示意图
（a）斜交叠铺；（b）网格式

（3）植树防护。植树防护主要用在堤岸边的河滩上，促使泥沙淤积，防止水直接冲刷路堤。树木的品种与种植位置及宽度，应根据防护要求、流水速度等因素，参见有关设计手册而定。

(4) 植草防护。植草防护多采用土工合成材料，其中拉伸网草皮是在土工网或土工垫等土工合成材料上铺设3~5 cm的种植土层，经过撒种、养护后形成的人工草皮。网格固定撒种是先将土工网固定于边坡上，然后撒播草种形成草皮的一种边坡防护方法，如图4.4所示。

(a) (b)

图4.4 土工合成植草防护

(a) 施工前期；(b) 施工后期

4.1.1.2 骨架植物防护

对于仅用植物防护不足以抵抗侵蚀冲刷的黏土路基或高填路段，受雨水侵蚀和风化严重易产生沟槽的路段，以及土质不适宜植物生长和周围环境需要绿化的路段，常采用骨架植物防护，如图4.5所示。常见的骨架植物防护有浆砌片石（或混凝土）骨架植草、多边形水泥混凝土空心块植物防护、锚杆混凝土框架植草等形式。

(a) (b)

图4.5 骨架植物防护

(a) 施工中；(b) 施工后

浆砌预制块防护适用于石料缺乏地区。浆砌片石或水泥混凝土骨架植草护坡适用于坡度小于1：0.75的土质和全风化的岩石边坡。

框格防护适用于土质或风化岩石边坡，如图4.6所示，框格内宜采用植物防护或其他辅助防护措施。框格防护的主骨架间距一般为2.0~4.0 m，混凝土骨架视情况可在节点处加设锚杆。

(a) (b)

图 4.6 框格防护

（a）施工中；（b）施工后

多边形水泥混凝土空心块植物防护适用于坡度小于 1∶0.75 的土质边坡和全风化、强风化的岩石路堑边坡，并视需要设置浆砌片石或混凝土骨架。当有景观要求时，应采用六边形空心预制块植物护坡，如图 4.7 所示。

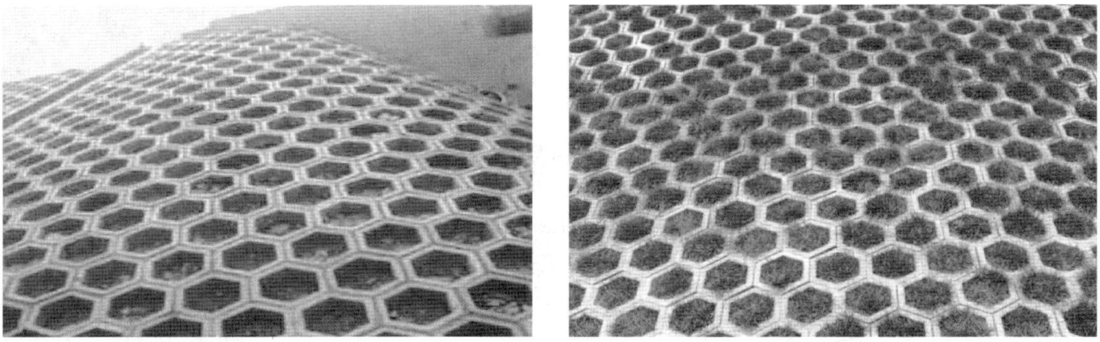

(a) (b)

图 4.7 多边形水泥混凝土空心块植物防护

（a）施工中；（b）施工后

锚杆混凝土框架植物防护适用于土质边坡和坡体中无不良结构面、风化破碎的岩石路堑迎边坡，如图 4.8 所示。

(a) (b)

图 4.8 锚杆混凝土框架植物防护

（a）施工中；（b）施工后

4.1.1.3 *矿料防护*

当不宜使用植物防护或考虑就地取材时，采用砂石、水泥、石灰等矿质材料进行坡面防护是常用的防护形式。矿料防护主要有砂浆抹面、喷浆防护以及砌石防护和护面墙。

（1）砂浆抹面。抹面防护适于石质挖方坡面和岩石表面易风化，但比较完整尚未剥落的新坡面，如页岩、泥砂岩、千枚岩等。常用的抹面材料有石灰浆。抹面厚度视材料与坡面状况而定，一般为 2~10 cm。

（2）喷浆防护。喷浆适用于易风化且坡面不平整的岩石挖方边坡，喷涂厚度一般为 5~10 cm。喷浆防护使用的水泥量较大，因此重点工程可选用此防护方式。

（3）砌石防护。为防止地面水流或河水冲刷，路基坡面可以使用干砌片石护面，图 4.9 展示了浸水路堤单层护面。

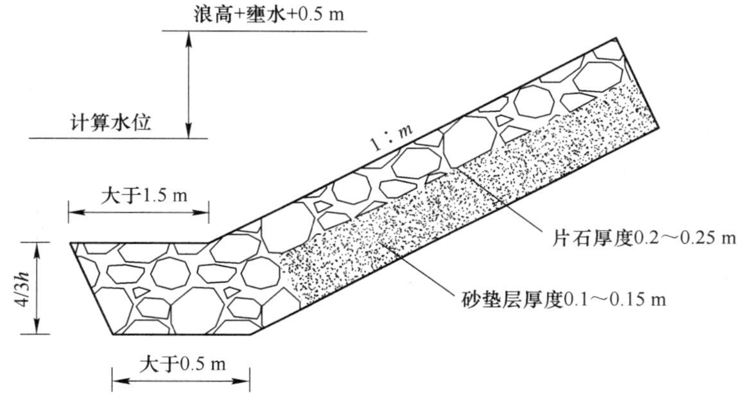

图 4.9 浸水路堤单层护面

（4）护面墙。护面墙用于封闭各种软质岩层和较破碎的挖方边坡。护面墙除自重外，不承受其他荷重，其构造与布置如图 4.10 所示。护面墙高一般不超过 10 m，可以分级中

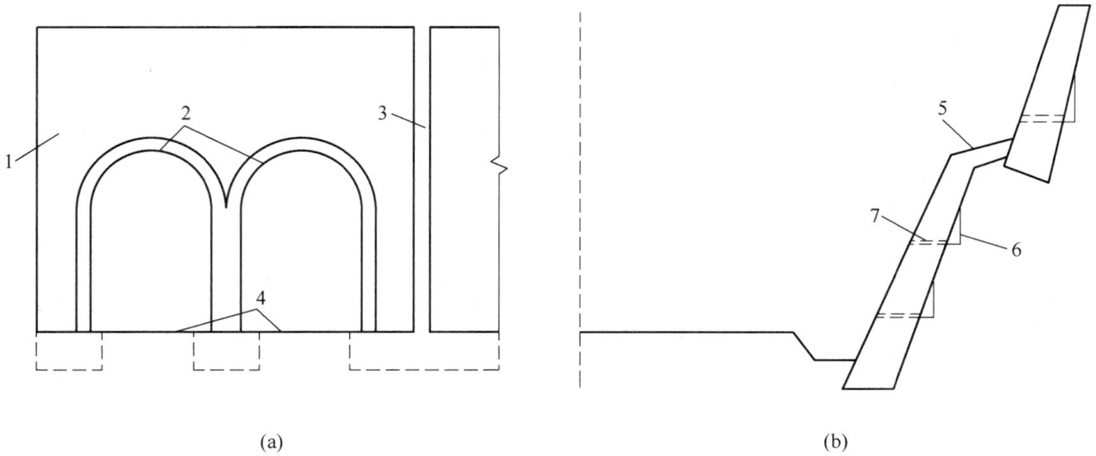

图 4.10 护面墙示意

（a）拱形护面墙；（b）护面墙的平台和错台

1—浆砌护面墙墙身；2—干砌拱圈内铺石；3—伸缩缝；4—软弱地基；5—平台；6—错台；7—泄水孔

间设平台，墙背可设耳墙，纵向每 10 m 设一条伸缩缝，墙身应预留泄水孔，基础要求稳固，顶部应封闭。

4.1.2 冲刷防护

冲刷防护主要是针对水流的破坏作用而设，起防水治害和加固堤岸双重功效。冲刷防护有直接防护和间接防护两类。直接防护与加固包括植物防护与加固和石砌防护与加固两种，常用的有植树、铺石、抛石或石笼等方法。间接防护主要是指导治构造物，如丁坝、顺坝、防洪堤、拦水坝等。

4.1.2.1 直接防护

直接防护是利用植物防护、工程防护等方法，对路基进行直接保护的一种路基防护措施。直接防护包括植物防护、砌石防护、抛石与石笼防护以及必要时设置的支挡结构物。

(1) 植物防护。当水流流速较小时，可以考虑使用植物防护防止坡面冲刷。

(2) 抛石防护。在盛产石料的地区，当水流速度达到 3.0~5.0 m/s 时，路基经常浸水且水流方向平顺，河床承载能力好，无严重冲刷时，宜采用抛石防护，如图 4.11 所示。

图 4.11 抛石防护

(3) 石笼防护。石笼防护是指用铁丝编织成框架，内填石料，设在坡脚处，防止急流和大风浪破坏堤岸或用以加固河床，防止冲刷淘底，如图 4.12 所示。

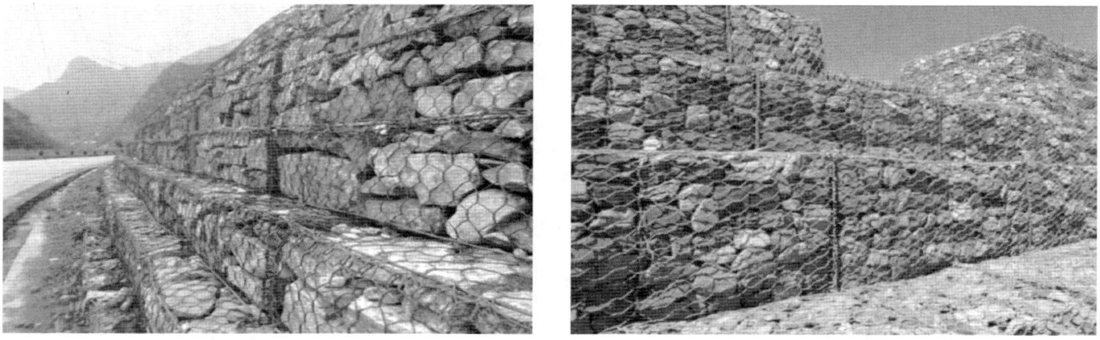

图 4.12 石笼防护

4.1.2.2 间接防护

间接防护主要是通过设置导治构造物，以改变流水方向，消除或减缓水流对路基边坡的直接冲刷。常用的导治构造物有丁坝、顺坝、格坝等。

(1) 丁坝。丁坝布置大致与堤岸垂直或斜交，起“挑水”作用。丁坝可单设，也可沿堤岸多设，如图 4.13 所示。

图 4.13　丁坝

(2) 顺坝。顺坝布置大致与堤岸平行，主要作用为导流、束水、调整流水曲度、改善流态，如图 4.14 所示。

(3) 格坝。格坝在平面上成网格状，设于顺坝与堤岸之间。格坝能够防止高水位时水流溢入冲刷坝内岸坡和坡脚，也能促进格间的淤积。

图 4.14　顺坝

4.1.3　支挡工程

支挡工程用以防止路基变形、支挡路基本体或山体的位移，以保证其稳定性。在路基设计中，支挡工程通常应用于山区、丘陵、高边坡地带，以及需要进行路基填筑和挖填边坡治理的地段。支挡工程能有效地提高路基的稳定性，增加路基的平整度和横向排水性，防止路基边坡塌方、滑坡等地质灾害的发生，从而保障道路的安全性和畅顺性。

常用的支挡类型有路基边坡支撑（挡土墙、土剁、石剁及其他具有承重作用的构造物）和堤岸支挡（沿河驳岸、浸水挡土墙）。沿河驳岸与浸水挡土墙的主要区别在于沿河驳岸主要起防水作用，而浸水挡土墙既能够防水又能兼起支挡路基的土侧压力的作用。

常用的挡土墙有重力式挡土墙、半重力式挡土墙、石笼式挡土墙、悬臂式挡土墙、护壁式挡土墙、锚杆挡土墙、锚定板挡土墙、加筋土挡土墙、桩板式挡土墙等。

4.1.4　湿软地基加固

湿软地基主要是指天然含水量过大，胀缩性高，具有湿陷性，承载力小，在荷载作用下容易产生或固结沉降的土质地基。路基直接填筑在这些地基上，往往会因地基承载力不足，或在自然因素作用下产生过大的变形，导致路基产生各种破坏。因此，有必要采取措施对湿软地基进行加固。

湿软地基加固是路基主体工程的一部分，要结合路基设计综合处治。湿软地区修筑路基时，地基加固方法可归纳成换土垫层法、机械压实法、挤密桩法、预压法、化学加固法五类。

4.1.4.1 换土垫层法

当软弱土层地基的承载力和变形不能满足道路的要求，且软弱土层的厚度又不很大时，可将基础底面以下持力层范围内的软弱土层部分挖去或全部挖去，然后分层回填砂石、素土、灰土、工业废渣等材料，经压实或夯实使其达到所要求的密实度，形成良好的人工地基。这种地基处理的方法也称为换填法或开挖置换法。

换土垫层法适用于淤泥，淤泥质土，湿陷性黄土，素填土，杂填土地基及暗沟、暗塘等地质条件的浅层处理。

4.1.4.2 机械压实法

土的含水量在适宜范围内，可通过机械压实或重锤夯实的方法将其压实，达到减小孔原比、增大密实度、提高强度、降低压缩性的目的。常见的机械压实法包括机械碾压法、振动压实法、重锤夯实法和强夯法等。

4.1.4.3 挤密桩法

挤密桩法是以外击、振动或沉管等方法成孔，然后向孔中填入砂、碎石、土或灰土、石灰、渣土等其他材料，再振实成桩，同时挤密桩间土的方法。挤密桩法的加固原理包括以下两个方面。

（1）施工过程中挤、振密桩间土。

（2）桩体与桩间土形成复合地基。

挤密桩按填料类别可分为土桩或灰土桩、石灰桩、碎石（砂）桩和渣土桩等，按施工方法可分为振冲挤密桩、沉管振动挤密桩、爆破挤密桩等。

4.1.4.4 预压法

预压法是指在建（构）筑物建造前，先在拟建场地一次性施加或分组施加荷载，使土体中孔隙水逐渐排出，土体固结，孔隙体积变小，土体的抗剪强度增大，地基承载力和稳定性提高，土体的压缩性减小，经过一段时间后，地基基本完成或大部分完成固结沉降，再将预压荷载卸去，建造建（构）筑物。

预压法是处理软黏土地基的有效方法之一，具体包括真空预压法、砂井预压法、降水预压法和电渗法。

4.1.4.5 化学加固法

化学加固法是指利用土、水泥或化学浆液，通过灌注压入、高压喷射或机械搅拌的方法，使浆液与土颗粒胶结起来，改善土的物理、力学性质的一种地基处理方法。常用的化学加固方法有灌浆法、深层搅拌法、高压喷射注浆法。

4.2 路面管理系统

路面是道路最重要的组成部分和最主要的工程结构物。路面的投资在道路建设费用中占很大比例。路面养护管理系统可以有效地利用现有资金，使公路网中的路面处于最佳的服务水平或产生最大的经济效益。

4.2.1 路面管理系统概述

4.2.1.1 路面管理系统的产生

路面管理系统，也称路面养护管理系统，起源于20世纪70年代初期的北美，最初是为了路面的养护和改建。为了准确了解公路网的使用状况，将有限的养护资金分配到最需要养护的路段，确保整个公路网的服务水平，研究人员开发了相应的路面检测设备，建立了数据库，制订了评价方法、标准和优先养护排序模型。这种以计算机为工具的路面管理技术称为路面管理系统（Pavement Management System，PMS）。此后，随着路面管理系统内容的扩充和相关技术的成熟，越来越多的国家开始对其进行研究并推广应用。

我国于1984年开始研究路面管理系统，1985年首先在辽宁营口移植了英国的沥青路面养护管理系统。而后，北京、广东、河北、山东、河南和江西等省市的公路部门相继建立了省市级或地区级沥青路面管理系统。

近年来，我国公路部门的路面管理系统逐步得到更新完善。据统计，当前我国不同种类的公路路面管理系统多达20余种。随着计算机技术、GIS技术、自动识别与检验技术等方法的出现，将计算机技术和人工智能技术应用到路面管理系统中，使得路面性能评价更加合理、科学，路面状况变化预测更加可靠、准确，优化了路面管理系统，提高管理部门人员的工作效率和决策的准确性。

4.2.1.2 路面管理系统的基本概念

各国对路面管理系统（PMS）有不同的定义，美国把PMS定义为PMS是用于决策者在公路评价养护中寻求投资有效分配方案的工具。澳大利亚道路研究所把PMS定义为PMS是用于优化利用路面养护可用资源，包含信息采集、信息分析和方案决策的管理方法。

事实上，路面管理系统的概念并没有一个公认的严格定义，但比较一致的看法是：PMS是一个“与道路规划、设计、施工、养护、评价和研究各种活动相关的、协调的、综合统一的集合”。

4.2.1.3 路面管理系统的分类

路面管理系统可分为网级路面管理系统和项目级路面管理系统两类。网级路面管理系统是涉及整个路网的、用于制定路网养护政策、确定路网养护需求和养护费用优化分配的宏观分析系统，项目级路面管理系统则是根据网级系统的决策，以路段为对象，从技术和经济的角度分析养护方案的系统。

A 网级路面管理系统

网级路面管理系统的范围，包括一个地区（省、市）的公路网或一大批工程项目。该系统的主要任务是为管理部门进行关键性的行政决策提供对策，主要内容包括分析路况、规划路网、优化排序、经济分析以及计划实施。

为了实现以上功能，网级路面管理系统在管理方面和工程方面均需要输入一定的基本要素，如图4.15所示。工程方面的输入要素包括路面状况、养护和改建对策、路面使用性能预估模型、费用模型。

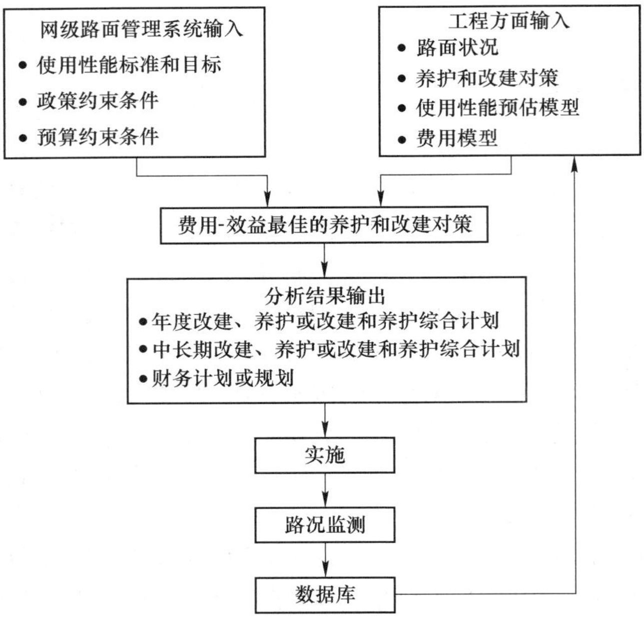

图 4.15　网级路面管理系统基本要素

B　项目级路面管理系统

项目级路面管理系统仅针对一个工程项目，主要任务是为管理部门对某一工程进行技术决策时提供对策，以选择费用-效益最佳的方案。该系统以数据库为核心，通过采集与路面相关的各种数据形成数据库，利用这些数据进行路面使用性能评价，得出各种相关的使用性能指数，进而确定路面所处的损坏状况，给出各路段的养护、改建方案，最后对各方案加以经济分析比较，得出适合该路段的费用-效益最佳方案。

项目级路面管理系统的基本输入要素主要是指从网级系统输出的约束条件和路面状况数据，如图 4.16 所示。

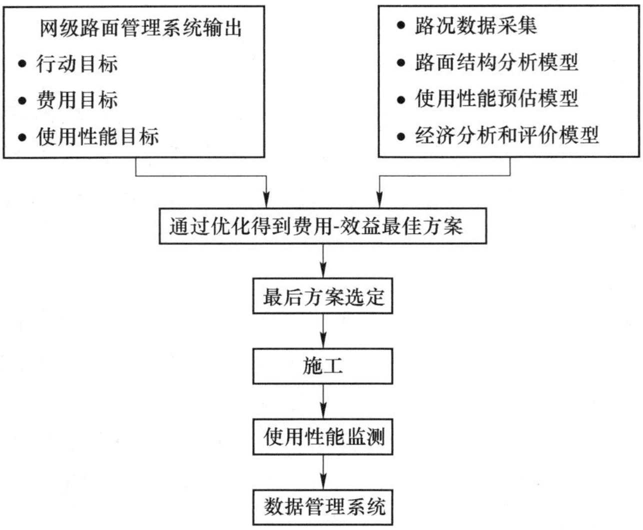

图 4.16　项目级路面管理系统基本要素

4.2.1.4 路面管理系统的功能与作用

路面管理系统的功能与作用主要体现在以下方面：

（1）利用路面使用性能评价模型，通过对路网使用性能的评价，分析现有路网内路面状况及今后路面状况变化，了解路网的基本状况。

（2）利用速度预测模型，针对路网中不同的道路和交通条件，分析预测各路段的道路通行能力及车流速度，进行路网内需养护、新建、改建项目的规划。

（3）规定路网各级道路的养护标准，估计路网的养护需求，并对新建、改建项目进行优先排序。

（4）分析年度内路网达到不同预定服务水平时所需的最小投资额。

（5）利用优化决策模型对各行政区域或不同等级道路的养护、新建、改建项目的资金进行优化分配，分析不同投资水平对路网使用性能的影响，确定最佳和合理的投资水平。

（6）项目的敏感性及风险性分析。

（7）在新建或改建可选方案间进行分析比较，确定技术可行及经济效益最好的新建、改建方案。

4.2.2 路面损坏的预测模型

路面预测模型是表征路面性能同时间、材料、行车荷载等不同影响因素之间关系的表达式。图 4.17 表示路面使用性能预测模型的预测过程及改建对策选择。

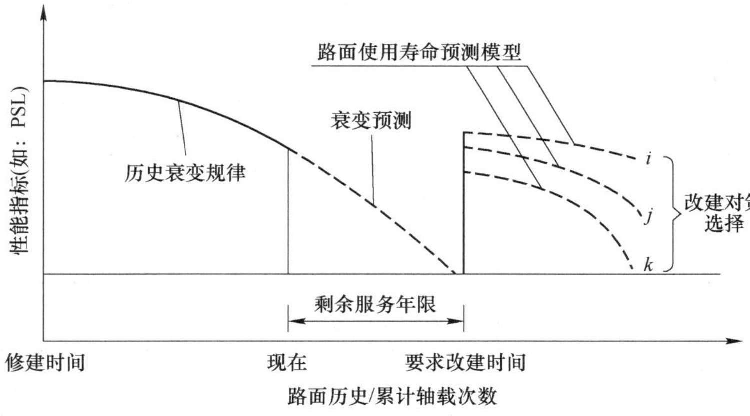

图 4.17 路面使用性能预测模型及改建对策选择

根据工作目的不同，常用的模型可分为以下 4 类：

（1）纯力学模型。利用弹性理论模型或黏-弹性理论模型，通过结构分析得到路面在荷载作用下的应力、应变或位移反应。纯力学模型通常是结构响应类模型，如应力、应变和弯沉等。

（2）力学经验模型。如通过回归方程建立路面响应参数与实测的结构性或功能性损坏（如弯沉和不平整度）的关系。

（3）回归模型。由观察或实测得到的结构性或功能性的相关变量与一个或多个独立变量，表征路基强度、轴载分布、路面厚度及其材料特性和环境因素以及它们之间的相互作用的关系。

（4）主观模型。用转移过程模型“捕捉”经验，如开发损坏预测模型。式（4.1）是力学经验模型用于预测路面开裂百分率的一个示例。该方程研究了63个沥青路面试验段，把线弹性作为路面材料的本构关系，计算了包括路表弯沉、沥青层底部的水平张力、应变，路基上部的承载压力和应变。通过回归分析建立了这些响应与路面开裂的关系。该方程的相关系数 $R^2 = 0.54$，标准误差为15.4。

$$\mathrm{CR} = -8.70 - 0.258\mathrm{HST}\lg N + 1.006 \times 10^{-7}\mathrm{HST} \tag{4.1}$$

式中 CR——路面开裂的百分比；

HST——沥青层底部水平拉应力（10 N/cm²）；

N——累计当量单轴荷载（ESAL）。

4.2.3 路面状况调查评定

4.2.3.1 路面状况调查方法、频率及综合评定

根据我国现行规范《公路技术状况评定标准》（JTG 5210—2018）的规定，沥青路面调查分为路面破损调查、平整度调查、抗滑能力调查、路面车辙调查及结构强度调查5项，其中前4项综合评定确定公路使用性能等级，最后一项为结构状况分级依据。路面各项数据最低检测与调查频率见表4.1。相应的调查指标和方式见表4.2。

表4.1 路面各项数据最低检测与调查频率

检测与调查内容			检测内容及频率				
			路面损坏（PCI）	路面平整度（RQI）	抗滑性能（SRI）	路面车辙（RDI）	结构强度（PSSI）
路面PQI	沥青	高速公路、一级公路	1年1次	1年1次	2年1次	1年1次	抽样检测
		二级、三级、四级公路	1年1次	1年1次			
	水泥混凝土	高速公路、一级公路	1年1次	1年1次	2年1次		
		二级、三级、四级公路	1年1次	1年1次			

表4.2 调查指标及调查方式

评价指标	破损	平整度	车辙	抗滑	强度
调查指标	路面损坏状况指数 PCI	路面行驶质量指数 RQI	车辙深度指数 RDI	路面抗滑性能指数 SRI	路面结构强度指数 PSSI
调查方式	自动调查车、人工调查	车载设备（全国）、高精度断面设备（抽样）、3 m直尺（三级、四级公路）	快速检测设备	横向力系数测定车	自动弯沉仪 贝克曼梁

路面综合评价指标（PQI）用分项指标加权计算，如式（4.2）所示，其范围为0~100。PQI值越大，表明路况越好。

$$\mathrm{PQI} = \omega_{\mathrm{PCI}}\mathrm{PCI} + \omega_{\mathrm{RQI}}\mathrm{RQI} + \omega_{\mathrm{RDI}}\mathrm{RDI} + \omega_{\mathrm{PBI}}\mathrm{PBI} + \omega_{\mathrm{PWI}}\mathrm{PWI} + \omega_{\mathrm{SRI}}\mathrm{SRI} + \omega_{\mathrm{PSSI}}\mathrm{PSSI} \tag{4.2}$$

式中，ω_{PCI}、ω_{RQI}、ω_{RDI}、ω_{PBI}、ω_{PWI}、ω_{SRI}、ω_{PSSI} 为权重，按表 4.3 取值。

表 4.3 PQI 分项指标权重

路面类型	权重	高速公路、一级公路	二级、三级、四级公路
沥青路面	ω_{PCI}	0.35	0.6
	ω_{RQI}	0.30	0.4
	ω_{RDI}	0.15	—
	ω_{PBI}	0.10	—
	$\omega_{SRI(PWI)}$	0.10	—
	ω_{PSSI}	—	—
水泥混凝土路面	ω_{PCI}	0.50	0.60
	ω_{RQI}	0.30	0.40
	ω_{PBI}	0.10	—
	$\omega_{SRI(PWI)}$	0.10	—

根据 PQI 及各分项的不同大小，可进行路面综合评价，其评价标准见表 4.4。

表 4.4 公路技术状况分项指标等级划分标准

评定指标	优	良	中	次	差
PCI、RQI、RDI、PBI、PWI、SRI、PSSI	不小于 90	≥80，<90	≥70，<80	≥60，<70	小于 60

注：1. 高速公路路面状况指数 PCI 等级划分标准，“优”应为 PCI≥92，“良”应为 80≤PCI<92，其他保持不变。
2. 水泥混凝土路面行驶质量指数 RQI 等级划分标准，“优”应为 RQI≥88，“良”应为 80≤RQI<88，其他保持不变。

4.2.3.2 各分项评价指标的计算与单项评价标准

A 路面损坏状况指数 PCI

PCI 指标是对路面上可能出现的多种不同程度病害及其对路面使用性能的影响大小的综合反映，其原始数据源于病害调查。

表 4.5 是沥青路面病害的分类分级及其权重，根据现场调查中发现的病害情况，确定病害发生的严重程度和计量值大小。

表 4.5 沥青路面损坏类型和权重

类型（i）	损坏名称	损坏程度	权重（w_i）	计量单位
1	龟裂	轻度	0.6	面积（m^2）
2		中度	0.8	
3		重度	1.0	
4	块状裂缝	轻度	0.6	面积（m^2）
5		重度	0.8	
6	纵向裂缝	轻度	0.6	长度（m）（影响宽度：0.2 m）
7		重度	1.0	
8	横向裂缝	轻度	0.6	长度（m）（影响宽度：0.2 m）
9		重度	1.0	

续表 4.5

类型（i）	损坏名称	损坏程度	权重（w_i）	计量单位
10	坑槽	轻度	0.8	面积（m^2）
11		重度	1.0	
12	松散	轻度	0.6	面积（m^2）
13		重度	1.0	
14	沉陷	轻度	0.6	面积（m^2）
15		重度	1.0	
16	车辙	轻度	0.6	长度（m）（影响宽度：0.4 m）
17		重度	1.0	
18	波浪拥包	轻度	0.6	面积（m^2）
19		重度	1.0	
20	泛油		0.2	面积（m^2）
21	修补		0.1	面积（m^2）

调查结束后，需要根据各种病害及其程度与数量的全面调查结果计算路面综合破损率（DR），如式（4.3）所示。

$$DR = 100 \times \frac{\sum_{i=1}^{i_0} w_i A_i}{A} \tag{4.3}$$

式中　DR——路面破损率，为各种损坏的折合损坏面积之和与路面调查面积之百分比，%；

A_i——第 i 类路面损坏的面积，m^2；

A——调查的路面面积，即调查长度与有效路面宽度之积，m^2；

w_i——第 i 类路面损坏的权重；

i——考虑损坏程度（轻度、中度、重度）的第 i 项路面损坏类型；

i_0——包含损坏程度（轻度、中度、重度）的损坏类型总数，其中沥青路面取值 21，水泥混凝土路面取值 20。

根据 DR 值计算路面损坏状况指数 PCI。路面损坏状况指数 PCI 的数值范围为 0~100，其值越大，路况越好。计算公式为

$$PCI = 100 - a_0 DR^{a_1} \tag{4.4}$$

式中　a_0——沥青路面采用 15.00，水泥混凝土路面采用 10.66；

a_1——沥青路面采用 0.412，水泥混凝土路面采用 0.461。

根据路面破损情况，可将路面质量分为优、良、中、次、差 5 个等级，见表 4.6。

表 4.6　路面损坏状况评价

评价等级	优	良	中	次	差
路面损坏状况指数 PCI	PCI≥90	80≤PCI<90	70≤PCI<80	60≤PIC<70	PIC<60

注：高速公路路面损坏状况指数 PCI 等级划分标准，“优”应为 PCI≥92，“良”应为 80≤PCI<92，其他等级保持不变。

B 路面行驶质量指数 RQI

路面的行驶质量采用行驶质量指数 RQI 作为评价标准。行驶质量指数由国际平整度指数 IRI 计算，如下所示。行驶质量评价标准见表 4.7。

$$\mathrm{RQI} = \frac{100}{1 + a_0 \mathrm{e}^{a_1 \mathrm{IRI}}} \tag{4.5}$$

式中 IRI——国际平整度指数，m/km；

a_0——高速公路和一级公路采用 0.026，其他等级公路采用 0.0185；

a_1——高速公路和一级公路采用 0.65，其他等级公路采用 0.58。

表 4.7 路面行驶质量评价

评价等级	优	良	中	次	差
路面行驶质量指数 RQI	RQI≥90	80≤RQI<90	70≤RQI<80	60≤RQI<70	RQI<60

注：水泥混凝土路面行驶质量指数 RQI 等级划分标准，RQI≥88 为优，80≤RQI<88 为良，其他标准保持不变。

C 车辙深度指数 RDI

路面车辙采用路面车辙深度指数 RDI 评价，按式（4.6）计算。

$$\mathrm{RDI} = \begin{cases} 100 - a_0 \mathrm{RD} & (\mathrm{RD} \leqslant \mathrm{RD_a}) \\ 90 - a_1(\mathrm{RD} - \mathrm{RD_a}) & (\mathrm{RD_a} < \mathrm{RD} \leqslant \mathrm{RD_b}) \\ 0 & (\mathrm{RD} > \mathrm{RD_b}) \end{cases} \tag{4.6}$$

式中 RD——车辙深度，mm；

$\mathrm{RD_a}$——车辙深度参数，取值 10.0；

$\mathrm{RD_b}$——车辙深度限值，取值 40.0；

a_0——模型参数，取值 1.0；

a_1——模型参数，取值 3.0。

D 路面磨耗指数 PWI

路面磨耗指数 PWI 应按式（4.7）计算。

$$\mathrm{PWI} = 100 - a_0 \mathrm{WR}^{a_1} \tag{4.7}$$

式中 WR——路面磨耗率,%；

a_0——模型参数，采用 1.696；

a_1——模型参数，采用 0.785。

E 路面抗滑性能指数 SRI

路面抗滑性能指数 SRI 应按式（4.8）计算。

$$\mathrm{SRI} = \frac{100 - \mathrm{SRI_{min}}}{1 + a_0 \mathrm{e}^{a_1 \mathrm{SFC}}} + \mathrm{SRI_{min}} \tag{4.8}$$

式中 SFC——横向力系数；

$\mathrm{SRI_{min}}$——标定参数，采用 35.0；

a_0——模型参数，采用 28.6；

a_1——模型参数，采用-0.105。

F　路面结构强度指数 PSSI

路面结构强度采用路面结构强度指数 PSSI 来表征，按式（4.9）计算。路面结构强度的评价标准见表 4.8。

$$PSSI = \frac{100}{1 + a_0 e^{a_1 SSR}}$$

$$SSR = \frac{l_0}{l} \tag{4.9}$$

式中　a_0——模型参数，采用 15.71；

a_1——模型参数，采用-5.19；

SSR——路面结构强度系数，为路面弯沉标准值与实测弯沉代表值之比；

l_0——路面弯沉标准值，mm；

l——实测弯沉代表值，mm。

表 4.8　路面结构强度的评价

评价等级	优	良	中	次	差
路面结构强度指数 PSSI	PSSI≥90	80≤PSSI<90	70≤PSSI<80	60≤PSSI<70	PSSI<60

G　路面跳车指数 PBI

路面跳车指数 PBI 应按式（4.10）计算。

$$PBI = 100 - \sum_{i=1}^{i_0} a_i PB_i \tag{4.10}$$

式中　PB_i——第 i 类程度的路面跳车；

a_i——第 i 类程度的路面跳车单位扣分，按表 4.9 的规定取值；

i——路面跳车类型；

i_0——路面跳车类型总数，取值为 3。

表 4.9　路面跳车扣分

类型 i	跳车程度	计量单位	单位扣分
1	轻度	处	0
2	中度		25
3	重度		50

路面跳车应根据路面纵断面高差确定，采用 10 m 路面纵断面高程作为路面跳车计算依据，10 m 路面纵断面共计 100 个高程数据。路面纵断面高差 Δh（mm）在［2，5）区间时，跳车程度为轻度；在［5，8）区间时，跳车程度为中度；在［8，+∞）区间时，跳车程度为重度。

路面跳车应按处计算，若 10 m 路面纵断面存在轻度、中度或重度的路面跳车，则该 10 m 路面纵断面应计为 1 处路面跳车。

4.3 沥青路面养护维修技术

沥青路面养护维修是在沥青路面出现病害后，根据出现的病害类型、病害程度和范围等，选用技术、经济合理的措施对路面进行维修，以恢复路面的使用性能，延长道路的使用寿命。沥青路面养护维修是公路工程中一项重要内容。

4.3.1 沥青路面养护维修技术措施及适用性

4.3.1.1 沥青路面养护维修技术措施

我国沥青路面的养护工作按其工作性质、规模和时效性不同分为日常巡视与检查、小修保养、中修工程、大修工程、改建和专项养护工程。

（1）日常巡视与检查。日常巡视与检查应主要检查沥青路面病害，例如坑槽、裂缝、拥包、沉陷、松散、车辙、泛油、麻面、冻胀、翻浆等病害的危害程度及趋势。

（2）小修保养。小修保养是对路面进行预防性保养，修补其轻微损坏部分，使之经常保持完好状态的工程项目。小修保养分为日常保养和小修两项工作内容。

（3）中修工程。中修工程是对路面的一般性磨损和局部损坏进行定期维修、加固、罩面，以恢复原状的小型工程项目。中修工程主要包括沥青路面整段加铺、罩面或封层，沥青路面局部严重病害处理，维修路肩等。

（4）大修工程。大修工程是对路面的较大损坏部分进行周期性的综合修复，以全面恢复到原设计标准，或在原技术等级范围内进行局部改善。大修工程内容包括路面的翻修、补强等。

（5）改建和专项养护工程。改建和专项养护工程是对不适应交通量和车辆轴重需要的路面，分期逐段提高技术等级，或通过改善显著提高其通行能力的较大工程项目。

按照沥青路面病害的程度和规模，一般采用局部病害维修与处治、预防性养护罩面、路面加铺、路面翻修、路面再生利用等养护维修技术方案。

4.3.1.2 沥青路面养护维修技术措施的适用性

沥青路面的养护维修技术措施总体包括小修工程、中修工程、大修工程及改建工程。各类养护维修技术措施可参见表4.10。

表4.10 沥青路面养护维修技术措施的适用性

病害类型	处治措施							
	裂缝灌缝	坑槽修补	挖补	铣刨	微表处	热再生	罩面	补强
龟裂			H，M	L，M	L	L，M	L，M	L，M
块状裂缝			L，H	L，H	L，H	L，H	L，H	L，H
纵横向裂缝	L，M		H					
坑槽		L	L，H	L		L	L	L
松散			H	L	L	L，H	L，H	L，H
沉陷			L，H			L	L	L
车辙			H	L	L	L	L	L，H

续表 4.10

病害类型	处 治 措 施							
	裂缝灌缝	坑槽修补	挖补	铣刨	微表处	热再生	罩面	补强
波浪拥包			L，H	L		L，H	L，H	L，H
泛油			✔	✔	✔	✔	✔	✔
修补不良			✔	✔	✔	✔	✔	✔

注：L、M、H 表示损坏轻重程度等级，L 表示轻微损坏，M 表示中等损坏，H 表示严重损坏，而泛油和修补不良两类病害没有严重程度之分。

4.3.2 沥青路面养护维修方案选择

我国道路工程一般采用半刚性基层沥青路面，由于交通量、交通组成、气候、水文地质、养护条件、材料等因素的影响，路面的使用性能逐渐下降，服务水平随之降低，须在路面质量降低到一定程度时，采取合适的措施，通过路面养护、修复、改建等手段，预防或减少病害，降低病害的发展速率，保证路面具有足够的使用性能和使用寿命。沥青路面养护维修方案决策流程见图 4.18。

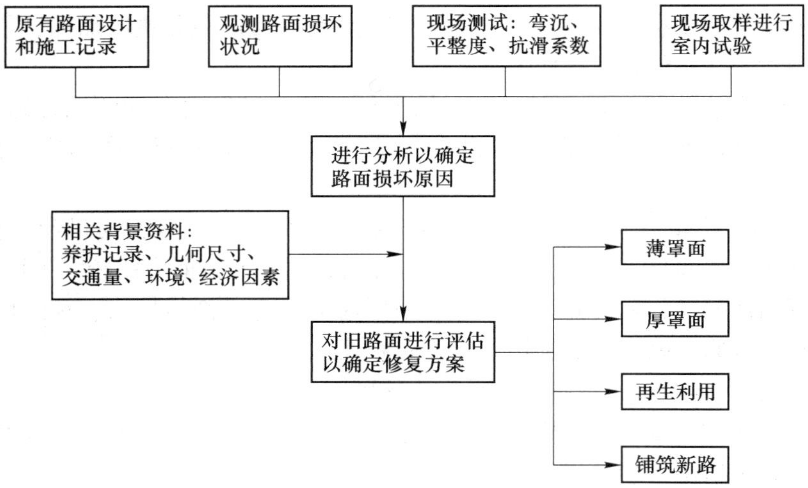

图 4.18 沥青路面养护维修方案决策流程

4.3.2.1 路面技术状况检测与数据采集

一个技术上可行、经济上合理的路面养护与维修方案的提出，应该基于以下数据的采集和分析：道路基本信息、交通量信息、路况数据、路况历史数据、排水状况调查信息、环境数据、材料试验信息。

4.3.2.2 路面使用状况的评价

路面的使用状况一般从两个方面进行评价，即结构性能和功能性能。此外，由于水损坏是沥青路面破坏的一个重要原因，因此在路面使用状况评价中，还应该对道路的排水情况进行定性的评价。

4.3.2.3 沥青路面养护维修技术措施的选择

公路沥青路面养护可根据公路等级、交通量、路面技术状况评定结果，采取如下养护维修对策：

（1）在满足强度要求的前提下（路面的结构强度系数为中等以上时），若高速公路及一级公路的路面损坏状况指数（PCI）评价为优、良，或者二级及二级以下公路的路面损坏状况指数评价为优、良、中时，以日常养护为主，并对局部破损进行小修；若高速公路及一级公路的路面损坏状况指数评价为中及中以下，或者二级及二级以下公路的路面损坏状况指数评价为次及次以下，应采取中修罩面预防性养护措施。

（2）在不满足强度要求的前提下（路面的结构强度系数为中等以下时），应采取翻修、加铺等大修补强措施以提高路面结构承载能力。

（3）若高速公路及一级公路的行驶质量指数（RQI）评价为优、良，或者二级及二级以下公路的行驶质量指数评价为优、良、中时，以日常养护为主；若高速公路及一级公路的行驶质量指数评价为中及中以下，或者二级及二级以下公路的行驶质量指数评价为次及次以下时，应采取预防性罩面措施改善路面的平整度。

（4）高速公路及一级公路的抗滑能力不足（SFC<40）的路段，或二级及二级以下公路抗滑能力不足（SFC<30 或 BPN<32）的路段，应采取加铺罩面层等措施提高路表面的抗滑能力。

（5）因路面不适应现有交通量或载重的需要，应通过提高现有路面的等级，或通过加宽等改建措施提高道路通行能力和服务质量。

（6）大、中修及改建工程的结构类型和厚度，可根据公路等级、交通量、当地经济条件和已有经验，通过设计确定。

4.3.2.4 沥青路面养护质量要求

沥青路面技术状况应满足下列要求：

（1）公路网级沥青路面技术状况指数（PQI）应满足表 4.11 的要求。

表 4.11 公路网级沥青路面技术状况

路况指标	高速公路	一级及二级公路	三级及四级公路
PQI	≥90	≥85	≥80

（2）每个基本单元沥青路面技术状况指数（PQI）及其分项指标应满足表 4.12 的要求。

表 4.12 每个基本单元沥青路面技术状况

路况指标	高速公路	一级及二级公路	三级及四级公路
PQI	≥80	≥75	≥70
PCI	≥80	≥75	≥70
RQI	≥80	≥75	≥70
RDI	≥75	≥70	—
SRI	≥75	≥70	—

4.3.3　沥青路面可行养护和维修方案的形成

考虑不同措施间的包容或排斥关系，可以生成一个或多个可行的维修方案。小修措施如裂缝灌缝、坑槽修补以及处理局部严重病害的挖补措施可以和任何其他措施一起使用。其他路面整段处治措施可以单独或组合使用，形成如表4.13所示的7种维修方案。

表4.13　可能的沥青路面养护措施组合

方案编号	处治措施				
	铣刨	微表处	热再生	罩面	补强
1	✔				
2		✔			
3			✔		
4				✔	
5	✔			✔	
6			✔	✔	
7					✔

4.3.4　沥青路面病害维修要求

4.3.4.1　一般要求

（1）沥青路面出现的裂缝、坑槽、车辙、沉陷、波浪拥包、松散、泛油等病害应及时进行处治，防止路面病害发展与扩大。

（2）因路基或基层局部强度不足、松散、碎裂等原因形成的沥青路面病害，应在处治好路基或基层病害后，进行沥青面层处治。

（3）病害修补面积应大于病害实际面积，修补范围的轮廓线应与路面中心线平行或垂直，并在病害修补的边缘部位采取涂覆黏层材料、贴缝胶、界面加热等措施，保证修补部分与原路面界面黏结牢固、有效防水。

（4）对坑槽、车辙、沉陷等需将原路面沥青面层挖除或铣刨后进行修补作业的病害，宜随挖随补。

4.3.4.2　裂缝的维修

沥青路面裂缝的形式有纵向裂缝、横向裂缝、龟裂与网裂几种，不同种类的裂缝其处治措施如下：

（1）在高温季节全部或大部分愈合的轻微裂缝，可不加处理。

（2）在高温季节不能愈合的轻微裂缝，可采用下列方法之一进行处治。

1）将有裂缝的路段清扫干净，并均匀喷洒少量沥青，再均匀撒一层2~5 mm的干燥洁净石屑或粗砂，最后用轻型压路机将矿料压入路面。

2）沿裂缝涂刷少量稠度较低的沥青。

（3）由于路面基层温缩和干缩而造成的纵向或横向的裂缝，应按裂缝的宽度（5 mm）分别用热沥青或热拌沥青混合料予以处治。

（4）因沥青性能不好、路面龄期较长或油层老化等原因出现的大面积裂缝，如基层强度尚好时，可选用下列维修方法：乳化沥青稀浆封层、加铺沥青混合料上封层、改性沥青薄层罩面。

4.3.4.3 坑槽的维修

沥青路面产生坑槽的原因是面层的网裂、龟裂未及时养护，坑槽的处治措施如下：

（1）路面基层完好，仅面层有坑槽时，应按照“圆洞方补、斜洞正补”的原则，开凿至坑底稳定部分，槽底、槽壁涂刷黏结沥青，填入沥青混合料并整平。

（2）若因基层结构组成不良，如含泥多、含水量过大或基层局部强度不足等使基层破坏而形成坑槽，应先处治基层，再修复面层。

4.3.4.4 车辙的维修

沥青路面车辙一般包括：结构性车辙、流动性车辙、磨损性车辙、压实不足引起的车辙。根据车辙类型的不同，常用的维修措施有：稀浆封层、微表处、石屑封层、罩面或改建等。高速公路一般采取局部铣刨、局部填补或整体改造措施。

4.3.4.5 沉陷的维修

沉陷处治技术措施和结构层位应根据沉陷病害类型、发生部位、严重程度及原因合理确定。

（1）因路基不均匀沉降而引起的局部路面沉陷，若土基和基层已经密实稳定，可只修补面层。

（2）路面略有下沉，无破损或仅有少量轻微裂缝，可在沉陷处喷洒或涂刷黏层沥青，再用沥青混合料将沉陷部分填补到与原路面齐平并压实。

（3）因路基沉陷导致路面破损严重，矿料已松动、脱落形成坑槽的，应按照坑槽的维修方法予以处治。

（4）因土基或基层结构遭到破坏而引起路面沉陷，应处治好基层后再重做面层。

4.3.4.6 拥包的维修

拥包的维修方法如下：

（1）已基本稳定的轻微拥包，将拥包采用机械刨削或人工挖除。

（2）因面层沥青用量过多或细料集中产生较严重拥包，应用机械或人工将拥包全部除去，并低于路面约 10 mm。扫尽碎屑、杂物及粉尘后用热沥青混合料填平并压实。

（3）因基层局部含水量过大造成的拥包，应把拥包连同面层挖除，用水稳定性较好的材料更换已变形的基层，再重做面层。

（4）因基层局部强度不足或水稳性不好，使基层松软而造成的拥包，应将面层和基层全部挖除，重做基层、面层。

4.3.4.7 波浪与搓板的维修

属于面层原因形成的波浪或搓板时可按下述方法进行维修。

（1）路面仅有轻微波浪或搓板，可在高温季节路面发软时，与路中线成 45°角的方向反复进行碾压，或在波谷部分喷洒沥青，均匀铺撒矿料并找平压实，或将凸起部分铣刨削平。

（2）波浪或搓板的波峰与波谷高差起伏较大时，应顺行车方向将凸起部分铣刨削平，并低于路面 10 mm。削除部分喷洒热沥青，再均匀撒一层粒径不大于 10 mm 的矿料，扫匀，找平，并压实。

(3) 严重的、大面积波浪或搓板，应将面层全部挖除，然后重铺面层。

(4) 属于基层局部强度不足，或稳定性差等原因造成的波浪或搓板，应先对基层进行处治，再重做面层。

4.3.4.8 冻胀和翻浆的维修

冻胀和翻浆的维修方法如下：

(1) 因路基冻胀使路面局部或大面积隆起影响行车时，应将冻胀的沥青路面刨平，待春融后按翻浆处理方法予以处治。

(2) 因冬季基层中的水结冰引起冻胀，春季融化而引起的翻浆可根据情况采用以下方法予以处治。

1) 在有翻浆迹象的地方用人工或机械将 2~5 cm 直径的钢钎打入路面以下，穿透冻层至 1.3 m 以上，然后灌入砂粒，使化冻的水迅速渗入冻层以下。

2) 局部发生翻浆的路段，可采用打石灰梅花桩或水泥砂砾桩的方法予以改善。

3) 因基层水稳定性不良或含水量过大造成的翻浆，应挖去面层及基层全部松软的部分。将基层材料晾晒干，并适当增加新的砂粒或工业废渣等粒料，分层填补并压实，最后恢复面层。

4.3.4.9 其他病害的维修

沥青路面表面损坏形式有泛油、脱皮、啃边和磨光等。

A 泛油维修

(1) 只有轻微泛油的路段，可撒上 3~5 mm 粒径的石屑或粗砂，并控制行车碾压。

(2) 泛油较重的路段，可先撒 5~10 mm 粒径的碎石，控制行车碾压。待稳定后，再撒上 3~5 mm 粒径的石屑或粗砂，并引导行车碾压。

(3) 面层含油量高，且已形成软层的严重泛油路段，可先撒一层 10~15 mm 粒径碎石，用压路机将其强行压入路面，待基本稳定后，再分次撒上 5~10 mm 粒径的碎石，并引导行车碾压成型。

B 脱皮维修

(1) 由于沥青面层与封层之间黏结不好，或初期养护不良引起的脱皮，应清除已脱落和已松动的部分，再重新做封层，所做封层的沥青用量及矿料沥青规格应视封层的厚度而定。

(2) 面层与基层之间因黏结不良而产生的脱皮，应先清除掉脱落、松动的面层。若面层与基层间所含水分较多，应晾晒或烘干；若面层与基层之间夹有泥层，则应将泥砂清除干净，喷洒透层沥青后，重做面层。

C 啃边维修

(1) 因路面边缘沥青面层破损而形成啃边应将破损的沥青面层挖除，在接茬处涂刷适量的沥青，用沥青混合料进行填补，再整平压实。

(2) 路面边缘的基层因松软、沉陷而形成的啃边，应先对路面边缘基层局部加强后再恢复面层。

(3) 加强路肩的养护工作，及时铲除高路肩；随时注意填补路肩上的车辙、坑洼或沟槽；经常保持路肩与路面衔接平顺，并保持路肩应有的横坡，以利排水。

D 磨光维修

(1) 对于已磨光的沥青面层，可用路面铣刨机直接恢复其表面的粗糙度。

(2) 对于高速公路、一级公路的沥青路面，石料棱角被磨掉，路面光滑，摩擦系数低于要求值时，应加铺抗滑层。

(3) 对于表面过于光滑，摩擦系数特别小的路段，应做封层或罩面处理。

4.4 水泥混凝土路面养护维修技术

水泥混凝土路面在养护良好的条件下，其使用年限比其他路面长，但一旦开始损坏，则会引起破损的迅速发展。因此，应做好预防性、经常性的养护，使水泥混凝土路面保持完好的状态。

4.4.1 水泥混凝土路面养护维修技术措施及适用性

4.4.1.1 水泥混凝土路面养护维修技术措施

水泥混凝土路面常用的养护技术措施包括以下 7 种：接缝、裂缝的封闭和修补，剥落、表面坑洞的修补，错台磨平处治，局部全厚补块，板底灌浆封堵处理，增设传力杆，疏通边缘排水系统。

养护维修的措施主要有以下 9 类：裂缝或接缝的填封，部分厚度修补，全厚度修补或换板，面层表面金刚石研磨和冷磨，面层底部灌浆填封，修复接缝传荷能力，设置路面内部（边缘）排水设施，铺设乳化沥青封面、砂封面、稀浆封层、表面处治层或抗滑磨耗层等，沥青泥合料加铺罩面、复合式加铺或混凝土加铺。

4.4.1.2 水泥混凝土路面养护维修技术措施的适用性

水泥混凝土路面养护维修技术措施的适用性见表 4.14。

表 4.14 水泥混凝土路面养护维修技术措施的适用性

类型	日常养护	裂缝填封	接缝填封	部分厚度修补	全厚度修补	换板	沥青修补	板底填封	研磨	刻槽	边缘排水
纵、横、斜、角隅、裂缝	L	L，M，H	—	—	H	—	—	—	—	—	—
交叉裂缝和破碎板	—	L，M	—	—	—	M，H	—	—	—	—	—
唧泥、错台和脱空	L	—	L，M	—	—	—	—	H	H	—	M，H
接缝碎裂	L	—	—	M，H	H	—	M，H	—	—	—	—
拱起	L	—	—	—	M，H	H	—	—	—	—	—
填缝料损坏	L	—	M，H	—	—	—	—	—	—	—	—
纵缝张开	—	—	L，H	—	—	—	—	—	—	—	—
沉陷或胀起	L，M	—	—	—	—	—	M，H	H	M，H	—	—
纹裂或网裂和起皮	L，M	—	—	M，H	—	—	M，H	—	—	—	—

续表 4.14

类型	日常养护	裂缝填封	接缝填封	部分厚度修补	全厚度修补	换板	沥青修补	板底填封	研磨	刻槽	边缘排水
磨损和露骨磨损	—	—	—	—	—	—	露骨	—	—	—	—
活性集料反应	L	—	L	M，H	—	—	—	—	—	—	—
耐久性裂缝	L	L	L	M，H	H	—	—	—	—	—	—

注：L、M、H 表示损坏轻重程度等级，L 表示轻微损坏，M 表示中等损坏，H 表示严重损坏。

4.4.2 水泥混凝土路面养护维修方案选择

水泥混凝土路面技术状况调查一般包括路面破损状况、接缝传荷能力、行驶质量、抗滑能力、交通状况、路基和路面排水状况、路面修建和养护历史内容。

4.4.2.1 高速公路和一级公路

高速公路和一级公路养护维修方案如下：

（1）当路面完好性评定等级为优等时，只需进行路面日常保养。

（2）当路面完好性评定等级为良等时，在做好路面日常保养的同时，还应对一些轻微的损坏进行小修。

（3）当路面完好性评定等级为中等时，在做好路面日常保养和对一些轻微的损坏进行小修的同时，还应对一些较严重或较普遍的路面病害进行中修处治，包括对路段中的破碎板进行换板、对唧泥脱空路段进行板下封堵、对错台路段进行整段处治等。若路面病害发展速度比较快且路面平整度评定等级为差等时，则应安排路面大修（加铺）。

（4）当路面完好性评定等级为次等或以下时，应安排路面大修（加铺）。

（5）当路面平整度评定等级为次等或以下时，应整段进行罩面；当路面抗滑性能评定等级为中等或以下时，应整段进行路面刻纹。

（6）当路面承受的年平均换算标准轴载日作用次数明显大于设计预期值（如实际值为预期值 5 倍或以上）时，应尽快安排路面加铺补强。若路面完好性评定等级为良等或以上时，可采用结合式加铺，否则采用分离式加铺。

4.4.2.2 二级及二级以下公路

二级及二级以下公路与高等级公路维修方案不同之处如下：

（1）当路面完好性评定等级为中等时，在做好路面日常保养和对一些轻微的损坏进行小修的同时，还应对一些较严重或较普遍的路面病害进行中修，包括对路段中个别的严重破碎板进行换板、对唧泥脱空路段进行板下封堵、对错台路段进行整段处治。

（2）当路面完好性评定等级为次等时，在做好路面日常保养小修和中修的同时，应安排较大数量的路面换板。

（3）当路面抗滑性能评定等级为次等或以下时，应整段进行路面刻纹。

4.4.2.3 加铺处治方案

加铺处治方案主要有素混凝土、钢筋混凝土、连续配筋混凝土、预应力混凝土、钢纤维混凝土、老路面病害处治+沥青混凝土、老路面病害处治+隔离层+沥青混凝土、打碎并压稳老路面+基层+沥青混凝土 8 类。

4.4.3　水泥混凝土路面病害维修技术

4.4.3.1　裂缝维修

（1）对于宽度小于 3 mm 的轻微裂缝可采取扩缝灌浆。

（2）对贯穿全厚的大于 3 mm 且小于 15 mm 的中等裂缝，可采取条带罩面进行补缝，见图 4.19。

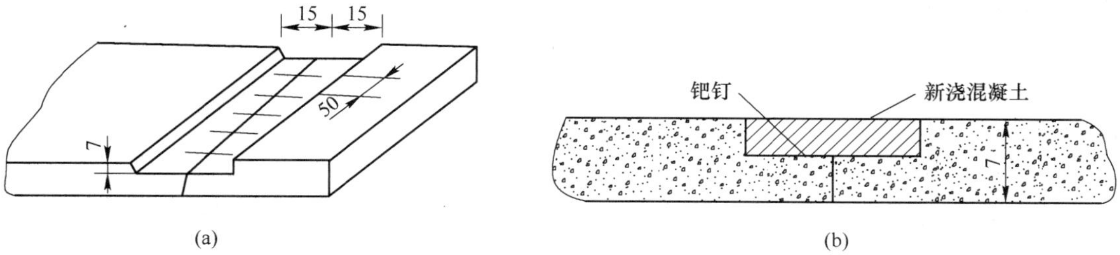

图 4.19　条带补缝（单位：cm）

（a）切缝施工；（b）条带罩面

（3）缝宽大于 15 mm 的严重裂缝应采用全深度补块。全深度补块常用的方法有刨挖法与设置传力杆法。

1）刨挖法，是指将产生裂缝的板体全部刨除，并在相邻板体处按照一定的技术要求，在下方暗挖 15 cm ×15 cm 的一块面积，并做好垫层用于荷载传递的方法，其施工方法如图 4.20 所示。

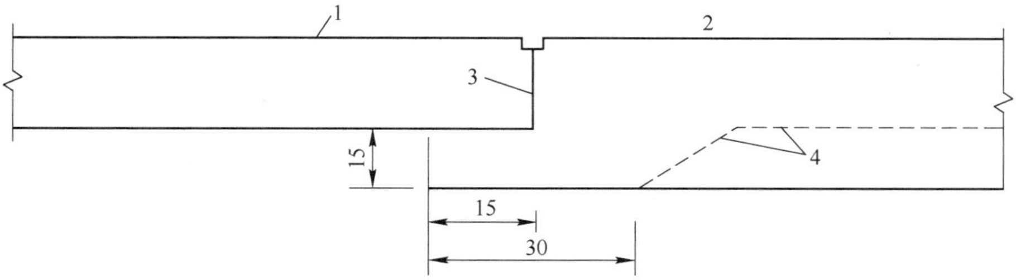

图 4.20　刨挖法（单位：cm）

1—保留板；2—补块；3—全深度锯缝；4—垫层开挖线

2）设置传力杆法，当处理基层后，应修复、安设传力杆和拉杆，如图 4.21 所示。

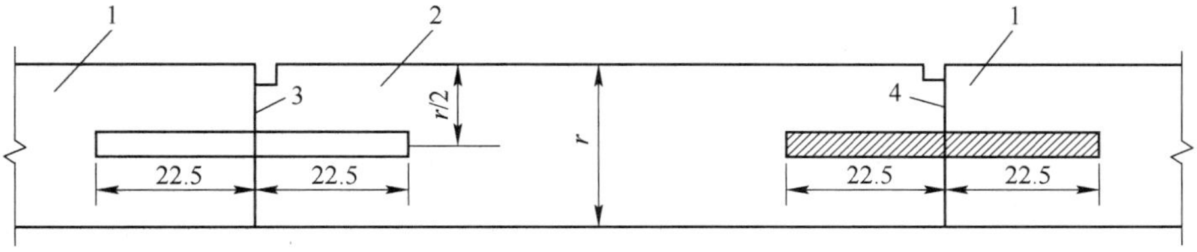

图 4.21　设置传力杆法（单位：cm）

1—保留板；2—全深度补块；3—缩缝；4—施工缝

4.4.3.2 板边、板角修补

(1) 当水泥混凝土面板轻度剥落时，板边修补应将剥落的表面清理干净，用沥青混凝土或接缝料修补平整。板角修补应按破裂面的大小确定切割范围。

(2) 切缝后，凿除破损部分时，应凿成规则的垂直面。对原有钢筋不应切断，如果钢筋难以全部保留，至少也要保留 20~30 cm 长的钢筋头，且应长短交错。

(3) 原有滑动传力杆，如果有缺陷应予以更换并在新老混凝土之间加设传力杆，传力杆间距控制在 30 cm。

(4) 与原有路面板的接缝面，应涂刷沥青。如为胀缝，应设置接缝板。

(5) 现浇混凝土与老混凝土面板之间的接缝应切出宽 3 mm、深 4 mm 的接缝槽，并灌入填缝材料。

4.4.3.3 板块脱空处治

(1) 水泥混凝土面板脱空位置的确定可采用弯沉测定法。凡弯沉超过 0.2 mm 的，应确定为面板脱空。

(2) 灌浆孔布设基本要求：

1) 用凿岩机在路面上打孔，孔的大小应和灌注嘴的大小一致，一般为 50 mm 左右，见图 4.22。

2) 灌浆孔与面板边的距离不应小于 0.5 m。在一块板上，灌浆孔的数量一般为 5 个，也可根据情况确定。

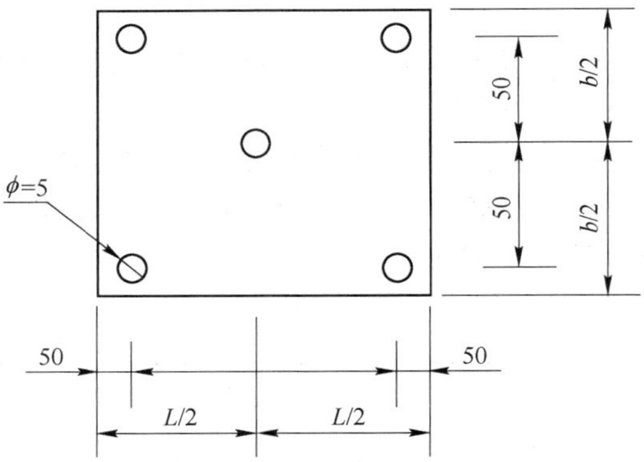

图 4.22 灌浆孔布置（单位：cm）

(3) 水泥混凝土路面板和基层之间由于出现空隙而导致路面沉陷的，可采用沥青灌注，水泥浆、水泥粉煤灰浆和水泥砂浆灌浆等方法进行板下封堵。

4.4.3.4 唧泥处理

(1) 水泥混凝土路面唧泥病害，应采取压浆处理。

(2) 水泥混凝土面板进行压浆处理后，应对接缝及时灌缝。

(3) 设置排水设施。

4.4.3.5 错台处治

错台的处理方法有磨平法和填补法两种，可按错台的轻重程度选定。

(1) 高差小于等于 10 mm 的错台，可采用磨平机磨平，如图 4.23 所示。

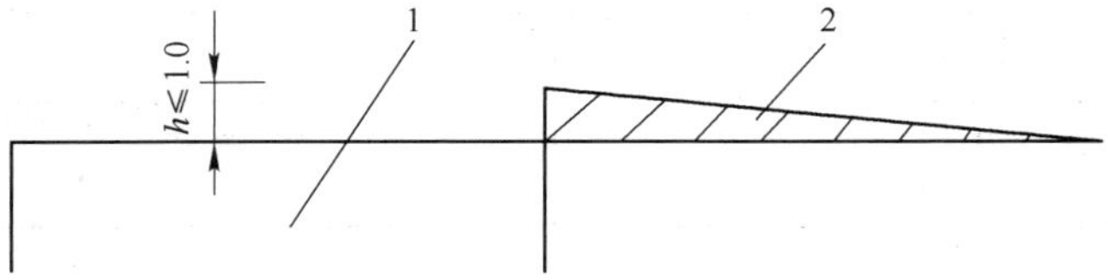

图 4.23 错台磨平法示意图

1—下沉板；2—磨平

（2）高差大于 10 mm 错台，可采用沥青砂或水泥混凝土进行处治。

4.4.3.6　沉陷处理

（1）沉陷处理应设置排水设施，按实际排水情况实施。

（2）面板顶升灌注水泥砂浆。

（3）当水泥混凝土整板沉陷并产生破碎时，应整板翻修。

4.4.3.7　拱起处理

（1）板端拱起但路面完好时，应根据板块拱起高低程度，计算要切除部分板块的长度。先将拱起板块两侧附近 1～2 条横缝切宽，待应力充分释放后切除拱起端，逐渐将板块恢复原位，在缝隙和其他接缝内应清缝，并灌接缝材料，如图 4.24 所示。

（2）拱起板端发生断裂或破损时，按相关要求处理。

（3）拱起板两端间因硬物夹入发生拱起，应将硬物清除干净，使板块恢复原位，应清理接缝内杂物和灰尘，灌填缝料。

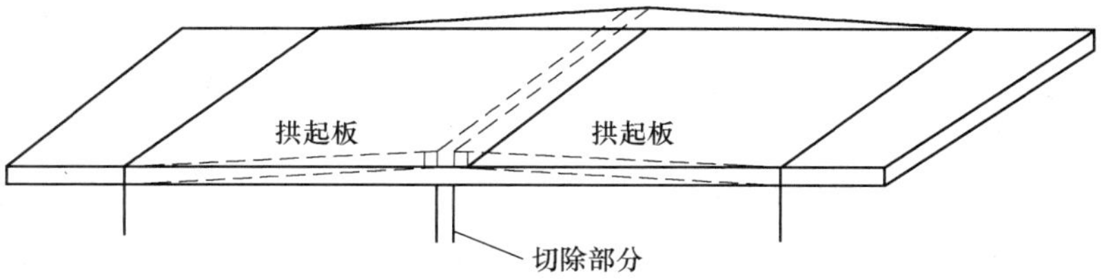

图 4.24　板体拱起修复

【例 4-1】　某公路地处西北干旱地区，是地区路网工程的重要组成部分。2013 年开始出现病害。本次工程针对 K25+325～K28+325 路段进行养护调查，路线总长为 3 km，路基宽度为 2×0.75+2×0.75+7.5 m 的二级公路，路面结构为水泥混凝土路面。随着地区经济的发展，此公路交通量快速增加，且重车较多，车辆超载也比较严重。如今，水泥混凝土路面出现断板、裂缝等现象，已经影响到行车安全。为尽快使该公路恢复畅通，需要对该公路进行相关的养护和维修，用以提高公路使用性能。

解：

（1）原因分析。

该公路地处西北干旱地区，修建的公路冻害较轻。但是该公路重车较多，车辆超载严重，是导致路面破损的主要原因。

（2）路面病害调查及处理意见。

根据公路的实际情况，对公路进行调查，水泥混凝土路面病害调查结果见表 4.15。

表 4.15　水泥混凝土路面病害调查

桩　　号	位置	数量	破坏类型	现场处理意见建议
K25+390～K25+440	右半幅	12 块	断裂	更换板
K25+450～K25+500	局部	10 m^2	坑洞	沥青混合料填补
K26+230～K27+100	全幅	36 条	纵缝	沥青混合料灌封

续表 4.15

桩　　号	位置	数量	破坏类型	现场处理意见建议
K26+230～K27+100	全幅	52 条	横缝	沥青混合料灌封
K25+325～K28+325	接缝	65 条	接缝损坏	重新填缝
K27+650	局部	3 m^2	拱起	割缝
K28+000～K28+300	局部	8 m^2	露骨	加铺 4 cm 沥青混凝土

课程思政

少时追光遇初心，一生秉烛守使命！

王秉纲，结缘公路70载，一直不曾停歇，为公路行业培养了一大批学术栋梁，为祖国的交通科技和教育事业奉献了70年！

王秉纲是我国交通领域著名专家，享受国务院政府特殊津贴，也是交通运输研究大会（TRC）终身成就奖获得者。他在公路路面结构设计理论与方法做出了突出贡献。中国西部地区的重要公路，几乎每一公里都倾注了王秉纲的心血。

1954年，王秉纲进入南京工学院（现东南大学）就读本科。毕业分配之际，他被组织安排去支援大西北建设，到西安公路学院（现长安大学）当助教。西安助教的一年时间，王秉纲便考上了同济大学的研究生。硕士毕业时他获得留校机会，但他毅然又回到了西安。再次踏进校门时，作为院史上第一位研究生学历的年轻教师，王秉纲得到了组织的重点培养，历任多项职务。

20世纪80年代以来，王秉纲先后主持了“水泥混凝土路面设计理论、方法和参数研究”，国家科技工作引导性项目“水泥混凝土路面发展对策及修筑技术研究”等国家交通运输领域的重大科技项目。研究成果为我国路面设计体系的建立以及设计标准的制定奠定了基础。他主持的“复合式路面设计与施工技术”“碾压混凝土与沥青混凝土复合式路面修筑技术”“高原多年冻土地区路基路面典型结构研究”等国家和省部级科研项目数十项，其中多项鉴定成果达到国际先进水平，部分成果达国际领先水平。依托科研成果，王秉纲一边完善路面结构力学计算理论与方法，一边着手编写《路面力学数值计算》《道路结构力学计算》等教材。这些教材填补了国内路面力学计算的空白。

王秉纲精神体现在：时光翩跹，岁月沉香；为党育才，为国育人；滋兰树蕙，初心不忘；不甘平庸，有所作为。

练习题

4-1　简述路基养护工作的内容。

4-2　简述路面养护工作的内容。

4-3　简述沥青路面、水泥混凝土路面的病害分类。

4-4　叙述沥青路面、水泥混凝土路面的病害处理措施。

4-5　某公路地处季节性冰冻地区，为二级公路，是地区路网工程的重要组成部分。其交通量大，随着地区经济的发展，交通量快速增加，达到 9500 辆/天，且重车较多，车辆超载情况也较为严重。如今，路面破损严重，强度等级较差，裂缝、车辙、龟裂、沥青层老化等现象普遍，部分路段已经影响到行车安全。同时，因为连日的降雨，造成公路路基产生滑坡和泥石流等地质灾害，道路沿线设施也受到不同程度的损坏。为了尽快使该公路恢复畅通，提高该公路的通行能力和服务质量，避免进一步发生道路水毁危及公路的行车安全，应尽快对该公路进行维修。请对该公路的病害原因以及影响因素进行分析，并就维修方法进行讨论。

5 桥梁结构检测

【学习目标】

了解：桥梁工程检测的任务、目的及分类；桥梁检测主要项目；桥梁检查与评价方法。

熟悉：位移测量、裂缝观测、作用力及结构内力测量；混凝土结构缺陷检测；桥梁基础检测。

掌握：应变测量原理与方法；混凝土强度检测原理与评价方法。

5.1 桥梁工程检测概述

5.1.1 桥梁工程检测的任务、目的及分类

5.1.1.1 桥梁工程检测的任务

桥梁试验检测是大跨径桥梁施工控制、新桥型结构性能研究、各类桥梁质量评定工作的重要手段。桥梁试验检测工作，对提升我国桥梁建设水平，确保桥梁工程施工质量，提高建设投资效益，保障人民生命财产安全具有十分重要的意义。

5.1.1.2 桥梁工程检测的目的

桥梁结构试验根据试验目的和试验的侧重点不同，可以分成两个方向：科学研究性试验和生产性试验。

（1）科学研究性试验。科学研究性试验主要解决科研和生产中有探索性和开创性的问题，所以试验的针对性较强。在进行试件设计、决定测试方法、选择测量仪器时都要突出主要问题，其他方面只要一般性满足即可。

（2）生产性试验。生产性试验主要解决新建桥梁鉴定和既有桥梁鉴定的问题。为了对桥梁的质量进行鉴定，必须通过一定的试验手段，对桥梁的主要质量指标进行测试，根据测得的基本数据，对新建桥梁或既有桥梁的质量进行评定。

另外，随着交通运输事业的发展，许多公路都要提高运输等级，线路上的桥梁也要进行改建或重建。为了选择切合实际的旧桥改造方案，有必要对既有桥梁的实际承载能力进行测定，从而决定采用何种措施来满足线路对桥梁的承载能力、桥宽、纵坡等各项指标的要求。

5.1.1.3 桥梁工程检测的分类

桥梁结构试验可根据试验对象和测试内容等进行分类，具体分类如下。

A 原型试验和模型试验

原型试验的对象一般是实际的桥梁，所以原型试验有时也称为实桥试验。原型试验通

常直接为生产服务，但有时也以科研为目的进行。

模型试验是仿照真实结构，按照一定比例关系复制成的真实结构的试验代表物展开试验。该试验代表物具有实际结构的全部或部分特征，但模型的尺寸比原型小得多。模型试验可以分为两类：一类以解决生产实践中的问题为主要目的，另一类主要用来验证计算理论或计算方法。

B 静力试验和动力试验

静力试验是结构试验中最常见的基本试验。因为桥梁结构工作时受到的荷载主要是静力荷载，桥梁结构的自重属于静力荷载，即使是荷载位置随时间变化的移动车辆一般也是作为静载来考虑的。静力试验一般可以通过重力或其他类型的加载设备来实现和满足加载要求。静力试验的加载过程是从零开始逐步递增，一直到预定的荷载为止。

桥梁结构的动力试验目前主要包括两方面的内容：一是测量移动车辆荷载作用下桥梁指定断面上的动应变或指定点的动挠度，二是测量桥梁结构的自振特性或是动力特性。

移动车辆荷载作用下的动应变或动挠度测定，一般用于实桥试验。正确测量桥梁结构的自振特性是进行桥抗震研究、抗风研究和车辆振动研究的基础。

5.1.2 桥梁工程检测的设计、数据整理及报告编写

5.1.2.1 桥梁工程检测的设计

（1）试验检测的总体组织。为了使检测能顺利进行并能达到预期的目的，总体组织工作十分重要。在进行检测组织时必须做好以下方面的工作：明确试验目的，阅读有关文献，收集设计、计算资料，拟定试验方法，测试仪器设备的准备和试验人员的组织。

（2）试验检测计划的制订。试验计划一般应包括以下内容：试验目的及测量要求，加载方法（荷载数量及种类、加载设备、加载装置、加载位置、加载顺序、加卸载时间），测试内容（每一测试项目的测量断面、每一测量断面上测点位置），测量方法（仪器的型号选择、仪器的安装方法、测站位置的选择、测试人员的配备），试验程序（加卸载程序与各测试项目观测程序之间的协调配合）和试验进度。

5.1.2.2 检测数据整理及报告的编写

试验过程中的原始记录，是试验结果的真实记录。原始记录的数据必须经过分析、整理或制成图表以后，才能清晰地反映试验结果的情况。

试验报告是整个试验的总结，一般包括试验目的、试验对象的简介、试验方法及依据、试验情况及问题、试验成果及分析和结论等内容。

每一项试验，从开始进行试验设计直到写出试验报告为止，是一个前后紧密联系的过程，因此必须从一开始就非常慎重、非常细致地对待试验的每一个环节。

5.1.3 桥梁检测主要项目

桥梁检测的主要项目如下：

（1）桥梁主要承重构件缺陷检查。包括全桥主要承重构件结构尺寸复测，全桥外观缺陷检查，主梁、墩台裂缝分布检查，承重构件连接部位检查，支座检查，墩台检查，基础缺陷检查。

（2）桥梁周边环境调查。包括周边环境所造成的缺陷调查和桥头引道调查。

(3) 桥梁专项检测。主要包括混凝土强度检测、混凝土碳化深度检测、钢筋位置混凝土保护层厚度检测、钢筋锈蚀情况检测、桥梁沉降检测。

(4) 桥梁附属构造缺陷检查。主要包括桥面铺装检查，伸缩缝检查，护栏检查，排水设施检查，桥头搭板检查，翼墙、耳墙检查，锥坡、护坡检查，其他交通设施检查。

5.1.4 桥梁结构检测的主要内容

桥梁结构检测的主要内容如下：

(1) 常规定期检测，包括桥面系检测、上部结构检测、下部结构检测。

(2) 结构定期检测，包括混凝土强度检测、混凝土碳化深度检测、钢筋位置及混凝土保护层厚度检测。

(3) 水下构件检测，对水下桩基混凝土脱落、裂纹、露筋、空洞、机械损伤等病害进行探查并录像。

(4) 承载能力鉴定，通过承载能力鉴定判定现阶段桥梁的承载能力能否满足设计要求。

(5) 长期监控点布设及首次观测，为了长期观测桥梁墩台、主梁在车辆作用下的变位情况，从而对桥梁的安全性进行分析，在桥梁关键位置布置监测点，并对监测点进行首次观测。

桥梁结构检测内容宜结合桥梁实地调查情况以及现场检测实施的可行性综合确定，包括结构几何参数；结构线形与变位；构件材料强度；构件裂缝；构件缺损及耐久性状况；支座与伸缩装置状态；索力；结构自振频率；其他应检测的内容。

5.2 桥梁检测与测量技术

5.2.1 应变测量

应变测量一般是用应变计测出试件在一定长度范围 L（称为标距）内的长度变化 ΔL，再计算出应变值 $\varepsilon=\Delta L/L$。测出的应变值实际是标距范围 L 内的平均应变。

应变测量方法主要有电测法与机测法两类，其中电测法为主要测量方法。应变测量的仪器主要有机测引伸仪、电阻应变计、电阻应变仪等。

5.2.1.1 机测引伸仪

常用机测引伸仪有以下两种：

(1) 手持式应变仪。图 5.1 为手持式应变仪，主要由两片弹簧钢片连接两个刚性骨架组成，测量时将插脚插入结构表面上预置的脚座中，试件的应变由装在骨架上的千分表算得。

(2) 千分表测应变装置。图 5.2 是一个自制的应变测量装置，它有两个粘贴在试件上的脚座，分别用来固定千分表和刚性杆，测量标距可通过调节两个脚座的距离任意确定。构件伸长（缩短）量由千分表读出，伸长（缩短）量除以标距即算得应变。

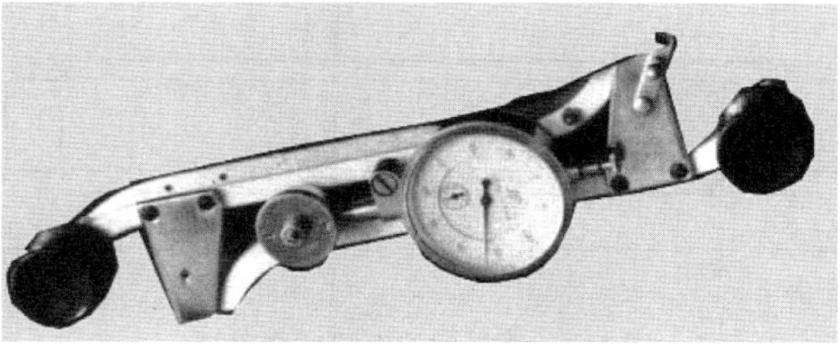

图 5.1 手持式应变仪

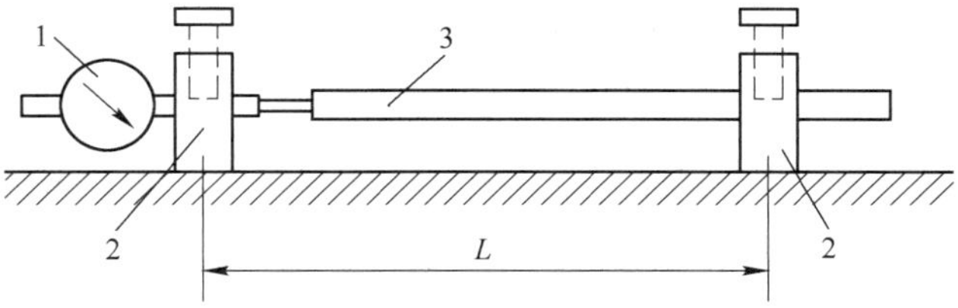

图 5.2 自制应变测量装置

1—千分表；2—脚座；3—刚性杆

5.2.1.2 电阻应变计

电阻应变计，又称电阻应变片，是电阻应变测量系统的感受元件。常见的丝绕式电阻应变计构造如图 5.3 所示，由敏感栅、黏合剂、基底、覆盖层和引出线等主要部分组成。

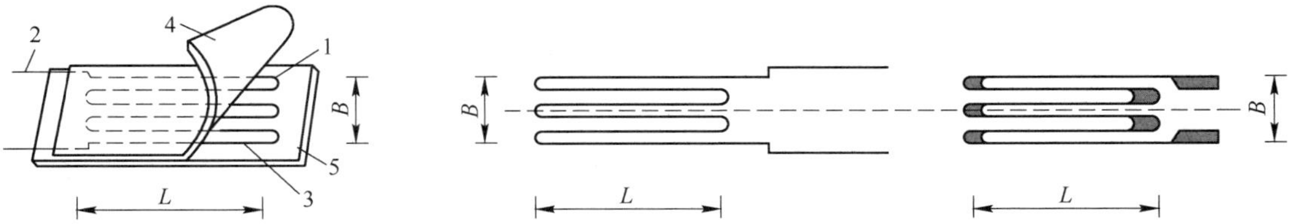

图 5.3 电阻应变片构造

1—敏感栅；2—引出线；3—黏合剂；4—覆盖层；5—基底

由物理学可知，金属电阻丝的电阻 R 与长度 L 和截面面积 A 有如下关系：

$$R = \rho \frac{L}{A} \tag{5.1}$$

式中 ρ——电阻率，Ω；

L——电阻丝长度，m；

A——电阻丝截面面积，mm^2。

当电阻丝受到拉伸或压缩后，相应的电阻变化如图 5.4 所示，其中 D 为电阻丝受到拉伸前的直径，D' 为拉伸后的直径，由式（5.1）两边进行微分后得

$$dR = \frac{\partial R}{\partial L}dL + \frac{\partial R}{\partial A}dA + \frac{\partial R}{\partial \rho}d\rho = \left(\frac{\rho}{A}\right)dL - \left(\frac{\rho L}{A^2}\right)dL + \left(\frac{L}{A}\right)d\rho \tag{5.2}$$

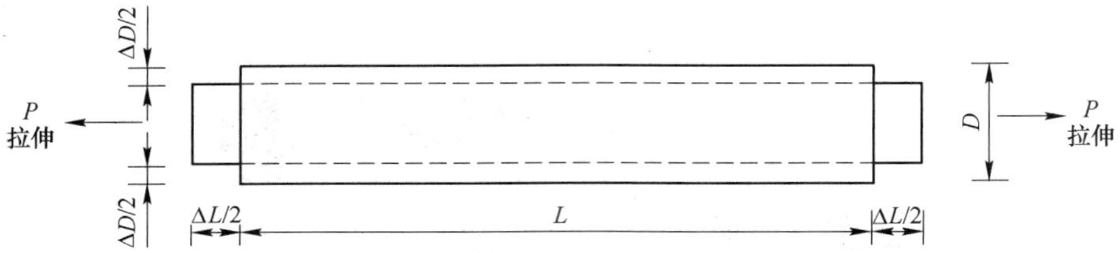

图 5.4 金属丝的电阻应变原理

式（5.2）左右两端同除以 R，有

$$\frac{dR}{R}=\frac{dL}{L}-\frac{dA}{A}+\frac{d\rho}{\rho} \tag{5.3}$$

设电阻丝的泊松比为 μ，则有

$$\frac{dA}{A}=\frac{\frac{\pi}{4}2DdD}{\frac{\pi D^2}{4}}=2\frac{dD}{D}=-2\mu\frac{dL}{L}=-2\mu\varepsilon \tag{5.4}$$

将式（5.4）和 $\frac{dL}{L}=\varepsilon$ 代入式（5.3），得

$$\frac{dR}{R}=\frac{d\rho}{\rho}+(1+2\mu)\varepsilon=\left(\frac{\frac{d\rho}{\rho}}{\varepsilon}+(1+2\mu)\right)\varepsilon \tag{5.5}$$

令 $K_0=\frac{d\rho}{\rho}/\varepsilon+(1+2\mu)$，则

$$\frac{dR}{R}=K_0\varepsilon \tag{5.6}$$

式中 K_0——电阻应变计的单丝灵敏系数，对确定的金属或合金而言为常数。

式（5.6）说明电阻丝感受的应变和它的电阻相对变化成线性关系，当金属电阻丝用胶贴在构件上与构件共同变形时，可由式（5.6）测得试件的应变。

式（5.6）也可以用电阻应变片的灵敏系数 K 来表示，如式（5.7）所示。

$$\frac{dR}{R}=K\varepsilon \tag{5.7}$$

这里需要指出的是：金属单丝的灵敏系数 K_0 与相同材料做成的应变片的灵敏系数 K 稍有不同。由于应变片的丝栅形状对灵敏度的影响，电阻应变片的灵敏系数值一般比单根电阻丝的灵敏系数 K_0 小，K 由试验求得。

电阻应变片的电阻值通常为 120 Ω 。当使用非 120 Ω 的应变计时，应按电阻应变仪的说明进行修正。电阻应变片的灵敏系数 K 取值为 1.9~2.3，通常取 $K=2.0$。

电阻应变片的种类繁多，根据敏感元件分为金属应变片和半导体应变片；根据基底材料分为纸基应变片、胶基应变片、金属片基应变片、临时基底应变片；根据标距分为大标距应变片和小标距应变片；根据敏感栅形状分为单轴应变片、应变花。

5.2.1.3 电阻应变仪

A 电阻应变仪的组成

电阻应变仪是把电阻应变测量系统中放大与指示（记录、显示）部分组合在一起的测量仪器，主要由振荡器、测量电路、放大器、相敏检波器和电源等部分组成。图 5.5 为应变仪组成。

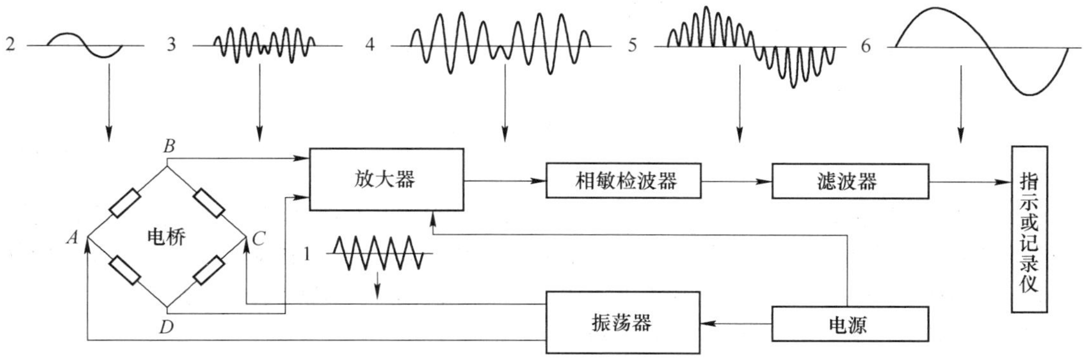

图 5.5 应变仪组成

1—供桥电源波形（载波）；2—被测信号波形（调制波）；3—电桥输出波形（已调制波）；4—放大后波形；5—检波解调后波形；6—滤波后波形

B 电阻应变仪的原理

电阻应变仪的测量原理是通过惠斯登电桥，将微小电阻变化转变为电压或电流变化。惠斯登电桥是由 4 个电阻 R_1、R_2、R_3 和 R_4 组成，如图 5.6 所示，4 个电阻构成电桥的 4 个桥臂。根据电工学原理，在电桥的 B、D 端输出电压为 U_{BD} 与电桥的 A、C 端的输入电压 U_{AC} 的关系为

$$U_{BD} = U_{AC}\frac{R_1R_3 - R_2R_4}{(R_1 + R_3)(R_2 + R_4)} \tag{5.8}$$

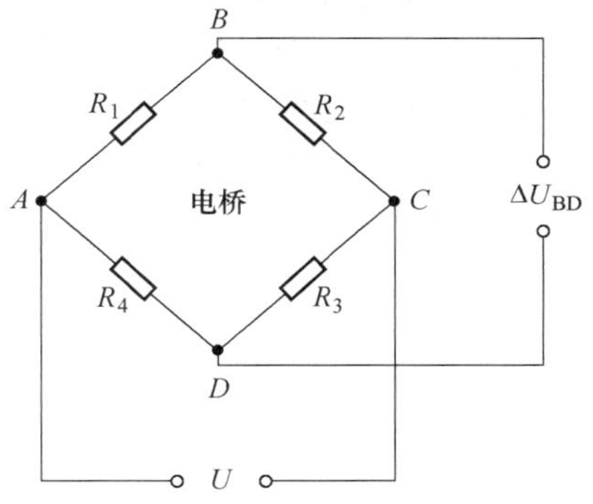

图 5.6 惠斯登电桥

当 4 个电桥的电阻满足式（5.9）时，电桥的输出电压为零，这种状态称为平衡状态。

$$\frac{R_1}{R_2} = \frac{R_4}{R_3} \tag{5.9}$$

假设初始状态为平衡状态，受力后桥臂电阻分别有微小的电阻增量 ΔR_1、ΔR_2、ΔR_3 和 ΔR_4，这时电桥输出电压的增量 ΔU_{BD} 为

$$\Delta U_{BD} = \left[\frac{R_1R_2}{(R_1 + R_2)^2}\left(\frac{\Delta R_1}{R_1} - \frac{\Delta R_2}{R_2}\right) + \frac{R_3R_4}{(R_3 + R_4)^2}\left(\frac{\Delta R_3}{R_3} - \frac{\Delta R_4}{R_4}\right)\right]U_{AC} \tag{5.10}$$

C 测量电路

根据桥臂上工作应变片的数量，测量电路主要有全桥电路、半桥电路和 1/4 桥电路。

（1）全桥电路。全桥电路是指在测量桥的四个桥臂上全部接入工作应变片，其中相邻臂上的工作片兼作温度补偿片。假定选取的 4 个桥臂应变片的阻值都相等（全等臂电桥），

即 $R_1 = R_2 = R_3 = R_4 = R$，且每个应变片的灵敏系数 K 也相同，则式（5.10）可改写为

$$\Delta U_{BD} = \frac{U_{AC}}{4}\left(\frac{\Delta R_1}{R_1} - \frac{\Delta R_2}{R_2} + \frac{\Delta R_3}{R_3} - \frac{\Delta R_4}{R_4}\right) = \frac{KU_{AC}}{4}(\varepsilon_1 - \varepsilon_2 + \varepsilon_3 - \varepsilon_4) \tag{5.11}$$

（2）半桥电路。半桥电路是由两个工作片和两个固定电阻组成，其表达式为

$$\Delta U_{BD} = \frac{U_{AC}}{4}\left(\frac{\Delta R_1}{R_1} - \frac{\Delta R_2}{R_2}\right) = \frac{KU_{AC}}{4}(\varepsilon_1 - \varepsilon_2) \tag{5.12}$$

（3）1/4 桥电路。1/4 桥电路常用于测量应力场里的单个应变，即 4 个桥臂应变片的阻值只有 R_1 变化，而 R_2、R_3 和 R_4 不变化，则

$$\Delta U_{BD} = \frac{U_{AC}}{4}\frac{\Delta R_1}{R_1} = \frac{KU_{AC}}{4}\varepsilon_1 \tag{5.13}$$

（4）多点测量线路。进行实际测量时，一般要求应变仪具有多个测量桥，这样就可以进行多测点的测量工作。多点测量线路主要有工作肢转换法和中线转换法。工作肢转换法每次只切换工作片，温度补偿片作为共用片。中线转换法每次同时切换工作片和补偿片，通过转换开关自动切换测点而形成测量桥。

（5）温度补偿。由于环境温度变化的影响，通过应变片的感受，可引起电阻应变仪指示部分的示值变动，这种变动称为温度效应。消除温度效应的方法称为温度补偿。温度补偿可采用温度补偿片法、工作片互补法和温度自补偿片法 3 种方法。

常用的温度补偿片法原理如图 5.7 所示。

试验时，选一个与试件材质相同的温度补偿块粘贴补偿片（应变片规格、粘贴工艺、温度环境与工作片相同），用相同的导线接在桥路工作臂的邻臂上。根据电桥邻臂输出相减的原理，达到温度效应所产生的应变得以消除的目的。这个粘贴在温度补偿块上，只发生温度效应的应变片，称为温度补偿片，这种方法称为温度补偿片法。

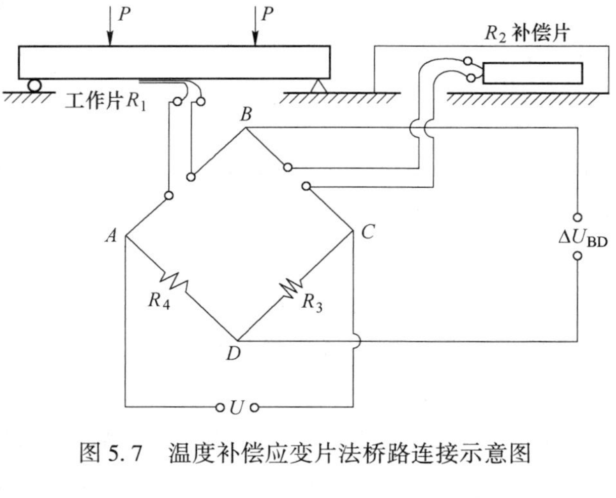

图 5.7 温度补偿应变片法桥路连接示意图

5.2.1.4 其他应变测试技术

（1）振弦式应变测试技术，其原理是将一定长度的钢弦张拉在两个端块之间，端块牢固安装于待测构件上。构件的变形使得两端块相对移动并导致钢弦张力变化，张力的变化又使钢弦的谐振频率发生变化，通过测量钢弦谐振频率的变化从而测出待测构件的应变

和变形。此技术具有结构简单、制作安装方便、稳定性好、抗干扰能力强等优点。

（2）光纤光栅应变测试技术，其原理是通过对光纤内部写入的光栅反射或透射 Bragg 波长的检测，实现对被测结构的应变和温度量值的绝对测量，Bragg 波长的变化反映了外界参量的变化。此技术在 1989 年被提出用于钢筋混凝土结构检测，之后应用在桥梁、大坝等大型民用基础设施的安全监测中。

【例 5-1】 采用 4 片相同的金属丝应变片（$K=2$），将其贴在实心圆柱形测力弹性元件上，如图 5.8（a）所示，应变片 1 和应变片 3 的 ε 为 1.56×10^{-4}，应变片 2 和应变片 4 的 ε 为 -0.47×10^{-4}。

（1）画出应变片在圆柱上的粘贴位置及相应测量桥路原理图。

（2）求各应变片的电阻相对变化量 $\Delta R/R$。

（3）若供电桥压 $U=6$ V，求桥路输出电压 U_0。

（4）此种测量方式能否补偿环境温度对测量的影响？说明原因。

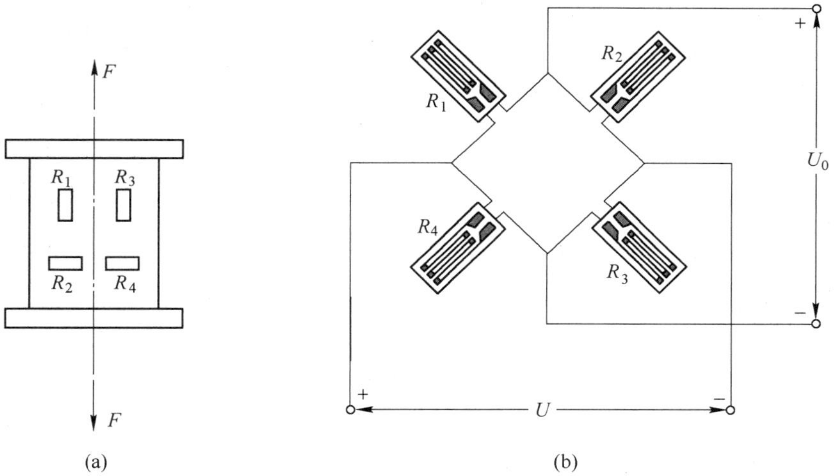

图 5.8　实心圆柱形测力弹性元件

（a）应变片布置；（b）桥路原理

解：（1）按题意采用 4 个相同应变片测力弹性元件，粘贴的位置如图 5.8（a）所示。R_1、R_3 沿轴向在力 F 的作用下产生正应变 $\varepsilon_1>0$，$\varepsilon_3>0$；R_2、R_4 沿圆周方向粘贴则产生负应变 $\varepsilon_2<0$，$\varepsilon_4<0$。4 个应变电阻接入桥路位置如图 5.8（b）所示，从而全面组成全桥测量电路，提高输出电压灵敏度。

（2）$$\frac{\Delta R_1}{R_1}=\frac{\Delta R_3}{R_3}=k\varepsilon_1=2\times1.56\times10^{-4}=3.12\times10^{-4}$$

$$\frac{\Delta R_2}{R_2}=\frac{\Delta R_4}{R_4}=-k\varepsilon_2=-2\times0.47\times10^{-4}=-0.94\times10^{-4}$$

（3）$$\Delta U_0=\frac{1}{4}\left(\frac{\Delta R_1}{R_1}-\frac{\Delta R_2}{R_2}+\frac{\Delta R_3}{R_3}-\frac{\Delta R_4}{R_4}\right)=\frac{1}{2}\left(\frac{\Delta R_1}{R_1}-\frac{\Delta R_2}{R_2}\right)U=\frac{1}{2}(3.12\times10^{-4}+0.94\times10^{-4})\times6$$
$$=1.22\text{ mV}$$

（4）此种测量方式可以补偿环境温度变化的影响。因为 4 个相同电阻应变在同样环

境条件下，感受温度变化产生电阻相对变化量相同，在全桥电路中不影响输出电压值，即

$$\frac{\Delta R_{1t}}{R_1} = \frac{\Delta R_{2t}}{R_2} = \frac{\Delta R_{3t}}{R_3} = \frac{\Delta R_{4t}}{R_4} = \frac{\Delta R_t}{R}$$

故 $\Delta U_{0t} = \frac{1}{4}\left[\frac{\Delta R_{1t}}{R_1} - \frac{\Delta R_{2t}}{R_2} + \frac{\Delta R_{3t}}{R_3} - \frac{\Delta R_{4t}}{R_4}\right] U = 0$

5.2.2　位移测量

位移是工程结构承受荷载作用后最直观的反应，是反映结构性能的最主要参数。结构任何部位的异常变形或局部损坏都会在变形上得到反映。位移测量的主要内容包括线位移测量、角位移测量、光纤位移测量，以及动位移测量。

5.2.2.1　线位移测量

线位移测量仪器有很多，常用的有机械式百分表和千分表、电子百分表、电阻式位移传感器和线性差动电感式位移传感器等。本节主要介绍机械式百分表和千分表、张拉式位移传感器、电阻应变式位移传感器、滑动电阻式位移传感器和线性差动电感式位移传感器。

A　机械式百分表和千分表

机械式百分表外观如图 5.9 所示，通过百分表座安装，其量程一般为 10 mm、30 mm 和 50 mm。机械式千分表的构造与机械式百分表基本相同，其测量精密度可达到 0.001 mm 或 0.002 mm，量程一般不超过 2 mm。

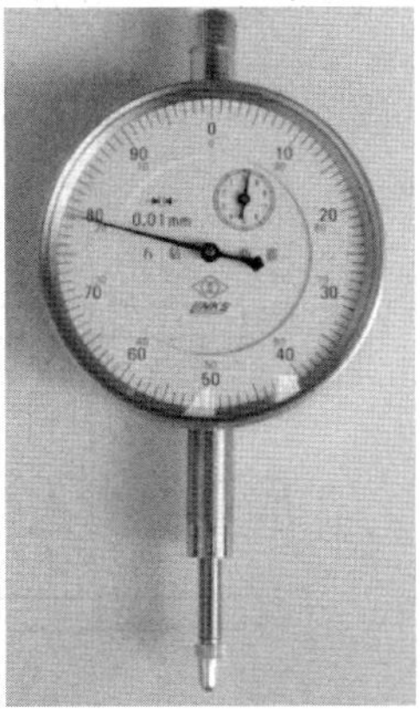

图 5.9　机械式百分表

磁性表座是机械式百分表、千分表等安装的配套的附属装置，也称为万能表架，用以夹持机械式百分表或千分表，可吸附在光滑的导磁平面或圆柱面上，如图 5.10 所示。

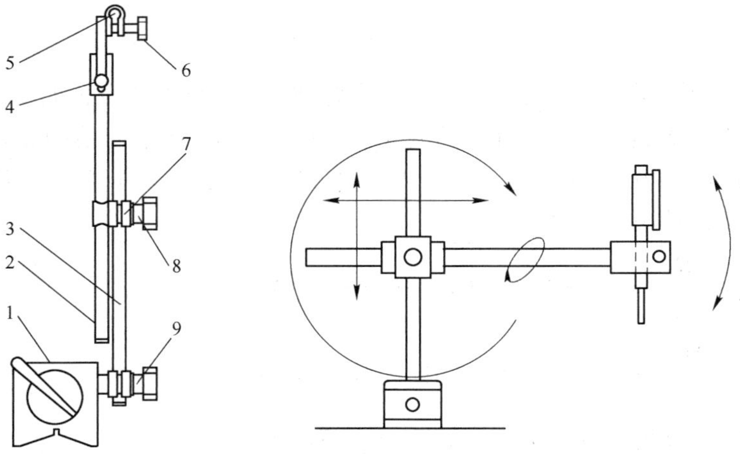

(a)　　(b)

图 5.10　磁性表座的构造

（a）构造组成；（b）万向调节系统

1—磁体开关；2，3—连接杆；4—微调螺栓；5—颈箍；6，8，9—紧固螺栓；7—连接件

B　张拉式位移传感器

张拉式位移传感器（见图 5.11），通过钢丝与被测物体相连，当被测物体发生位移时，重锤牵引缠绕钢丝推动传感器指针旋转，然后从传感器的表盘读数。这种位移传感器最大的优点是量程几乎不受限制，可以用于大变形条件下的位移测量，读数精度为 0.1 mm。

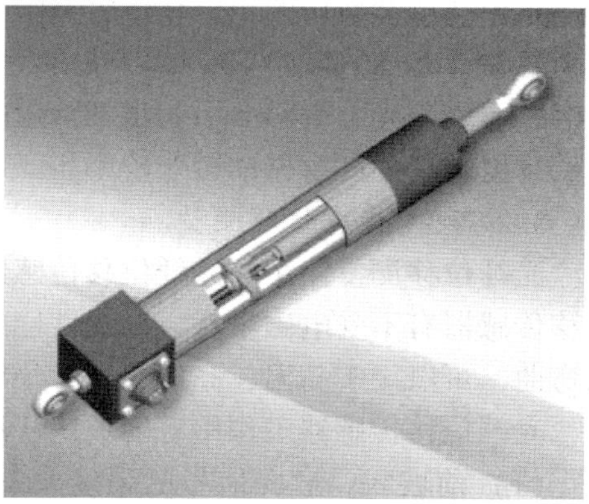

图 5.11　张拉式位移传感器

C　电阻应变式位移传感器

电阻应变式位移传感器的测杆通过弹簧与固定在传感器内的悬臂梁相连（见图 5.12），悬臂梁的根部粘贴电阻应变片。测杆移动时，带动弹簧使悬臂梁受力产生变形，通过电阻应变仪测量电阻应变片的应变变化，再转换为位移量。

D　滑动电阻式位移传感器

滑动电阻式位移传感器的基本原理是将线位移的变化转换为传感器输出电阻的变化。与被测物体相连的弹簧片在滑动电阻上移动，使电阻的输出电压值发生变化，通过参考电压值比较，得到输出电压的改变量。

E　线性差动电感式位移传感器

线性差动电感式位移传感器（LVDT）的工作原理是通过高频振荡器产生一参考电磁场，当与被测物体相连的铁芯在两组感应线圈之间移动时，由于铁芯切割磁力线，改变了电磁场强度，感应线圈的输出电压随即发生变化。通过标定，可以确定感应电压的变化与位移量变化的关系。

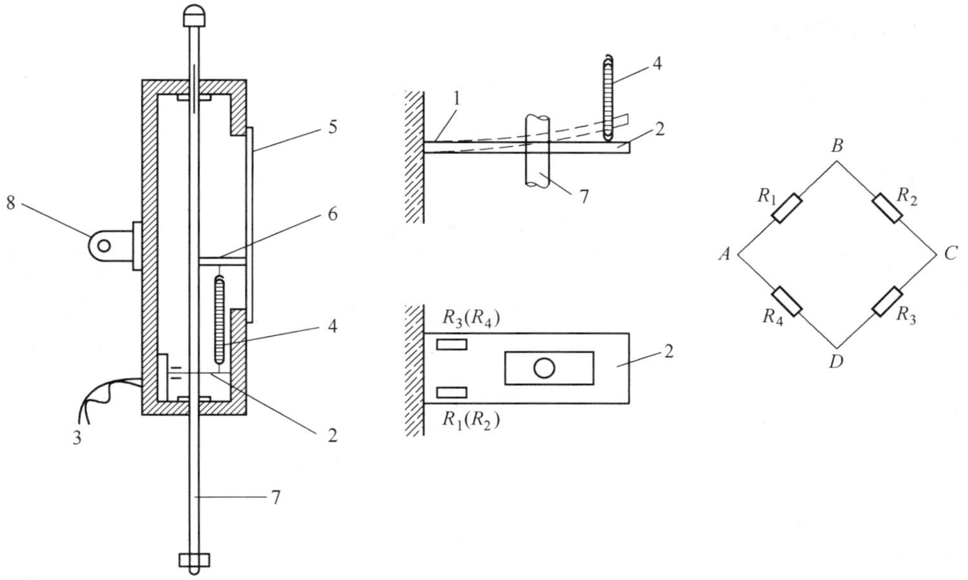

图 5.12　电阻应变式位移传感器

1—应变片；2—悬臂梁；3—引线；4—弹簧；5—标尺；6—指针；7—测杆；8—固定环

5.2.2.2 角位移测量

角位移测量使用的角位移传感器附着在结构上，随着结构一起发生位移。常用的角位移传感器有水准式倾角仪和电子倾角仪。水准式倾角仪尺寸小精度高，但是受湿度及振动影响大，在阳光下暴晒会引起水准管爆裂。电子倾角仪是通过电阻变化测定结构某部位的转动角度，受湿度及振动影响较小。

5.2.2.3 光纤位移测量

光纤位移测量使用的光纤位移传感器是一种新型传感器。与其他传感器相比较，光纤位移传感器有不受电磁干扰，防爆性能好，不会漏电打火，可根据需要做成各种形状，可以弯曲，可以用于高温、高压情况，绝缘性能好，耐腐蚀等优点。

光纤位移传感器工作中有前坡区、后坡区和光峰区，各区的功能如下：

（1）前坡区。输出信号的强度增加快，这一区域位移输出曲线有较好的线性关系，可进行小位移测量，如微米级测量。

（2）后坡区。信号随探头和被测体之间的距离增加而减弱，该区域可用于距离较远，而灵敏度、线性度要求不高的测量。

（3）光峰区。信号有最大值，其大小决定于被测表面的状态。光峰区域可用于表面状态测量，如工件的光洁度或光滑度。

5.2.2.4 动位移测量

桥梁结构的动位移测量是目前测试工作中的难点，目前可采用如下方法：

（1）用应变梁式位移传感器测得位移时程曲线。

（2）通过对测试速度或加速度时程曲线进行积分计算获得位移时程曲线。

（3）采用激光图像测量方法直接测得位移时程曲线。激光图像测量方法不需要支架即可直接获得位移时程曲线，是近年来重点研究及发展的方向。

5.2.3 桥梁变形测量方法的比较

随着科学技术的不断发展，出现了许多用于桥梁变形测量的方法，如表5.1所示。在具体的检测活动中，可以根据桥梁检测的实际情况和各种测量方法的优缺点，从中选取比较理想的方法。

表5.1 各种测量方法的比较

测量方法	优　　点	缺　　点	适用范围
机械式百分表、千分表	构造简单，稳定可靠，操作简单，测量精度高	需要架设稳定支架，安装麻烦，需要的人手多	实验室试验、陆地上的较矮的中小跨桥梁
位移计	稳定，操作简单，测量精度高，可集成自动测量	需要架设稳定支架，安装麻烦	实验室试验、方便搭设稳定支架的中小跨桥梁
精密水准仪	测点布置简单，速度快，经济、准确及可靠	仪器操作较复杂，对测量人员有较高的要求，受天气影响较大	使用范围广，适合满足精度要求的中大跨度桥梁的桥面挠度测量
连通管测量法	可靠、易行，受天气影响小，计算简单	安装较繁琐，在大跨径桥梁纵坡较大时不适用	适用于各种跨度桥梁的挠度测量，特别是中短期的连续检测

续表 5.1

测量方法	优　　点	缺　　点	适用范围
全站仪测量	自动化程度高、功能多及精度较高，可进行角度测量、距离测量、三维坐标测量、点位放样等相关测量工作	仪器操作较复杂，对测量人员有较高的要求，大位移变形难以观测，反射棱镜清洁困难、受天气影响较大	适合用于特大跨度桥梁的挠度测量、桥塔、缆索、拱肋及拱脚的三维变形测量
倾角测量	可靠，可集成自动测量，受天气影响小	测点布置较为复杂，计算较复杂，最大量程有限	适合用于满足量程要求的各种跨度桥梁的挠度测量
GPS 卫星定位	能实现动态实时、自动三维测量	系统价格昂贵，测量精度较低	适用于对大型桥梁的索塔、拱顶及拉索等部位的三维变形进行长期实时在线测量
激光图像测量	成本低，精度较高，可进行动态测量	测量时需复杂地对准调整过程，操作复杂，受天气影响较大，现场适应性较差	正在发展成熟中，目前应用还不普遍

5.2.4 裂缝观测

对于混凝土结构和砌体结构，裂缝的发生和发展是结构受力的重要特征。对于钢结构，常见的断裂发生在应力集中的部位和焊缝部位。

5.2.4.1 裂缝观测的方法

裂缝观测的常用方法包括肉眼观察、贴应变片、涂导电漆膜及超声波检测。

（1）肉眼观察。最常用的方法是在试件表面涂白石灰水并待其干燥，试件受荷后，便会在石灰涂层表面留下裂缝，借助放大镜用肉眼便可观察裂缝的出现。

（2）贴应变片。利用粘贴在混凝土受拉区的电阻应变片进行观测，当混凝土开裂时，如果裂缝贯穿电阻应变片，该应变片的读数将会突变，从而可以判断开裂部位。

（3）涂导电漆膜。在混凝土试件受拉区表面涂上一种专用的导电漆膜，干燥后两端接入电路。当混凝土裂缝宽度达到 0.001~0.005 mm 时，导电漆膜会出现火花直至烧断，以此判断裂缝出现。

（4）超声波检测。基于发声原理，采用声传感器捕捉材料开裂时发射声能所形成的声波，经信号转换后，能够识别裂缝出现的部位。

5.2.4.2 裂缝宽度测量仪器

裂缝宽度测量的仪器主要包括读数显微镜、裂缝读数卡、裂缝塞尺和振弦式裂缝计。

（1）读数显微镜。读数显微镜的读数鼓轮上标有刻度，旋动读数鼓轮，使镜内长线分别处于裂缝测量边缘并读出两次刻度值。两次读数值的差即为裂缝宽度。

（2）裂缝读数卡。裂缝读数卡的宽度为标准宽度。将标准宽度线条与裂缝放在一起，用放大镜比照以估计裂缝宽度。

（3）裂缝塞尺。裂缝塞尺由薄钢片制成，并由若干片不同厚度的规片组成一组，主要用来检查两结合面之间的缝隙。测量时根据目测的间隙大小选择适当规格的塞尺逐个塞入，读出塞入的塞尺个数，然后对下一位进行估读即可。

（4）振弦式裂缝计。振弦式裂缝计一般包括一个振弦式感应元件，该元件与一个经过热处理、消除应力的弹簧相连，弹簧两端分别与振弦、连接杆相连。测出振弦的频率即可确定弹簧的伸长，从而确定裂缝宽度的变化。

5.2.5　作用力及结构内力的测量

5.2.5.1　作用力的测量

在桥梁结构试验中，测定作用力的仪器有很多。图5.13是用于测量张拉钢丝或钢丝绳拉力的环箍式拉力计，它由两片弓形钢板组成一个环箍，在拉力的作用下，环箍产生变形，通过一套机械传动放大系统带动指针转动，指针在刻度盘上的示值即为拉力值。图5.14所示是另一种环箍式拉、压测力计，使用钢环作为“弹簧”，在拉、压力作用下的变形经过杠杆放大后推动位移计工作。

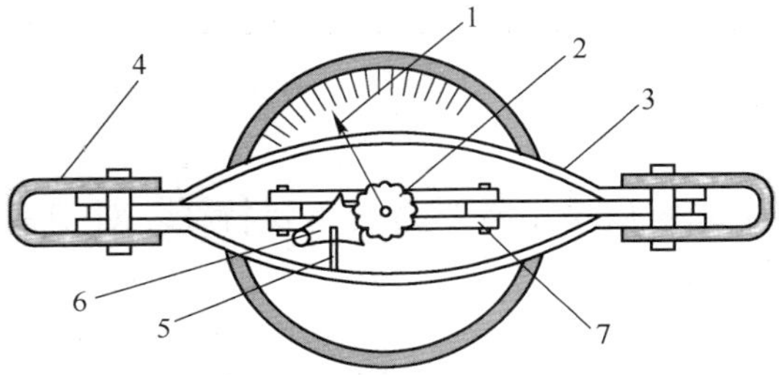

图5.13　环箍式拉力计

1—指针；2—中央齿轮；3—弓形弹簧；4—耳环；5—连杆；6—扇形；7—可动接板

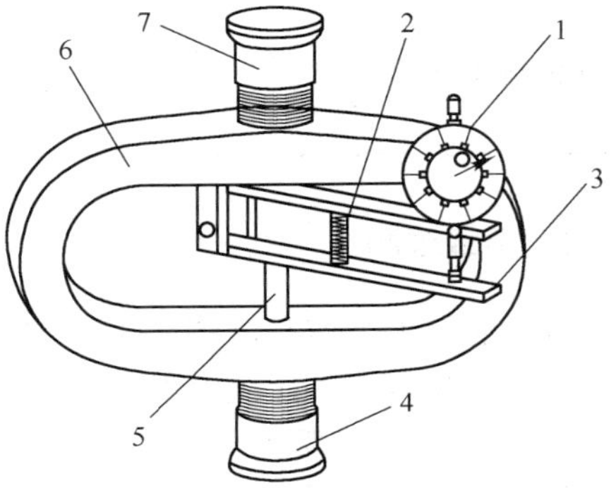

图5.14　环箍式拉、压测力计

1—位移计；2—弹簧；3—杠杆；4，7—上下压头；5—立柱；6—钢环齿轮

5.2.5.2　张拉力的测量

在桥梁施工中，液压千斤顶是用来张拉预应力钢筋、吊索及系杆的主要机具，其张拉力的控制是通过液压千斤顶的液压表来实现的。因此，可以通过事先精确标定液压表读数与千斤顶张拉力的对应关系，在张拉预应力钢筋、吊索及系杆时，通过液压表来测量、调整千斤顶的张拉力。

5.2.5.3　荷载的测量

在试验中，荷载的大小也可以利用应变测试技术来测量，测量工具通常称为力传感器或荷载传感器。荷载传感器可以测量荷载、支座反力以及其他各种外力的大小。各种荷载传感器的核心部件是一个厚壁筒，壁筒的横断面大小取决于荷载的量程及材料的容许应力，测量时在壁筒上贴有电阻应变片，以便将机械变形转换为电信号。为便于设备或试件连接，荷载传感器的筒壁两端加工有螺纹。

5.2.5.4　索力的测量

缆索承重桥梁包括斜拉桥、悬索桥、系杆拱桥等。准确测试拉索或吊杆的实际索力大小在缆索承重桥梁施工监控和成桥检测中显得尤为重要。索力的测定方法主要有：（1）电阻应变片测定法；（2）拉索伸长测量定法；（3）索拉力垂直度关系测定法；

（4）张拉千斤顶测定法；（5）压力传感器测定法；（6）磁通量法；（7）振动测定法。

5.3　混凝土强度检测

5.3.1　混凝土抗压强度检测

结构或构件混凝土抗压强度的检测的主要方法有回弹法、超声法、超声回弹综合法、钻芯法、拔出法，下面具体展开介绍。

5.3.1.1　回弹法

回弹法运用回弹仪，通过测定混凝土表面的硬度推算混凝土的强度，是混凝土强度检测中最常用的一种非破损检测方法。

回弹仪构造原理如图 5.15 所示，主要由弹击杆、重锤、拉力弹簧、压力弹簧及刻度尺等组成。

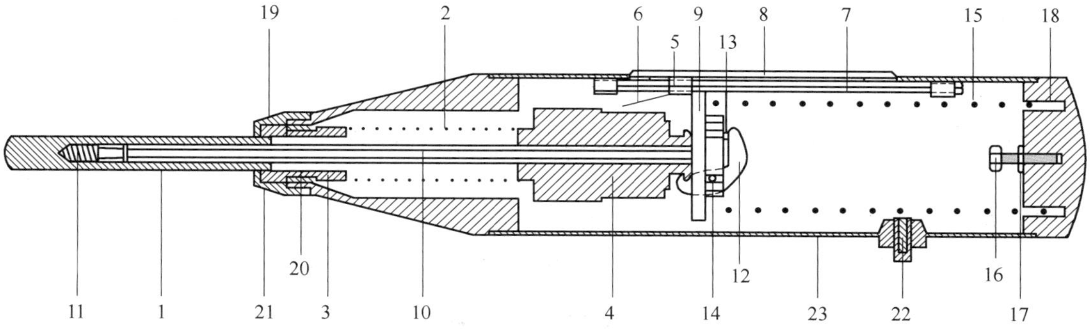

图 5.15　回弹仪的构造

1—弹击杆；2—弹击拉簧；3—拉簧座；4—弹击锤；5—指针块；6—指针片；7—指针轴；8—刻度尺；9—导向法兰；10—中心导杆；11—缓冲压簧；12—挂钩；13—挂钩压簧；14—挂钩销子；15—压簧；16—调零螺钉；17—紧固螺母；18—尾盖；19—盖帽；20—卡环；21—密封毡帽；22—按钮；23—外壳

A　回弹值的测定方法

回弹法测定混凝土的强度应遵循我国《回弹法检测混凝土抗压强度技术规程》（JGJ/T 23—2011）有关规定。测试时，打开按钮，弹击杆伸出筒身外，然后把弹击杆垂直顶住混凝土测试面使其徐徐压入筒身，这时筒内弹簧和重锤逐渐趋向紧张状态，当重锤碰到挂钩后即自动发射，推动弹击杆冲击混凝土表面后回弹一个高度，回弹高度在标尺上示出，按下按钮取下仪器，在标尺上读出回弹值。

值得注意的是，测试应在事先划定的测区内进行，每个构件测区数不少于 10 个，每个测区面积为 200 mm×200 mm，每个测区设 16 个回弹点，相邻两回弹点的间距一般不小于 30 mm。一个测点只允许回弹一次，然后从测区的 16 个回弹值中分别剔除 3 个最大值和 3 个最小值，取余下 10 个有效回弹值的平均值作为该地区的回弹值，即

$$R_{\mathrm{m}} = \frac{\sum_{i=1}^{10} R_i}{10} \tag{5.14}$$

式中 R_m——测区平均回弹值，精确至0.1 MPa；

R_i——第 i 个测点的回弹值。

当回弹仪非水平方向检测混凝土浇筑侧面时，应按式（5.15）进行修正。

$$R_a = R_m + R_{a\alpha} \tag{5.15}$$

式中 R_a——修正后的测区回弹值；

$R_{a\alpha}$——测试角度为 α 的回弹修正值，按表5.2采用。

表5.2 非水平方向检测时回弹值的修正值 $R_{a\alpha}$

测试角度/(°) \ R_m/MPa	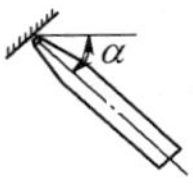				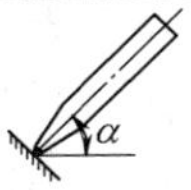			
	+90	+60	+45	+30	-30	-45	-60	-90
20	-6.0	-5.0	-4.0	-3.0	+2.5	+3.0	+3.5	+4.0
30	-5.0	-4.0	-3.5	-2.5	+2.0	+2.5	+3.0	+3.5
40	-4.0	-3.5	-3.0	-2.0	+1.5	+2.0	+2.5	+3.0
50	-3.5	-3.0	-2.5	-1.5	+1.0	+1.5	+2.0	+2.5

当水平方向检测混凝土浇筑顶面或底面时，应按式（5.16）进行修正。

$$R_a = R_m + (R_a^t + R_a^b) \tag{5.16}$$

式中 R_a^t——测顶面时的回弹修正值，按表5.3采用；

R_a^b——测底面时的回弹修正值，按表5.3采用。

表5.3 不同浇筑面上的回弹修正值 R_a^t、R_a^b

测试面 \ R_m/MPa	顶面修正值 R_a^t/MPa	底面修正值 R_a^b/MPa	测试面 \ R_m/MPa	顶面修正值 R_a^t/MPa	底面修正值 R_a^b/MPa
20	+2.5	-3.0	40	+0.5	-1.0
25	+2.0	-2.5	45	0	-0.5
30	+1.5	-2.0	50	0	0
35	+1.0	-1.5			

在测试时，如仪器处于非水平状态，同时构件测区又非混凝土的浇灌侧面，则应对测得的回弹值先进行角度修正再进行顶面或底面修正。

B 碳化深度的测量

采用电锤或其他工具，在测区表面形成直径为15 mm的孔洞。吹去洞中粉末（不能用液体冲洗），立即用浓度为1%的酚酞酒精溶液滴在孔洞内壁边缘处，未碳化混凝土变成紫红色，已碳化的混凝土则不变色。然后用钢尺测量混凝土表面至变色与不变色交界处的垂直距离，该距离即为测试部位的碳化深度，取值精确至0.5 mm。

碳化深度必须在每一测区的两相对面上分别选择2~3个测点，如构件只有一个可测面，则应在可测面上选择2~3个点测量其碳化深度，每一点应测试两次。每一测区的平均碳化深度按式（5.17）计算。

$$d_m = \frac{\sum_{i=1}^{n} d_i}{n} \tag{5.17}$$

回弹法测区混凝土强度换算表

式中 n ——碳化深度测量次数；

d_i ——第 i 次测量的碳化深度，mm；

d_m ——测区平均碳化深度，$d_m \leqslant 0.4$ mm，取 $d_m = 0$；$d_m > 6$ mm，取 $d_m = 6$ mm。

有了各测区的回弹值及平均碳化深度，即可按规定的方法评定构件的混凝土强度等级。

C 混凝土强度的评定

结构或构件第 i 个测区混凝土强度换算值，可按本章所求得的平均回弹值 R_m 及求得的平均碳化深度值 d_m 由《回弹法检测混凝土抗压强度技术规程》（JGJ/T 23—2011）附录 A 查表得出。

（1）结构或构件的测区混凝土强度平均值可根据各测区的混凝土强度换算值计算。当测区数为 10 个及以上时，应计算强度标准差。平均值和标准差应按式（5.18）和式（5.19）计算。

$$m_{f_{cu}^c} = \frac{\sum_{i=1}^{n} f_{cu,i}^c}{n} \tag{5.18}$$

$$S_{f_{cu}^c} = \sqrt{\frac{\sum_{i=1}^{n} (f_{cu,i}^c)^2 - n\,(m_{f_{cu}^c})^2}{n-1}} \tag{5.19}$$

式中 $m_{f_{cu}^c}$ ——结构或构件测区混凝土强度换算值的平均值，精确至 0.1 MPa；

n ——测区数量，对于单个检测的构件，取一个构件的测区数；对于批量检测的构件，取被抽检构件测区数之和；

$S_{f_{cu}^c}$ ——结构或构件测区混凝土强度换算值的标准差，精确至 0.01 MPa。

（2）结构或构件的混凝土强度推定值是指相应于强度换算值总体分布中保证率不低于 95%的结构或构件中的混凝土抗压强度值。结构或构件的混凝土强度推定值 $f_{cu,e}$ 应按下列方法确定：

当该结构或构件测区数少于 10 个时，则按式（5.20）确定结构或构件的混凝土强度推定值 $f_{cu,e}$。若该结构或构件的测区强度值中出现小于 10.0 MPa 的情况，则按 $f_{cu,e} <$ 10.0 MPa 评定。

$$f_{cu,e} = f_{cu,min}^c \tag{5.20}$$

式中 $f_{cu,min}^c$ ——构件中最小的测区混凝土强度换算值。

当该结构或构件测区数不小于 10 个或按批量检测时，应按式（5.21）计算结构或构件的混凝土强度推定值 $f_{cu,e}$。

$$f_{cu,e} = m_{f_{cu}^c} - 1.645 S_{f_{cu}^c} \tag{5.21}$$

对按批量检测的构件，当该批构件混凝土强度平均值小于 25 MPa，$S_{f_{cu}^c} > 4.5$ MPa 时，或当该批构件混凝土强度平均值不小于25 MPa，$S_{f^{c}_{cu}}$ >5.5 MPa时，则该批构件应全部按单个构件评定。

5.3.1.2　*超声法*

超声法是利用混凝土的抗压强度f_{cu}与超声波在混凝土中的传播参数（声速、衰减等）之间的相关关系检测混凝土的强度的方法。超声波脉冲实质上是超声检测仪的高频电振荡激励压电晶体发出的超声波在介质中的传播（见图5.16）。混凝土强度越高，相应超声波声速也越大，经试验归纳，这种相关性可以用反映统计相关规律的非线性数学模型来拟合，即通过试验建立混凝土强度与声速的关系曲线（f_{cu}-v曲线）或经验公式。目前常用的关系表达式有指数函数方程、幂函数方程和抛物线方程。

指数函数方程：
$$f^{c}_{cu} = \mathrm{A}e^{\mathrm{B}v} \tag{5.22}$$

幂函数方程：
$$f^{c}_{cu} = \mathrm{A}v^{\mathrm{B}} \tag{5.23}$$

抛物线方程：
$$f^{c}_{cu} = \mathrm{A} + \mathrm{B}v + \mathrm{C}v^{2} \tag{5.24}$$

式中　f^{c}_{cu}——混凝土强度换算值；

v——超声波在混凝土中传播速度；

A，B，C——常数项。

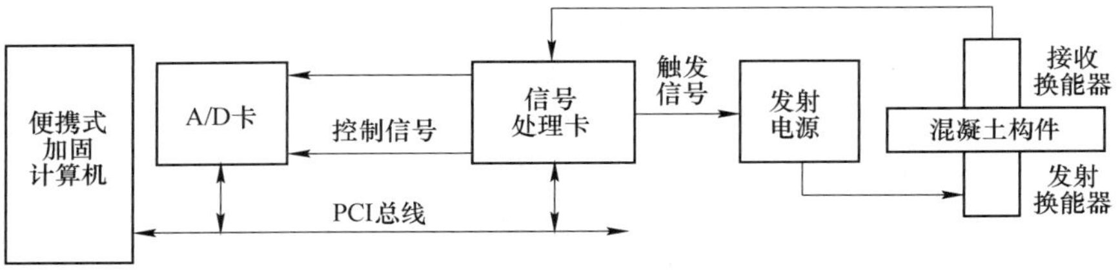

图5.16　混凝土超声检测仪结构

5.3.1.3　*超声回弹综合法*

超声回弹综合法是指采用超声检测仪和回弹仪，在结构或构件混凝土的同一测区分别测量超声波的声时值和回弹值，再利用已建立的测强公式，推算该测区混凝土强度的方法。

按照《超声回弹综合法检测混凝土强度技术规程》（CECS 02：2005），采用式（5.25）和式（5.26）计算混凝土的强度，当粗骨料为卵石时，应用式（5.25）计算；当粗骨料为碎石时，应用式（5.26）计算。

超声回弹综合法测区混凝土强度换算表

$$f^{c}_{cu,i} = 0.0056\,(v_{ai})^{1.439}\,(R_{ai})^{1.769} \tag{5.25}$$

$$f^{c}_{cu,i} = 0.0162\,(v_{ai})^{1.656}\,(R_{ai})^{1.410} \tag{5.26}$$

式中　$f^{c}_{cu,i}$——第i个测区混凝土强度换算值，MPa，精确至0.1；

v_{ai}——第i个测区修正后的超声声速值，km/s，精确至0.01；

R_{ai}——第i个测区修正后的回弹值，MPa，精确至0.1。

在《超声回弹综合法检测混凝土抗压强度技术规程》（T/CECS 02：2020）中，不再做卵石、碎石区分，统一的曲线为

$$f^{c}_{cu,i} = 0.0286\,(v_{ai})^{1.999}\,(R_{ai})^{1.155} \tag{5.27}$$

按照规定，得到每一个测区的混凝土强度换算值后，就可以根据相应的评定规则推定

混凝土的强度性能。

5.3.1.4 钻芯法

钻芯法是利用专用钻机，从结构混凝土中钻取芯样以检测混凝土强度或观察混凝土内部质量的方法，具有直观、精度高等特点。这种方法对构件的损伤较大，检测成本较高，只有在下列情况下才进行钻取芯样检测其强度。

（1）对试块抗压强度的测试结果有怀疑时。

（2）因材料、施工或养护不良而发生混凝土质量问题时。

（3）混凝土遭受冻害、火灾、化学侵蚀或其他损害时。

（4）需检测经多年使用的建筑结构或构筑物中混凝土强度时。

（5）对施工有特殊要求的构件，如机场跑道测量厚度。

取芯的数量，应根据检测要求而定。按单个构件，每个构件的钻芯数量不应少于 3 个，取芯位置应尽量分散，以减少对构件强度的影响。对于较小构件，钻芯数量可取两个。

芯样试件的混凝土换算强度可按式（5.28）计算。

$$f_{cu}^{c}=\alpha\frac{4F}{\pi d^2} \tag{5.28}$$

式中 f_{cu}^{c}——芯样试件混凝土强度换算值，MPa，精确至 0.1；

F——芯样试件抗压试验得到的最大压力，N；

d——芯样试件的平均直径，mm；

α——不同高径比的芯样试件混凝土强度换算系数，可按表 5.4 选用。

表 5.4 芯样试件混凝土强度换算系数

高径比 h/d	1.0	1.1	1.2	1.3	1.4	1.5	1.6	1.7	1.8	1.9	2.0
系数 α	1.00	1.04	1.07	1.10	1.13	1.15	1.17	1.19	1.21	1.22	1.24

5.3.1.5 拔出法

拔出法是使用拔出仪器拉拔埋在混凝土表层内的锚件，将混凝土拔出一锥形体，根据混凝土抗拔力推算其抗压强度的方法。拔出法分为两类，一类是预埋拔出法，另一类是后装拔出法。拔出法是一种测试结果可靠、适用范围广泛的微破损检测方法。

A 预埋拔出法

预埋拔出试验（见图 5.17）操作步骤为：安装预埋件、浇筑混凝土、拆除连接件、用拔出仪拉拔锚头，如图 5.18 所示。当拔出试验达到拉拔力时，混凝土将大致沿 2α 的圆锥面产生开裂破坏，最终有一个截头圆锥体脱离母体。

B 后装拔出法

后装拔出法是在硬化后的混凝土

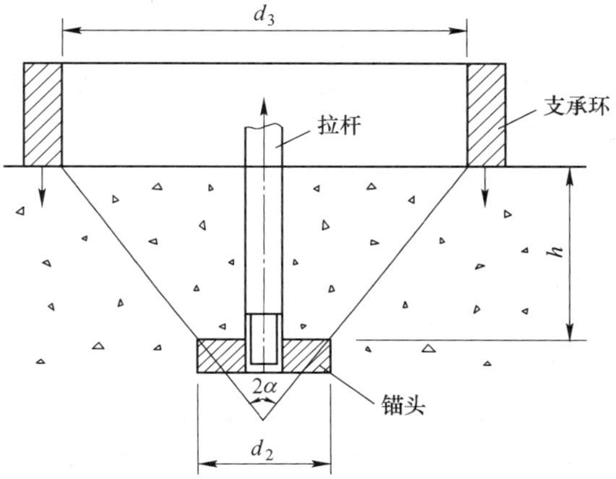

图 5.17 拔出试验简图

上钻孔，装入（黏结或胀嵌）锚固件进行拔出，试验步骤如图 5.19 所示。

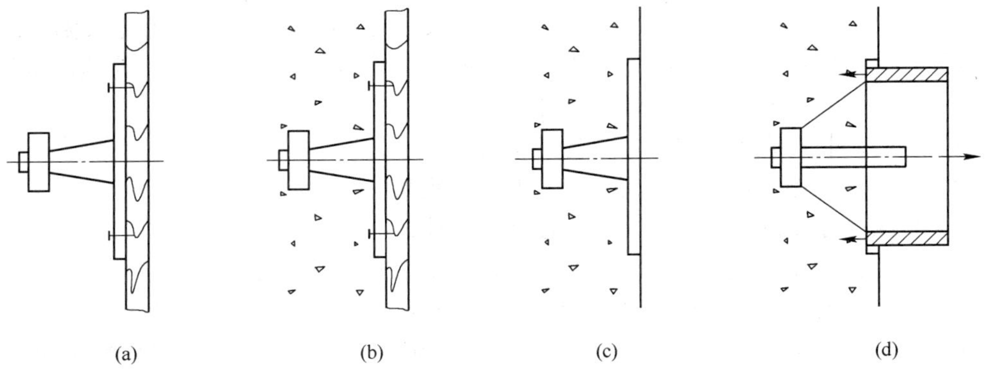

图 5.18 预埋拔出试验操作步骤
（a）安装预埋件；（b）浇筑混凝土；（c）拆除连接件；（d）拔出试验

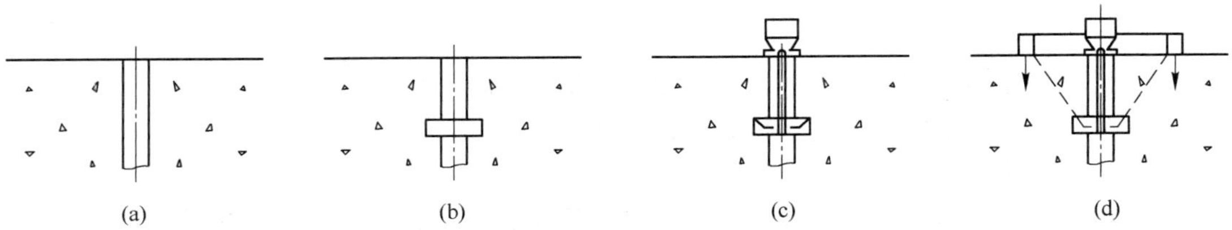

图 5.19 后装拔出法试验操作步骤
（a）钻孔；（b）磨槽；（c）安装锚固件；（d）拔出试验

C 混凝土强度推定

拔出法检测混凝土强度，一般是采用直线回归方程：

$$f_{cu} = A + BF_p \tag{5.29}$$

式中 A，B——回归系数；

f_{cu}——混凝土立方体试块抗压强度，MPa；

F_p——极限拔出力，kN。

【例 5-2】 测区平均回弹值的计算：某个测区 16 个回弹值（水平测回弹，单位 MPa）的数据如下：

37.7、35.5、33.4、36.3、36.9、36.9、38.0、36.7、36.0、37.6、36.7、35.7、39.1、35.7、35.4、40.7。

试求 R_m。

解：（1）去掉 3 个最大值：39.1、38.0、40.7，去掉 3 个最小值：35.5、35.4、33.4。

（2）取剩余 10 个值的平均值，所以 $R_m = 36.6$ MPa。

【例 5-3】 对某构件混凝土强度采用回弹法进行检测，其各测区混凝土强度换算值如表 5.5 所示。

表 5.5 测区混凝土强度换算值

测区序号	1	2	3	4	5	6	7	8	9	10
$f^{c}_{cu,i}$/MPa	27.4	28.5	31.2	30.3	29.8	26.7	31.3	30.8	32.5	32.2

（1）请计算该构件的混凝土强度推定值（写出具体计算步骤和关键公式）。

（2）如果取消该构件第1测区的检测结果，仅取9个测区，计算该构件的混凝土强度推定值（写出具体计算步骤和关键公式）。

解：（1）测区混凝土强度换算值的平均值：

$$m_{f^{c}_{cu}} = \frac{1}{n}\sum_{i=1}^{n} f^{c}_{cu,i} = 30.1\ \text{MPa}$$

测区混凝土抗压强度换算值的标准差：

$$S_{f^{c}_{cu}} = \sqrt{\frac{\sum_{i=1}^{n}(f^{c}_{cu,i})^2 - n(m_{f^{c}_{cu}})^2}{n-1}} = 1.97\ \text{MPa}$$

构件混凝土抗压强度推定值：$f_{cu,e} = m_{f^{c}_{cu}} - 1.645S_{f^{c}_{cu}} = 26.9\ \text{MPa}$

（2）由于构件中测区数少于10个，因此构件混凝土抗压强度推定值 $f_{cu,e} = f^{c}_{cu,min} = 26.7\ \text{MPa}$。

5.3.2 混凝土强度的无损检测

混凝土强度的无损检测方法根据其原理可分为非破损法、半破损法、综合法3种。

（1）非破损法。该方法检测时不影响混凝土任何性能，包括回弹法、超声脉冲法、射线吸收与散射法、成熟度法等。

（2）半破损法。半破损法在构件上直接进行局部破坏试验，包括钻心法、拔出法、射击法等。

（3）综合法。综合法是采用两种或两种以上的无损检测方法，从不同角度综合评价混凝土的强度。目前已被采用的综合法有超声回弹综合法、超声钻芯综合法、超声衰减综合法等。

5.4 混凝土结构缺陷检测

混凝土结构与缺陷的检测可分为蜂窝、麻面、孔洞、夹渣、露筋、裂缝、疏松区和不同时间浇筑的混凝土结合面质量等项目。对于一般结构构件的破损及缺陷可通过目测、敲击、卡尺及放大镜等进行测量。

对裂缝、内部空洞缺陷和表层损伤，可采用超声法、冲击反射法等非破损检测方法，必要时可采用局部破损的方法对非破损的检测结果进行验证。

5.4.1 裂缝检测

5.4.1.1 浅裂缝检测

对于结构混凝土开裂深度小于或等于500 mm的裂缝，可用平测法或斜测法进行检测。平测法适用于结构的裂缝部位只有一个可测表面的情况。如图 5.20 所示，将仪器的发射换能器（T 换能器）和接收换能器（R 换能器）对称布置在裂缝两侧，其距离为 L，超声波传播所需时间为 t。再将换能器以相同距离 L 平置在完好的混凝土表面，测得传播时间为 t，则裂缝的深度 d_c 可按式（5.30）进行计算。

$$d_c = \frac{L}{2}\sqrt{\left(\frac{t_c}{t}\right)^2 - 1} \tag{5.30}$$

式中 d_c ——裂缝深度，mm；

t，t_c ——分别代表测距为 L 时不跨缝、跨缝平测的声时值，μs；

L ——平测时的超声传播距离，mm。

实际检测时，可进行不同测距的多次测量，取平均值作为该裂缝的深度值。

当结构的裂缝部位有两个相互平行的测试表面时，可采用斜测法检测。如图 5.21 所示，将两个换能器分别置于对应测点 1，2，3，4，5 的位置，读取相应声时值 t_i 、波幅值 A_i 和频率值 f_i 。

当两换能器连线通过裂缝时，接收信号的波幅和频率明显降低。对比各测点信号，根据波幅和频率的突变，可以判定裂缝的深度及是否在平面方向贯通。

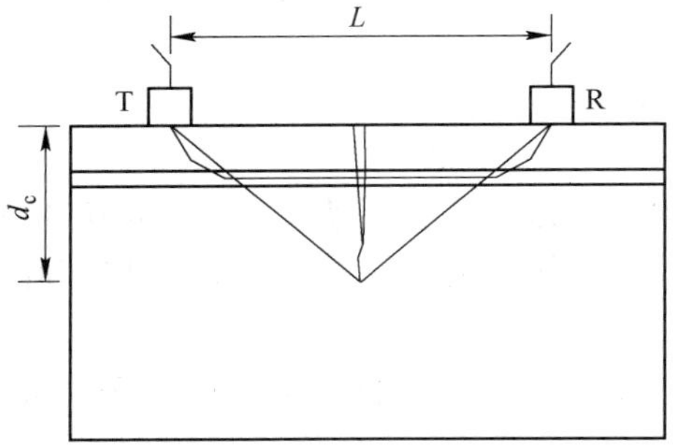

图 5.20 平测法检测裂缝深度

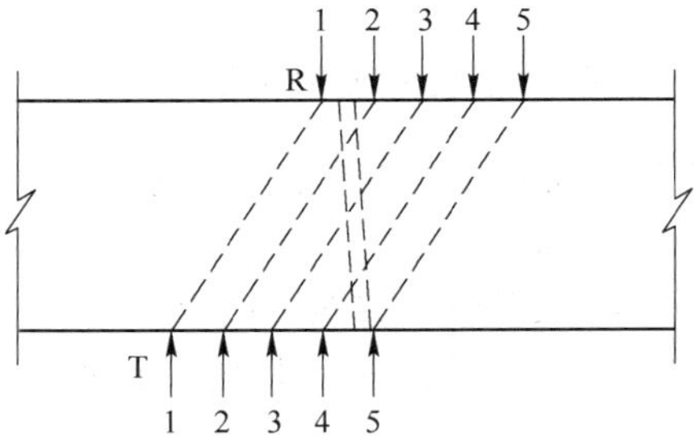

图 5.21 斜测法检验裂缝深度

5.4.1.2 深裂缝检测

对于在大体积混凝土中预计深度在 500 mm 以上的深裂缝，采用平测法和斜测法有困难时，可采用钻孔探测，如图 5.22 所示。在裂缝两侧钻两孔，孔距宜为 2000 mm。

5.4.2 内部缺陷的检测

超声检测混凝土内部的不密实区域或空洞是根据各测点的声时（或声速）、波幅或频率值的相对变化，确定异常测点的坐标位置，从而判定缺陷的范围。当结构具有两互相平行的测试面时可采用对测法。在测区的两对相互平行的测试面上，分别画间距为 200~300 mm 的网格，确定测点的位置（见图 5.23）。对于只有一对相互平行的侧面时可采用斜测法。即在测区的两个相互平行的测试面上，分别画出交叉测试的两组测点位置（见图 5.24）。

【例 5-4】 采用超声法进行构件混凝土密实性检测，经过计算得到的声速数据如表 5.6 所示，请根据表 5.7 所提供的 λ_1 值分析判断是否存在异常测点？如果有，请找出异常测点。

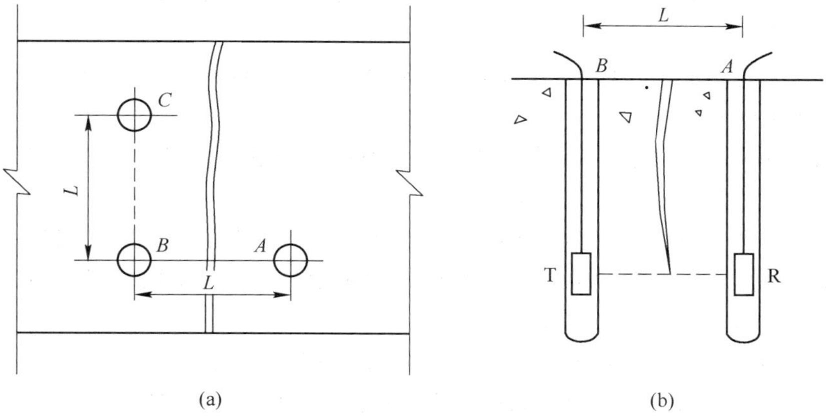

图 5.22 钻孔检测裂缝深度

(a) 平面；(b) 立面

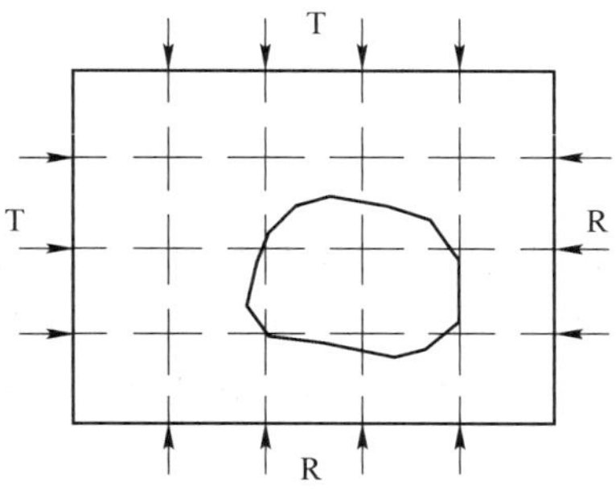

图 5.23 混凝土缺陷对测法测点位置

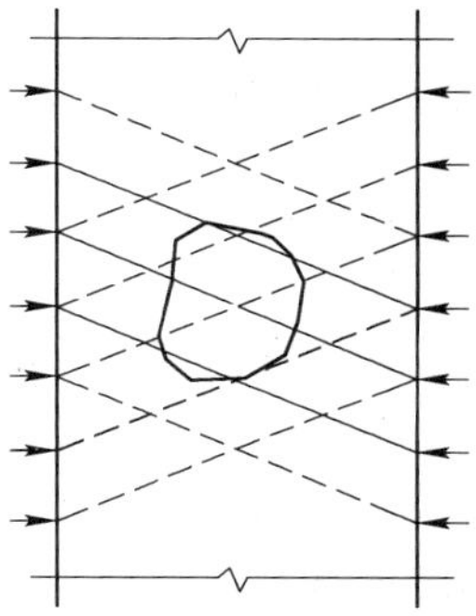

图 5.24 混凝土缺陷斜测法测点位置

表 5.6 声速检测数据

测点	声速/km·s^{-1}	测点	声速/km·s^{-1}	测点	声速/km·s^{-1}
1	4.29	9	4.33	17	4.33
2	4.25	10	4.27	18	4.26
3	4.35	11	4.24	19	4.25
4	4.29	12	4.19	20	4.25
5	4.33	13	4.32	21	4.32
6	4.34	14	4.29	22	4.26
7	4.04	15	4.27	23	4.12
8	4.06	16	4.24	24	4.15

表 5.7 统计数据个数 n 与对应的 λ_1 关系

n	20	22	24	26
λ_1	1.65	1.69	1.73	1.77

解：（1）根据 24 个测点的声速平均值、标准差等，计算声速异常值判定值 v_0，根据

特异数据或可疑数据的取舍公式，标准差的准则系数取 1.73，取声速判定下限值，判定值 v_0 计算结果为 4.11 km/s。

(2) 低于判定值 v_0 的数值为异常值。比较声速异常值判定值，初步可剔除的异常测点为测点 7 和测点 8。

(3) 剔除测点 7 和测点 8 以后，根据剩余测点的声速平均值、标准差等，计算声速异常值判定值 v_0，结果为 4.17 km/s。

(4) 比较声速异常值判定值，再次剔除的异常测点为测点 23 和测点 24。

(5) 剔除测点 23 和测点 24 以后，根据剩余测点的声速平均值、标准差等，计算声速异常值判定值 v_0，结果为 4.21 km/s。

(6) 比较声速异常值判定值，不存在再次剔除的异常测点。

(7) 综合计算分析，异常测点为测点 7、测点 8、测点 23 和测点 24。

5.5 桥梁基础检测

5.5.1 地基承载力检测

5.5.1.1 现场荷载板试验

A 试验原理

荷载板试验是指在需要试验的土层表面放置一定规格的方形或圆形承压板，在其上逐级施加荷载，每级荷载增量持续时间相同或接近，测记每级荷载作用下荷载板沉降量的稳定值，绘制荷载 P 和沉降量 S 的关系曲线（见图 5.25）。分析研究地基上的荷载强度与其变形特性，确定地基允许承载力。

地基在荷载作用下达到破坏状态的过程可以分为 3 个阶段（见图 5.26）：压密阶段、剪切阶段、破坏阶段。

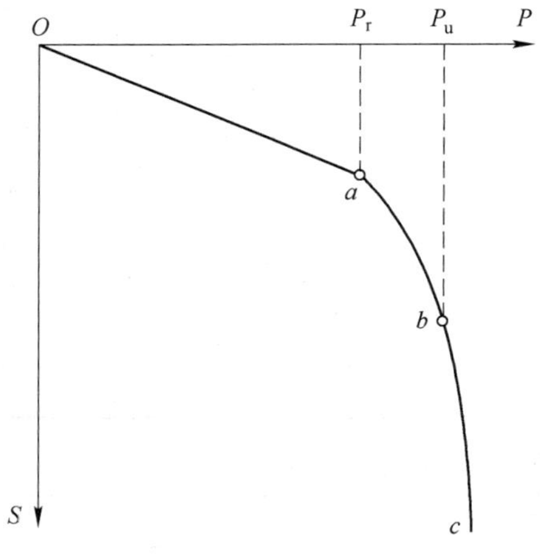

图 5.25 荷载 P 与沉降量 S 的关系

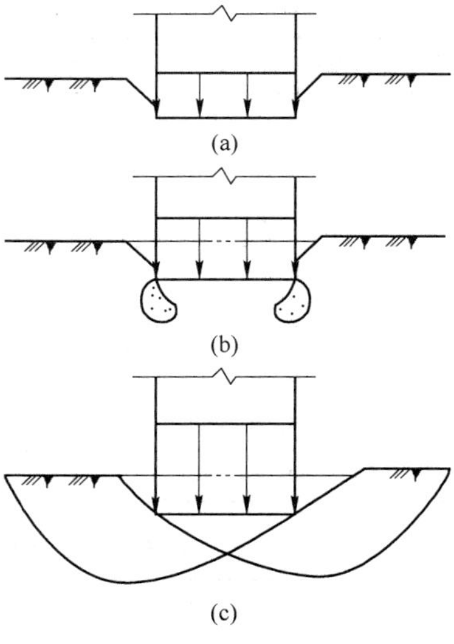

图 5.26 地基破坏过程阶段

(a) 压密阶段；(b) 剪切阶段；(c) 破坏阶段

B 试验设备

荷载板一般用刚性的方形板或圆形板，其面积应为 2500 cm^2 或 5000 cm^2，目前工程上常用的是 50 cm×50 cm 或 70.7 cm×70.7 cm 的方板。图 5.27 所示是目前常用的荷载板试验时的加载方式。

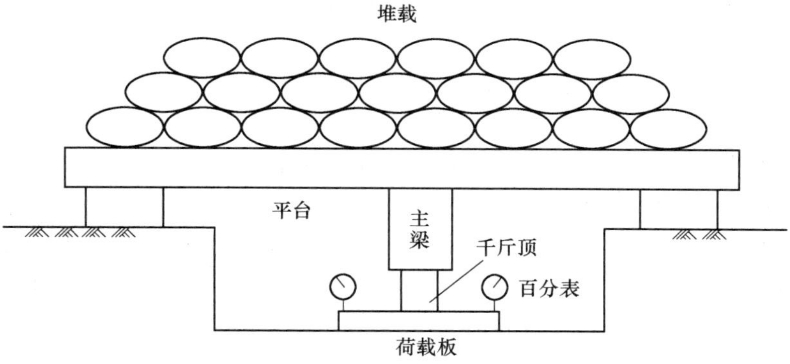

图 5.27 现场荷载板试验

C 试验方法

试验采用分级维持荷载沉降相对稳定（慢速法）或沉降非稳定法（快速法）。试验的加载标准如下：

试验的第一级荷载（包括设备重量）应接近卸去土的重量。每级荷载增量（即加载等级）一般取被测试地基土层预估极限承载力的 1/10～1/8。施加的总荷载应尽量接近试验土层的极限荷载。荷载的测量精度应达到最大荷载的 1%，沉降值的测量精度应达到 0.01 mm。

静力荷载试验过程中出现下列现象之一时，即可认为土体已经达到极限状态，应终止试验：承压板周围的土体有明显的侧向挤出或发生裂纹；在 24 h 内，沉降随时间趋于等速增加；荷载 P 增加很小，但沉降量急剧增大，P-S 曲线出现陡降阶段，或相对沉降已等于或大于 0.06～0.08。

D 试验数据处理

根据试验数据绘制 P-S 曲线，利用该曲线可以得到以下参数。

（1）地基土的承载力。当 P-S 曲线有较明显的直线段时，一般采用直线段的拐点所对应的 P_r 值作为地基土的承载力。在饱和软土地基中，P-S 曲线拐点往往不明显，此时可绘制 $\lg P$ - $\lg S$ 曲线，利用此曲线的良好线性关系很容易确定拐点。

（2）地基土的变形模量 E_0。一般取 P-S 曲线的直线段，用式（5.31）计算。

$$E_0 = (1 - \mu^2) \frac{\pi B}{4} \frac{\Delta P}{\Delta S} \tag{5.31}$$

式中 B——承压板直径，m，当为方形板时，$B = 2\sqrt{\frac{A}{\pi}}$；

A——方形板面积，m^2；

$\frac{\Delta P}{\Delta S}$——$P$-$S$ 曲线直线段斜率，kPa/m；

μ——地基土的泊松比，对于砂土和粉土，$\mu=0.33$；对于可塑—硬塑黏性土，$\mu=0.38$；对于软塑—流塑黏性土和淤泥质黏性土，$\mu=0.41$。

5.5.1.2 桩基静载试验法

桩基静载试验法即在桩顶逐级施加轴向荷载，直至桩达到破坏状态为止，并在试验过程中测量每级荷载下不同时间的桩顶沉降，根据沉降与荷载及时间的关系，分析确定单桩轴向承载力容许值。

试桩可在已打好的工程桩中选定，也可专门设置与工程桩相同的试验桩。

A 试验装置

试验装置主要有加载系统和观测系统两部分，其中加载主要有堆载法与锚桩法两种。堆载法是在荷载平台上堆放重物，一般为钢锭或砂包。锚桩法（见图 5.28）是在试桩周围布置 4~6 根锚桩，锚桩深度不宜小于试桩深度。观测系统主要有桩顶位移和加载数值的观测。位移通过安装在基准梁上的位移计或百分表测量。加载数值通过油压表或压力传感器观测。

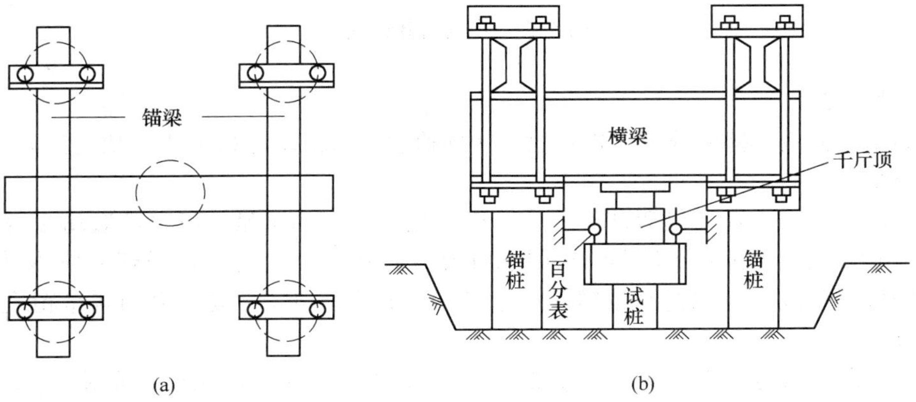

图 5.28 锚桩法试验装置
（a）平面图；（b）立面图

B 试验方法

试桩加载应分级进行，每级荷载约为预估破坏荷载的 1/15~1/10。

测读沉降时间，在每级加荷后的第 1 h 内，按 2 min、5 min、15 min、30 min、45 min、60 min 测读一次，以后每隔 30 min 测读一次，直至沉降稳定为止。沉降稳定的标准通常为对砂性土为 30 min 内不超过 0.1 mm，对黏性土为 1 h 内不超过 0.1 mm。待沉降稳定后，方可施加下一级荷载。循此加载观测，直到桩达到破坏状态时，终止试验。

当出现下列情况之一时，一般认为桩已达破坏状态，所相应施加的荷载即为破坏荷载。

（1）桩的沉降量突然增大，总沉降重大于 40 mm，且本级荷载下的沉降量为前一级荷载下沉降量的 5 倍；

（2）本级荷载下桩的沉降量为前一级荷载作为极限荷载下沉降量的 2 倍，且 24 h 桩的沉降未趋稳定。

C 极限荷载和轴向承载力容许值的确定

破坏荷载求得以后，可将其前一级荷载作为极限荷载，从而确定单桩轴向承载力容许值，如式（5.32）所示。

$$[R_a] = \frac{P_j}{K} \tag{5.32}$$

式中 $[R_a]$——单桩轴向受压承载力容许值，kN；

P_j——试桩的极限荷载，kN；

K——安全系数，一般为2。

实际上，处于不同土层中的桩，宜根据试验曲线采用多种方法分析，以综合评定基桩的极限承载力。

（1）*P-S* 曲线明显转折点法。在 *P-S* 曲线上，以曲线出现明显下弯转折点所对应的荷载作为极限荷载，如图5.29所示。若 *P*-*S* 曲线转折点不明显，需借助其他方法辅助判定，例如用对数坐标绘制 lg*P*-lg*S* 曲线，可以使转折点显得明确些。

（2）*S*-lg*t* 法（沉降速率法）。该方法是根据沉降随时间的变化特征来确定极限荷载。大量试桩资料分析表明，桩在破坏荷载以前的每级下沉量 *S* 与时间 *t* 的对数呈线性关系，如图5.30所示，即

$$S = m\lg t \tag{5.33}$$

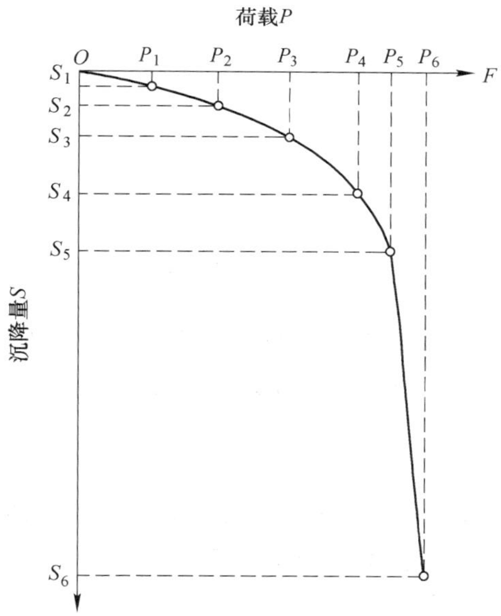

图5.29 单桩荷载—沉降量（*P-S*）曲线

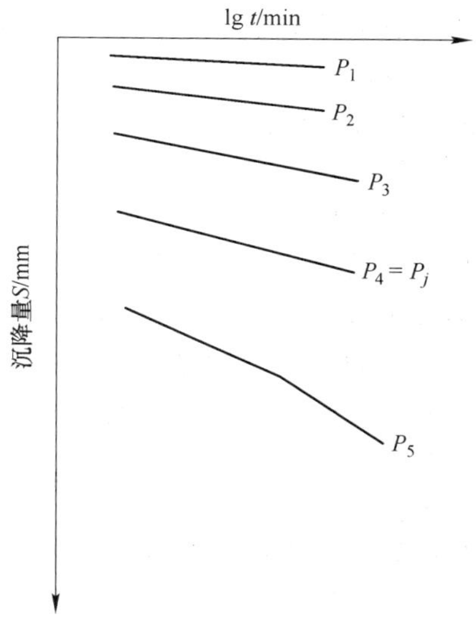

图5.30 单桩 *S*-lg*t* 曲线

如果发现绘得的 *S*-lg*t* 线不是直线而是折线时，则说明在该级荷载作用下桩呈现破坏。因此，可将 *S*-lg*t* 线形由直线变为折线的那一级荷载定为该桩的破坏荷载，其前一级荷载即为桩的极限荷载。

【例5-5】 以某厂2号试桩为例。该桩为300 mm×300 mm的钢筋混凝土预制桩，桩长10 m，桩周土为亚黏土，桩尖为中密中砂。静载试验实测数据如表5.8所示，该桩极

限荷载原始资料取定值为 1500 kN。试判断该桩极限荷载。

表 5.8 某厂 2 号试桩实测数据

荷载 P/kN	100	200	300	400	500	600	700	800
沉降量 S/mm	0.34	0.67	1.02	1.68	2.74	3.81	4.59	5.70
荷载 P/kN	900	1000	1100	1200	1300	1400	1500	1600
沉降量 S/mm	6.85	7.91	9.22	11.09	13.68	18.18	22.15	39.98

解：根据表 5.8 数据绘出该试桩的 P-S 曲线，如图 5.31 所示。由图可见，该曲线拐点明确，根据 P-S 曲线拐点法可得极限荷载 P_u = 1500 kN。此外，也可做曲线起始和末段的切线，由切线法同样可得 P_u = 1500 kN，此值与原始资料取值一致。

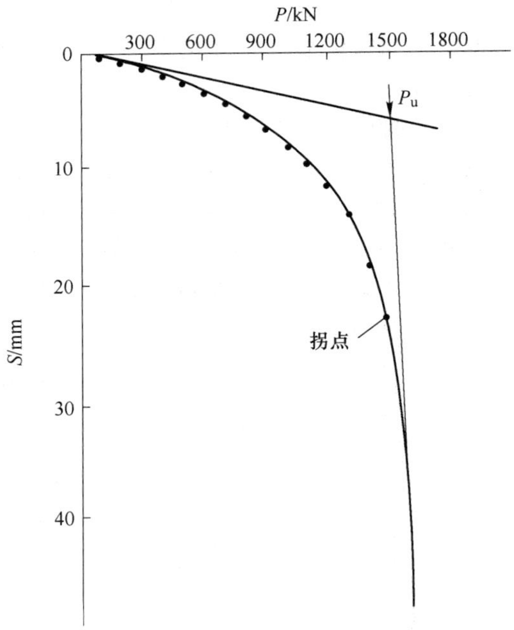

图 5.31 试桩 P-S 曲线

5.5.2 混凝土钻孔灌注桩完整性检测

桩身的完整性检测是通过现场动力试验来判断桩身质量、内部缺陷的一种测试方法。常用的检测方法有反射波法、超声波透射法和机械阻抗法，目前应用最为广泛的是反射波法。

5.5.2.1 反射波法

A 基本原理

反射波法的是在桩顶进行竖向激振，弹性波沿着桩身向下传播，在桩身存在明显波阻抗界面（如桩底、断桩或严重离析等部位）或桩身截面积变化（如缩径或扩径）部位，将产生反射波，如图 5.32 所示。经接收、放大滤波和数据处理，可识别来自桩身不同部位的反射信息，据此判断桩身的完整性。

B 测试设备

反射波检测系统主要由传感器、信号采集及处理器构成。弹性波激发设备由各类力锤组成。传感器可选用宽频带的速度型或加速度型传感器，如图 5.33 所示。

C 现场测试

检测混凝土灌注桩的桩身完整性时，抽测数不得少于该批桩总数的 20%，且不少于 10 根。对混凝土预制，抽测数不小于 10%，且不少于 5 根。抽测不合格数超过抽测数的 30%时，应加倍抽测。

D 检测资料的分析整理

按弹性杆件振动理论，可得

$$\frac{2L}{t_r} = v_p \tag{5.34}$$

式中 t_r——桩的固有周期，也即桩底反射波到达时间，s；

L——桩身全长，m；

v_p——桩身混凝土波速。

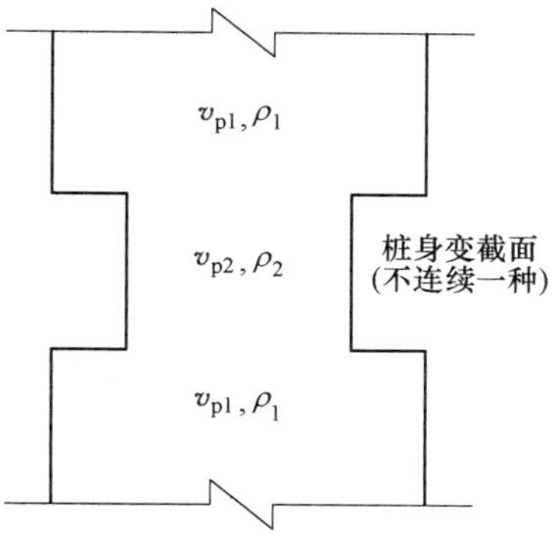

图 5.32 桩身不连续示意图

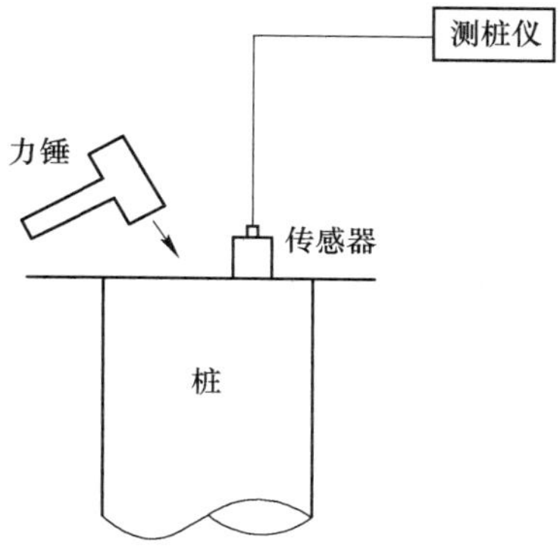

图 5.33 反射波法测桩系统

图 5.34~图 5.36 为典型的桩身完整性检测的实测信号曲线。由图 5.34（a）可见，在 $2L/v_p$ 时间内完好桩无反射波，但图 5.34（b）的缺陷桩实测信号曲线表明，在 $2L/v_p$ 时间内存在有反射波现象，说明完好桩与有缺陷桩的波形有着明显的区别。

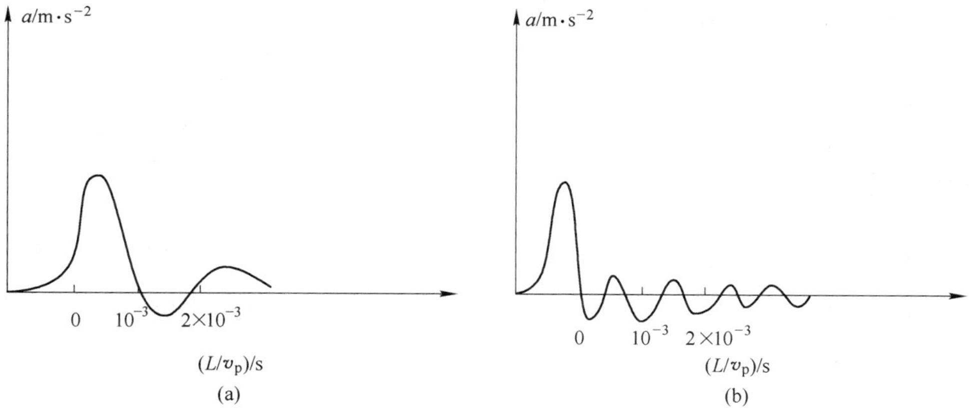

图 5.34 桩的反射波曲线示意图

（a）完好桩；（b）缺陷桩

图 5.35 为接桩的桩身完整性检测的实测信号曲线。图 5.35（a）表示在桩中部略有反射波，说明接桩质量很好。图 5.35（b）表示在桩的中部出现了很强的反射波，说明接桩的质量很差，在接触面之间有较大的空隙。

图 5.36 所示为严重缺陷桩的实测信号曲线，从图中可以看出，桩身浅部使波形呈现低频大振幅衰减振动，无桩底反射波。

5.5.2.2 超声波透射法

A 检测方式

为了使超声波能横穿各种不同深度的横截面，必须使超声换能器伸入桩体内部。为

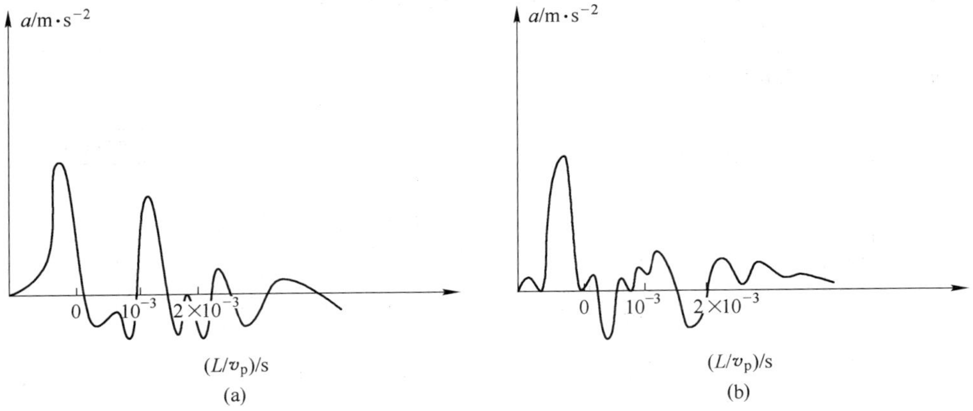

图 5.35 接桩的反射波曲线图
（a）接桩质量好；（b）接桩质量差

此，须事先预埋声测管作为换能器进入桩内的通道。根据声测管埋置的不同情况，有双孔检测、单孔检测和桩外孔检测 3 种检测方法，如图 5.37 所示。

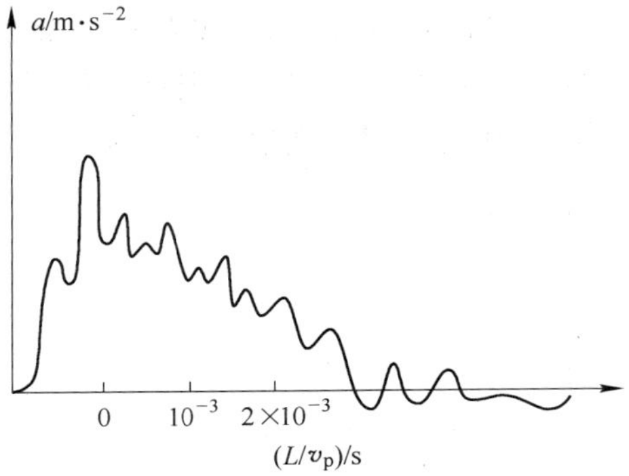

图 5.36 严重缺陷桩的实测信号曲线

双孔检测是桩基超声脉冲检测的基本形式。其他两种方法在检测和结果分析上都比较困难，只能作为特殊情况下的补救措施。

B 主要设备

超声波透射法目前常用的检测装置有两种。一种是由一般超声检测仪和发射及接收换能器组成。换能器在声测管内的移动由人工操作，数据读出后再输入计算机处理。这套装置与一般检测装置可通用，但检测速度慢、效率较低。

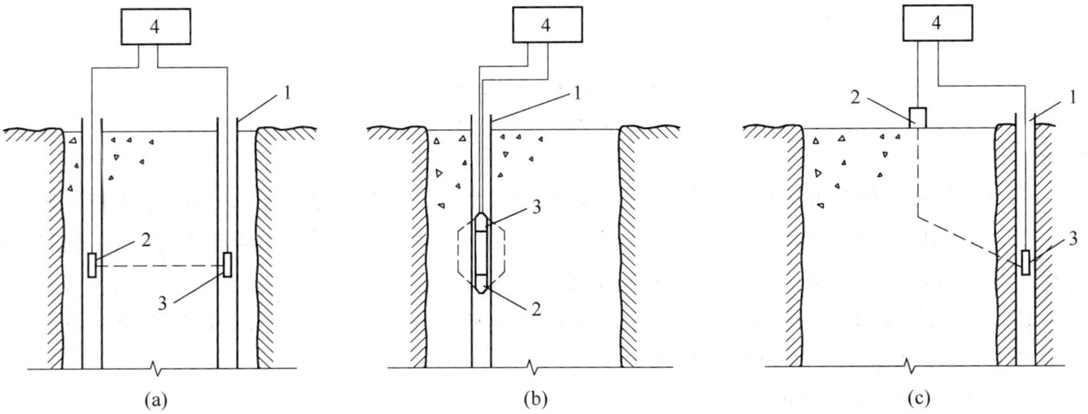

图 5.37 钻孔灌注桩超声波检测方式
（a）双孔检测；（b）单孔检测；（c）桩外孔检测
1—声测管；2—发射换能器；3—接收换能器；4—超声检测仪

另一种是全自动智能化测桩专用检测装置，如图 5.38 所示。它由超声发射及接收装置、换能器自动升降装置、测量控制装置、数据处理计算机系统 4 大部分组成。

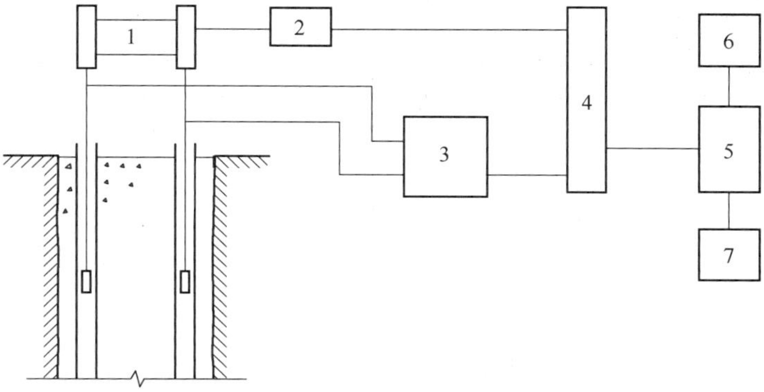

图 5.38　全自动智能化测桩专用检测装置原理

1—换能器升降机构；2—步升电机驱动电源；3—超声发射与接收装置；4—测控接口；5—计算机；6—磁带机；7—打印机

5.5.2.3　机械阻抗法

A　基本原理

在桩基检测中，机械阻抗法有稳态激振和瞬态激振两种方式，适用于检测桩身混凝土的完整性，推定缺陷类型及其在桩中的部位。

机械阻抗的定义是：作用于某结构物上的力 F 与该结构的响应 S 之比，即机械阻抗 $Z=F/S$，这种响应既可以是位移、速度，也可以是加速度。如果在桩头施加幅值为 $|F|$ 的正弦激振力时，相应于每一激振频率的弹性波在桩身混凝土中传播速度为 v_p，则机械阻抗 $Z=F/v_p$，其倒数为机械导纳 N，即

$$N = 1/Z \tag{5.35}$$

$$N_{(j\omega)} = \frac{v_{p(j\omega)}}{F_{(j\omega)}} \tag{5.36}$$

式中　N——机械导纳；

F——对结构施加的作用力；

v_p——结构的运动速度；

$j\omega$——阻抗，其中 j 为虚数单位，ω 为激振频率。

由于桩的动力特性与桩身完整性密切相关，通过对桩的动态特性的分析计算，可估计桩身混凝土的缺陷类型及其在桩身中的部位。

B　测试设备

机械阻抗中的稳态阻抗法和瞬态阻抗法所用设备如图 5.39 所示。

C　现场测试

对于稳态激振，则由频率计调节激振频率，由低到高，将速度（或加速度）以及激振力的信号由数据采集器记录、处理。在瞬态激振中，重复测试的次数应大于 4 次。

D　检测资料的分析整理

机械阻抗法的资料分析主要是对导纳曲线的分析。桩的典型导纳曲线如图 5.40 所示，

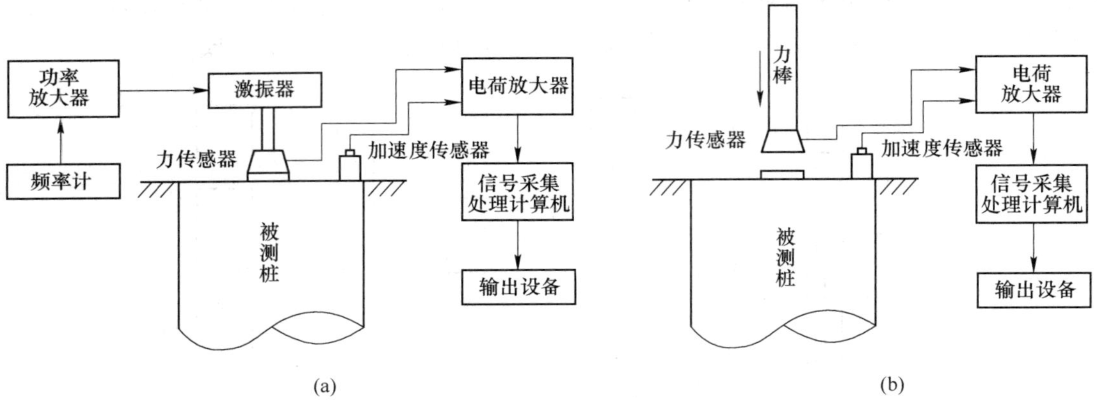

图 5.39　机械阻抗法检测系统基本组成示意图

(a) 稳态阻抗法；(b) 瞬态阻抗法

由该图可求得峰与峰之间的频率差 Δf，该频率差反映了被测桩的固有频率，即 $\Delta f = f_n$，由此可得

$$f_n = \Delta f = \frac{v_p}{2L} \tag{5.37}$$

由导纳-频率曲线获得 Δf 值后，可将已知的桩长代入，求得 v_p 值，检验 v_p 值与相应强度等级的混凝土波速是否接近。如在合理范围内，即为该桩的波速。

如果被测桩的导纳曲线与正常桩的典型曲线有较大出入，则桩身可能出现各种缺陷。如果曲线类似调制波形（见图 5.41），则 Δf_2 表示了桩身缺陷处的反射，Δf_1 表示了桩底的反射或桩身更深部位缺陷的反射。

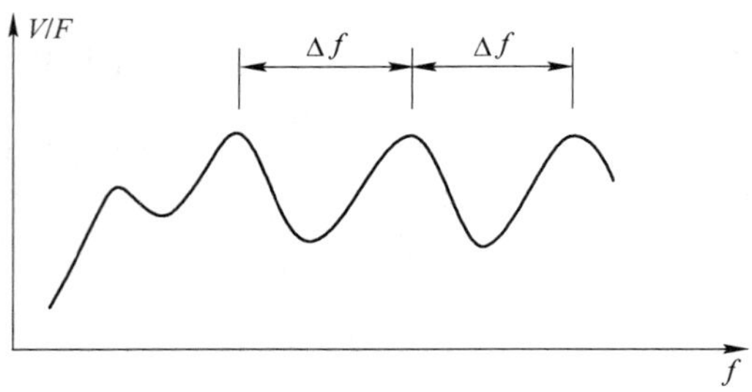

图 5.40　桩的导纳—频率曲线

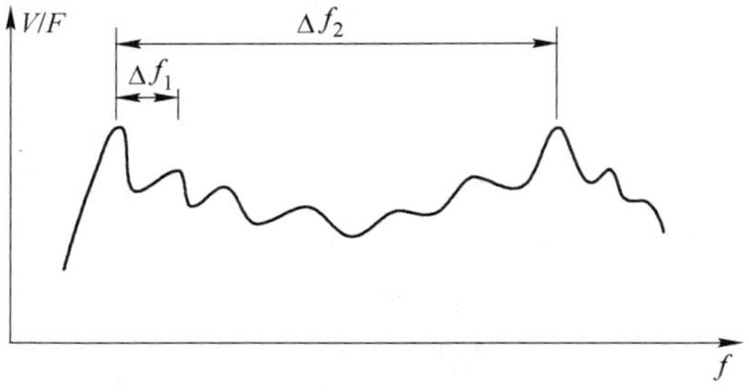

图 5.41　有缺陷桩的导纳—频率曲线示意图

5.6　桥梁检查与评价方法

5.6.1　桥梁检查分类

桥梁检查主要分为初始检查、日常检查、经常检查、定期检查、特殊检查 5 类。

(1) 初始检查。新建或改建桥梁应进行初始检查。初始检查宜与交工验收同时进行，最迟不得超过交付使用后 1 年。

（2）日常巡视与检查。日常巡视与检查可以乘车目测为主，并应做巡检记录，发现明显缺损和异常情况应及时上报。养护检查等级为Ⅰ、Ⅱ级的桥梁，日常巡视与检查每天应不少于1次；养护检查等级为Ⅲ级的桥梁，日常巡视与检查每周应不少于1次。

（3）经常检查。经常检查宜抵近桥梁结构，以目测结合辅助工具进行。经常检查中发现桥梁重要部件缺损严重时，应及时上报。一般结构的桥梁，其经常性检查每月1次，最长周期每季度也应至少1次。

（4）定期检查。定期检查是按规定的周期，对桥梁主体结构及其附属构造物跟踪的全面检查。定期检查以目测为主，辅以必要的设备进行。定期检查的时间应符合下列规定：

1）新建桥梁交付使用1年后，进行1次全面检查。

2）桥梁定期检查周期一般为3年，桥梁检查工程师可视被检查桥梁的技术状况，适当调整定期检查周期。

3）非永久性桥梁1年检查一次。

4）根据养护工程师的报告，对于在经常性检查中发现重要部位（构件）有严重病害的桥梁，应立即安排1次定期检查。

（5）特殊检查。桥梁特殊检查是为评定桥梁耐久性和承载能力以及确定维修加固工作的实施提供依据，主要分为应急检查和专门检验。

5.6.2 桥梁检查内容与方法

桥梁检查必须包括但不局限于图5.42所列的项目。桥梁检查时，应根据结构的受力特性进行重点检查。重点检查的部位一般包括应力集中处、截面突变的部位、构件的薄弱部位、结构的控制截面或控制构件等。

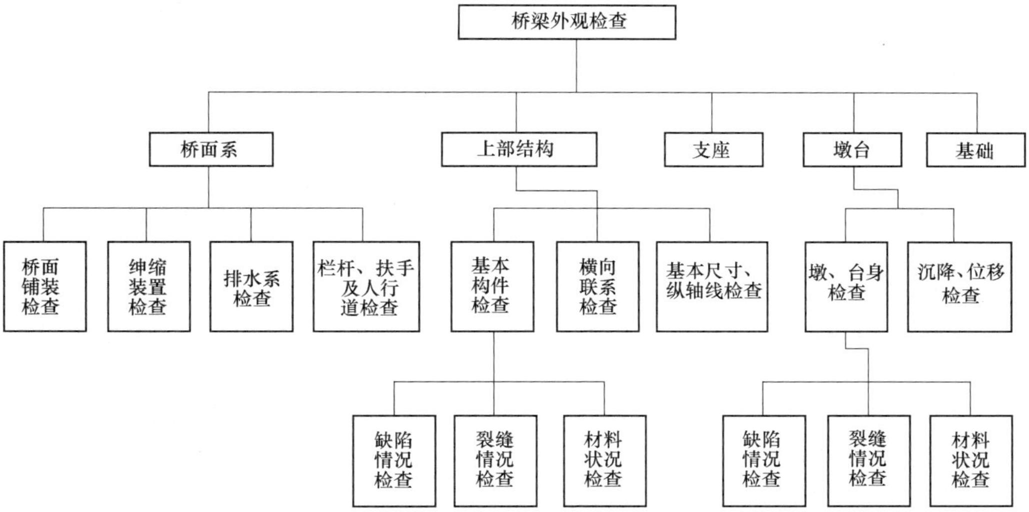

图5.42 桥梁检查内容

5.6.3 桥梁检查的评价方法

桥梁技术状态的评定办法归纳为根据外观检查评定、采用分析计算为主评定和荷载试验的评定方法 3 类。

5.6.3.1 根据外观检查评定

根据外观检查评定桥梁技术状态分为依据缺陷程度评定、依据重要部件及其缺陷最严重的构件评定以及依据全桥总体技术状况等级评定 3 类。

(1) 依据缺陷程度评定。桥梁技术状况依据缺损程度（大小、多少或轻重），缺损时对结构使用功能的影响（无、小、大）和缺损发展变化情况（趋势稳定、发展缓慢、发展较快）3 个方面，以累加评分方法对各部件缺损状况做出等级评定。评定方法如表 5.9 所示。

表 5.9 桥梁部件缺损状况评定方法

缺损状况及标度			组合评定标度
缺损程度及标度		程度	小→大
			少→多
			轻度→严重
		标度	0 1 2
缺损对结构使用功能的影响程度	无、不重要	0	0 1 2
	小、次要	1	1 2 3
	大、重要	2	2 3 4
以上两项评定组合标准			0 1 2 3 4
缺损程度变化状况的修正	趋向稳定	−1	0 1 2 3
	发展缓慢	0	0 1 2 3 4
	发展较快	+1	1 2 3 4 5
最终评定的标准			0 1 2 3 4 5
桥梁技术状况及分类			完好 良好 较好 较差 坏的 危险
			一类 二类 三类 四类 五类

注：“0”表示完好状态或表示没有设置的构造部件。当缺损程度标度为“0”时，不再进行叠加。“5”表示危险状态或表示原无设置，而调查表明需要补设的部件。

(2) 依据重要部件及其缺损最严重的构件评定。重要部件如墩台与基础、上部承重构件、支座及其缺损最严重的构件作为主要评分依据，其他部件根据多数构件缺损状况评分。

(3) 依据全桥总体技术状况等级评定。依据全桥总体技术状况等级评定，宜采用考虑桥梁各部件权重的综合评定方法。

5.6.3.2 以分析计算为主的评定方法

采用以分析计算为主的评定方法，首先对实际桥梁进行详尽的外观调查，然后将调查的资料根据桥梁结构理论加以分析和计算，并以计算结果对桥梁结构进行评定。这是目前在桥梁结构评定中普遍采用的一种方法。

(1) 对只做调查而未做荷载试验的钢筋混凝土及预应力混凝土桥，最不利组合的设计内力值应小于或等于结构抗力设计值，即

$$S_d(\gamma_s G_i;\ \gamma_q \Sigma Q) \leqslant \gamma_b R_d\left(\frac{R_c}{\gamma_c};\ \frac{R_s}{\gamma_s}\right) Z_1 \tag{5.38}$$

式中 Z_1——旧桥检算系数，按表5.10选定，其他符号意义详细见《公路钢筋混凝土及预应力混凝土桥涵设计规范》(JTG 3362—2018)。

表5.10 梁桥的 Z_1 值

Z_1	桥梁状况
[1.0, 1.1)	桥梁各构件混凝土质量良好，裂缝宽度未超过桥规允许值，桥梁未产生病害，桥梁各部分能正常工作
[0.9, 1.0)	桥梁构件混凝土质量较差，少数裂缝宽度超过桥规允许值，桥梁产生一般病害，桥梁各部分基本能正常工作
小于0.9	桥梁构件混凝土及钢筋产生严重质量问题，较多裂缝宽度超过桥规允许值或裂缝仍在继续发展，桥梁产生严重病害，带病工作

(2) 对进行过较全面荷载试验的桥梁，式(5.38)则以“旧桥检算系数”Z_2代替Z_1，对抗力效应R_d进行调整（提高或折减），即

$$S_d(\gamma_s G_i;\ \gamma_q \Sigma Q) \leqslant \gamma_b R_d\left(\frac{R_c}{\gamma_c};\ \frac{R_s}{\gamma_s}\right) Z_2 \tag{5.39}$$

Z_2取值依据静载试验的校验系数η确定，校验系数η为

$$\eta = S_e / S_s \tag{5.40}$$

式中 S_e——实测变形的弹性值；

S_s——相应的理论值。

5.6.3.3 荷载试验的评定方法

荷载试验评定方法的工作内容主要是进行荷载试验。一座桥梁的荷载试验包括静载试验和动载试验。随着对桥梁评定工作的深入研究，由动载试验发展成独立的动力测定的桥梁快速评定方法已开始研究。

课程思政

爱祖国、惜寸阴

一条条公路、铁路，一座座桥梁翻山越岭，横空出世，惊艳世界。这一切都与“混凝土与水泥制品”技术的发展与进步密不可分。20世纪40年代以前，我国在水泥、混凝土的研究仍有空白，在工程中更谈不上混凝土材料的设计与控制。而改变我国混凝土领域科技状况的第一人，正是中国工程院院士吴中伟。

在吴中伟院士的领导下，中国建筑材料科学研究总院的混凝土室成为我国建材行业的第一个混凝土研究中心，也是目前中国建材总院混凝土科学与工程研究所的前身。

混凝土行业常常被认为技术含量不高，只要是建筑工人就能干。然而实践一次次证明，这样的建造会出问题，也会造成巨大的浪费。吴中伟院士在国内首次提出“混凝土科学”的概念，开创了中国混凝土科技事业。

吴中伟院士的一生不断创新，不断探索。他提出了“混凝土中心质假说”，率先建立

了膨胀混凝土与自应力混凝土理论与技术体系，首次提出“高性能混凝土”的概念。吴中伟院士的研究不仅推动了我国混凝土技术的发展，还为混凝土无损检测技术的建立和发展奠定了基础。直至现在，我们后辈仍在使用着先生留下的宝贵知识，也被他不断探索、坚持创新的精神鼓舞。

在“双碳”背景下，如何实现混凝土的低碳化、高耐久和长寿命的统一，是摆在混凝土科技工作者面前的一道重大难题。早在20世纪末，吴中伟院士就明确提出了绿色混凝土概念，强调实现可持续发展是人类最迫切需要解决的问题，给出了绿色混凝土的定义和内涵，即要更多地节约水泥熟料，降低能耗和污染，更多地掺加工业固废，减少水泥和混凝土用量。在今天看来，我们不禁感慨吴中伟院士的前瞻性。他是真正的混凝土科学领路人。

练 习 题

5-1 如图5.43所示，某钢结构承受载荷 F 作用，横梁 AC 用工字钢制成，其截面高度为 h，面积为 A，抗弯模量为 W。斜撑杆 BG 为空心圆管，其外径为 D，内径为 d，横梁及斜撑杆的弹性模量均为 E，泊松比均为 μ。试做下列分析计算：

(1) 要求用应变电测的方法测量横梁截面 H-H 上的弯矩、轴力及斜撑杆的轴力。试确定贴片与接桥方案，并建立计算公式。要求采用测量精度较高且简单的方法。

(2) 如测横梁截面 H-H 上的剪力，试确定贴片位置并画出接桥方式。(可不建立计算公式)

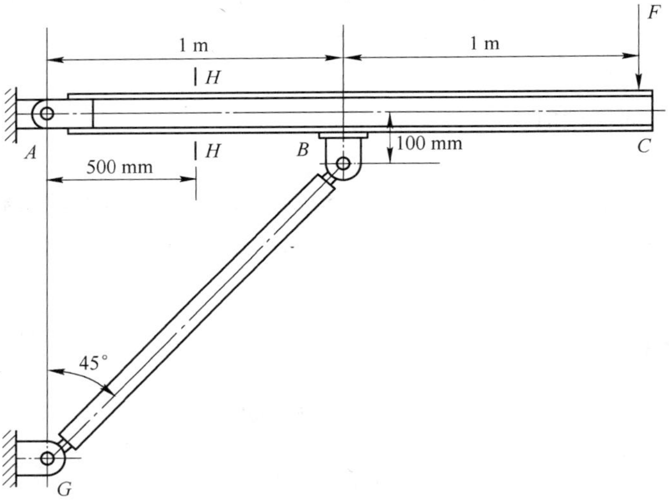

图5.43 某钢结构

5-2 如图5.44所示为某等强度梁应变片的布置，梁长 $l=0.5$ m，固定端梁宽 $b_0=0.05$ m，梁厚 $h=0.01$ m，弹性模量 $E=200$ MPa。在梁的上、下两面各贴两片应变片，应变片空载电阻 $R_0=120\ \Omega$，灵敏系数 $K=2.0$。组成全桥测量梁端荷载，请说明如何布片并画出电路图。若该梁在其自由端受到一个向下力 $F=5$ N，试求此时4个应变片的电阻值，并求出仪器读数。

5-3 某构件回弹法检测原始数据如表5.11所示，测试面为表面，角度-45°，非泵送混凝土，平均碳化深度1 mm。请按照《回弹法检测混凝土抗压强度技术规程》(JGJ/T 23—2011) 进行强度计算，并写出详细计算过程，检测结果填入表5.12中。

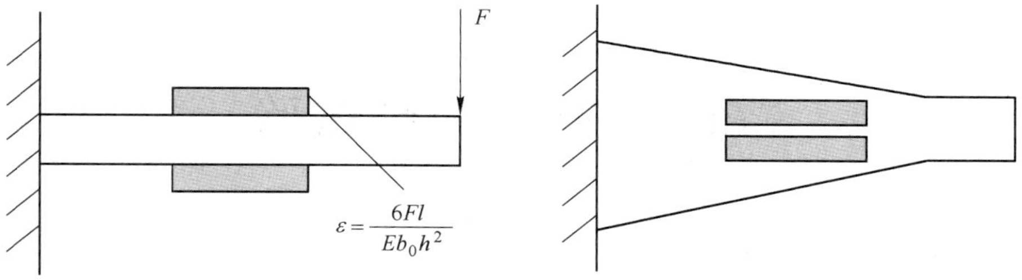

图 5.44 某等强度梁应变片布置

表 5.11 某构件回弹法检测原始数据

序号	回弹值/MPa															
1	37	33	43	39	35	43	45	39	39	35	38	41	39	38	37	38
2	35	40	34	35	37	31	42	35	38	37	35	34	33	41	42	37
3	35	31	32	34	34	36	33	42	41	36	36	40	42	40	32	40
4	36	39	37	32	34	36	40	43	37	45	41	41	35	41	41	42
5	36	35	37	43	36	43	36	40	39	32	37	32	36	41	33	41
6	35	41	41	33	42	43	39	38	33	41	37	31	33	32	41	43
7	35	33	36	38	40	32	42	39	39	40	35	42	33	39	33	33
8	35	40	40	39	42	36	34	42	37	34	32	33	38	35	42	38
9	34	36	31	35	39	32	38	37	35	35	34	32	39	36	39	35
10	38	43	37	41	43	39	41	42	39	35	37	41	43	45	46	44

表 5.12 检测强度结果

序号	1	2	3	4	5	6	7	8	9	10
测区平均回弹值										
角度修正值										
角度修正后测区平均回弹值										
浇筑面修正值										
浇筑面修正后测区平均回弹值										
测区强度换算值/MPa										

混凝土强度平均值/MPa	混凝土强度最小值/MPa	混凝土强度标准差/MPa	混凝土强度推定值/MPa

6 桥梁荷载试验

【学习目标】

了解：荷载试验的作用及目的；荷载试验的主要内容；荷载试验的依据。

熟悉：荷载试验的准备工作；桥梁加载方案设计内容；静载试验与动载试验的方法与程序。

掌握：静载试验数据整理分析；动载试验数据整理分析；桥梁承载能力评定。

6.1 荷载试验

桥梁荷载试验是对桥梁结构物进行直接加载测试的一项科学试验工作，是对服役桥梁结构进行承载能力评定最有效、最直接的方法，主要有静载试验和动载试验。

6.1.1 桥梁荷载试验的作用及目的

桥梁荷载试验是在试验荷载作用下，利用对桥梁结构直接加载后进行有关的分析、测试和记录工作，达到了解和检测桥梁结构的实际工作状态和实际使用状况，其目的可以分为4点：检验设计与施工的质量、判断桥梁结构的实际承载能力、验证桥梁结构设计理论和设计方法、桥梁结构动力特性及动态反应的测试研究。

6.1.2 桥梁荷载试验的主要内容

桥梁的荷载试验是一项复杂而细致的工作，其主要内容为：

（1）荷载试验的方案拟定（包括静载试验与动载试验测试项目）。

（2）荷载试验的测点设置与测试仪器、设备组配。

（3）荷载试验的加载等级控制与试验过程安全控制。

（4）试验数据分析与结构性能评定。

（5）试验报告编写。

6.1.3 桥梁荷载试验的依据

公路桥梁荷载试验主要试验依据有：

《公路桥梁荷载试验规程》（JTG/T J21—01—2015）

《公路桥梁承载能力检测评定规程》（JTG/T J21—2011）

《公路桥涵设计通用规范》（JTG D60—2015）

《公路钢筋混凝土及预应力混凝土桥涵设计规范》（JTG 3362—2018）

《公路工程质量检验评定标准 第一册 土建工程》（JTG F80/1—2017）

《公路桥涵养护规范》（JTG 5120—2021）

6.1.4 桥梁荷载试验的准备工作

一般情况下，桥梁荷载试验应按 3 个阶段进行，即试验准备阶段、加载测试阶段、分析总结阶段。其中试验准备阶段是十分重要的基础工作，是顺利进行桥梁荷载试验的必要条件。试验准备工作的好坏将直接影响整个试验的质量。荷载试验正式进行之前应做好以下准备工作。

6.1.4.1 技术文件和资料的收集

收集桥梁结构的设计资料，如设计标准，设计主要荷载类型、结构特点、计算书及设计原始资料；收集施工资料，如材料性能试验报告、隐蔽工程验收资料、施工观测记录、阶段施工质量检查验收记录、事故记录及竣工图纸等；收集桥梁结构的使用资料，如养护情况、运营情况及结构损伤与破坏阶段报告。

6.1.4.2 桥梁结构现状调查

用直观或测量的方法确定结构各个部分的几何形状及互相位置偏差，确定墩台的空间位置和距离，记录有无沉降、隆起、倾斜和转动等；考察现有的损伤、裂缝、蜂窝、麻面、钢筋外露、混凝土保护层厚度不够的位置、漏水的位置等；用非破损检验的方法确定结构或构件混凝土实际强度是否与设计文件相符。考察支座的位置、尺寸、有无损伤、活动支座是否灵活、排水是否符合要求、伸缩缝工作情况是否良好。实测结构材料的实际强度及弹性模量等重要的物理力学性能指标。

6.1.4.3 试验方案制订

根据试验目的，制订完善的试验方案，同时应重点注意以下方面：

（1）试验孔（或墩）的选择。多孔桥梁中的跨径相同的桥孔可选 1~3 孔具有代表性的桥孔进行加载试验。选择时应综合考虑以下因素：

1）该孔计算受力最不利。

2）该孔施工质量较差，缺陷较多或病害较严重。

3）该孔便于搭设脚手架，便于实测。

（2）搭设脚手架和测试支架。脚手架和测试支架应分开搭设互不影响，并应具有足够的强度、刚度和稳定性。

（3）荷载试验加载位置的放样和卸载位置的安排。荷载试验前应在桥面上对加载位置进行放样，并预先安排卸载的安放位置，以便于加载试验的顺利进行。

（4）其他准备工作。加载试验的安全设施、供电照明设施、桥面交通管制等工作应根据荷载试验的需要进行准备。

6.2 静载试验

静载试验是指在静止的荷载影响下，在桥梁的其中一个指定位置检测桥梁结构的静力应变、位移和裂缝等相关参数，进而推测出在静载影响下桥梁结构的使用性能和工作能力的试验。静载试验是了解桥梁结构特性的重要方法和途径，一般通过重力或其他类型的加载设备完成加载。

6.2.1 一般规定

静载试验的一般规定如下：

（1）桥梁静载试验方案应在桥梁调查和检算的基础上制定。静载试验方案应包括测试截面、试验工况、测试内容、试验荷载、测点布置、试验过程控制和试验数据分析等内容。

（2）静载试验宜对结构的内力、应力、位移和裂缝的控制截面进行测试。

（3）静载试验工况应包括中载试验工况和偏载试验工况。

6.2.2 试验工况及测试截面

桥梁静载试验应按桥梁结构的最不利受力原则和代表性原则确定试验工况及测试截面。测试截面选择时，通常根据桥梁结构的内力包络图，并考虑应力分布，按最不利受力原则选定截面，然后拟定相应的试验工况。

简支梁桥、连续梁桥静载试验工况及测试截面宜按表 6.1 确定。其中，主要工况为必做工况，附加工况可视具体情况由试验检测者确定是否进行。测试最大正弯矩产生的应变时，宜同时测试该截面的位移。

对在用桥梁进行静载试验时，除符合规定的试验工况及测试截面外，尚应根据结构损伤程度、部位及特征，结合计算分析成果，增加测试截面和试验工况。

表 6.1 简支梁桥和连续梁桥的静载试验工况及测试截面

桥型	试验工况		测试截面
简支梁桥	主要工况	跨中截面主梁最大正弯矩工况	跨中截面
	附加工况	（1）$L/4$ 截面主梁最大正弯矩工况 （2）支点附近主梁最大剪力工况	（1）$L/4$ 截面 （2）梁底距支点 $h/2$ 截面内侧向上 45° 斜线与截面形心线相交位置
连续梁桥	主要工况	（1）主跨支点位置最大负弯矩工况 （2）主跨跨中截面最大正弯矩工况 （3）边跨主梁最大正弯矩工况	（1）主跨（中）支点截面 （2）主跨最大弯矩截面 （3）边跨最大弯矩截面
	附加工况	主跨（中）支点附近主梁最大剪力工况	计算确定具体截面位置

注：L 为桥梁计算跨径；h 为主梁梁高。

6.2.3 测试内容

静载试验的测试内容应反映桥梁结构内力、应力及变位最不利控制截面的力学特征，试验过程中应关注可能出现的异常现象。简支梁桥、连续梁桥静载试验测试内容可按表 6.2 确定。

表 6.2 简支梁桥和连续梁桥静载试验测试内容

桥型	测试内容	
简支梁桥	主要内容	（1）跨中截面挠度和应力（应变）；（2）支点沉降；（3）混凝土梁体裂缝
	附加内容	（1）$L/4$ 截面挠度；（2）支点斜截面应力（应变）
连续梁桥	主要内容	（1）主跨支点斜截面应力（应变）；（2）主跨最大正弯矩截面应力（应变）及挠度；（3）边跨最大正弯矩截面应力（应变）及挠度；（4）支点沉降；（5）混凝土梁体裂缝
	附加内容	主跨（中）支点附近斜截面应力（应变）

注：L 为桥梁计算跨径。

应变（应力）观测主要是针对测试截面的受拉和受压区，可沿截面高度或横向位置分布测点，以测试结构的应力分布特征。变形测试包括主梁控制截面的挠度、水平或横向变形等测试，反映的是桥梁结构整体或局部的刚度特性。结构的裂缝变化、异常振动及响声等试验现象观测，可以帮助了解结构或构件在试验过程中的表观状况。除此之外，还应对试验所处的环境进行观测，如环境温度等。

6.2.4 加载方案设计

6.2.4.1 确定试验荷载

为了保证荷载试验的效果，必须首先确定试验荷载。试验荷载可以取控制荷载。以汽车、人群及需通行的特殊重型车辆，分别对结构截面产生的内力（或变形）的最不利组合值所对应的荷载作为控制荷载。而动载试验以汽车荷载作为控制荷载。为了保证试验效果，在选择试验荷载的大小和加载位置时采用静载试验效率 η_q 进行控制，计算方法如式（6.1）所示。

$$\eta_q = \frac{S_s}{S(1+\mu)} \tag{6.1}$$

式中 S_s ——静载试验荷载作用下控制面内力计算值；

S ——控制荷载作用下控制面最不利内力计算值；

μ ——按规范采用的冲击系数。

静载试验荷载效率 η_q，对于交（竣）工验收荷载试验，其值宜介于 0.85~1.05。否则，η_q 宜介于 0.95~1.05。静载试验可采用车辆加载或加载物直接加载，采用车辆加载时，宜采用三轴载重车辆。

6.2.4.2 测点布置

静载试验布设的测点不宜过多，但要保证观测质量。一般情况下，对主要测点的布设应能控制结构的最大应力（应变）和最大挠度（或位移）。简支梁桥、连续梁桥体系的主要测点布设如表 6.3 所示。

表 6.3 简支梁桥、连续梁桥体系的主要测点布设位置

桥型	主要测点
简支梁桥	跨中挠度，支点沉降，跨中截面应变
连续梁桥	跨中挠度，支点沉降，跨中和支点截面应变

常见截面单向应变测点布置应体现左右对称、上下兼顾、重点突出的原则，并能充分反映截面高度方向的应变分布特征。测试单向应变时，根据测试构件形状特点，沿宽度及高度方向布置的应变测点可以反映应变沿构件截面的横向和高度方向的变化特征；腹板应变测点应能够反映截面高度方向应变分布规律，顶缘应变测点布置于腹板最上缘。常见的混凝土主梁截面的单向应变测点布置见表 6.4。

表 6.4 混凝土主梁截面应变测点布置

构件名称	主要截面类型	应变测点布置示意图	备 注
混凝土主梁	装配式空心板	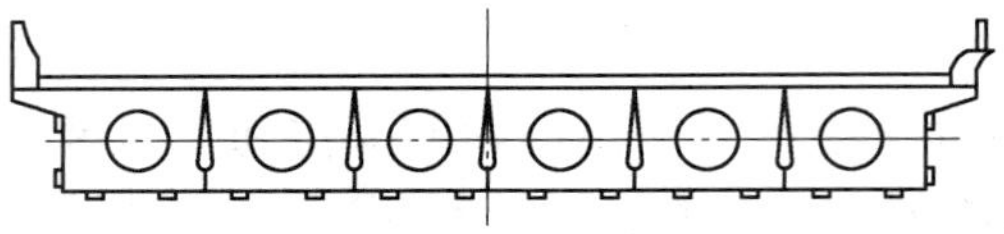	（1）每片板底面测点不少于 2 个 （2）侧面测点不少于 2 个
	钢筋混凝土 T 梁	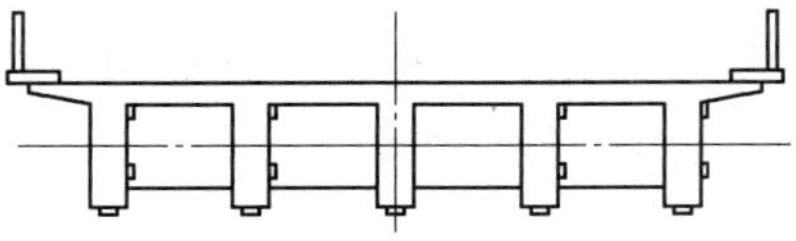	（1）每片梁底面测点为 1~2 个 （2）每片梁侧面测点不少于 2 个
	预应力混凝土 T 梁	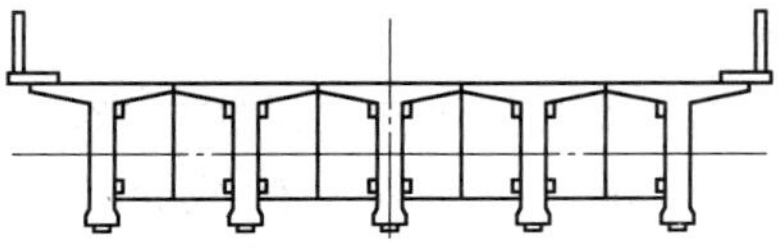	（1）每片梁底面测点为 1~2 个 （2）每片梁侧面测点不少于 2 个
	分离式箱梁	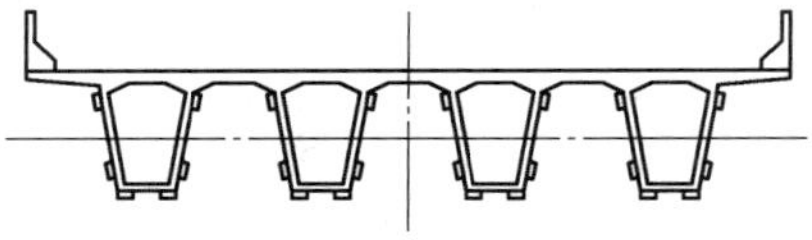	（1）每片梁底面测点不少于 2 个 （2）单腹板侧面测点不少于 2 个
	整体式箱梁	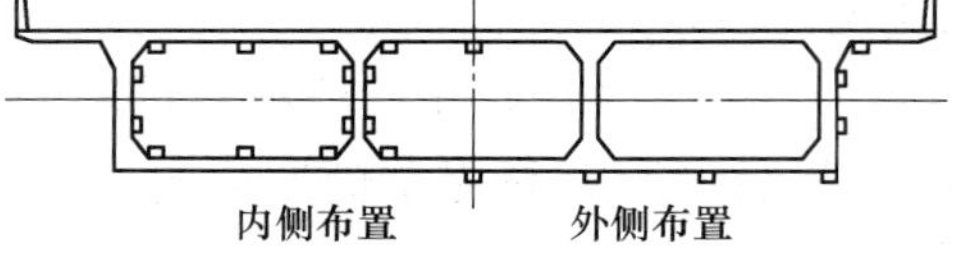	（1）在箱室内布置测点时，每箱室顶、底板不少于 3 个 （2）单肋侧面测点不少于 2 个，当箱梁未预留检修孔时，测点布置于箱梁外侧

6.2.5 加载实施与控制

6.2.5.1 加载程序

采用重物加载时按荷载分级逐级施加，荷载施加完毕后，逐级卸载。采用车辆加载时，先由零载加至第一级荷载，卸载至零载；再由零载加至第二级荷载，卸载至零载……，直至所有荷载施加完毕。每一级荷载施加次序为纵向先施加重车，后施加两侧标准车，横向先施加桥中心的车辆，后施加外侧的车辆。

6.2.5.2 加载稳定时间控制

为控制加卸载稳定时间，应选择一个控制观测点（如简支梁为跨中挠度或应变测点），在每级加载（或卸载）后立即测读一次，计算其与加载前（或卸载前）测读值之差值 S_g，然后每隔 2 min 测读一次，计算 2 min 前后读数的差值 Δ_s，并计算相对读数差值 m，如式（6.2）所示。

$$m = \frac{\Delta_s}{S_g} \tag{6.2}$$

当 m 值小于 1%或小于量测仪的最小分辨值即认为结构基本稳定，可进行各观测点读数。主要控制截面最大内力荷载工况对应的荷载在桥上稳定时间不少于 5 min，对尚未投入营运的新桥应适当延长加载稳定时间。

6.2.5.3 测试方法与加载过程的观察

A 位移的测量

一般梁、板结构的位移测定，主要是指挠度及其变形曲线的测定。挠度的测试断面，一般在 1/2 跨、1/4 跨、1/8 跨、3/4 跨、7/8 跨等位置布设测点，以便能测出挠度变形的特征曲线。对梁或板宽大于或等于 100 cm 的构件，应考虑在横截面两侧都布设测点，测值取两侧仪表读数的平均值。为了求得最大挠度值以及其变形特征曲线，测试中要设法消除支座沉降的影响。

常用的位移测量仪器有百分表、位移传感器等。在桥梁结构设计中的荷载横向分布系数，往往是以测量桥梁横断面各梁挠度的方法进行推算。

B 应变的测量

试验结构的断面内力和断面应力分布，一般都是通过应变测量来反映。应变测量分以下两种情况：

（1）结构主应力方向已知，对承受轴向力的结构，测点应在平行于结构轴线的两个侧面，每处不少于两点。对承受弯矩的结构，应在弯矩最大的位置处，沿截面上、下边缘布点或沿侧面梁高方向布点，每处不少于两点。

（2）结构主应力方向未知，当测定此部位的平面应力状态时，一般按一定的 x-y 坐标系均匀布点，每点按 3 个方向布设成一个应变花形式，再按此测出的应变确定主应力的大小和方向。应变测试常用的仪器有千分表、电阻应变仪等。

C 裂缝的观测

对于钢筋混凝土梁，加载后及时发现受拉区第一条裂缝十分重要。测定裂缝的仪器有刻度放大镜、塞尺、应变计、电阻应变仪等。

在每级荷载作用下出现的裂缝或原有裂缝的开展，都要在结构上标明，用软铅笔在离裂缝 1~3 mm 处平行地描出裂缝的走向、长度和宽度，并注明荷载吨位。试验结束时，根据结构上的裂缝，绘出裂缝开展图。

加载过程中要注意观察原有裂缝较长、较宽的部位，测量裂缝的长度、宽度，并在混凝土表面沿裂缝走向进行描绘，观测加载过程中裂缝长度及宽度的变化情况。

D 终止加载控制条件

发生下列情况时应终止加载：

（1）控制测点应力值已达到或超过用弹性理论按规范安全条件反算的控制应力值。

（2）控制测点变位（或挠度）超过规范允许值时。

（3）由于加载使结构裂缝的长度、缝宽急剧增加，新裂缝大量出现，缝宽超过允许值的裂缝大量增多，对结构使用寿命造成较大的影响时。

（4）发生其他损坏，影响桥梁承载能力或正常使用时。

6.3　动 载 试 验

动载试验是指测试桥梁结构或构件在动力荷载激励和环境荷载作用下的受迫振动特性和自振特性的现场试验。桥梁结构的动力特性（如振型、频率和阻尼比等）是桥梁承载力评定的重要参数，同时也是识别桥梁结构工作性能和桥梁抗震分析的重要参数。

6.3.1　一般规定

动载试验的一般规定如下：

（1）桥梁动载试验应测试桥跨结构的自振频率和冲击系数。

（2）对于多联（孔）桥梁同时开展静、动载试验时，动载试验桥联（孔）可选择和静载试验相同的桥联（孔）。

（3）动载试验采用的加载车辆应性能良好、无异常振动。

6.3.2　试验工况及测试截面

桥梁动载试验工况，应根据具体的测试参数和采用的激振方法确定。激振方法宜采用环境激振法（脉动法）、行车激振法、跳车激振法，也可采用起振机激振法或其他激振方法。

测试截面及测点布置应符合下列规定：

（1）桥梁动载试验的测试截面应根据桥梁结构振型特征和行车动力响应最大的原则确定，一般可根据桥梁结构规模按跨径 8 等分或 16 等分简化布置。

（2）对常见的简支梁桥，可参照表 6.5 选择测试截面。

（3）在测试桥梁结构行车响应时，应选择桥梁结构振动响应幅值最大部位作为测试截面，简单结构宜选择跨中 1 个测试截面，复杂结构应增加测试截面。

（4）用于冲击效应分析的动挠度测点每个截面应至少 1 个。

表 6.5　简支梁桥前 5 阶模态的传感器布置方案

模态阶数	至少需要传感器数	测点布设位置
1	1	$L/2$
2	2	$L/4$，$3L/4$
3	3	$L/6$，$L/2$，$5L/6$
4	4	$L/8$，$3L/8$，$5L/8$，$7L/8$
5	5	$L/10$，$3L/10$，$L/2$，$7L/10$，$9L/10$

注：L 为简支梁桥的计算跨径。

动力响应试验工况应包括下列主要内容：

（1）无障碍行车试验。一般安排标准汽车车列，以不同车速做跑车试验，跑车速度一般定为 5 km/h、10 km/h、20 km/h、30 km/h、40 km/h、50 km/h、60 km/h。当车在桥上时为车桥联合振动，当车跨出桥后为自由衰减振动。测试时需记录轴重、车速，并在时程曲线上标出首车进桥和尾车出桥对应时间。

（2）有障碍行车试验。在预定激振位置设置一块 15 cm 高直角三角木，斜边朝向汽车。一辆满载重车以不同速度行驶，后轮越过三角木由直角边落下后，立即停车。此时桥跨结构的振动是带有一辆满载重车附加质量的衰减振动。在数据处理时，附加质量的影响应予以修改。随车速的增加，桥跨结构的动位移、动应力会增加，从而冲击系数会加大。

（3）制动试验。制动试验是测定车辆在桥上紧急制动时产生的响应，用以测定桥梁承受活载水平力性能。制动试验数据同样需要进行附加质量影响的修正。经由制动的位移时程曲线读取自振特性和阻尼特性数据。不过此时是有车的质量参与衰减振动，对记录的信号进行频谱分析，可以得到相应的强迫振动频率等一系列参数。

（4）脉动试验。当桥跨结构无车辆通过时，桥跨结构处于环境激振之下，做振幅微小的振动脉动测试需要记录脉动位移或加速度，将记录的信号在高精度的信号分析仪上进行频谱分析，以便得到频谱图。将频谱分析的数据再结合跑车、跳车制动等测试数据，综合分析便可得到精确而真实的桥跨结构自振特性数据。脉动法记录时间不宜小于 2 h。

桥梁动载试验宜首先进行无障碍行车试验，有障碍行车和制动试验可根据实际情况选择。

6.3.3 测试内容

一般来说，桥梁动载试验项目有如下几项：

（1）桥梁结构动力反应的试验测定。测试内容包括动位移、动应力、动力系数等。

（2）测定桥跨结构的自振特性，如自振频率、振型和阻尼特性等，应在结构相互连接的各部位布置测点。

（3）测定动荷载本身的动力特性，如动力荷载（包括车辆制动力、振动力、撞击力等）的大小和频率，以及作用规律。

（4）疲劳性能试验，主要测定结构或构件的疲劳性能。

大多数情况下，动载试验内容偏重上述（1）（2）两项内容。

6.3.4 加载方案设计

试验荷载的选择与布置如下：

（1）无障碍行车试验可采用与静载试验的加载车辆相同的载重车辆，车辆轴重产生的局部效应不应超过车辆荷载效应，避免对横系梁、桥面板等局部构件造成损伤。

（2）无障碍行车试验荷载效率可按式（6.3）计算，η_d 宜取高值，但不应超过 1。

$$\eta_d = \frac{S_d}{S_{l\max}} \tag{6.3}$$

式中 η_d ——动载试验荷载效率；

S_d ——动载试验荷载作用下控制截面的最大内力或变形；

S_{lmax} ——控制荷载作用下控制截面的最大内力或变形（不计冲击）。

（3）单辆车的动载试验响应偏低时，无障碍行车试验宜每个车道布置一辆试验车，横向并列一排同步行驶，在行驶过程中宜保持车辆的横向间距不变。

（4）根据试验方法和桥梁结构弯矩包络图特点，车辆试验的测试截面一般选择在活载作用下结构应变最大的位置。

6.3.5 加载实施与控制

在动载试验中，可获取各种振动量的时间历程曲线，由于实际桥梁结构的振动往往很复杂，因此动载试验的加载实施与控制必须全面、到位。试验过程控制应包括下列内容：

（1）正式试验前应进行预加载试验。空载状态下，信号零点漂移不宜超过预计最大值的5%。

（2）宜根据预加载具体情况对试验方案或测试设备参数设置做必要调整。按照调整确定的试验方案与试验程序进行加载试验。

（3）正式试验过程中，应根据观测和测试结果，实时判断结构状态是否正常，测试数据是否异常，是否需要终止试验，确保试验安全。

（4）应保证记录的试验信息的完整性，确保测试数据的准确性。

（5）动载试验测试系统的性能应满足试验对量程、精度、分辨率、稳定性、幅频特性、相频特性的要求。

（6）用于冲击系数计算分析的动挠度、动应变信号的幅值分辨率不应大于最大实测幅值的1%。

（7）进行数据采集和频谱分析时，频率分辨率不宜大于实测自振频率的1%。

（8）采样频率宜取10倍以上的最高有用信号频率。

（9）在行车激振或跳车激振等强迫振动下，宜直接测试桥梁结构的加速度、速度、变形。

6.4 静、动荷载数据分析

6.4.1 静载试验数据分析

静载试验得到的原始资料数据庞大，不能直接使用，必须对其进行处理、分析。

6.4.1.1 试验资料的修正与计算

（1）测值修正。根据各类仪表的标定结果进行测试数据的修正。当这类因素对测值的影响小于1%时可不予修正。

（2）温度影响修正。温度对测试的影响比较复杂，一般可采用综合分析的方法进行温度影响修正，即利用加载试验前进行的温度稳定观测数据，建立温度变化（测点处构件表面温度或空气温度）和测点的测值（应变和挠度）变化的线性关系，然后按式（6.4）进行温度修正计算：

$$\Delta S_{\text{t}} = \Delta S - \Delta t K_t \tag{6.4}$$

式中 ΔS_{t} ——温度修正后的测点加载测值的变化；

ΔS ——温度修正前测点加载测值的变化；

Δt ——相应于 ΔS 观测时间段内的温度变化量，℃；对应变宜采用构件表面温度，对挠度宜采用气温；

K_t ——空载时温度上升 t 时测点测值变化量：

$$K_t = \frac{\Delta S_1}{\Delta t_1} \tag{6.5}$$

ΔS_1 ——空载时某一时间区域内测点测值变化量；

Δt_1 ——相应于 ΔS 同一时间区段内温度变化量。

应注意，温度修正时，采取缩短加载时间，选择温度变化较稳定的时段进行试验等办法，尽量减小温度对测试精度的影响。

(3) 支点沉降影响的修正。当支点沉降较大时，应根据结构端部支点沉降量修正其对挠度值的影响。

(4) 各测点变位与应变的计算。

总变位（或总应变）：

$$S_{\mathrm{t}} = S_{\mathrm{l}} - S_{\mathrm{i}} \tag{6.6}$$

弹性变位（或弹性应变）：

$$S_{\mathrm{e}} = S_{\mathrm{l}} - S_{\mathrm{u}} \tag{6.7}$$

残余变位（或残余应变）：

$$S_{\mathrm{p}} = S_{\mathrm{l}} - S_{\mathrm{e}} = S_{\mathrm{u}} - S_{\mathrm{i}} \tag{6.8}$$

式中 S_{t} ——试验荷载作用下测量的结构总位移（或总应变）值；

S_{e} ——试验荷载作用下测量的结构弹性位移（或应变）值；

S_{p} ——试验荷载作用下测量的结构残余位移（或应变）值；

S_{i} ——加载前测值；

S_{l} ——加载达到稳定时测值；

S_{u} ——卸载后达到稳定时测值。

(5) 测点的相对残余变位（或应变）计算。相对残余变位（或应变）描述结构整体或局部进入塑性工作状态的程度，按式（6.9）计算。

$$\Delta S_{\mathrm{p}} = \frac{S_{\mathrm{p}}}{S_{\mathrm{t}}} \times 100\% \tag{6.9}$$

式中 ΔS_{p} ——相对残余变位（或应变）。

(6) 测点校验系数 η 的计算。测点校验系数可按式（6.10）进行计算

$$\eta = \frac{S_{\mathrm{e}}}{S_{\mathrm{s}}} \tag{6.10}$$

式中 S_{e} ——试验荷载作用下量测的弹性变位（或应变）值；

S_{s} ——试验荷载作用下的理论计算变位（或应变）值。

6.4.1.2 试验曲线的绘制

为了评定结构整体受力性能，需对桥梁荷载试验结果与理论分析值比较，以检验新建桥是否达到设计要求的荷载标准，或者判断旧桥的承载能力。分别绘出荷载-位移（P-Δ）曲线、荷载-应力（P-σ）曲线，并绘出最不利荷载工况作用下位移沿结构

（纵、横向）分布曲线和控制截面应变（沿高度）分布图，绘制结构裂缝分布图。

6.4.1.3　试验结果分析评定

校验系数 η 应包括应变（应力）校验系数及挠度校验系数，其值应按式（6.10）计算。常见混凝土梁桥结构试验的应变（应力）、挠度校验系数应符合表 6.6 所示的常值范围。

表 6.6　常见混凝土梁桥结构校验系数常数值

桥梁类型	应变（或应力）校验系数	挠度校验系数
钢筋混凝土板桥	0.20～0.40	0.20～0.50
钢筋混凝土梁桥	0.40～0.80	0.50～0.90
预应力混凝土桥	0.60～0.90	0.70～1.00

处于线弹性工作状况的结构，测点实测位移（应变）与其理论值应呈线性关系。对常规结构，实测的结构或构件主要控制截面应变沿高度分布图应符合平截面假定。测点在控制荷载工况作用下的相对残余变位（应变）ΔS_p 越小，说明结构越接近弹性工作状况。一般要求值 ΔS_p 不大于 20%。当 ΔS_p 大于 20%时，表明桥梁结构的弹性状态不佳，应分析原因，必要时再次进行荷载试验以确定。

试验荷载作用下新桥裂缝宽度不应超过《公路钢筋混凝土及预应力混凝土桥涵设计规范》（JTG 3362—2018）规定的容许值，卸载后其扩展宽度应闭合到容许值的 1/3；在用混凝土梁桥的裂缝宽度不宜超过《公路桥梁承载能力检测评定规程》（JTG/T J21—2011）的规定（见表 6.7）。

表 6.7　混凝土梁桥的裂缝限值表

结构类别	裂缝部位	允许最大缝宽/mm	其他要求
钢筋混凝土梁	主筋附近竖向裂缝	0.25	
	腹板斜向裂缝	0.30	
	组合梁结合面	0.50	不允许贯通结合面
	横隔板与梁体端部	0.30	
	支座垫石	0.50	
预应力混凝土梁	梁体竖向裂缝	不允许	
	梁体纵向裂缝	0.20	

6.4.2　动载试验数据分析

动载试验数据分析应进行下列内容：

（1）应对测试信号进行检查和评判，并进行剔除异常数据、去趋势项、数字滤波等必要的处理。

（2）结构自振频率可采用频谱分析法、波形分析法或模态分析法得到。自振频率宜取用多次试验、不同分析方法的结果相互验证。单次试验的实测值与均值的偏差不应超过±3%。具体方法说明如下：

1）波形分析法适用于单一频率自振信号。取若干周期自振波形，通过时间坐标计算自振频率均值。当测试信号包含多阶自振信号叠加时，可利用带通滤波进行信号分离，得到单一频率的自振信号，再进行频率计算。

2）频谱分析法可用于确定自振信号的各阶频率。用于分析的数据块中不得包含强迫振动成分。

3）采用跳车激振法时，对于跨径小于 20 m 的桥梁，应按式（6.11）对实测结构自振频率进行修正：

$$f_0 = f\sqrt{\frac{M_0 + M}{M_0}} \tag{6.11}$$

式中 f_0——结构的自振频率；

f——有附加质量影响的实测自振频率；

M_0——桥梁结构在激振处的换算质量；

M——附加质量。

4）采用跑车余振法激励时，要根据同时采集的动挠度、动应变实测信号中静态分量的起始位置判定余振起点（见图 6.1），再利用分析仪中数据截断功能将强迫振动响应舍弃。截断后的数据块长度应满足频率分辨率的要求。

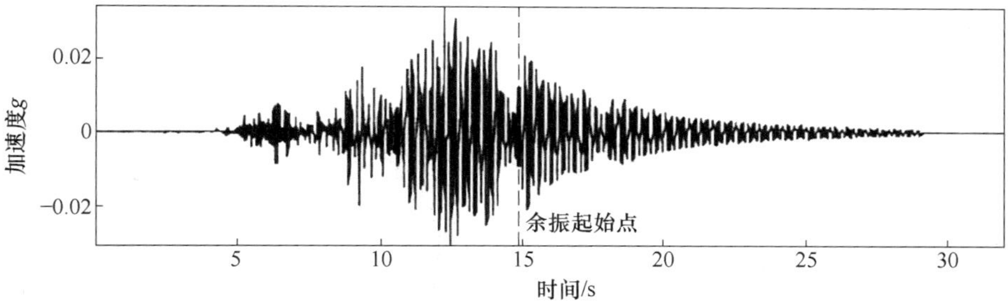

图 6.1 跑车时域图例

（3）桥梁结构阻尼可采用波形分析法、半功率带宽法或模态分析法得到。桥梁结构阻尼参数宜取用多次试验所得结果的均值，单次试验的实测结果与均值的偏差不应超过±20%。具体方法说明如下：

1）波形分析法。多阶自振信号叠加的波形应首先分离为单一频率的自振信号，阻尼参数计算方法见式（6.12）和图 6.2。

$$D = \frac{1}{2\pi n}\ln\frac{A_i - A_i'}{A_{i+n} - A_{i+n}'} \tag{6.12}$$

式中 D——阻尼比；

n——参与计算的波的个数，不少于 3 个；

A_i——参与计算的首波峰值；

A_i'——参与计算的首波波谷值；

A_{i+n}——参与计算的尾波峰值；

A'_{i+n} ——参与计算的尾波波谷值。

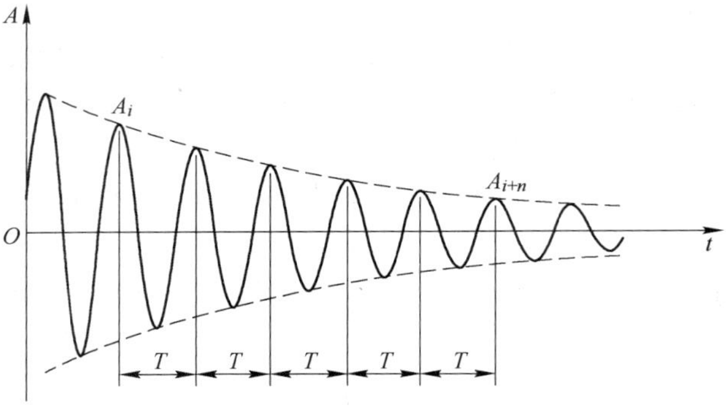

图 6.2 波形法阻尼计算图例

2）半功率带宽法。半功率带宽法是在自振频谱上对每一阶自振频率采用半功率点带宽求取阻尼参数的方法。采用此方法时频率分辨率 Δf 一般不大于1%自振频率值，以保证插值计算精度。

（4）振型参数宜采用环境激振等方法进行模态参数识别，宜采用专用软件进行分析，可同时得到振型、固有频率及阻尼比等参数。

（5）计算冲击系数时应优先采用桥面无障碍行车下的动挠度时程曲线计算，计算方法参照图 6.3 和式（6.13）。

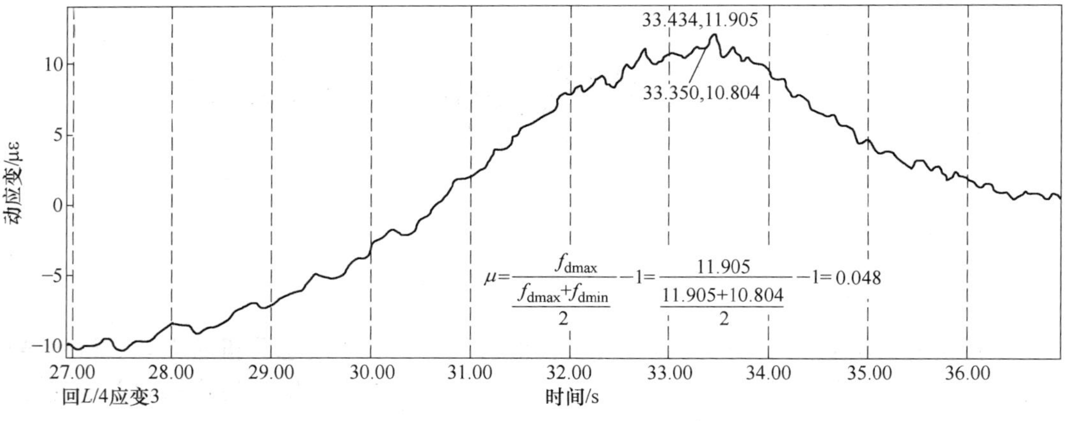

图 6.3 冲击系数计算

$$\mu = \frac{f_{\rm dmax}}{f_{\rm jmax}} - 1 = \frac{f_{\rm dmax}}{\dfrac{f_{\rm dmax} + f_{\rm dmin}}{2}} - 1 \tag{6.13}$$

式中 $f_{\rm dmax}$ ——最大动挠度幅值；

$f_{\rm jmax}$ ——取波形振幅中心轨迹的顶点值，或通过低通滤波求取；

$f_{\rm dmin}$ ——与 $f_{\rm dmax}$ 对应的动挠度波谷值。

（6）桥梁结构性能分析应通过下列方法进行：

1）比较实测自振频率与计算频率，实测频率大于计算频率时，可认为结构实际刚度大于理论刚度，反之则实际刚度偏小。

2）比较自振频率、振型及阻尼比的实测值与计算数据或历史数据时，可根据其变化规律初步判断桥梁技术状况是否发生变化。

3）比较实测冲击系数与设计所用的冲击系数，实测值大于设计值时应分析原因。

【例 6-1】 某桥上部结构采用两跨 20 m 先简支后连续箱梁桥，全桥共 1 联；下部结构采用单幅双柱墩，肋板台，桩基础。桥梁全长 46 m，桥面宽度：2×0.5 m（防护栏）+2×11.0 m（净行车道）+2.0 m（分隔带）。桥面铺装为 8 cmC40 混凝土+10 cm 沥青混凝土。主梁采用 C50 混凝土，盖梁采用 C40 混凝土，其他下部结构采用 C30 混凝土。设计荷载等级为公路-Ⅰ级。

通过对该桥进行外观检查，未发现存在明显缺陷的桥跨，本次荷载试验选择桥梁在使用设计车辆荷载作用下内力最不利的桥跨（第 1、第 2 孔）作为测试孔。

依据计算结果和《公路桥梁荷载试验规程》的建议和要求，取该桥第 1、第 2 孔应变测试截面选择第 1 孔最大正弯矩截面（1—1）、1 号墩墩顶截面（2—2）和第 2 孔最大正弯矩截面（3—3）；挠度测试截面选择第 1 孔最大正弯矩截面（1—1）和第 2 孔最大正弯矩截面（3—3），如图 6.4 所示。

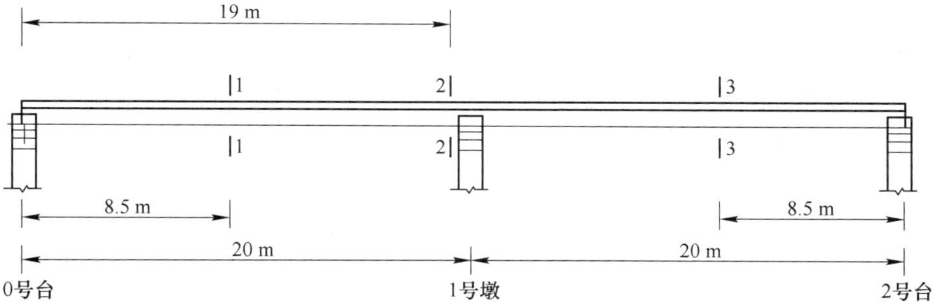

图 6.4　桥梁测试截面位置示意图

各测试孔布设挠度和应变测点，具体位置和编号如图 6.5 所示。

静载试验共分为 6 种试验工况，工况 1：边孔最大正弯矩截面最大正弯矩中载工况；工况 2：边孔最大正弯矩截面最大正弯矩右偏载工况；工况 3：次边墩墩顶最大负弯矩中载工况；工况 4：次边墩墩顶最大负弯矩右偏载工况；工况 5：次边孔最大正弯矩截面最大正弯矩中载工况；工况 6：次边孔最大正弯矩截面最大正弯矩右偏载工况。

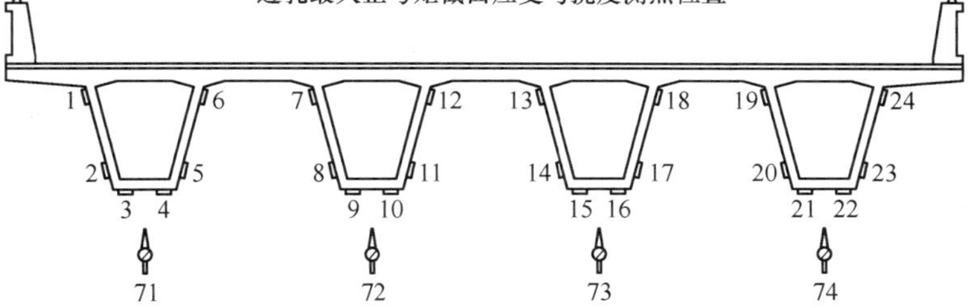

(a) 1—1截面

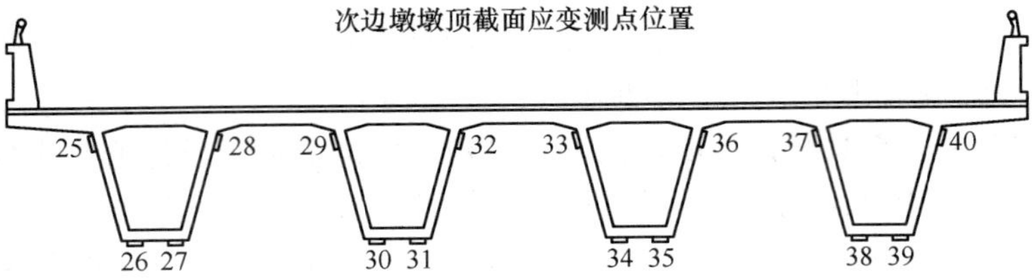

(b) 2—2截面

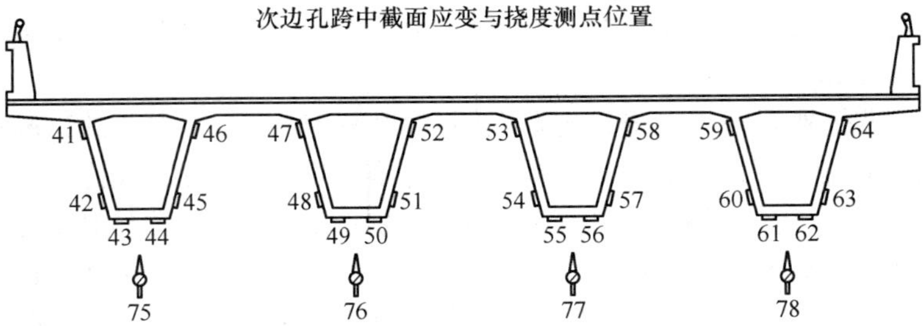

(c) 3—3截面

图 6.5　桥梁应变和挠度测点布置示意图

根据应变实测值、计算值可得相应的应变随梁高分布曲线，见图 6.6～图 6.11。从图中可见，在线弹性工作状况下，本桥箱梁测点实测应变与其理论值呈线性关系，主要控制截面应变沿高度分布图符合平截面假定，并有一定安全储备。

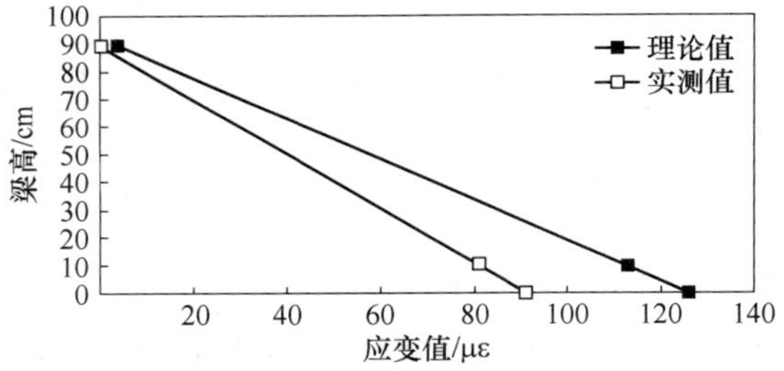

图 6.6　工况 1 边梁 1、2、3 测点应变随梁高分布曲线

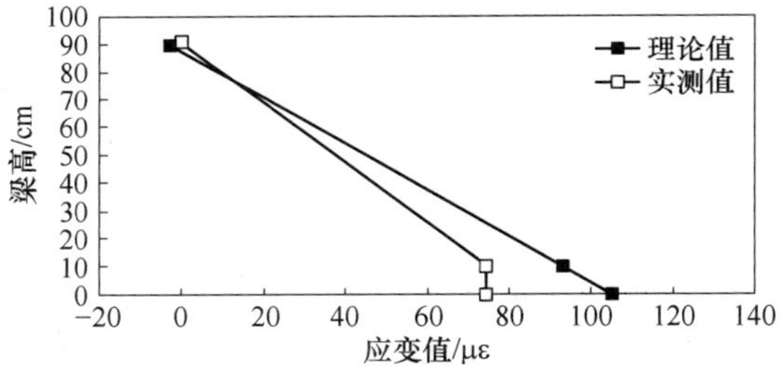

图 6.7　工况 2 中梁 4、5、6 测点应变随梁高分布曲线

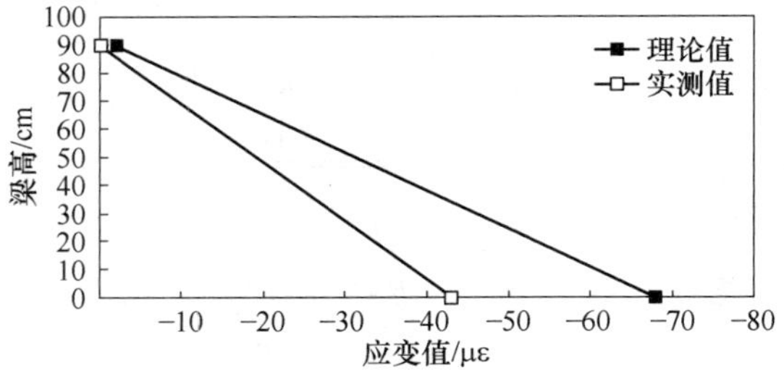

图 6.8　工况 3 边梁 25、26 测点应变随梁高分布曲线

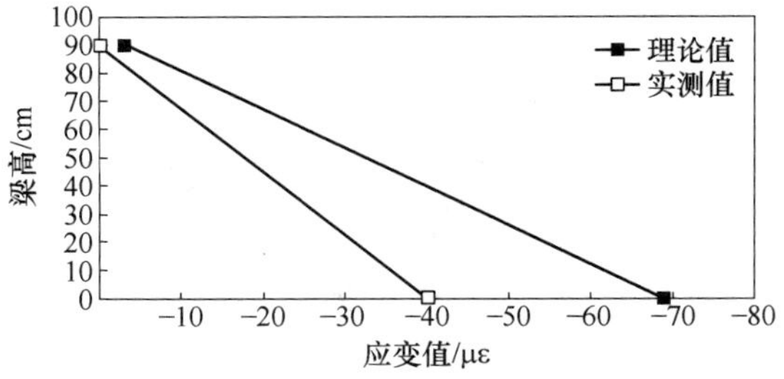

图 6.9　工况 4 中梁 29、30 测点应变随梁高分布曲线

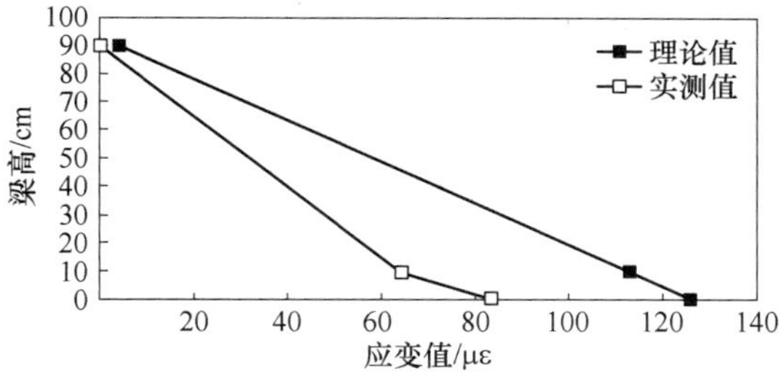

图 6.10 工况 5 边梁 41、42、43 测点应变随梁高分布曲线

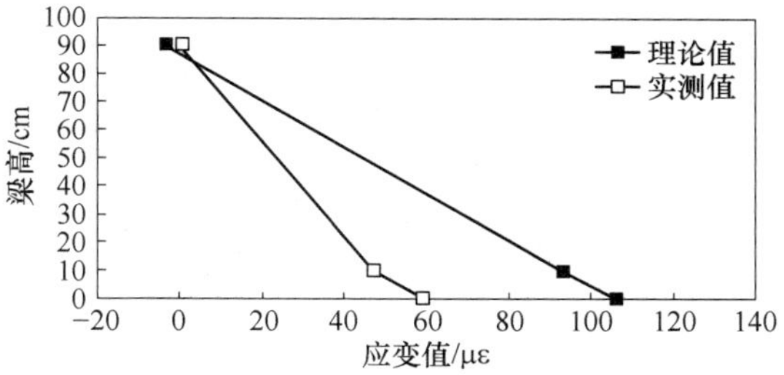

图 6.11 工况 6 中梁 44、45、46 测点应变随梁高分布曲线

【例 6-2】 某桥梁概况同【例 6-1】，动载试验选择与静载试验相同孔进行，根据各类桥梁动力特性的理论分析结果，按照理论计算得出的振型，在变位较大的部位布置传感器。该桥左幅动力特性测试截面如图 6.12 所示，拾振器、动挠度和动应变的测点布置见图 6.13。测试分为两个工况：（1）测试车辆以时速 30 km 跑车通过测试联/孔；（2）测试车辆以时速 40 km 跑车通过测试联/孔。

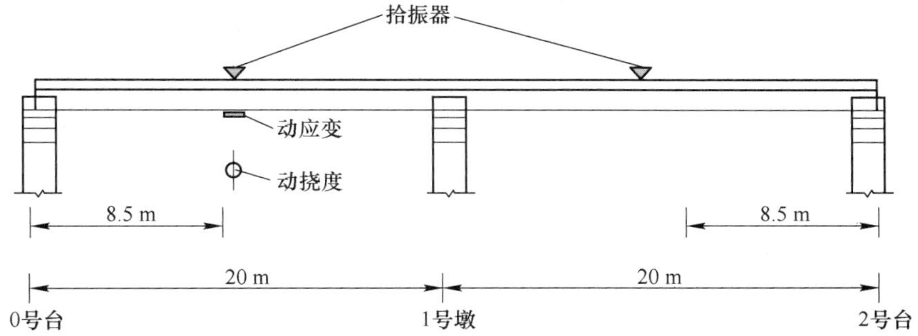

图 6.12 动载试验测试截面位置

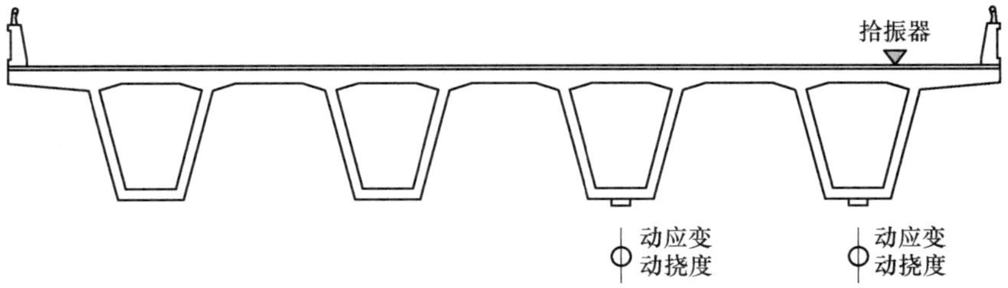

图 6.13 动载试验测点布置

（1）振型计算结果。第 1、第 2 孔所在联前 2 阶计算振型与自振频率计算结果见图 6.14。

（2）实测时域曲线与自振频率。第 1 孔实测时域曲线、频域分析曲线分别见图 6.15~图 6.17。

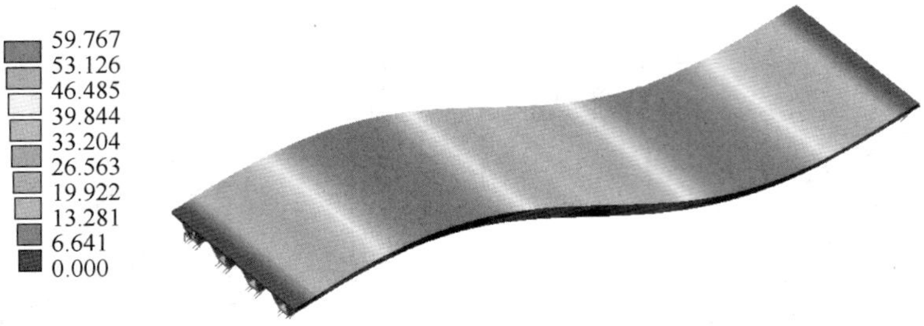

(a)

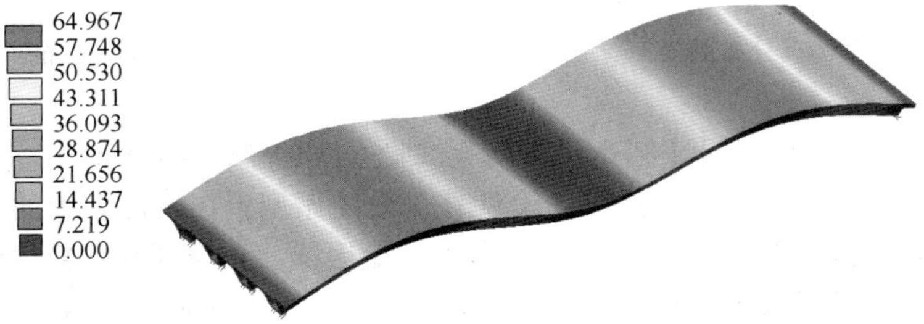

(b)

图 6.14　第 1、第 2 孔所在联结构计算振型

（a）1 阶振型对应自振频率 $f_1 = 5.75$ Hz；（b）2 阶振型对应自振频率 $f_2 = 9.00$ Hz

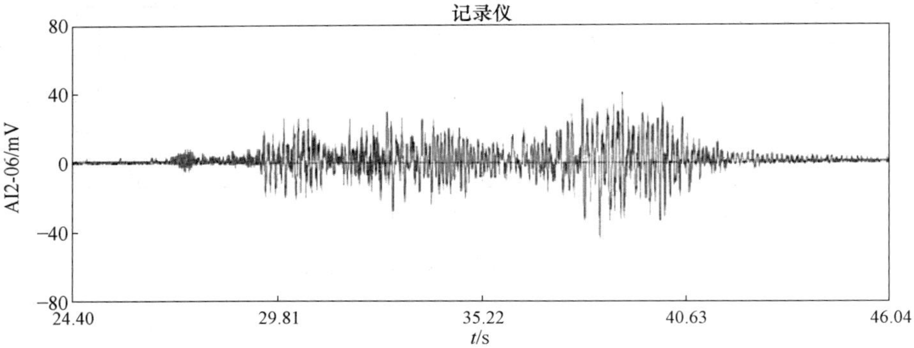

(a)

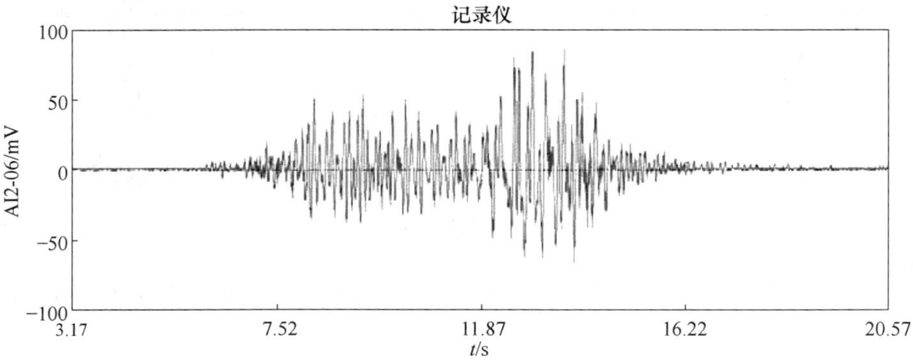

(b)

图 6.15　第 1 孔动载测试时域曲线

（a）工况 1 跑车时域图；（b）工况 2 跑车时域图

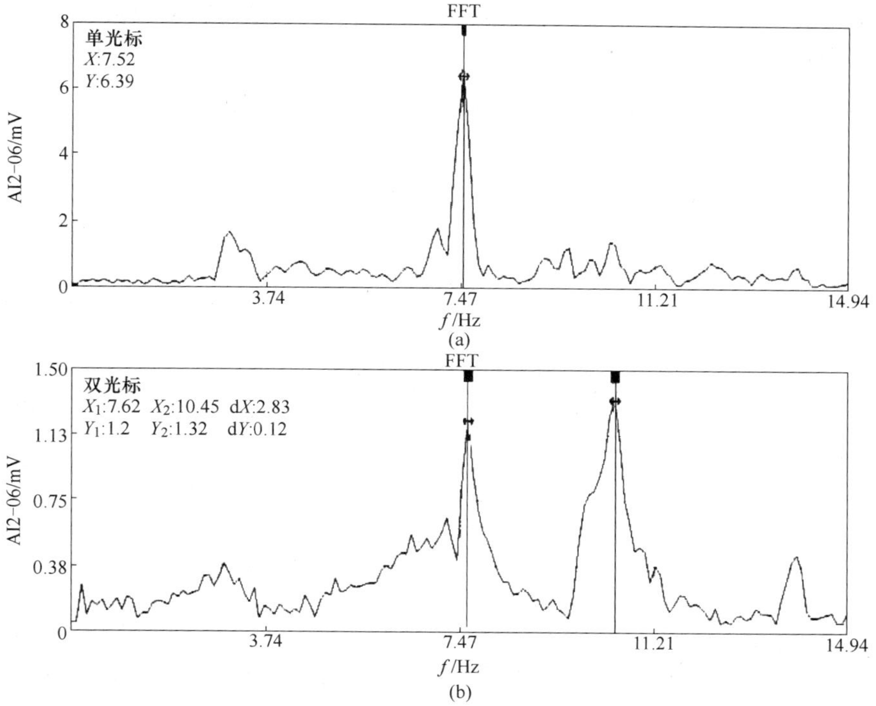

图 6.16　第 1 孔动载测试频域分析曲线

（a）工况 1 频域分析曲线；（b）工况 2 频域分析曲线

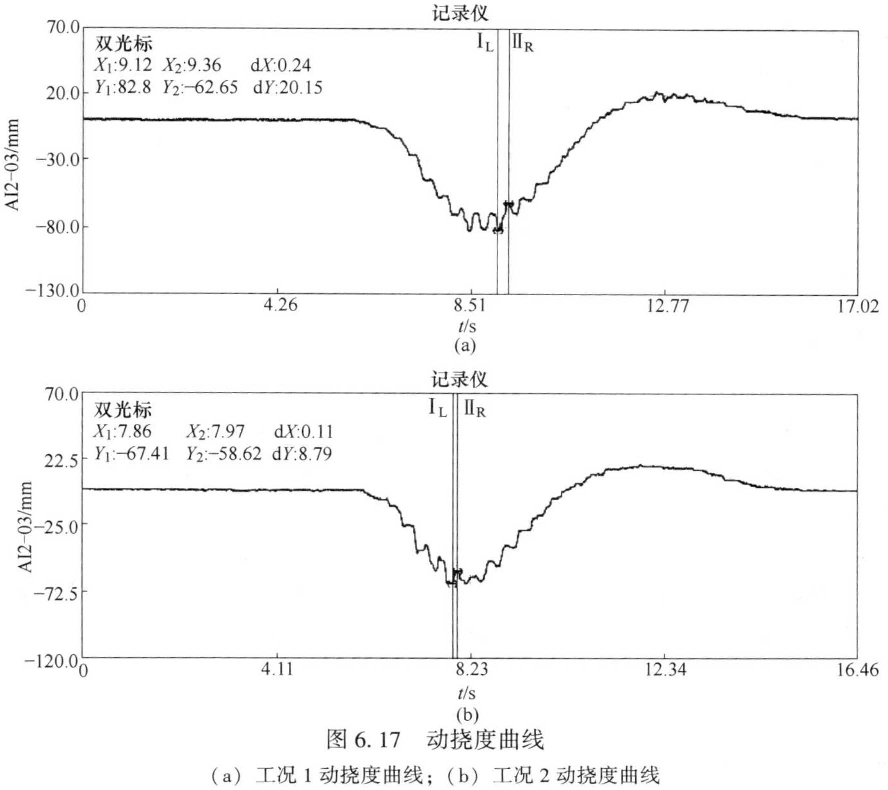

图 6.17　动挠度曲线

（a）工况 1 动挠度曲线；（b）工况 2 动挠度曲线

(3) 频率比与冲击系数。第 1 孔所在联结构自振频率实测值和计算值对比见表 6.8，冲击系数见表 6.9。

表 6.8 结构自振频率实测值和计算值对比

测试位置	阶序	自振频率				
		工况 1 实测值/Hz	工况 2 实测值/Hz	平均值/Hz	计算值/Hz	频率比
第 1 孔最大正弯矩截面	1	7.52	7.62	7.57	5.75	1.32
	2	—	10.45	10.45	9.00	1.16

注：平均值=(工况/实测值+工况实测值)/2；频率比=平均值/计算值。

表 6.9 结构冲击系数

测试桥跨	工况 1	工况 2	设计取值
第 1 孔	0.137	0.070	0.293

6.5 桥梁承载能力评定

在用桥梁承载能力评定包括持久状况下承载能力极限状态和正常使用极限状态。承载能力极限状态针对的是结构或构件的截面强度和稳定性，正常使用极限状态主要针对结构或构件的刚度和抗裂性。

在用桥梁有下列情况之一时，应进行承载能力检测评定：

(1) 技术状况等级为四、五类的桥梁。

(2) 拟提高荷载等级的桥梁。

(3) 需通过特殊重型车辆荷载的桥梁。

(4) 遭受重大自然灾害或意外事件的桥梁。

在用桥梁承载能力检测评定应包含以下工作内容，必要时还应进行荷载试验评定：

(1) 桥梁缺损状况检查评定。

(2) 桥梁材质状况与状态参数检测评定。

(3) 桥梁承载能力检算评定。

6.5.1 检测评定程序

检测评定程序如下：

(1) 检测评定前，应搜集相关技术资料，确定检算技术参数。

(2) 对选定的桥跨进行桥梁缺损状况检查评估、材质状况与状态参数检测评定和实际运营荷载状况调查，确定分项检算系数。

(3) 按照相关标准，计算桥梁结构或构件抗力效应和作用效应，进行检算评定。

(4) 作用效应与抗力效应的比值在 1.0~1.2 时，应根据《公路桥梁承载能力检测评定规程》(以下简称“规程”) 规定通过荷载试验评定承载能力。

6.5.2 一般规定

桥梁承载能力评定规定如下：

（1）配筋混凝土桥梁在计算桥梁结构承载能力极限状态的抗力效应时，应根据桥梁试验检测结果，采用引入检算系数 Z_1 或 Z_2 、承载能力恶化系数 ξ_e 、截面折减系数 ξ_s 和 ξ_c 的方法进行修正计算。

（2）用极限状态评定计算。当结构或构件的承载能力检算系数评定标度为3、4或5时，应采用引入检算系数 Z_1 或 Z_2 的方式对限制应力、结构变形和裂缝宽度等，进行正常使用极限状态评定计算。

（3）作用效应与抗力效应的比值在1.0~1.2时，应通过荷载试验评定承载能力。取静力荷载试验主要测点应变校验系数或变位校验系数较大值，按表6.10重新确定检算系数 Z_2 ，代替 Z_1 进行承载能力评定。

表6.10 经过荷载试验的承载能力检算系数 Z_2 值

ξ	Z_2	ξ	Z_2
0.4及以下	1.30	0.8	1.05
0.5	1.20	0.9	1.00
0.6	1.15	1.0	0.95
0.7	1.10		

注：对主要挠度测点和主要应力测点的校验系数，两者中取较大值；Z_2 值可按 ζ 值线性内插。

6.5.3 配筋混凝土桥梁承载能力评定

配筋混凝土桥梁承载能力极限状态，应根据桥梁检测结果按式（6.14）进行计算评定。

$$\gamma_0 S \leqslant R(f_d,\ \xi_c a_{dc},\ \xi_s a_{ds}) Z_1(1-\xi_e) \tag{6.14}$$

式中 γ_0——结构的重要性系数；

S——荷载效应函数；

$R(\cdot)$——抗力效应函数；

f_d——材料强度设计值；

a_{dc}——构件混凝土几何参数值；

a_{ds}——构件钢筋几何参数值；

Z_1——承载能力检算系数；

ξ_e——承载能力恶化系数；

ξ_c——配筋混凝土结构的截面折减系数；

ξ_s——钢筋的截面折减系数。

配筋混凝土桥梁承载能力极限状态评定，采取引入桥梁检算系数、承载能力恶化系数、截面折减系数和活载修正系数分别对极限状态方程中结构抗力效应和荷载效应进行修正，并通过比较判定结构或构件的承载能力状况。

抗力效应值应按现行设计规范进行计算，Z_1、ξ_e、ξ_c、ξ_s 应按规程有关规定取值。

配筋混凝土桥梁正常使用极限状态，宜按现行公路桥梁设计和养护规范及检测结果分以下3方面进行计算评定：

（1）限制应力，计算方法如式（6.15）所示。

$$\sigma_d < Z_1 \sigma_L \tag{6.15}$$

式中 σ_d ——计入活载影响修正系数的截面应力计算值；

σ_L ——应力限值；

Z_1 ——承载能力检算系数。

（2）荷载作用下的变形，计算方法如式（6.16）所示。

$$f_{d1} < Z_1 f_L \tag{6.16}$$

式中 f_{d1} ——计入活载影响修正系数的荷载变形计算值；

f_L ——变形限值。

（3）各类荷载组合作用下裂缝宽度，计算方法如式（6.17）所示。

$$\delta_d < Z_1 \delta_L \tag{6.17}$$

对在用桥梁，采取引入检算系数修正限制应力、变形和裂缝限值的方法，进行桥梁正常使用极限状态评定。

桥梁结构或构件在持久状况下裂缝宽度应小于规范规定的限值。

6.5.4 分项检算系数确定

对于配筋混凝土桥梁，应综合考虑桥梁结构或构件表观缺损状况、材质强度和桥梁结构自振频率等检测评定结果，按下列规定确定承载能力检算系数 Z_1。

按式（6.18）计算确定结构或构件承载能力检算系数评定标度 D。

$$D = \sum \alpha_j D_j \tag{6.18}$$

式中 α_j ——某项检测指标的权重，$\sum \alpha_j = 1$，按表 6.11 的规定取值；

D_j ——结构或构件某项检测指标的评定标准。

表 6.11 承载能力检算系数检测指标权重值

检测指标名称	缺损状况	材料强度	自振频率
权重 α_j	0.4	0.3	0.3

根据结构或构件承载能力检算系数评定标度，宜按表 6.12 确定桥梁承载能力检算系数 Z_1 值，特殊情况下可采用专家调查法确定。

表 6.12 配筋混凝土桥梁的承载能力检算系数 Z_1 值

承载能力检算评定标度 D	受弯	轴心受压	轴心受拉	偏心受压	偏心受拉	受扭	局部承压
1	1.15	1.20	1.05	1.15	1.15	1.10	1.15
2	1.10	1.50	1.00	1.10	1.10	1.05	1.10
3	1.00	1.05	0.95	1.00	1.00	0.95	1.00
4	0.90	0.95	0.85	0.90	0.90	0.85	0.90
5	0.80	0.85	0.75	0.80	0.80	0.75	0.80

注：1. 小偏心受压可参照轴心受压取用承载能力检算系数 Z_1 值；

2. 检算系数 Z_1 值，可按承载能力检算系数评定标度 D 线性内插。

配筋混凝土桥梁承载能力恶化系数 ξ_e 应按下列规定确定：

（1）依据检测结果，按表 6.13 的规定确定构件恶化状况评定标度 E 。

表 6.13 配筋混凝土桥梁结构或构件恶化状况评定标度

序号	检测指标	权重 α_j	综合评定方法
1	缺损状况	0.32	恶化状况评定标度 E 计算方法： $E = \sum_{j=1}^{7} E_j \alpha_j$ 式中 E_j——结构或构件某项检测指标的评定标度，按规程第 4、第 5 章的有关规定确定； α_j——某项检测评定指标的权重
2	钢筋锈蚀电位	0.11	
3	混凝土电阻率	0.05	
4	混凝土碳化状况	0.20	
5	钢筋保护层厚度	0.12	
6	氯离子含量	0.15	
7	混凝土强度	0.05	

注：对混凝土电阻率、混凝土碳化状况、氯离子含量 3 项检测指标，按规程规定不需要进行检测评定时，其评定标度应取 1。

（2）根据恶化状况评定标度 E 及桥梁所处的环境条件，按表 6.14 确定钢筋混凝土桥梁的承载能力恶化系数 ξ_e 。

表 6.14 配筋混凝土桥梁结构或构件承载能力恶化系数

恶化状况评定标度 E	环境条件			
	干燥不冻 无侵蚀	干、湿交替不冻 无侵蚀性介质	干、湿交替冻 无侵蚀性介质	干、湿交替冻 有侵蚀性介质
1	0.00	0.02	0.05	0.06
2	0.02	0.04	0.07	0.08
3	0.05	0.07	0.10	0.12
4	0.10	0.12	0.14	0.18
5	0.15	0.17	0.20	0.25

注：恶化系数 ξ_e 可按结构或构件恶化状况评定标度值线性插值。

配筋混凝土桥梁结构或构件的截面折减系数，应按以下规定确定：

依据材料风化、碳化、物理与化学损伤 3 项检测指标的评定标度，按式（6.19）计算确定结构或构件截面损伤的综合评定标度 R 。

$$R = \sum_{j=1}^{N} R_j \alpha_j \tag{6.19}$$

式中 R_j——某项检测指标的评定标度，按表 6.15、表 6.16 和《公路桥梁承载能力检测评定规程》（JTG/T J21—2011）中表 5.7.3 的规定确定；

α_j——某项检测评定指标的权重值，$\sum_{j=1}^{N} \alpha_j = 1$，按表 6.17 确定；

N——配筋混凝土结构，$N = 3$。

依据截面损伤的综合评价标度，按表 6.18 确定截面折减系数 ξ_c 。

表 6.15 配筋混凝土桥梁材料风化评定标准

评定标度	材料风化状况	性 状 描 述
1	微风化	手搓构件表面，无砂粒滚动摩擦的感觉，手掌上粘有构件材料粉末，无砂粒，构件表面直观较光洁
2	弱风化	手搓构件表面，有砂粒滚动摩擦的感觉，手掌上附着物大多为构件材料粉末，砂粒较少，构件表面砂粒附着不明显或略显粗糙
3	中度风化	手搓构件表面，有较强砂粒滚动摩擦的感觉或粗糙感，手掌上附着物大多为砂粒，粉末较少，构件表面明显可见砂粒附着或明显粗糙
4	较强风化	手搓构件表面，有强烈砂粒滚动摩擦的感觉或粗糙感，手掌上附着物基本为砂粒，粉末很少，构件表面明显可见大量砂粒附着或有轻微剥落
5	严重风化	构件表面明显可见大量砂粒附着，且构件部分表层剥离或混凝土已露粗骨料

表 6.16 配筋混凝土桥梁物理与化学损伤评定标准

评定标度	性 状 描 述
1	构件表面良好，局部表面有轻微剥落
2	构件表面剥落面积在 5%以内，或损伤最大深度与截面损伤发生部位构件最小尺寸之比小于 0.02
3	构件表面剥落面积在 5%~10%以内，或损伤最大深度与截面损伤发生部位构件最小尺寸之比小于 0.04
4	构件表面剥落面积在 10% ~ 15% 以内，或损伤最大深度与截面损伤发生部位构件最小尺寸之比小于 0.10
5	构件表面剥落面积在 15% ~ 20% 以内，或损伤最大深度与截面损伤发生部位构件最小尺寸之比大于 0.10

表 6.17 材料风化、碳化及物理与化学损伤权重值

结构类别	检测指标名称	权重值 α_j
配筋混凝土结构	材料风化	0.10
	混凝土碳化	0.35
	物理与化学损伤	0.55

注：对混凝土碳化，按规程规定不需要进行检测评定时，其评定标准值应取 1。

表 6.18 配筋混凝土桥梁截面折减系数 ξ_c 值

截面损伤综合评定标度 R	截面折减系数 ξ_c
$1 \leq R < 2$	$0.98 < \xi_c \leq 1.00$
$2 \leq R < 3$	$0.93 < \xi_c \leq 0.98$
$3 \leq R < 4$	$0.85 < \xi_c \leq 0.93$
$4 \leq R < 5$	$\xi_c \leq 0.85$

对配筋混凝土桥梁，由于材料风化、碳化、物理与化学损伤引起的结构或构件有效截面损失，以及由于钢筋腐蚀剥落造成的钢筋有效面积损失，对结构构件截面抗力效应会产生影响。在检算结构抗力效应时，可用截面折减系数计这一影响。

配筋混凝土结构中，发生腐蚀的钢筋截面折减系数 ξ_c，宜按表 6.19 确定。

表 6.19　配筋混凝土钢筋截面折减系数 ξ_c 值

评定标度	性状描述	截面折减系数 ξ_c
1	沿钢筋出现裂缝，宽度小于限值	$0.98 < \xi_c \leq 1.00$
2	沿钢筋出现裂缝，宽度大于限值，或钢筋锈蚀引起混凝土发生层离	$0.95 < \xi_c \leq 0.98$
3	钢筋锈蚀引起混凝土剥落，钢筋外露，表面有膨胀薄锈层或坑蚀	$0.90 < \xi_c \leq 0.95$
4	钢筋锈蚀引起混凝土剥落，钢筋外露，表面有膨胀性锈层显著，钢筋断面损失在 10%以内	$0.80 < \xi_c \leq 0.90$
5	钢筋锈蚀引起混凝土剥落钢筋外露，出现锈蚀剥落，钢筋断面损失在10%以上	$\xi_c \leq 0.80$

6.6 工 程 实 例

为评价某省道桥段改扩建工程的承载能力和工程质量，对该合同段的某大桥进行现场荷载试验。本次荷载试验选择主桥上部结构（60+90+60）m 变截面连续箱梁为测试对象，测试孔为左幅第 13、第 14 孔，下部采用桩柱式桥台、柱式墩，桩基础，设计荷载等级为公路-Ⅰ级，桥宽 12 m。为了确定本合同段所检测桥梁的承载能力，依据桥梁设计图纸，试验前采用有限元分析软件 Midas 进行建模计算。

6.6.1　桥梁静载试验

6.6.1.1　试验荷载

根据《公路桥梁荷载试验规程》中的规定，交（竣）工验收荷载试验荷载效率系数 η 的取值范围为 $0.85 \leq \eta \leq 1.05$，经过计算确定，本次荷载试验采用 6 辆三轴载重汽车。试验前对每辆车都进行配重，并记录下各辆车的实际轴重、总重、轮间距和轴间距。应力和挠度分析计算过程中的车辆荷载都按照实际的轴距、轮距和轴重取值。

6.6.1.2　测试截面选取

测试截面选择桥梁在使用活载作用下内力最不利的截面。该桥静载试验应变测试选择边孔最大正弯矩截面（1—1 截面）、墩顶截面（2—2 截面）、中孔 3L/4 截面（3—3 截面）和中孔的跨中截面（4—4 截面）；挠度测试选择边孔的最大正弯矩截面、中孔的 L/4 截面、跨中截面，各截面的具体位置如图 6.18 所示。

6.6.1.3　测点布置

全桥布设 48 个混凝土应变测点（见图 6.19），对各截面单独进行温度补偿。挠度测点沿截面从左到右布设，51~55 为 1—1 截面挠度测点布设，56~57、58~59 分别为3—3 截面、4—4 截面挠度测点布设。

主孔挠度测点布设在桥面上，共 4 个挠度测点。具体布设在中孔 3L/4 截面（3—3 截

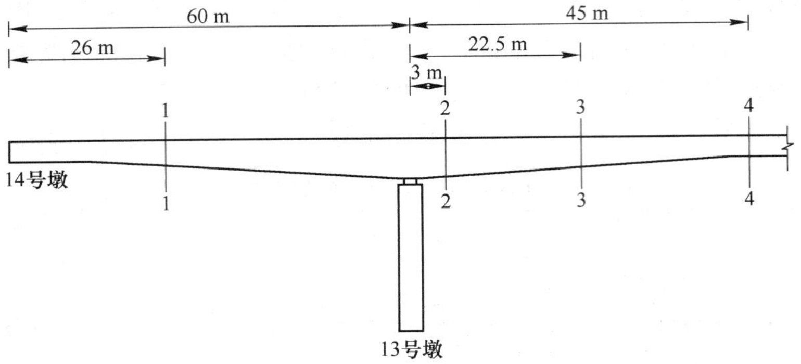

图 6.18 大桥测试截面位置

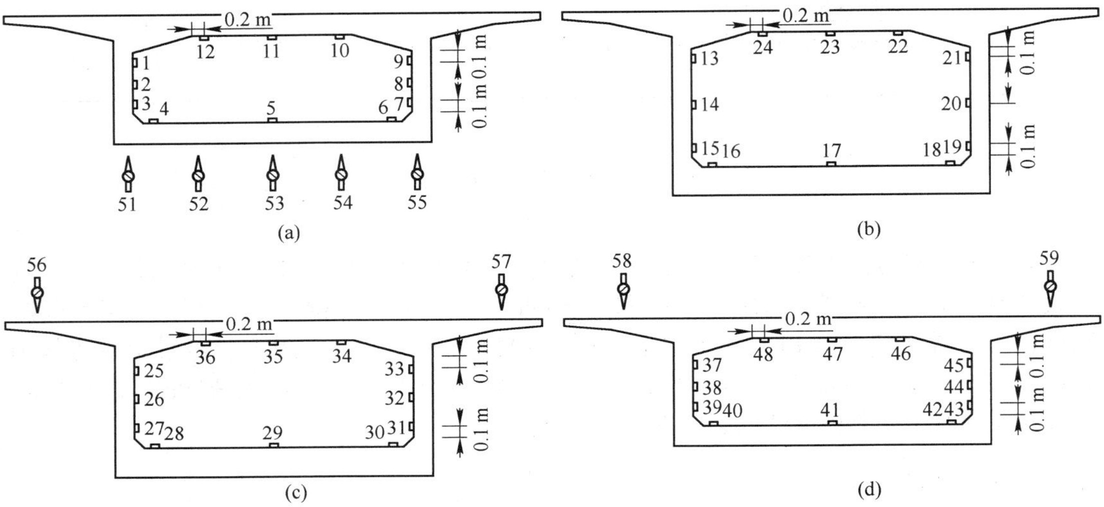

图 6.19 大桥应变测点及 1—1 截面挠度测点布置及编号

（a）1—1 截面；（b）2—2 截面；（c）3—3 截面；（d）4—4 截面

面）和中孔跨中截面（4—4 截面），每个截面桥面铺装防撞墙边缘位置均布设测点。

6.6.1.4 试验工况

静载试验分为 8 种试验工况，各工况均采用 3 列车队加载。

工况 1：边孔最大正弯矩中载工况，顺桥向按边孔最大正弯矩截面（1—1 截面）最大正弯矩的最不利位置布载，横桥向对称布载。

工况 2：边孔最大正弯矩右偏载工况，顺桥向与工况 1 相同，横桥向为偏右布载。

工况 3：次边墩墩顶最大负弯矩中载工况，顺桥向按墩顶截面（2—2 截面）负弯矩最不利位置布载，横桥向为对称布载。

工况 4：次边墩墩顶最大负弯矩右偏载工况，顺桥向与工况 3 相同，横桥向为偏右布载。

工况 5：中孔 3*L*/4 截面正弯矩中载工况，顺桥向按中孔 3*L*/4 截面（3—3 截面）最大正弯矩的最不利位置布载，横桥向对称布载。

工况 6：中孔 3*L*/4 截面正弯矩右偏载工况，顺桥向与工况 5 相同，横桥向为偏右布载。

工况 7：中孔跨中截面最大正弯矩中载工况，顺桥向按中孔跨中截面（4—4 截面）最大正弯矩的最不利位置布载，横桥向对称布载。

工况 8：中孔跨中截面最大正弯矩右偏载工况，顺桥向与工况 7 相同，横桥向为偏右布载。

标准活荷载效应计算考虑车道折减系数和冲击系数；试验荷载效应的计算值和标准活荷载效应的计算值中均未计入偏载的影响。

各工况车辆纵桥向加载位置详见图 6.20，横桥加载位置详见图 6.21。

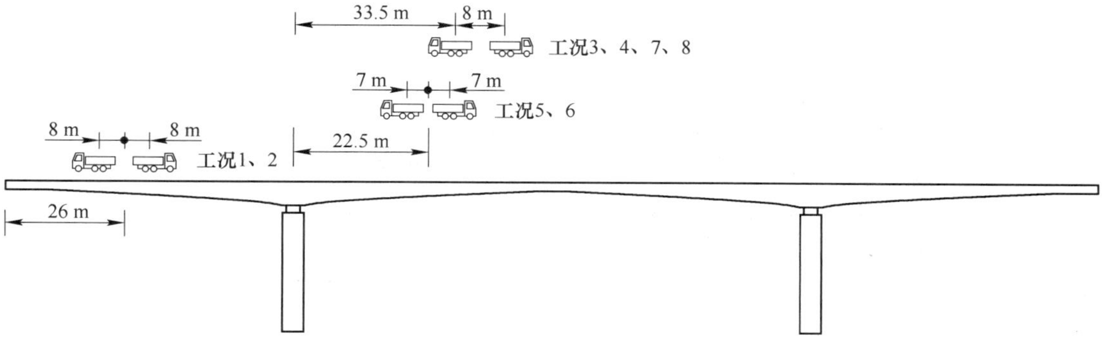

图 6.20 大桥各工况车辆顺桥向布置

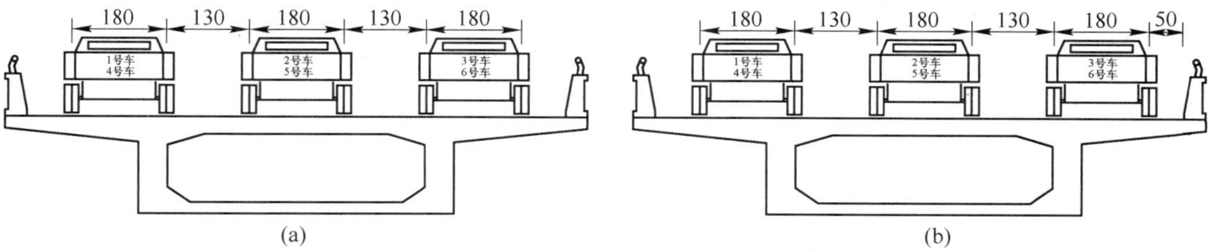

图 6.21 大桥各工况加载车辆的横桥向布置（单位：cm）

（a）各中载工况加载车辆的横桥向布置；（b）各右偏载工况加载车辆的横桥向布置

6.6.1.5 试验加载效率

大桥左 13、14 孔结构类型为：（60+90+60）m 变截面连续箱梁桥。静载试验加载效率如表 6.20 所示。

表 6.20 大桥静载试验加载效率一览表

测试位置	工况	控制指标/kN·m	控制截面	试验荷载计算值	设计荷载控制值	加载效率
左 13、14 孔	工况 1、2	边孔最大正弯矩	1—1 截面	18189.6	19317.1	0.94
	工况 3、4	中墩墩顶最大负弯矩	2—2 截面	−27294.7	−31226.1	0.87
	工况 5、6	中孔 3L/4 截面最大正弯矩	3—3 截面	10480.1	11252.1	0.93
	工况 7、8	中孔跨中截面最大正弯矩	4—4 截面	18963.1	18397.8	1.03

注：加载效率=试验荷载计算值/设计荷载控制值。

6.6.1.6 静载试验检测结果

A 挠度实测数据分析

大桥左13、14孔各工况测点挠度实测值与计算值对比曲线见图6.22。

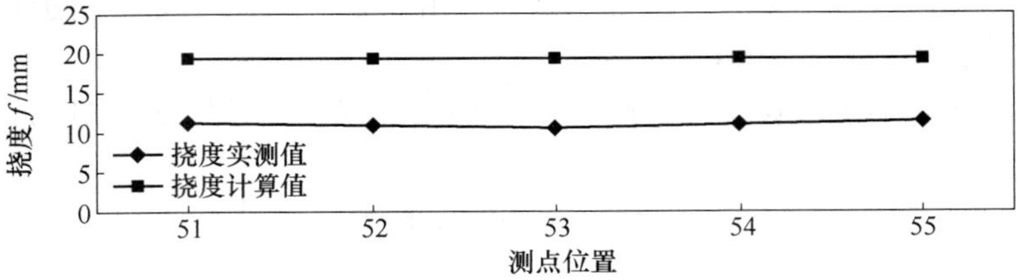

(a)

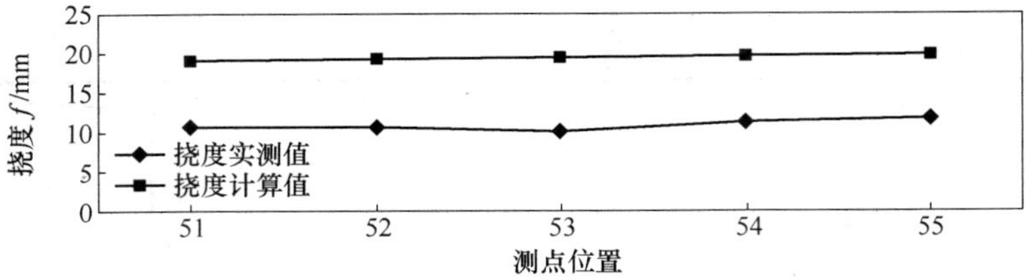

(b)

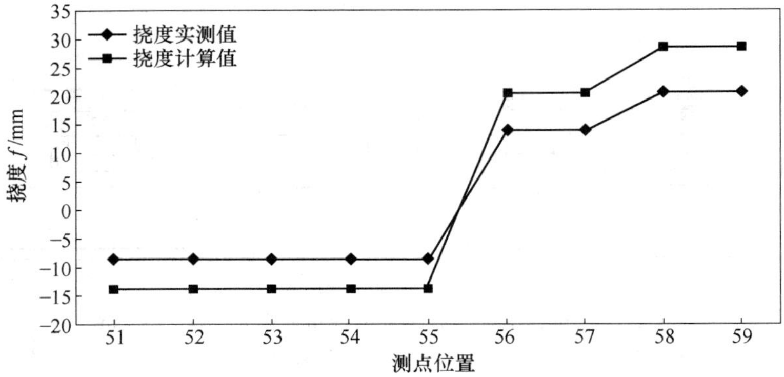

(c)

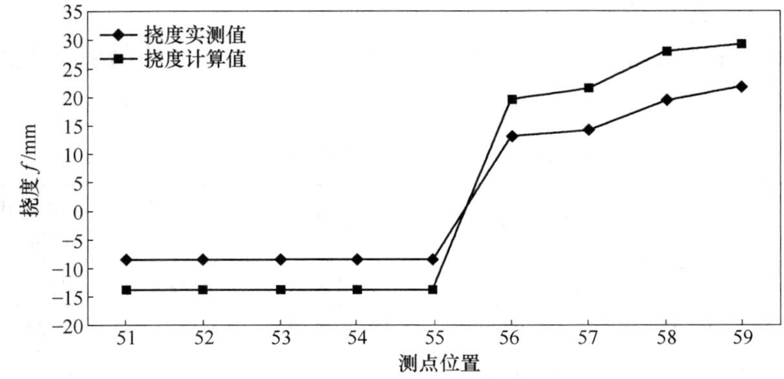

(d)

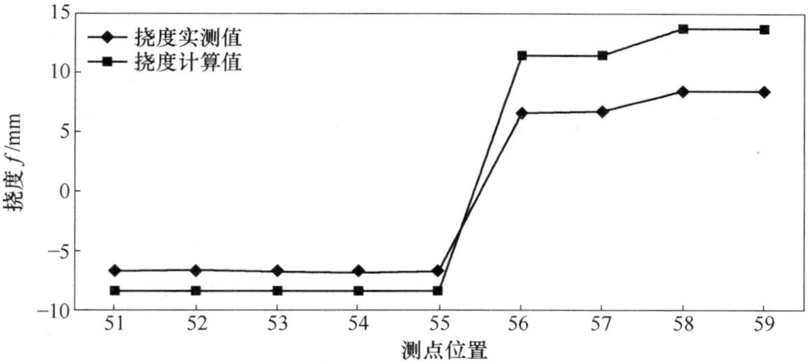

(e)

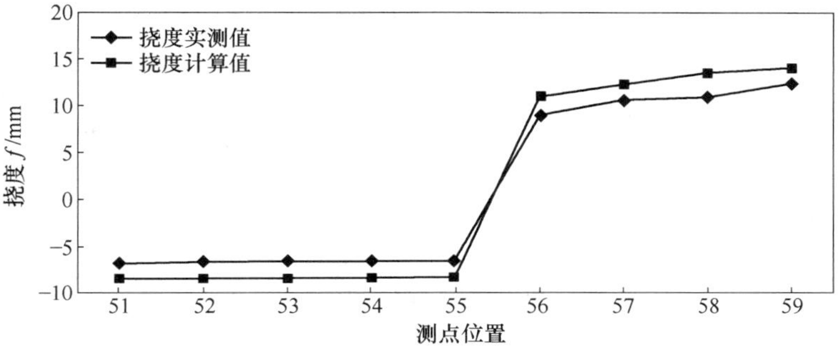

(f)

图 6.22 左 13、14 孔各工况测点挠度实测值与计算值对比曲线

(a) 工况 1；(b) 工况 2；(c) 工况 3、工况 7；

(d) 工况 4、工况 8；(e) 工况 5；(f) 工况 6

从图中看出，左 13、14 孔各控制截面的主要挠度测点实测最大值为 21.77 mm，校验系数在 0.52~0.88，低于《公路桥梁荷载试验规程》规定的上限值 1.00，说明该桥纵向抗弯刚度满足设计要求，并有一定的安全储备。另外，左 13、14 孔各测点相对残余变形在 0.08%~4.89%，值均较小，说明该桥处于良好的弹性工作状态。

B 应变实测数据分析

大桥左 13、14 孔各工况测点应变实测值与计算值对比曲线见图 6.23。从图中看出，

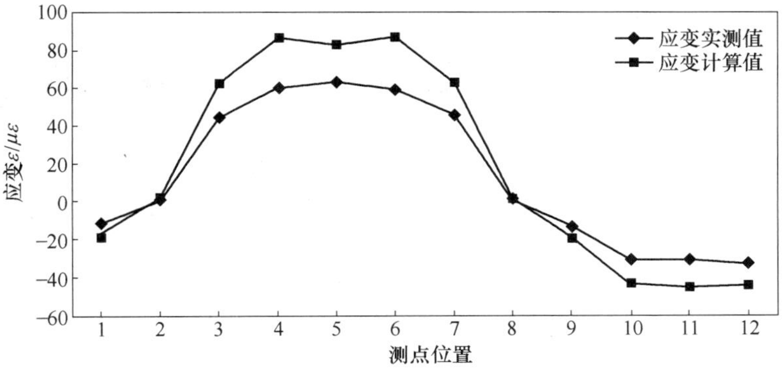

(a)

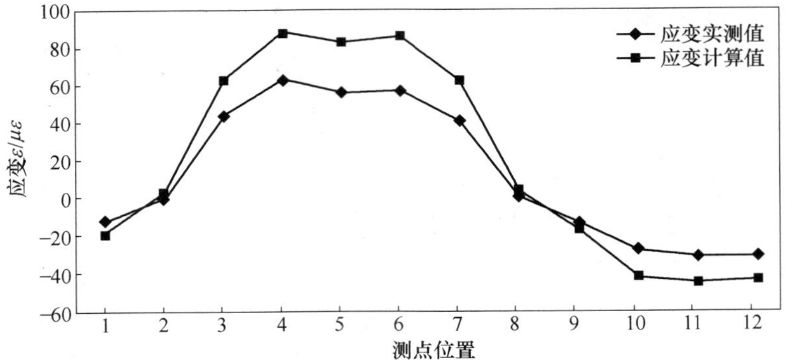
应变实测值
应变计算值
应变ε/με
测点位置
(b)

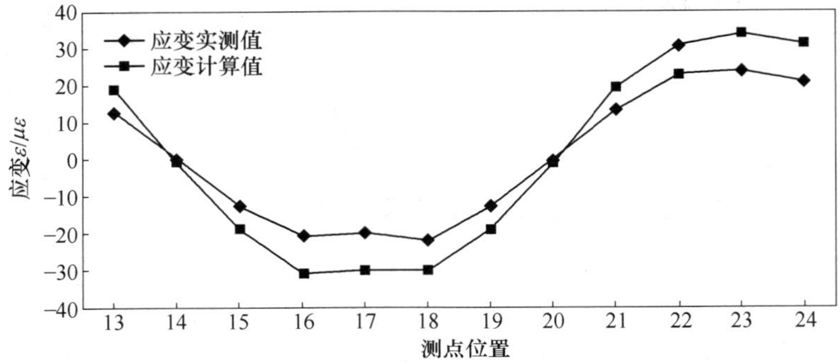
应变实测值
应变计算值
应变ε/με
测点位置
(c)

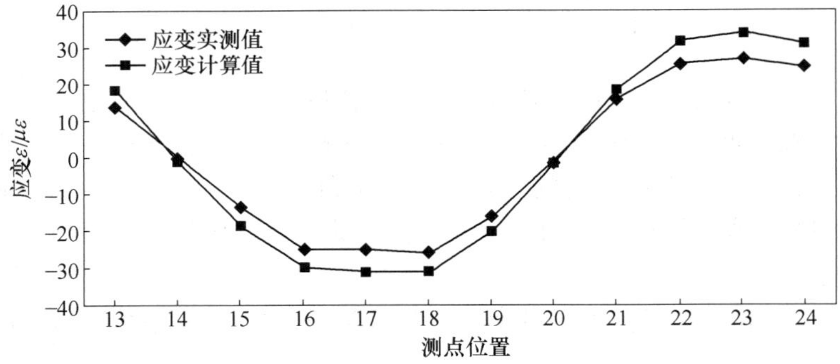
应变实测值
应变计算值
应变ε/με
测点位置
(d)

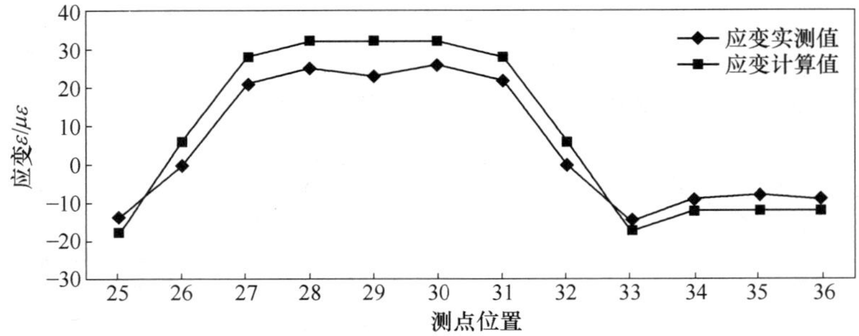
应变实测值
应变计算值
应变ε/με
测点位置
(e)

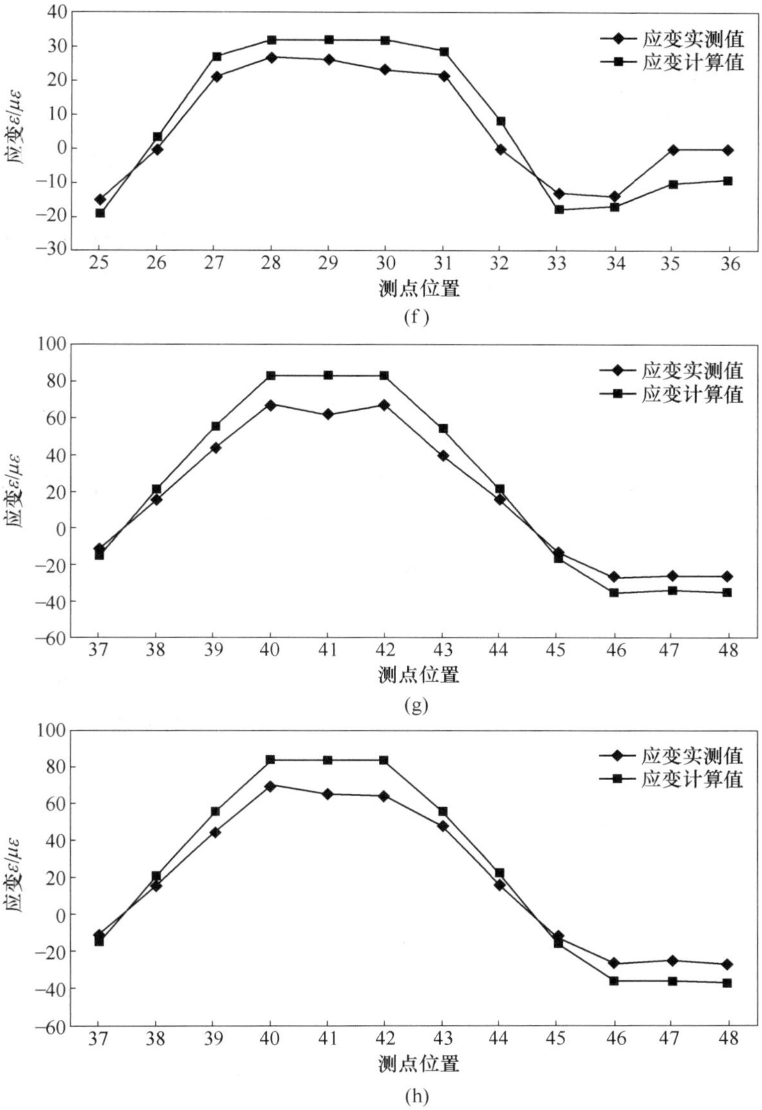

图 6.23　左 13、14 孔各工况测点应变实测值与计算值对比曲线

(a) 工况 1；(b) 工况 2；(c) 工况 3；(d) 工况 4；(e) 工况 5；(f) 工况 6；(g) 工况 7；(h) 工况 8

左 13、14 孔各工况下各控制截面的主要应变测点实测最大值为 74$\mu\varepsilon$，校验系数在 0.65~0.87，低于《公路桥梁荷载试验规程》规定的上限值 1.00，说明该桥纵向抗弯强度满足设计要求，并有一定的安全储备。另外，左 13、14 孔各测点相对残余应变在 0%~10.00%，值均较小，说明该桥处于良好的弹性工作状态。

C　静载试验结论

(1) 本次试验静载试验加载效率为 0.87~1.03，满足《公路桥梁荷载试验规程》要求。

(2) 挠度校验系数为 0.52~0.88，低于上限值 1.00，说明该桥纵向抗弯刚度满足设计要求，并有一定的安全储备。应变校验系数为0.65～0.87，低于上限值1.00，说明该桥纵向抗弯强度满足设计要求，并有一定的安全储备。

(3) 本桥各测试断面的相对残余变形均在规程规定的20%以内，表明结构在卸载后的变形能及时恢复，基本处于弹性工作状态。

(4) 各偏载工况下，左、右侧挠度和应变渐变趋势与理论计算相符，表明该桥变截面连续箱梁横向刚度良好。

(5) 在加载测试中，经观察，梁体表面混凝土未出现裂缝，表明该桥抗裂性能满足要求。在全桥异常变形观察工况加载过程中，桥跨结构未出现异常变形，桥墩未出现异常变位，表明该桥整体结构技术状况良好。

6.6.2 桥梁动载试验

6.6.2.1 动载试验方案

本次动载试验主要为模态试验和跑车试验。其中，模态试验采用环境激励，测定桥梁的自振频率、振型和阻尼比等模态参数；动力响应试验测定结构在跑车荷载作用下的动应变和动挠度时程曲线，求出不同车速下结构的冲击系数。

6.6.2.2 模态试验

A 试验方法

模态参数测点选取在变截面连续箱梁边孔的四分点和中孔的八分点处布设传感器（测点布置见图6.24）。其中，每个测点布置一个竖直传感器作为输入激励。

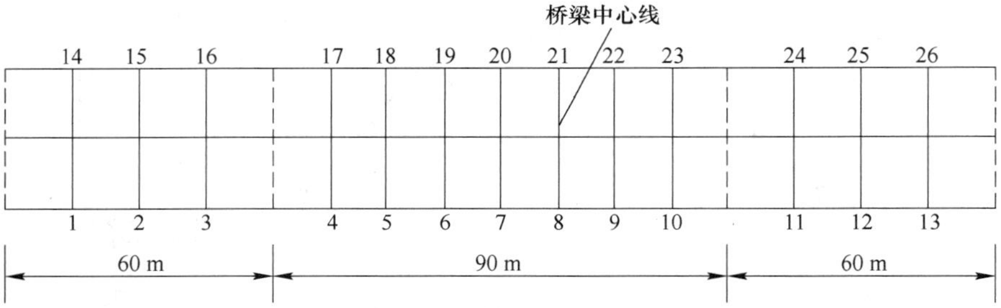

图6.24 桥梁模态测试测点布置示意图

B 现场实施

分批次采集所有测点的动态响应数据，在环境激励下，采集桥梁的振动信号，分析得到各测点的速度峰值。通过DHMA模态分析软件对各测点的振动信号进行处理分析，得到结构的自振频率、振型和阻尼比。

6.6.2.3 动力响应试验

A 测试截面与测点布置

动力响应试验选择边孔最大正弯矩截面进行，测试截面动挠度、动应变测点布置如图6.25所示。

B 测试方案

采用无障碍行车试验进行激振，识别结构自振特性参数。通过动态信号测试分析系统测试桥梁结构的动挠度和冲击系数。

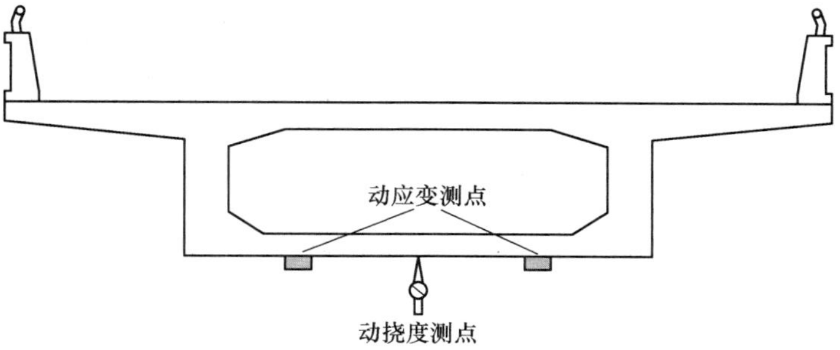

图 6.25　动力响应测点横向布置

测试分为两个工况：

（1）测试车辆以时速 30 km 跑车通过测试孔；

（2）测试车辆以时速 40 km 跑车通过测试孔。

6.6.2.4　动载试验检测结果

A　模态试验结果

左 13、14 孔所在联前 3 阶计算竖向振型、自振频率与实测结果对比见图 6.26 ~ 图 6.28。

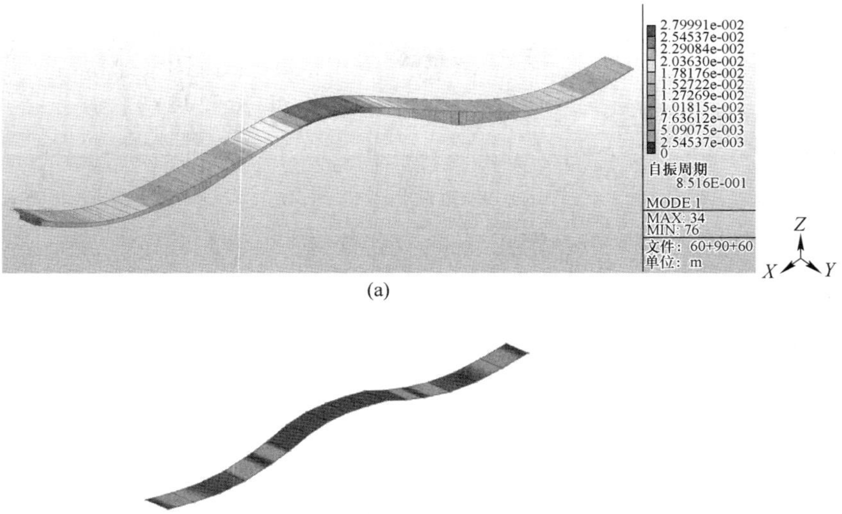

(a)

(b)

图 6.26　第 1 阶计算竖向振型、自振频率与实测结果对比

（a）计算 1 阶振型，自振频率 $f_1 = 1.17$ Hz；（b）实测 1 阶振型，自振频率 $f_1 = 1.27$ Hz，阻尼系数 $\zeta_1 = 0.029$

B　动力响应试验结果

大桥动力响应试验实测动挠度曲线如图 6.29 所示，依据《公路桥涵设计通用规范》（JTG D60—2015）4.3.2 条规定，计算冲击系数 $\mu = 0.05$。实测冲击系数见表 6.21。

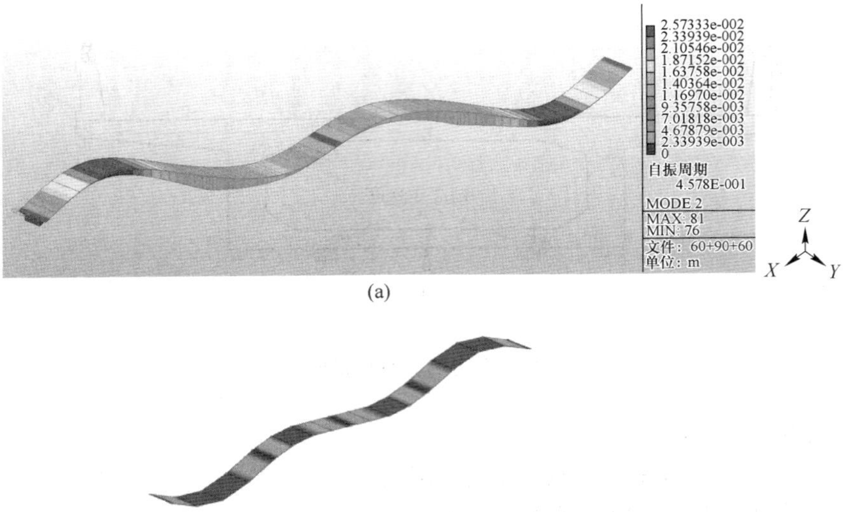

(a)

(b)

图 6.27 第 2 阶计算竖向振型、自振频率与实测结果对比

（a）计算 2 阶振型，自振频率 $f_2=2.18$ Hz；（b）实测 2 阶振型，自振频率 $f_2=2.44$ Hz，阻尼系数 $\zeta_1=0.025$

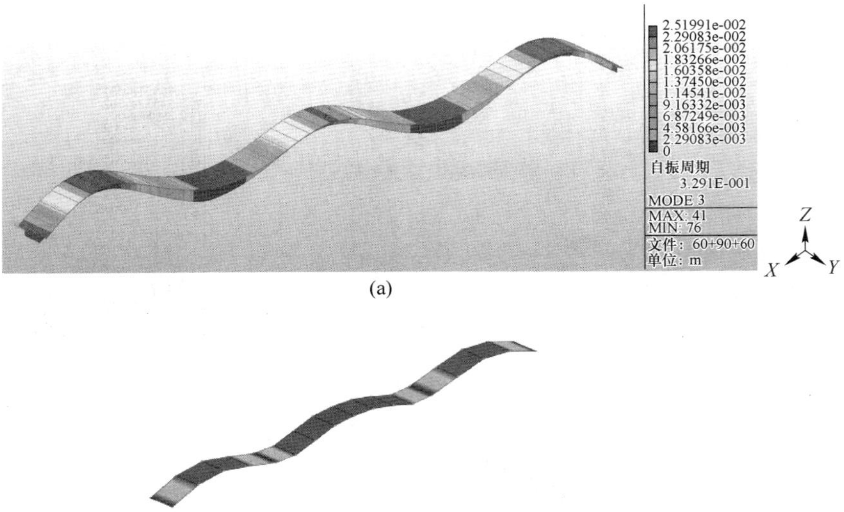

(a)

(b)

图 6.28 第 3 阶计算竖向振型、自振频率与实测结果对比

（a）计算 3 阶振型，自振频率 $f_3=3.04$ Hz；（b）实测 3 阶振型，自振频率 $f_3=3.61$ Hz，阻尼系数 $\zeta_1=0.016$

C 动载试验结论

（1）该桥左 13、14 孔模态测试前 3 阶实测自振频率与理论计算值的频率比在 1.09~1.19 内，均大于 1，表明该桥的整体性能和动刚度良好。

（2）该桥模态测试前 3 阶实测振型与理论计算相符，阻尼比在 0.016~0.029 内，属于小阻尼振动。

（3）该桥跑车试验左13、14孔实测冲击系数分别为0.023、0.024，小于设计冲击系数取值0.050。

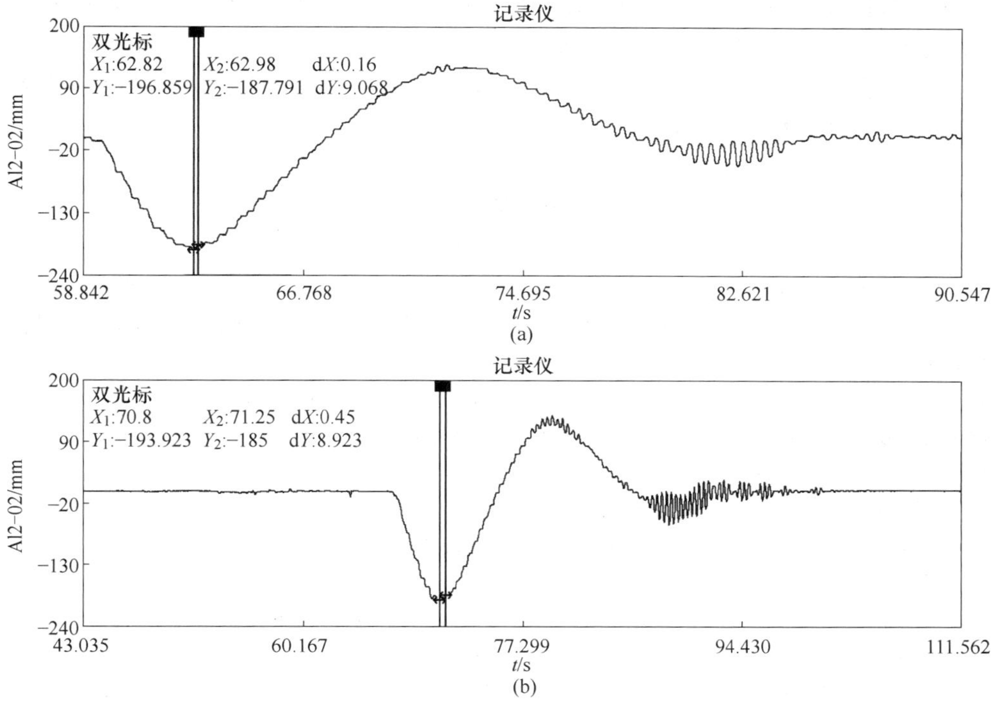

图6.29 大桥动挠度曲线

（a）工况1动挠度曲线；（b）工况2动挠度曲线

表6.21 结构冲击系数

测试桥跨	工况1	工况2	设计取值
左13、14孔	0.023	0.024	0.050

课程思政

桥梁托起“安全”志向

哈尔滨工业大学土木工程学院教授，中国科学院院士李惠是一名桥梁工程专家，她率先将人工智能深度学习与桥梁工程交叉融合，通过近20年不懈创新，建立了桥梁结构健康监测大数据挖掘与安全评定理论和技术体系，推动了桥梁智慧科学与技术新领域的发展，被国内外学者评价为“结构健康监测数据科学与工程的开创者”。

结构健康诊断就是从数据中挖掘与桥梁健康有关的特征指标，然后像给人“把脉”一样，诊断结构是否存在损伤、是否需要进行修复和控制，从而确保桥梁在全生命周期内安全运行。李惠的成果广泛应用于近百座大型桥梁，成功自动诊断并报警虎门大桥等多座桥梁涡振、港珠澳大桥等大跨桥梁台风期间风安全，有效控制了沪苏通大桥等大跨桥梁复杂风振，为我国大型桥梁服役安全提供了先进有效的科技支撑。“桥梁是我国科技的一张名片。我国建设了世界上数量最多、规模最大的桥梁，桥梁科技和桥梁建设水平世界领先，其中也包括桥梁健康监测基础理论、技术和系统。”李慧自信地说。

李惠长期扎根这一研究领域，坚持立德树人。她牵头发起设立了“菁华智慧奖助学金”，帮助困难家庭的孩子不因经济问题失学。

桥的价值在于承载，人的价值在于担当。李惠，用智慧与汗水，守护着每一座桥梁的安全，也守护着我们对美好生活的向往！

练 习 题

6-1 某整体箱梁桥现场静载抗弯试验，某截面的设计控制弯矩为 490 kN · m（不考虑冲击），该截面的计算试验弯矩为 540 kN · m，如冲击系数为 0.10，偏载系数为 1.05，则该截面偏载工况的静力荷载效率为（　　）。

A. 1.05　　B. 1.02　　C. 0.95　　D. 1.00

6-2 桥梁静载试验关于加载过程数据测读的表述，不正确的是（　　）。

A. 需测读加载前的初始值

B. 为提高效率并保证安全，荷载施加到位后应迅速测读，并及时进行下一阶段加载

C. 荷载卸除后，稳定一定时间或在确定结构变形稳定后测读卸载值

D. 应对关键测点的数据进行监测和分析

6-3 连续梁桥静载试验的主要加载工况包括边跨最大正弯矩、墩顶最大负弯矩和（　　）。

A. 边跨最大轴力　　B. 中跨最大正弯矩

C. 桥台处支点最大负弯矩　　D. 中跨跨中最大剪力

6-4 某应变测点实测弹性值为 90×10^{6}，残余应变为 10×10^{6}，计算应变为 150×10^{6}，则相对残余应变为（　　）。

A. 11.1%　　B. 6.7%　　C. 10.0%　　D. 12.5%

6-5 桥梁静载试验，关于结构校验系数的表述，正确的选项是（　　）。

A. 该指标是实测残余值与计算值的比值

B. 该指标是实测总值与计算值的比值

C. 该指标是实测弹性值与计算值的比值

D. 当结构校验系数大于 1 时，可认为结构的安全储备大于设计要求

6-6 试验荷载作用下，全预应力桥梁结构的纵向裂缝宽度不得超过（　　）。

A. 0.10 mm　　B. 0.20 mm　　C. 0.25 mm　　D. 0.30 mm

6-7 桥梁静力荷载试验，要求结构主要测点的相对残余应变（挠度）不得超过（　　）。

A. 20%　　B. 15%　　C. 10%　　D. 5%

6-8 （　　）属于结构动力（自振）特性参数。

A. 动应变　　B. 振型　　C. 动挠度　　D. 加速度

6-9 当桥梁结构或构件的承载能力检算系数评定标度 D>>（　　）时，应进行正常使用极限状态评定计算。

A. 1　　B. 2　　C. 3　　D. 4

6-10 对桥梁承载能力进行检算评定，当作用效应与抗力效应的比值为（　　）时，应通过荷载试验评定承载能力。

A. 0.95~1.05　　B. 1.0~1.2　　C. 0.8~1.0　　D. 1.5~2.0

6-11 简述桥梁静载试验、动载试验的方法及原理。

7 桥梁维修与加固

【学习目标】

了解：桥梁维修与养护的内容及方法；桥梁预防性养护技术。

熟悉：桥梁加固改造的原则与程序；桥梁结构缺陷与裂缝修复技术；桥梁上部结构与桥梁下部结构加固方法。

掌握：粘贴碳纤维加固技术；体外预应力加固技术。

7.1 桥梁养护与维修

7.1.1 桥梁常见病害及其分类

一般来说，桥梁的病害大致可分为承载能力不足、使用性能较差、耐久性能不足3类。就承载能力不足的病害而言，桥梁病害主要表现为受力裂缝宽度过大，桥梁整体或局部刚度不足，材料强度降低和局部损伤，基础冲刷掏空、变位或不均匀沉降等。就使用性能较差的病害而言，桥梁病害主要表现为变形及振动响应过大，桥面破损，行车性能不佳，伸缩缝破损，支座脱空等。就耐久性能不足的病害而言，桥梁的病害主要是混凝土结构裂缝过大，温度裂缝、收缩裂缝、混凝土碳化深度过大，混凝土发生碱骨料反应、混凝土保护层厚度不足，混凝土表面存在蜂窝麻面，钢结构、钢筋锈蚀、结构或构件局部破损过大等。以上3种病害的发生和发展直接影响桥梁结构的承载能力、使用性能及耐久性能，严重时危及桥梁运营安全，造成重大安全事故。

7.1.2 桥梁养护与维修的内容及方法

7.1.2.1 桥梁养护工作的基本要求

桥梁养护工作必须贯彻“防治结合、以防为主”的方针，坚持“养早、养小、养全、养好”的原则，采取经常保养与综合维修相结合的方式，整治既有病害，及时消除危及行车安全的隐患，经常保持结构物或构筑物处于完好状态，保证过往车辆得以安全、平稳、顺畅通行。

7.1.2.2 桥梁上部结构的养护与维修

A 钢筋混凝土梁桥上部结构养护与维修

钢筋混凝土梁桥上部结构养护与维修应满足以下要求：

(1) 应保持结构完好、无缺损。

(2) 梁（板）开裂时，应视裂缝性质和影响程度，及时采取相应处治措施。

当梁板结构裂缝宽度小于0.15~0.20 mm或表7.1规定值时，应采用环氧树脂或聚合物类材料等方法进行封闭处理。等裂缝宽度大于 0.15~0.20 mm 时，应采用化学灌浆方法进行处理。

B　预应力混凝土梁桥上部结构养护与维修

预应力混凝土梁桥上部结构养护与维修应满足以下要求：

（1）应满足钢筋混凝土梁桥上部结构养护与维修的规定。

（2）预应力体系各组成部分应保持完好、有效。

（3）全预应力及部分预应力 A 类构件出现结构性裂缝时，应及时维修加固。全预应力或部分预应力混凝土 A 类构件不允许出现垂直于梁体受力主筋方向的裂缝（多表现为受拉区顶、底板的横向裂缝及腹板斜裂缝）。此类裂缝产生，表明梁体可能存在应力超限或承载能力不足，影响结构安全，需要及时采取加固处治措施。

表 7.1　桥梁裂缝限值

结构类别	裂缝部位	允许最大裂缝/mm
钢筋混凝土梁桥	主筋附近竖向裂缝	0.25
	腹板斜向裂缝	0.30
	横隔板与梁体端部	0.50
	支座垫石	0.50
	其他裂缝	0.20
预应力混凝土梁桥	梁体竖向裂缝	不允许
	梁体纵向裂缝	0.10

注：表中所列除特指外适用于一般条件，对于潮湿和空气中含有较多腐蚀性气体等条件下缝宽限制应要求严格一些。

7.1.2.3　桥梁下部结构的养护与维修

桥梁下部结构的养护与维修应满足以下要求：

（1）应保持墩台表面清洁，及时清除墩台表面的青苔、杂草、灌木和污物。

（2）混凝土墩台表面存在侵蚀剥落、蜂窝、麻面、露筋及钢筋锈蚀等缺陷时，应及时修复。

（3）墩台开裂时，应根据裂缝性质和影响程度，及时采取相应处治措施。

（4）圬工砌体的砌缝脱落时，应重新勾缝；圬工砌体严重风化、鼓凸或损坏时，应及时维修或加固。

（5）墩台抗震设施损坏时，应及时修复或改造。

（6）桥梁墩台发生异常变位时，应进行特殊检查评估并及时加固处治。

7.1.3　桥梁预防性养护

遵循可持续发展与节约社会资源的基本原则，汲取既有桥梁在使用过程中暴露出来的问题与教训；在既有桥梁管理维护时，应从加强预防性养护，坚持“防治结合、以防为主”的方针，提升既有桥梁的管理养护技术水平。具体理念为落实桥梁全寿命设计的理念、重视预防性养护、重视桥梁细部构造设计、推广维修的新技术和新工艺。

7.2 旧桥加固改造的原则与程序

旧桥加固改造工作不同于建新桥梁，它是一项技术性很强的工作，必须慎重处理。需要在对各种可能的技术改造方案的技术经济效果进行分析比较后，从中选择合理的改造方案和可靠简便的施工技术工艺。

7.2.1 加固改造的原则

旧桥的病害加固处治应坚持“防治结合、以防为主”的方针，着力避免“小病不治，酿成大病”。在病害加固处治实施过程中，应做到“有序实施、不留后患”。在实施过程中，应遵循以下6项原则：从实际出发原则、消除隐患原则、全面比较原则、预防损坏原则、协同受力原则、有序实施原则。

7.2.2 桥梁加固改造程序

桥梁加固改造的一般程序如下：

（1）收集桥梁的设计、施工、监理等方面的技术资料。

（2）现场病害调查、历次检查检测资料收集与分析。

（3）旧桥的承载能力检定及技术状况的评定，病害原因诊断与分析。

（4）确定加固改造的目的、要求及技术标准。

（5）加固改造、病害处治方案的拟定、论证，完成初步设计。

（6）加固改造初步设计评审。

（7）加固设计计算与施工图设计，工程数量与预算编制，必要时对加固施工工序、施工工艺、施工监测方案再次进行评审论证。

（8）既有交通疏解措施落实。

（9）关键工序检验、施工质量控制与施工监测。

（10）加固效果检验与竣工验收。

7.3 桥梁结构缺陷与裂缝修复

7.3.1 混凝土桥梁表层缺陷的修复

钢筋混凝土结构表层缺陷主要有：蜂窝、麻面、露筋、孔洞层隙、磨损、表面腐蚀、老化、剥落、表面裂缝、掉角、模板走样、接缝不平构件变形等。

7.3.1.1 表层缺陷修补常用材料

修补混凝土桥梁缺陷时，首先选用与原结构相同的水泥混凝土和砂浆，其水泥和骨料的品种应与原混凝土相同。

环氧树脂类有机黏结材料、环氧树脂类材料，对于修补混凝土结构表层缺陷有较理想的效果，常用的修补材料包含有机环氧胶液、环氧砂浆、环氧混凝土等，本节将重点介绍环氧树脂材料。

常用的环氧树脂见表 7.2，最常用的环氧树脂材料是双酚 A 型环氧树脂，分子量为 340～7000。

表 7.2　常用的环氧树脂

名称	原牌号	外观	黏度/Pa·s	软化点/℃	环氧值（当量/100 g）
E-44	6101	黄色至琥珀色高黏度液体	12～25	12～20	0.41～0.47
E-42	634		1.5～3	21～27	0.38～0.45
E-35	637		3.5～5.7	20～35	0.30～0.40

环氧树脂在硬化后有较高的机械强度，其抗压强度为 167～174 MPa，抗弯强度为 90～120 MPa，抗拉强度为 46～70 MPa，黏接强度为 10 MPa 以上，均大大超过混凝土的相应的强度；收缩率和热膨胀系数小；抗磨性好，耐受一般酸、碱、盐的腐蚀，可以在常温下固化；是一种质量可靠、稳定性好、强度高的建筑材料。

7.3.1.2　混凝土桥梁表层缺陷修补方法

A　采用混凝土修补

混凝土桥梁结构中出现了蜂窝、空洞以及较大范围的破损等缺陷，一般可以采用新鲜混凝土进行修补。新鲜的混凝土要求达到良好的级配和良好的和易性。采用混凝土修补的程序如下：

把构件的蜂窝或空洞缺陷部分尽可能凿除，对混凝土修补部位进行凿毛处理，并使老混凝土表面保持湿润、清洁、不粘尘土

↓

在钢筋和其周围的混凝土上涂抹一层水泥浆液或其他胶黏剂（如 1∶0.4 的铝粉水泥浆液、1∶1 的铝粉砂浆、环氧浆液）

↓

在浆液涂抹后尚未凝固时，立即浇筑新的混凝土

B　采用水泥砂浆修补

采用水泥砂浆进行修补的方法有水泥砂浆人工涂抹法和喷浆修补法。

（1）水泥砂浆人工涂抹法。对损坏部位进行人工压力性涂抹。对于小面积的缺陷、损坏深度较浅的部位的修补，常采用水泥涂抹法进行修补。修补一个月后再次检查、再次采用胶液进行防护。

（2）喷浆修补法。该方法是将水泥、砂和水的混合料，经高压喷射到修补部位的一种修补法，适用于重要混凝土结构物，或大面积混凝土表面缺陷和破损的修补。

C　采用混凝土胶黏剂修补

采用混凝土胶黏剂修补的方法有表面封涂修补和浇筑修补。

（1）表面封涂修补：对于桥梁结构表面的风化、剥落、露筋及小面积的破损，可以采用混凝土胶黏剂进行修补。

（2）浇筑修补：混凝土结构破坏较大且深入构造内一定深度时，可以采用混凝土胶黏剂筑涂层的方法进行修补。

D 环氧树脂养护

(1) 修补表面处理的一般技术要求。混凝土表面要求做到无水湿、无油渍、无灰尘和其他污物，无软弱带。对混凝土面加以凿毛，保持其平整、干燥、坚固、密实。

(2) 修补施工工艺要求。1) 涂抹环氧树脂基液：采用人工或喷枪，使混凝土表面充分被环氧树脂基液所湿润（厚度不超过 1 mm）。间隔 30~60 min 后，再进行下一步工作。2) 涂抹环氧砂浆：平面涂抹应均匀，每层厚度不超过 15 cm，进行反复压抹；斜、立面涂抹时适当增加浆内填料，再涂抹、反复压抹；底面涂抹时使用黏度大的基液，环氧砂浆厚度在 0.5 cm 为宜，均匀压抹。3) 浇筑混凝土：浇筑工艺与普通混凝土的工艺基本相同。平面应充分插捣或反复压抹。浇筑侧面或顶面时均须架立模板，并插实密实。4) 环氧材料的养护：注意温度保持在 20 ℃±5 ℃。养护时间为夏天 2 天，冬天 7 天以上。养护前 3 天，混凝土不应有水的浸泡或其他冲击。

7.3.1.3 桥梁结构钢筋锈蚀与修补

凿除松脱、剥离等已损坏部分的混凝土，对钢筋进行防锈处理。涂以环氧胶液等黏结剂立模、配料浇筑，喷浆、涂抹施工。

7.3.2 桥梁结构裂缝修补

7.3.2.1 裂缝修补时机

A 混凝土裂缝修补时机的确定

混凝土裂缝出现以下情况时应进行修补。

(1) 裂缝宽度达到 0.35 mm 以上。

(2) 裂缝宽度在 0.25 mm 左右且裂缝数量较多。

(3) 裂缝宽度在 0.2 mm 以上且裂缝数量较多。

(4) 裂缝宽度在 0.1 mm 左右，裂缝数量增多且影响结构耐久性。

B 静止裂缝与活动裂缝的修补

(1) 静止裂缝的修补：裂缝开展已基本稳定，一般采用环氧树脂等化学材料并施加低压灌注至混凝土裂缝中。

(2) 活动裂缝的修补：处于继续开展而未稳定的裂缝，应在分析并控制裂缝开展使其稳定后，按上述方法进行修补加固。

7.3.2.2 表面裂缝封闭修补法

常用的桥梁结构裂缝的表面封闭修补方法有：填缝、表面抹灰、凿槽嵌补、表面粘贴和表面喷浆等。对于严重影响结构和刚度的裂缝，则需做结构补强加固处理。

7.3.2.3 内部裂缝修补

压力灌浆系指施加一定的压力，将某种浆灌入结构内部裂缝中去，以到达封闭裂缝，恢复并提高结构强度、耐久性和抗渗性能的一种修补方法。此法一般用于裂缝多且深入结构内部或结构有空隙的修补法场合。

对于混凝土和钢筋混凝土结构，所用水泥一般不低于 42.5 级。对于钢筋混凝土结构，水泥灌浆压力一般为 0.45~0.8 MPa。

采用化学材料灌浆，修补结构裂缝，可以大大改善灌浆材料，可灌入 0.3 mm 或更细小些的裂缝，施工机械简单，操作简便，其应用日趋广泛。用于修补混凝土裂缝的化学灌浆材料，常用的主要有环氧树脂灌浆材料和丙烯酸脂类灌浆材料两种。

7.3.2.4 壁可法修补裂缝

壁可法是日本 SHO-BOND 公司研究开发出的一种修补裂缝技术。它是采用特制的橡胶管，利用橡胶的收缩压力，自动地控制注浆，如图 7.1 所示。它的原理是利用缓慢均匀的压力，通过浆液将微细裂缝中的空气压入混凝土毛细孔中，并由混凝土的自然作用排出，克服裂缝中的气阻现象，使其灌注的胶液达到微细裂缝的末端，从而确保修补质量，如图 7.2 所示。

用壁可法修补的裂缝，不仅对裂缝的空间有填充作用，更重要的是对裂缝两壁具有强力黏结作用，使混凝土裂缝处的强度达到或超过结构原有基材的强度。

图 7.1 采用壁可法进行箱梁板底裂缝修复

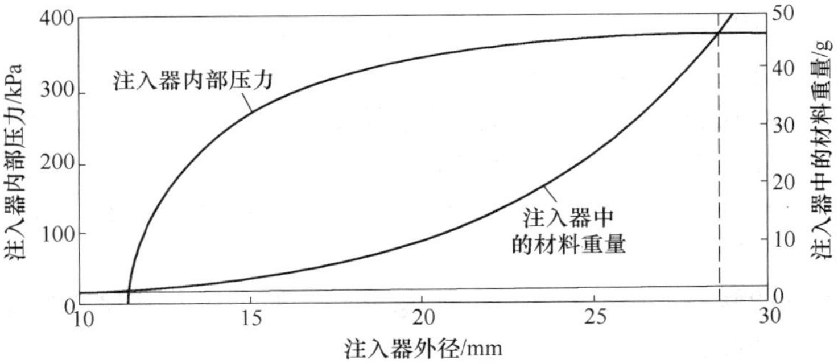

图 7.2 注入器外径与注入器内部压力、材料重量的关系

7.4 桥梁上部结构加固技术

7.4.1 粘贴碳纤维加固法

7.4.1.1 粘贴碳纤维加固法原理

粘贴碳纤维加固是一种新型的结构加固技术，它是利用树脂类黏结材料将碳纤维粘贴于混凝土表面，借助于碳纤维材料良好的抗拉强度达到增强构件承载能力及刚度的目的，如图 7.3 和图 7.4 所示。

碳纤维拉伸强度一般在 2400 ~ 3400 MPa，与普通钢板相比，具有拉伸强度高、自重小、化学结构稳定、本身不会受酸碱盐及各类化学介质的腐蚀、耐寒和耐热性良好等优点，是一种性能比较优越的加固补强材料。

碳纤维一般分为布材和片材两种，碳纤维布材质量轻且厚度薄，具有一定柔度，加固方式比较灵活，碳纤维片材具有一定的刚度和方向性。粘贴碳纤维布加固修补结构技术适用于各种结构类型、各种结构部位的加固修补，如梁、板、桥墩、拱肋等结构。粘贴碳纤维布加固施工时，将碳纤维材料用专门配制的树脂或浸渍树脂粘贴在混凝土构件需要补强加固部位表面，树脂固化后与原构件形成新的受力复合体，共同工作。粘贴碳纤维布补强加固施工工艺流程如图 7.5 所示。

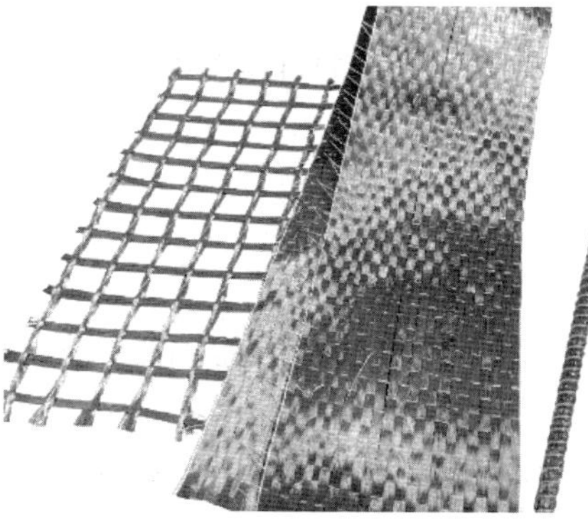

图 7.3　不同形态的碳纤维

图 7.4　碳纤维布加固的桥梁结构

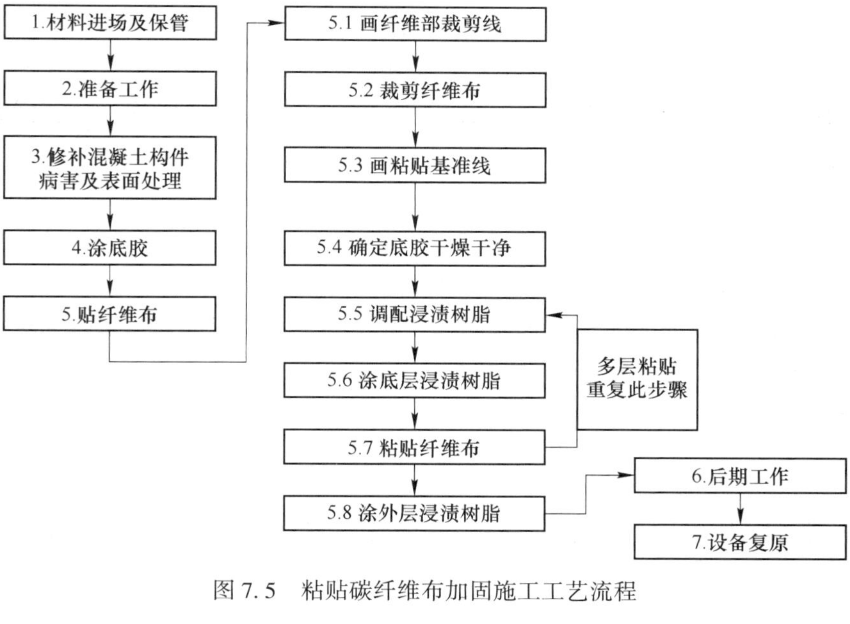

图 7.5　粘贴碳纤维布加固施工工艺流程

7.4.1.2　粘贴碳纤维加固法一般规定

根据《公路桥梁加固设计规范》（JTG/T J22—2008）规定，采用碳纤维复合材料加固钢筋混凝土构件时，必须满足以下规定：

（1）本方法适用于钢筋混凝土受压柱，以提高延性、耐久性的加固；也可用于梁、板的加固。

（2）采用碳纤维加固受压柱时，原构件混凝土强度等级不宜低于C15。采用碳纤维加固梁、板时，混凝土强度等级不宜低于C25。

（3）采用碳纤维加固时，必须将碳纤维复合材料与构件牢固地粘贴在一起，变形协调，共同受力。

（4）加固时宜卸除作用在结构上的部分荷载。

（5）加固后构件的承载能力由原构件中受拉钢筋（预应力钢束）或受压混凝土达到其强度设计值控制。

（6）采用碳纤维加固受弯构件时，其破坏形式应为正截面破坏先于斜截面破坏。

（7）必要时应采取可靠的锚固措施。

7.4.1.3　粘贴碳纤维加固法受弯构件正截面加固承载力计算

A　基本假定

（1）构件弯曲后，截面仍保持为平面。

（2）截面受压混凝土的应力图形简化为矩形，其压应力强度取混凝土的轴心抗压强度设计值f_{cd}；截面受拉混凝土的抗拉强度不予考虑。

（3）极限状态计算时，受拉区钢筋应力取其抗拉强度设计值f_{sd}；受压区钢筋应力取其抗压强度设计值f'_{sd}。

（4）钢筋应力等于钢筋应变与其弹性模量的乘积，但不大于其强度设计值。

（5）达到受弯承载能力极限状态时，按平截面假定确定碳纤维复合材料的拉应变ε_f，且碳纤维复合材料的拉应变ε_f不应超过碳纤维复合材料的允许拉应变［ε_f］。碳纤维复合材料应力σ_f取拉应变ε_f与弹性模量E_f的乘积，即$\sigma_f = E_f\varepsilon_f$。

（6）构件达到正截面承载能力极限状态时，碳纤维复合材料与混凝土之间不应发生黏结剥离破坏。

（7）受弯构件的作用荷载效应需按两个阶段受力进行计算。

B　基本公式

a　矩形截面或翼缘位于受拉区的钢筋混凝土T形截面

矩形截面或翼缘位于受拉区的钢筋混凝土T形截面受弯构件，在受拉面粘贴加固时，正截面承载力按下列公式计算（见图7.6）。

当混凝土受压区高度x满足$\xi_{fb}h < x < \xi_b h_0$时

$$\gamma_0 M_d \leqslant f_{cd}bx\left(h_0 - \frac{1}{2}x\right) + f'_{sd}A'_s(h_0 - a'_s) + E_f\varepsilon_f A_f a_s \tag{7.1}$$

混凝土受压区高度x和受拉面碳纤维复合材料拉应变ε_f按式（7.2）和式（7.3）联立确定。

$$f'_{sd}A'_s + f_{cd}bx = f_{sd}A_s + E_f\varepsilon_f A_f \tag{7.2}$$

$$(\varepsilon_{cu} + \varepsilon_f + \varepsilon_1)x = 0.8\varepsilon_{cu}h \tag{7.3}$$

当混凝土受压区高度$x \leqslant \xi_{fb}h$时

$$\gamma_0 M_d \leqslant f_{sd}A_s(h_0 - 0.5\xi_{fb}h) + E_f[\varepsilon_f]A_f h(1 - 0.5\xi_{fb}) \tag{7.4}$$

当混凝土受压区高度$x < 2a'_s$时

$$\gamma_0 M_d \leqslant f_{sd}A_s(h_0 - a'_s) + E_f[\varepsilon_f]A_f(h - a'_s) \tag{7.5}$$

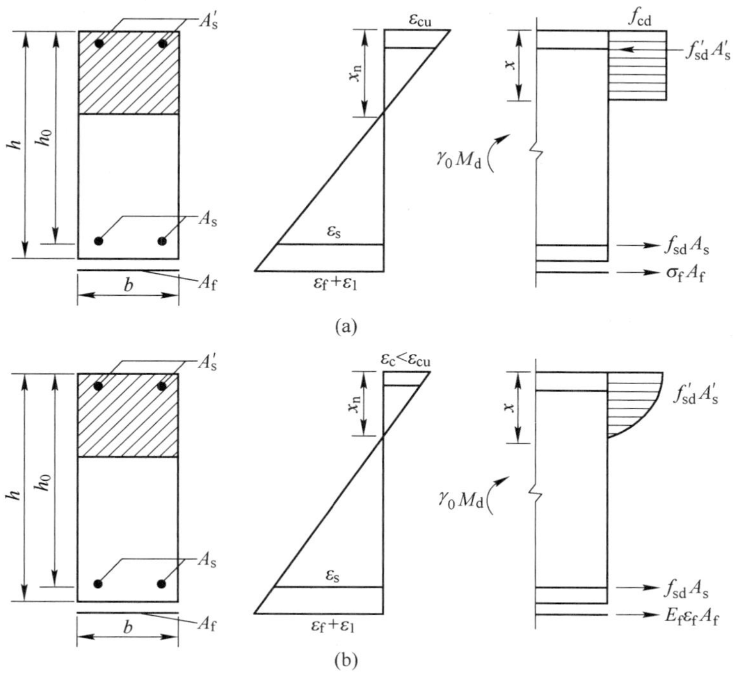

图 7.6　粘贴碳纤维复合材料的矩形截面正截面受弯承载力计算

（a）$x>\xi_{fb}h$；（b）$x\leqslant\xi_{fb}h$

式中　γ_0——结构重要性系数，按公路桥涵的设计安全等级，一级、二级、三级分别取用 1.1、1.0、0.9；

M_d——第二阶段弯矩组合设计值；

f_{cd}——原构件混凝土抗压强度设计值；

x——等效矩形应力图形的混凝土受压区高度；

b，h——分别为原构件截面宽度和高度；

h_0——原构件截面有效高度，$h_0 = h - a_s$；

f_{sd}，f'_{sd}——分别为原构件纵向普通钢筋的抗拉和抗压强度设计值；

A_s，A'_s——分别为原构件受拉区、受压区纵向普通钢筋的截面面积；

A_f——受拉面粘贴的碳纤维复合材料的截面面积；

a_s，a'_s——分别为受拉区、受压区普通的钢筋合力作用点至受拉区边缘、受压区边缘的距离；

E_f——碳纤维复合材料的弹性模量；

ε_f——构件达到承载能力极限状态时，碳纤维复合材料的拉应变；

ξ_{fb}——碳纤维复合材料达到其允许拉应变与混凝土压坏同时发生时的界限相对受压区高度：

$$\xi_{fb} = \frac{0.8\varepsilon_{cu}}{\varepsilon_{cu} + [\varepsilon_f] + \varepsilon_1} \tag{7.6}$$

ε_1——考虑二次受力影响时，加固前构件在初始弯矩作用下，截面受拉边缘混凝土的初始应变，按式（7.8）计算，当不考虑二次受力时，取 $\varepsilon_1 = 0$；

ε_{cu} ——混凝土极限压应变，当混凝土强度等级为 C50 及 C50 以下时，取 $\varepsilon_{cu} = 0.0033$；

ξ_b ——相对界限受压区高度；

$[\varepsilon_f]$ ——碳纤维复合材料的允许拉应变，取 $[\varepsilon_f] = \kappa_m \varepsilon_{fu}$，且不应大于碳纤维复合材料极限拉应变的 2/3 和 0.007 两者中的较小值；

ε_{fu} ——碳纤维复合材料的极限拉应变；

κ_m ——碳纤维复合材料强度折减因子，取 κ_{m1} 与 κ_{m2} 中的较小值，其中 κ_{m1} 按式（7.7）计算，κ_{m2} 碳纤维取值 0.85。

$$\kappa_{m1} = \begin{cases} 1 - \dfrac{n_f E_f t_f}{428000} & (n_f E_f t_f \leqslant 214000) \\ \dfrac{107000}{n_f E_f t_f} & (n_f E_f t_f > 214000) \end{cases} \tag{7.7}$$

当 $\kappa_m > 0.9$ 时，取 $\kappa_m = 0.9$；

n_f ——碳纤维复合材料的层数；

t_f ——每层碳纤维复合材料的厚度。

加固前在第一阶段弯矩 M_{d1} 作用下，截面受拉边缘混凝土的初始应变 ε_1（碳纤维复合材料的滞后应变）按式（7.8）计算。

$$\varepsilon_1 = \frac{M_{d1}(h - x_1)}{E_c I_{cr}} \tag{7.8}$$

式中　M_{d1} ——第一阶段弯矩组合设计值；

x_1 ——加固前原构件开裂截面换算截面的混凝土受压区高度；

E_c ——原加固构件混凝土的弹性模量；

I_{cr} ——加固前原构件开裂截面换算截面的惯性矩。

当弯矩 M_{d1} 小于未加固截面受弯承载力的 20%时，可忽略二次受力的影响。

b　翼缘位于受压区的钢筋混凝土 T 形截面

当混凝土受压区高度 $x \leqslant h_f'$ 时，应按宽度为 b_f' 的矩形截面计算。

当混凝土受压区高度 $x > h_f'$ 且 $\xi_{fb} h < x < \xi_b h_0$ 时，正截面抗弯承载力按式（7.9）计算。

$$\gamma_0 M_d \leqslant f_{cd}\left[bx\left(h_0 - \frac{x}{2}\right) + (b_f' - b)h_f'\left(h_0 - \frac{h_f'}{2}\right)\right] + f_{sd}' A_s'(h_0 - a_s') + E_f \varepsilon_f A_f a_s \tag{7.9}$$

混凝土受压区高度按式（7.10）计算，并应满足 $2a_s' \leqslant x$：

$$f_{cd} bx + f_{cd}(b_f' - b)h_f' + f_{sd}' A_s' = f_{sd} A_s + E_f \varepsilon_f A_f \tag{7.10}$$

$$(\varepsilon_{cu} + \varepsilon_f + \varepsilon_1)x = 0.8\varepsilon_{cu} h \tag{7.11}$$

当混凝土受压区高度 $x > h_f'$，且 $x \leqslant \xi_{fb} h$ 时，其正截面抗弯承载力按式（7.12）计算：

$$\gamma_0 M_d \leqslant f_{sd} A_s (h_0 - 0.5\xi_{fb} h) + E_f [\varepsilon_f] A_f h (1 - 0.5\xi_{fb}) \tag{7.12}$$

尚应满足 $2a_s' \leqslant x$。

式中　h_f' ——T 形截面受压翼缘厚度；

b_f' ——T 形截面受压翼缘的有效宽度。

计算正截面受弯承载力时，应满足下列要求：

（1）受压区高度 x 不宜大于 $0.8\xi_b h_0$。

（2）加固后在荷载效应基本组合下受拉钢筋的拉应力不应超过其抗拉强度设计值。

7.4.1.4　构造要求

（1）碳纤维复合材料宜粘贴成条带状，非围束时板材不宜超过 2 层，布材不宜超过 3 层。

（2）当碳纤维复合材料绕过构件（截面）的外倒角时，构件的截面棱角应在粘贴前打磨成圆弧面（见图 7.7）。圆化半径，梁不应小于 20 mm，柱不应小于 25 mm。对于主要受力碳纤维复合材料不宜绕过内倒角。

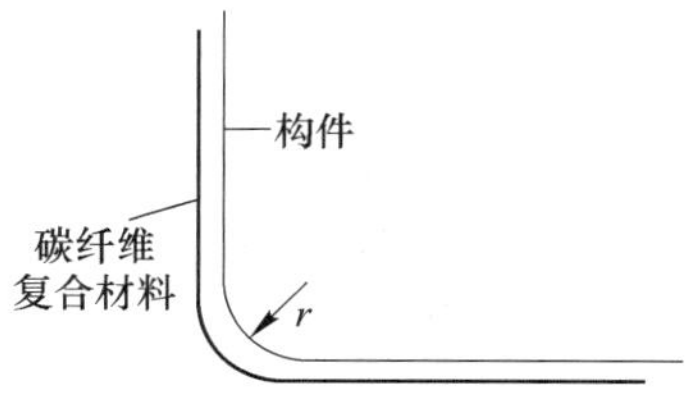

图 7.7　构件外倒角处粘贴

（3）粘贴多层碳纤维复合材料加固时，宜将碳纤维复合材料逐层截断，并在每层截断处最外侧加压条，其粘贴形式采用内短外长式，见图 7.8。

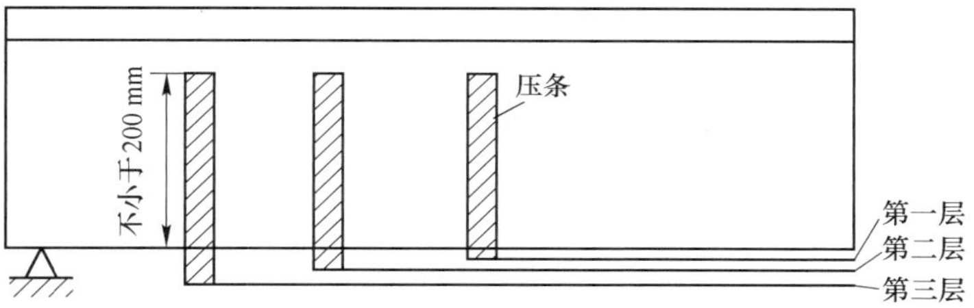

图 7.8　多层碳纤维复合材料粘贴构造

（4）采用碳纤维复合材料对钢筋混凝土梁或柱的斜截面承载力进行加固时，宜选用环形箍或加锚固的 U 形箍，U 形箍的纤维受力方向应与构件轴向垂直。一般情况下，在梁的中部应增设-道纵向中压带。

【例 7-1】　T 形截面如图 7.9 所示，截面高度 $h=1200$ mm，翼板有效分布宽度 $b_f'=1600$ mm，梁肋宽度 $b=220$ mm；采用 C25 混凝土，HRB335 级钢筋，截面受拉钢筋面积 $A_s=6837$ mm^2($8\Phi32+2\phi16$)，$a_s=106$ mm；Ⅰ类环境条件，安全等级为二级。荷载等级提高后，截面处弯矩设计值 $M_d=2150$ kN·m。验算截面抗弯承载力，若不满足，试采用粘贴碳纤维复合材料法进行加固设计，加固前恒载作用下截面处弯矩 $M_{GK}=418.3$ kN·m。

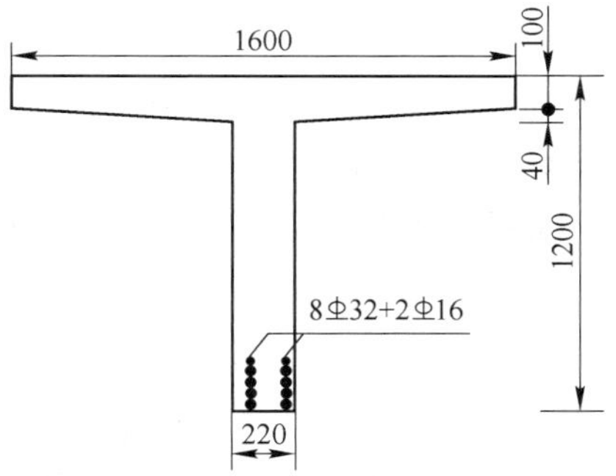

图 7.9　截面尺寸

解：由题意，材料强度等参数取值为：$f_{cd}=11.5$ MPa，$f_{sd}=280$ MPa，$E_c=2.8\times10^4$ MPa，$E_s=2\times10^5$ MPa，$\xi_b=0.56$，$\gamma_0=1.0$，$\varepsilon_{cu}=0.0033$，$\alpha_{E_s}=7.143$。弯矩计算值 $M=\gamma_0 M_d=2150$ kN·m。

（1）正截面承载力复核。截面有效高度 $h_0=1200-106=1094$ mm，翼板等效厚度

$h_f' = \dfrac{10 + 14}{2} = 120\ \text{mm}$，判定 T 形截面类型如下：

$$x = \frac{f_{sd}A_s}{f_{cd}b_f'} = \frac{280 \times 6837}{11.5 \times 1600} = 104\ \text{mm} < h_f' = 120\ \text{mm}$$

故为第一类 T 形截面。

正截面抗弯承载力为

$$M = f_{cd}b_f'x\left(h_0 - \frac{x}{2}\right) = 11.5 \times 1600 \times 104 \times \left(1094 - \frac{104}{2}\right)$$
$$= 1994\ \text{kN}\cdot\text{m} < 2150\ \text{kN}\cdot\text{m}$$

正截面抗弯承载力不满足要求，需要进行加固补强。

（2）截面加固设计。采用梁底架设支架进行粘贴施工，施工中封闭桥上车辆通行，故不计活载作用，第一阶段弯矩组合设计值为

$$M_{d1} = 1.2M_{GK} = 1.2 \times 418.3 = 502.4\ \text{kN}\cdot\text{m}$$

1）截面受拉边缘混凝土初始应变 ε_1 计算。假设开裂截面受压区高度 $x_1 > h_f'$，换算截面受压区高度 x_1 计算式为

$$x_1 = \sqrt{A_1^2 + B_1} - A_1$$
$$A_1 = [\alpha_{E_s}A_s + (b_f' - b)h_f']/b$$
$$= [7.143 \times 6837 + (1600 - 220) \times 120]/220$$
$$= 975\ \text{mm}$$
$$B_1 = [2\alpha_{E_s}A_sh_0 + (b_f' - b)(h_f')^2]/b$$
$$= [2 \times 7.143 \times 6837 \times 1094 + (1000 - 220) \times 120^2]/220$$
$$= 5.76 \times 10^5\ \text{mm}^2$$

于是 $x_1 = \sqrt{A_1^2 + B_1} - A_1 = \sqrt{975^2 + 5.76 \times 10^5} - 975 = 261\ \text{mm} > h_f' = 120\ \text{mm}$

假设正确。

开裂截面惯性矩为

$$I_{cr} = b_f'x_1^3/3 - (b_f' - b)(x_1 - h_f')^3/3 + \alpha_{E_s}A_s(h_0 - x_1)^2$$
$$= 1600 \times 261^3/3 - (1600 - 220) \times (261 - 120)^3/3 + 7.143 \times 6837 \times (1094 - 261)^2$$
$$= 4.2 \times 10^{10}\ \text{mm}^4$$

加固前在第一阶段弯矩 M_{d1} 作用下，截面受拉边缘混凝土的初始应变为

$$\varepsilon_1 = \frac{M_{d1}(h - x_1)}{E_cI_{cr}} = \frac{502.4 \times 10^6 \times (1200 - 261)}{2.8 \times 10^4 \times 4.2 \times 10^{10}} = 4.012 \times 10^{-4}$$

2）粘贴碳纤维复合材料面积 A_f 的估算。假设粘贴一层 Ⅰ 级碳纤维板材，厚度 $t_f = 1.2\ \text{mm}$，弹性模量 $E_f = 1.6 \times 10^5\ \text{MPa}$，抗拉强度标准值为 2400 MPa。

$$n_fE_ft_f = 1 \times 1.6 \times 10^5 \times 1.2 = 192000 \leqslant 214000，故\ \kappa_{m1} = 1 - \frac{192000}{428000} = 0.551$$

Ⅰ 类环境条件下碳纤维 $\kappa_{m2} = 0.85$，κ_m 取 κ_{m1} 和 κ_{m2} 中较小值，即 $\kappa_m = 0.551$。

$$\varepsilon_{fu} = \frac{2400}{1.6 \times 10^5} = 0.015$$

$$[\varepsilon_f] = \kappa_m \varepsilon_{fu} = 0.008 > \min\left(\frac{2}{3}\varepsilon_{fu},\ 0.007\right) = 0.007\text{，取}[\varepsilon_f] = 0.007\text{。}$$

$$\xi_{fb} = \frac{0.8 \times 0.0033}{0.0033 + 0.007 + 4.012 \times 10^{-4}} = 0.247$$

假定 $x < h'_f$，且 $x > \xi_{fb}h$，混凝土受压区高度为

$$M = f_{cd}b'_f x\left(h - \frac{x}{2}\right) - f_{sd}A_s a_s$$

代入数据，即 $2150 \times 10^6 = 11.5 \times 1600x\left(1200 - \frac{x}{2}\right) - 280 \times 6837 \times 106$

解得，$x = 111.8\ \text{mm} < h'_f = 120\ \text{mm}$，$x < \xi_{fb}h = 0.247 \times 1200 = 296$，表明碳纤维板材在达到允许应变时，受压区混凝土应变尚未达到 ε_{cu}。

当仅在梁底粘贴时，由式（7.12）可得

$$A_f = \frac{M - f_{sd}A_s(h_0 - 0.5\xi_{fb}h)}{E_f[\varepsilon_f]h(1 - 0.5\xi_{fb})}$$

代入数据，即

$$A_f = \frac{2150 \times 10^6 - 280 \times 6837 \times (1094 - 0.5 \times 0.247 \times 1200)}{1.6 \times 10^5 \times 0.007 \times 1200 \times (1 - 0.5 \times 0.247)} = 288.1\ \text{mm}^2$$

则需粘贴宽度 $b_f = \frac{A_f}{t_f} = \frac{288.1}{1.2} = 240\ \text{mm} > b = 220\ \text{mm}$，故在梁底粘贴一层200 mm宽的碳纤维板材，在梁肋两侧各粘贴一层50 mm高的碳纤维板材，$50\ \text{mm} < \frac{1}{4}h = 300\ \text{mm}$，粘贴的板材面积为

$$A_f = 200 \times 1.2 + \left(1 - 0.5 \times \frac{50}{1200}\right) \times 50 \times 1.2 \times 2 = 357.5\ \text{mm}^2$$

粘贴碳纤维板材面积形心至梁底距离为

$$a_f = \frac{50 \times 1.2 \times 2 \times \frac{50}{2} - 200 \times 1.2 \times \frac{1.2}{2}}{50 \times 1.2 \times 2 + 200 \times 1.2} = 8\ \text{mm}$$

碳纤维板材截面面积形心至梁受压区边缘的距离为

$$h_{f0} = h - a_f = 1200 - 8 = 1192\ \text{mm}$$

3）加固后承载力计算。假设受压区高度 $x > h'_f = 120\ \text{mm}$，$x > \xi_{fb}h = 296\ \text{mm}$，受压区高度和碳纤维板材的应变为

$$\begin{cases} f_{cd}bx + f_{cd}(b'_f - b)h'_f = f_{sd}A_s + E_f\varepsilon_f A_f \\ (\varepsilon_{cu} + \varepsilon_f + \varepsilon_1)x = 0.8\varepsilon_{cu}h_{f0} \end{cases}$$

代入数据，即

$$\begin{cases} 11.5 \times 220x + 11.5 \times (1600 - 220) \times 120 = 280 \times 6837 + 1.6 \times 10^5 \times \varepsilon_f \times 357.5 \\ (0.0033 + \varepsilon_f + 4.012 \times 10^{-4})x = 0.8 \times 0.0033 \times 1192 \end{cases}$$

求解得：$\varepsilon_f = 0.01 > [\varepsilon_f] = 0.007$，$x = 229.8\ \text{mm} > 120\ \text{mm}$

$2a'_s = 90\ \text{mm} < x < \xi_{fb}h = 296\ \text{mm}$，$x \leqslant 0.8\xi_b h_0 = 0.8 \times 0.56 \times 1200\ \text{mm} = 490\ \text{mm}$

加固后正截面承载力为

$$M_u = 280 \times 6837 \times (1094 - 0.5 \times 0.247 \times 1192) + 1.6 \times 10^5 \times 0.007 \times 357.5 \times 1192 \times (1 - 0.5 \times 0.247)$$
$$= 2230.8\ \text{kN} \cdot \text{m} > 2150\ \text{kN} \cdot \text{m}$$

加固后正截面承载力满足要求。

7.4.2 体外预应力加固法

7.4.2.1 体外预应力加固法原理

体外预应力是相对体内预应力而言的，体外预应力结构（见图7.10和图7.11）是把预应力筋布置在主体结构构件之外，从力学特征上说，体外预应力索增加了结构的赘余度，其实质是以预加力产生的反弯矩部分抵消外荷载产生的内力，从而达到改善旧桥使用性能并提高其极限承载能力的目的。体外预应力加固是一种主动加固方法，该方法具有加固、卸荷、改变结构内力的三重效果，适用于中小跨径的梁式桥，对于较大跨径的桥梁，采用体外预应力加固法方法加固时宜同时配合其他加固方法进行综合加固，以达到较好的加固效果。

图7.10 肋梁桥体外预应力加固

图7.11 箱梁桥体外预应力加固

体外预应力加固具有如下特点：

（1）能够较大幅度地提高旧桥承载能力，改善旧桥承重构件的应力状态及其分布。加固后所能达到的荷载等级与原桥设计标准及安全储备有关，一般情况下可将原桥承载力提高30%～40%。

（2）体外预应力加固所需设备简单，人力投入少，施工工期短，经济效益明显。

（3）在加固过程中，可以实现不中断交通或短时限制交通。

（4）对原桥损伤较小，不影响桥下净空，不提高桥面高程。

常用的体外预应力材料主要有精轧螺纹钢筋、钢绞线、成品预应力钢丝束，某些情况下也有采用张拉碳纤维板或软钢丝的工程实践。一般地，体外预应力加固方法主要构造包括高强钢筋、锚固块（锚固装置）、转向块、钢筋减振装置。此外，为减小体外束的振动、防止其疲劳损伤，应每隔一定间距设置减振限位装置。

对于中小跨度T形梁，如果桥下净空能够满足通车、通航的要求，可采用在梁体下缘设置体外预应力筋或预应力拉杆（见图 7. 12），必要时采用喷射混凝土作为保护层。一般地，其加固施工主要工序如下：

（1）在梁端顶部设置锚固构造与锚固垫板。

（2）在梁体腹板或横隔梁上设置预应力拉杆的连接构造或转向构造。

（3）待锚固端的混凝土达到了强度要求后，安装拉杆，采取旋紧螺帽、千斤顶或法兰螺盘张拉等方式对拉杆施加预应力。张拉时应注意每片梁上的拉杆应保持均衡、同步对称张拉。

（4）封锚张拉完毕，即用防水砂浆或环氧砂浆填入锚固槽封锚。

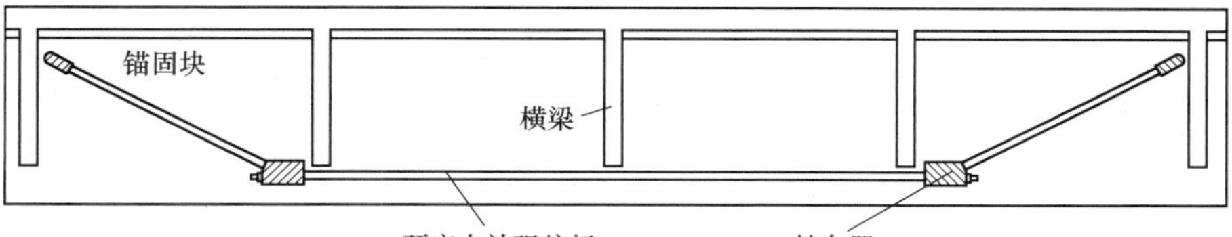

图 7. 12　下撑式预应力拉杆加固钢筋混凝土 T 形梁

7. 4. 2. 2　体外预应力加固法一般规定

根据《公路桥梁加固设计规范》（JTG/T J22—2008）规定，采用体外预应力加固混凝土构件时，必须满足以下规定：

（1）体外预应力（简称体外索）加固是通过增设体外预应力索（包括钢绞线、高强钢丝束和精轧螺纹钢筋）对既有混凝土梁体主动施加外力，以改善原结构的受力状况的加固方法。

（2）预应力钢筋（束）可由水平筋（束）和斜筋（束）组成，也可由通常布置的钢丝束或钢绞线组成。加固中采用的体外索应具有防腐能力，且宜具有可更换性。

（3）转向装置可采用钢部件、现浇混凝土块体或附加钢锚箱结构。转向装置必须与梁体连接可靠，其连接强度必须进行验算。

（4）体外索的自由长度超过 10 m 时应设置定位装置。

（5）当被加固构件的混凝土强度等级低于 C25 时，不宜采用预应力加固方法。

（6）转向装置的尺寸设计应综合考虑体外预应力产生的径向力大小、体外预应力束的根数及其曲线形状、孔道直径、普通钢筋间距及混凝土保护层等因素。

7. 4. 2. 3　体外预应力加固法正截面抗弯承载力计算

A　基本假定

（1）在极限状态下，加固梁仍须为适筋梁破坏，受拉区的混凝土退出工作，全部拉力由原梁中的预应力钢筋或普通钢筋与体外索共同承担。

（2）加固后原梁的正截面变形仍符合平截面假设。

（3）受压区混凝土的应力分布按矩形应力图考虑，其应力大小取值为混凝土抗压强度设计值 f_{cd}，混凝土的极限压应变取为 $\varepsilon_{cu} = 0.003$。

（4）原混凝土梁中普通钢筋或预应力钢筋应力分别达到其抗拉强度设计值 f_{sd} 或 $f_{pd,i}$。

（5）体外索水平筋（束）在极限状态下的应力达到其极限应力 $\sigma_{pu,e}$。

B 正截面抗弯承载力计算

a 体外索加固梁的正截面抗弯承载力计算

矩形、T 形截面梁正截面抗弯承载力计算如图 7.13 所示。

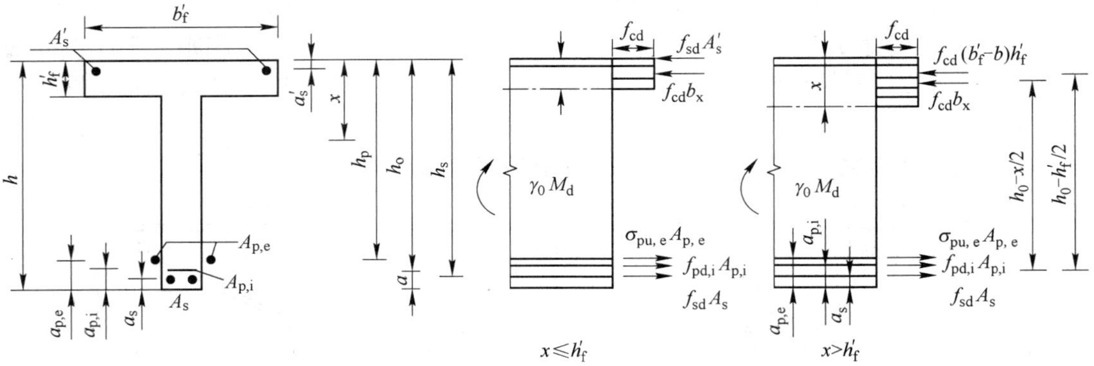

图 7.13 矩形、T 形截面梁正截面抗弯承载力计算

矩形截面或中性轴位于 T 形或 I 形截面翼板内（$x \leqslant h_f'$）：

$$f_{cd}b_f'x + f_{sd}'A_s' = \sigma_{pu,e}A_{p,e} + f_{pd,i}A_{p,i} + f_{sd}A_s \tag{7.13}$$

$$\gamma_0 M_d \leqslant f_{cd}b_f'x\left(h_0 - \frac{x}{2}\right) + f_{sd}'A_s'(h_0 - a_s') \tag{7.14}$$

T 形或 I 形截面且中性轴位于截面腹板内（$x > h_f'$）：

$$f_{cd}bx + f_{cd}(b_f' - b)h_f' + f_{sd}'A_s' = \sigma_{pu,e}A_{p,e} + f_{pd,i}A_{p,i} + f_{sd}A_s \tag{7.15}$$

$$\gamma_0 M_d \leqslant f_{cd}bx\left(h_0 - \frac{x}{2}\right) + f_{cd}(b_f' - b)h_f'\left(h_0 - \frac{h_f'}{2}\right) + f_{sd}'A_s'(h_0 - a_s') \tag{7.16}$$

为确保加固后的混凝土梁仍为塑性破坏，上述公式中的截面受压区高度 x 应满足以下条件：

$$x \leqslant \xi_b h_s$$
$$x \leqslant \xi_b h_p$$
$$x \geqslant 2a_s'$$

式中 γ_0——桥梁结构的重要性系数；

M_d——计算截面弯矩组合设计值；

$A_{p,e}$——体外预应力水平钢筋（束）的截面面积；

$\sigma_{pu,e}$——当构件达到极限抗弯承载能力时，体外预应力筋（束）的极限应力计算值；

$A_{p,i}$——原梁体内预应力筋的截面面积；

$f_{pd,i}$——原梁体内预应力筋的抗拉强度设计值；

A_s——原梁体内纵向受拉普通钢筋的截面面积；

A_s'——原梁体内纵向受压普通钢筋的截面面积；

f_{sd}——原梁体内纵向受拉普通钢筋的抗拉强度设计值；

f_{cd}——混凝土抗压强度设计值；

b_f'——受压翼板的有效宽度；

b——矩形截面宽度或 T 形截面的腹板宽度；

h_f' ——受压翼板的厚度；

h_s，h_p ——分别为原梁中普通钢筋和预应力钢筋的合力作用点至梁顶面的距离；

h_0 ——体（内）外预应力筋和原梁普通钢筋的合力作用点到梁顶面的距离，$h_0=h-a$；

a ——受拉区体内（外）预应力筋（束）和普通钢筋的合力作用点至受拉区边缘的距离；

a_s' ——受压区普通钢筋的合力作用点至受压区边缘的距离；

ξ_b ——原钢筋混凝土梁或原预应力混凝土梁的相对界限受压区高度。

b 相对界限受压区高度 ξ_b 的取值

相对界限受压区高度 ξ_b 可根据原梁中受拉钢筋的种类由表 7.3 查取。

表 7.3 相对界限受压区高度 ξ_b

原结构中的钢筋种类	C50 及以下混凝土	原结构中的钢筋种类	C50 及以下混凝土
R235（Ⅰ级钢筋）	0.62	5 号钢	0.60
HRB335（Ⅱ级钢筋）	0.56	钢绞线、钢丝	0.40
HRB400、KL400（Ⅳ级钢筋）	0.53	精轧螺纹钢筋	0.40

注：1. 截面受拉区内配置不同种类钢筋的受弯构件，其 ξ_b 值应选用相应于各种钢筋的较小者。
2. 原构件混凝土强度等级超过 C50 时，ξ_b 应按照《公路钢筋混凝土及预应力混凝土桥涵设计规范》（JTG 3362—2018）第 5.2.1 条规定取值。

c 体外索的水平筋（束）的极限应力

理论和试验研究表明，影响体外预应力水平筋（束）极限应力的主要因素有普通钢筋面积、体外预应力钢筋面积、混凝土强度、跨高比、加载方式、布索方式 6 项。

正截面抗弯承载力计算中，体外索的水平筋（束）的极限应力 $\sigma_{pu,e}$ 按式（7.17）计算。

$$\sigma_{pu,e} = \sigma_{pe,e} + 0.03E_{p,e}\frac{h_{p,e} - c}{\gamma_p l_e} \leqslant f_{pd,e} \tag{7.17}$$

式中 l_e ——计算跨体外索的有效长度 $l_e = \dfrac{2l_i}{N_s + 2}$；

N_s ——构件失效时形成的塑性铰数目，对于简支梁 $N_s = 0$，对于连续梁 $N_s = n - 1$，n 为连续梁的跨数；

l_i ——两端锚具间体外索的总长度，对于简支梁加固体系，$l_e = l_i$；

γ_p ——体外预应力钢材的安全系数，取 $\gamma_p = 2.2$；

$h_{p,e}$ ——体外预应力筋（束）合力作用点到截面顶面的距离；

$E_{p,e}$ ——体外预应力筋（束）的弹性模量；

$f_{pd,e}$ ——体外预应力筋（束）的抗拉强度设计值；

$$c = \frac{A_{p,e}\sigma_{pu,e} + A_s f_{sk} + A_{p,i} f_{pk,i} - A_s' f_{sk}' - 0.75 f_{cu,k}\beta(b_f' - b)h_f'}{0.75 f_{cu,k} b\beta}$$

对于矩形截面：

$$c = \frac{A_{p,e}\sigma_{pu,e} + A_s f_{sk} + A_{p,i} f_{pk,i} - A_s' f_{sk}'}{0.75 f_{cu,k} b\beta}$$

$f_{pk,i}$——原梁体内预应力筋的抗拉强度标准值；
f_{sk}——原梁体内纵向受拉普通钢筋的抗拉强度标准值；
f'_{sk}——原梁体内纵向受压普通钢筋的抗压强度标准值；
c——截面中性轴到混凝土受压区顶面的距离，对于T形截面：
β——混凝土受压区高度折减系数，取$\beta=0.80$，当混凝土强度等级高于C50时，应按表7.4折减；
$f_{cu,k}$——混凝土立方体抗压强度标准值；
$\sigma_{pu,e}$——体外预应力筋（束）的永存预应力；
$A_{p,e}$——体外预应力筋（束）的截面面积。

表7.4　系数β值

混凝土强度等级	C55	C60	C65	C70	C75	C80
β	0.79	0.78	0.77	0.76	0.75	0.74

7.4.2.4　构造要求

A　体外预应力筋（束）的布置

（1）简支梁桥常用的体外预应力布索形式主要有4种，如图7.14所示。

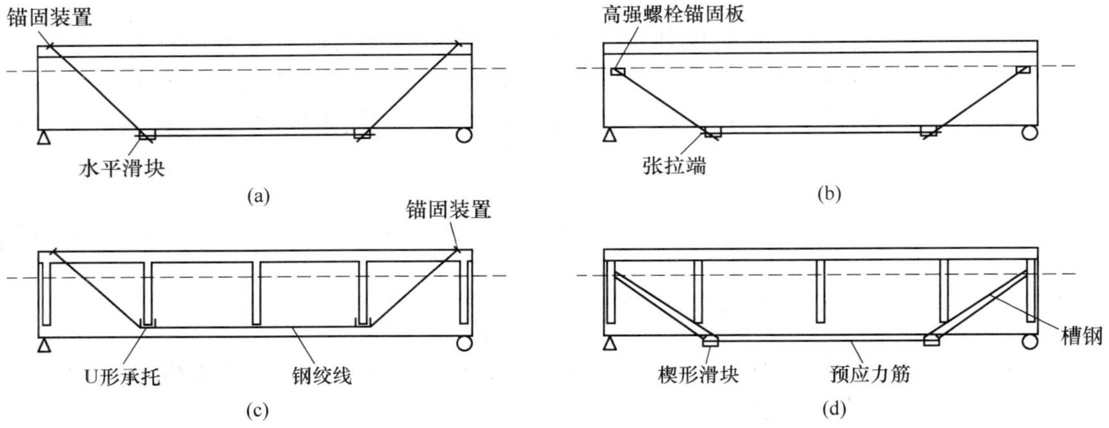

图7.14　常用的简支体系的体外预应力布置形式

（2）体外预应力筋（束）由水平和倾斜布置的钢筋、钢绞线或钢丝束组成，两者以滑块相连接，如图7.14（a）（b）所示。其中，斜向部分可由带楔形滑块的槽钢组成，如图7.14（d）所示。当体外索采用图7.14（c）布置时，在其转折点应设置转向滑块，滑块应固定在主梁的横隔板或横隔梁底面。

（3）体外索的张拉端或锚固端可设在梁底、梁顶或端横隔板根部，也可将体外索的锚固端布置在主梁端部腹板两侧。

（4）对箱梁宜将体外预应力筋（束）布置在箱（室）的内侧（见图7.15）。体外预应筋（束）沿桥梁纵向长线布置，横桥向应对称（见图7.16）。

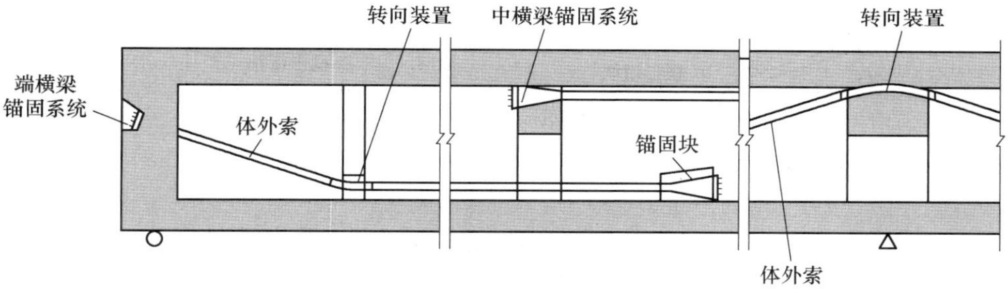

图 7.15 体外预应力加固束在箱梁内的纵向布束形式

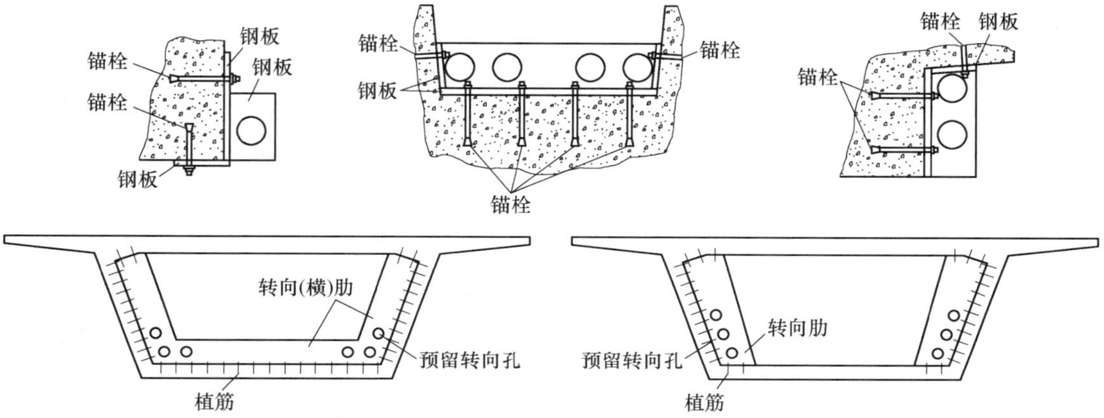

图 7.16 体外预应力加固束在箱梁内的横向布束形式

B T形梁及I形梁加固体系构造

为提高T形梁及I形梁加固体系的布束位置准确性、结构安全性与变形性，梁体加固体系需要设置如下构造：

(1) 水平滑块：水平滑块由连接斜筋和水平筋（束）的活动滑块、支撑座或固定在梁底的支撑钢板组成。水平滑块通常用钢板制作，其构造形式见图7.17。

(2) 楔形滑块：楔形滑块一般用钢件焊接，也可用混凝土结构。可在滑块的斜面（滑动面）上加一层四氟乙烯板或不锈钢板。楔形滑块的构造形式见图7.18。

(3) U形承托：U形承托可用钢板弯制而成，套在横隔梁（板）的底部，并用环氧砂浆和锚固螺栓固定在横隔板上，其构造形式见图7.19。

(4) 定位器：当体外索自由长度超过10 m时，应设置定位器（或减振器），其构造见图7.20。

(5) 黏结-摩擦锚固：黏结-摩擦锚固的构造见图7.21。

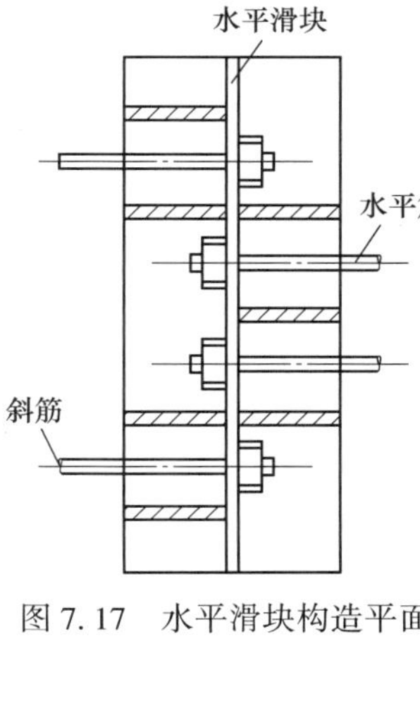

图 7.17 水平滑块构造平面

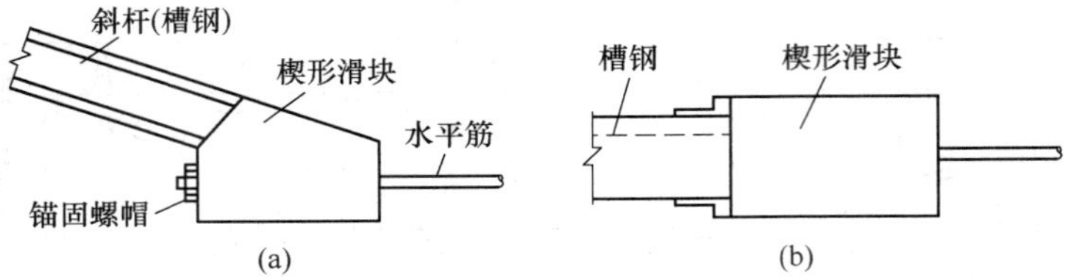

图 7.18　楔形滑块的构造
（a）纵断面图；（b）平面图

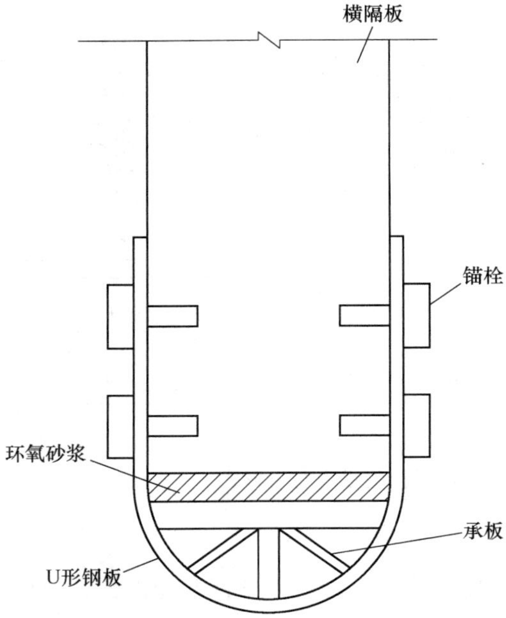

图 7.19　U 形承托构造形式

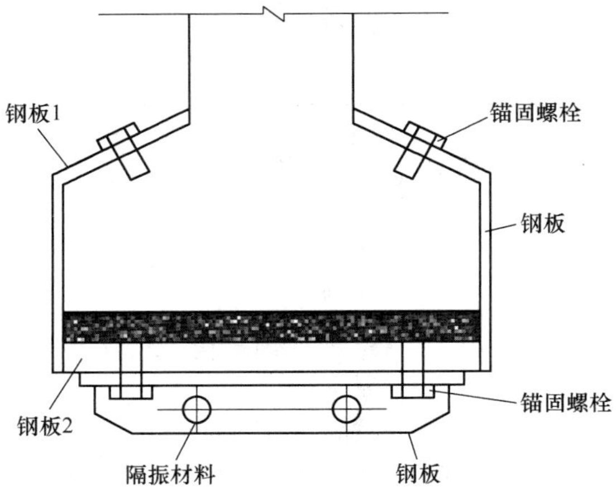

图 7.20　水平筋（束）的定位器示意图

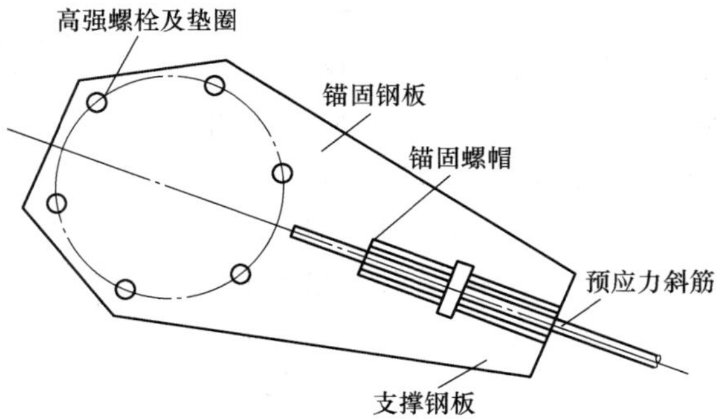

图 7.21　黏结-摩擦锚固的构造示意图

【**例 7-2**】　某跨径为 16 m 的钢筋混凝土简支 T 梁，采用 30 号混凝土，纵向钢筋采用

Ⅱ级钢筋10Φ28，$A_s = 6158\ \text{mm}^2$，保护层厚度 $c = 35$ mm，$a_s = 114$ mm。跨中截面尺寸如图7.22所示。原桥设计荷载等级为汽车-20级，挂车-100，拟采用体外预应力加固方法将该桥的设计荷载提高至公路-Ⅰ级，提高后的跨中截面弯矩组合设计值 $\gamma_0 M_d = 2201.6$ kN·m，结构重要性系数 $\gamma_0 = 1.0$。

体外预应力钢筋拟采用1×7标准型钢绞线，抗拉强度标准值 $f_{pk,e} = 1860$ MPa，抗拉强度设计值 $f_{pd,e} = 1260$ MPa，弹性模量 $E_{p,e} = 1.95 \times 10^5$ MPa。采用1束 $3\phi^s 15.2$ 钢绞线，截面面积 $A_{p,e} = 139 \times 3 = 417\ \text{mm}^2$。加固后的跨中截面配筋如图7.23所示，体外索纵向布置形式见图7.24。试对加固后跨中截面抗弯承载力进行验算。

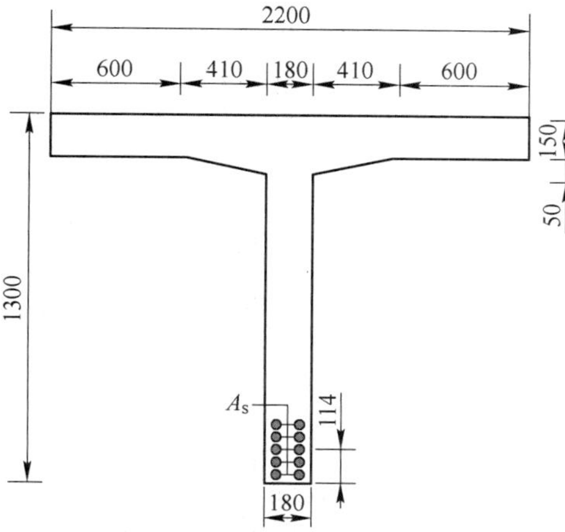

图7.22 原桥构造（单位：mm）

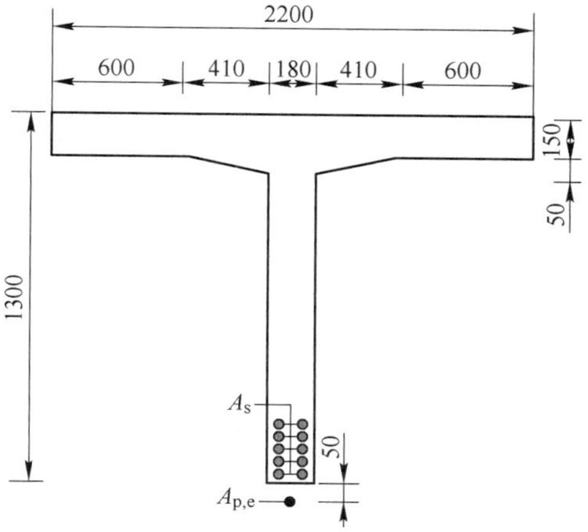

图7.23 加固后构造（单位：mm）

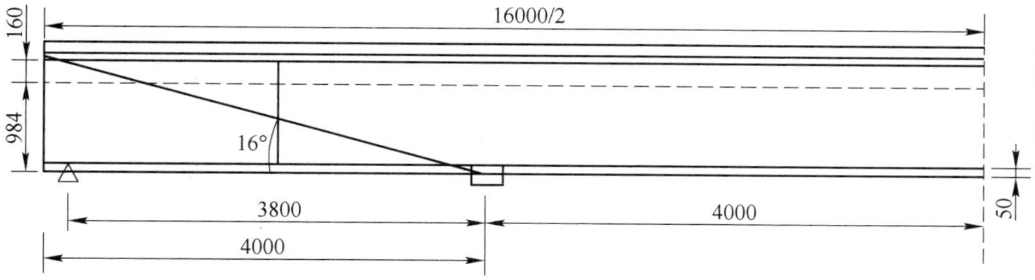

图7.24 体外预应力（束）筋纵向布置（单位：mm）

解：由题意知换算后的 $f_{cu,k} = 28$ MPa，$f_{ck} = 18.74$ MPa，$f_{cd} = 12.88$ MPa，$f_{sd} = 280$ MPa，$A_s = 6158\ \text{mm}^2$，$a_s = 114$ mm，$f_{pk,e} = 1860$ MPa，$E_{p,e} = 1.95 \times 10^5$ MPa，$A_{p,e} = 139 \times 3 = 417\ \text{mm}^2$，$f_{pd,e} = 1260$ MPa，$\xi_b = 0.56$。

（1）原梁抗弯承载力校核。

1）判定T形截面类型。

$$h_t' = 150 + \frac{2 \times \frac{1}{2} \times 410 \times 50}{2200 - 180} = 160\ \text{mm} \quad b_f' = 2200\ \text{mm}$$

$$h_0 = h - a_s = 1300 - 114 = 1186\ \text{mm}$$

$$x=\frac{f_{sd}A_s}{f_{cd}b_f'}=\frac{280\times 6158}{12.88\times 2200}=60.9\ \text{mm}<\xi_b h_0=0.56\times 1186=664\ \text{mm}$$，且小于 $h_f'=160\ \text{mm}$

中性轴在受压翼缘中，为第一类 T 形截面。

2）正截面抗弯承载力计算。

$$\begin{aligned}M_u&=f_{cd}b_f'x\left(h_0-\frac{x}{2}\right)\\&=12.88\times 2200\times 60.9\times\left(1186-\frac{60.9}{2}\right)\\&=1994.1\ \text{kN}\cdot\text{m}<\gamma_0 M_d=2201.6\ \text{kN}\cdot\text{m}\end{aligned}$$

故需要进行加固。

（2）加固设计计算。

1）体外预应力筋的极限应力。

体外预应力筋合力作用点到截面顶面的距离 $h_{p,e}$ 为

$$h_{p,e}=h+a_{pe}=1300+50=1350\ \text{mm}$$

计算跨体外索的有效长度 $l_e=16322\ \text{mm}$，体外预应力筋（束）的永存预应力 $\sigma_{pe,e}=1066.4\ \text{MPa}$。体外预应力筋的极限应力 $\sigma_{pu,e}$ 为

$$\sigma_{pu,e}=\sigma_{pe,e}+0.03E_{p,e}\frac{h_{p,e}-c}{\gamma_p l_e}$$

假设截面中性轴到混凝土受压区顶面的距离 c 位于 T 形截面翼板内，且该桥为钢筋混凝土桥，梁体内未配预应力钢筋，所以 $A_{p,i}f_{pk,i}=0$，梁体内未配受压钢筋，所以 $A_s'f_{sk}'=0$，则截面中性轴到混凝土受压区顶面的距离 c 为

$$c=\frac{A_{p,e}\sigma_{pu,e}+A_s f_{sk}}{0.75f_{cu,k}b\beta}$$

体外预应力筋的极限应力 $\sigma_{pu,e}$ 为

$$\begin{aligned}\sigma_{pu,e}&=\frac{(0.75f_{cu,k}b\beta\sigma_{pe,e}\gamma_p l_e+0.75f_{cu,k}b\beta 0.03E_{p,e}h_{p,e}-0.03E_{p,e}A_s f_{sk})}{0.75f_{cu,k}b\beta\gamma_p l_e+0.03E_{p,e}A_{p,e}}\\&=\frac{0.75\times 28\times 180\times 0.8\times 1066.4\times 2.2\times 16322}{0.75\times 28\times 180\times 0.8\times 2.2\times 16322+0.03\times 1.95\times 10^5\times 417}+\\&\quad\frac{0.75\times 28\times 180\times 0.8\times 0.03\times 1.95\times 10^5\times 1350}{0.75\times 28\times 180\times 0.8\times 2.2\times 16322+0.03\times 1.95\times 10^5\times 417}-\\&\quad\frac{0.03\times 1.95\times 10^5\times 6158\times 335}{0.75\times 28\times 180\times 0.8\times 2.2\times 16322+0.03\times 1.95\times 10^5\times 417}\\&=1149.4\ \text{MPa}(<1260\ \text{MPa})\end{aligned}$$

2）正截面抗弯承载力计算。

受拉区体外预应力筋和普通钢筋的合力作用点至受拉区边缘的距离 a 为

$$a=\frac{A_s f_{sd}a_s-A_{p,e}\sigma_{pu,e}a_{pe}}{A_s f_{sd}+A_{p,e}\sigma_{pu,e}}=\frac{6158\times 280\times 114-417\times 1149.4\times 50}{6158\times 280+417\times 1149.4}=78\ \text{mm}$$

体外预应力筋和原梁普通钢筋的合力作用点到梁顶面的距离 h_0 为

$$h_s=h-a_s=1300-114=1186\ \text{mm},\ h_0=h-a=1300-78=1222\ \text{mm}$$

由 $$f_{cd}b_f'x=\sigma_{pu,e}A_{p,e}+f_{sd}A_s$$

求截面受压区高度 x，即

$$x=\frac{\sigma_{pu,e}A_{p,e}+f_{sd}A_s}{f_{cd}b_f'}$$

$$=\frac{1149.4\times417+280\times6158}{12.88\times2200}$$

$$=77.8\ \text{mm}<\xi_b h_s=0.56\times1186=664\ \text{mm}$$

小于 $h_f'=160$ mm，说明中性轴位于T形截面翼板内。

加固后梁的抗弯承载力为

$$M_u=f_{cd}b_f'x\left(h_0-\frac{x}{2}\right)$$

$$=12.88\times2200\times77.8\times\left(1222-\frac{77.8}{2}\right)$$

$$=2608.2\ \text{kN}\cdot\text{m}>\gamma_0M_d=2201.6\ \text{kN}\cdot\text{m}$$

计算表明，加固后跨中正截面抗弯承载力满足要求。

7.4.3 其他加固方法

除常见的粘贴碳纤维加固法和体外预应力加固法外，桥梁上部结构常用的其他加固方法有：改变结构体系加固法、增大构件截面加固法、增加辅助构件加固法、粘贴钢板加固法、预应力钢丝绳加固法、局部构件加固法。

7.4.3.1 改变结构体系加固法

改变结构体系加固法是采用一定技术措施改变原结构受力体系，降低控制截面内力，提高桥梁结构整体承载能力的一种加固方法。

改变结构的受力体系，能大幅度地降低计算弯矩，提高结构构件的承载力，达到加强原结构的目的。常用的改变结构体系加固法包括：将多孔简支梁改为连续梁，将单孔简支梁改为支撑梁，将中、下承式拱改变为拱-斜拉组合体系，将连续梁、连续刚构桥改变为矮塔斜拉桥，将带挂梁T形刚构改变为连续刚构以及其他增设结构（杆件）而使原结构受力体系发生改变的方法。

对拟采用改变结构体系法加固的桥梁，应对新、旧整体结构的各受力阶段进行验算，进行深入、细致的方案论证，并且与增大截面法、粘贴钢板法等综合使用。目前常用的改造方法大致有增设辅助墩、增设八字撑架、梁拱结合、增设斜拉索改造等。

（1）增设辅助墩法。该方法增设支点后改变了结构体系，减小梁的跨径及荷载作用下跨中的弯矩，从而能较大幅度地提高承载能力，并能减小和限制梁板的挠曲变形，如图7.25所示。

（2）增设八字撑架法。在简支梁桥孔增设八字支撑，为原桥上部结构提供两个弹性支撑，从而使原来的一跨简支梁变为三跨连续梁。结构体系的改变使结构受力状况得到改善，减小梁的跨径及荷载作用下跨中的弯矩，从而提高承载能力，如图7.26所示。

（3）梁拱结合法。对于梁桥，当原桥承载能力严重不足，需要较大幅度地提高荷载等级，而原桥墩台地基应力及稳定性均满足要求时，可采用对梁式体系加入拱式体系改变

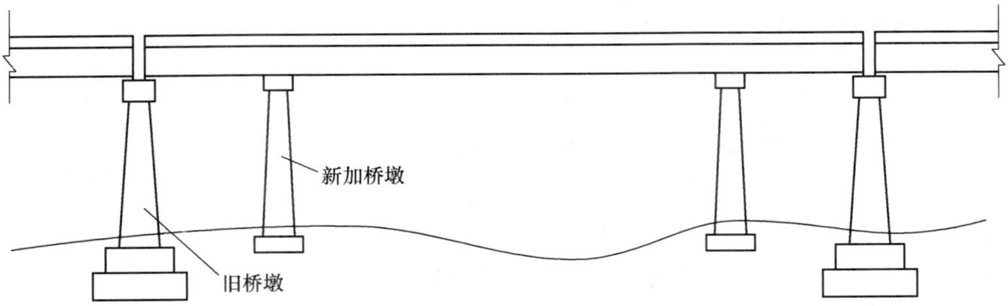

图 7.25 增设辅助墩法

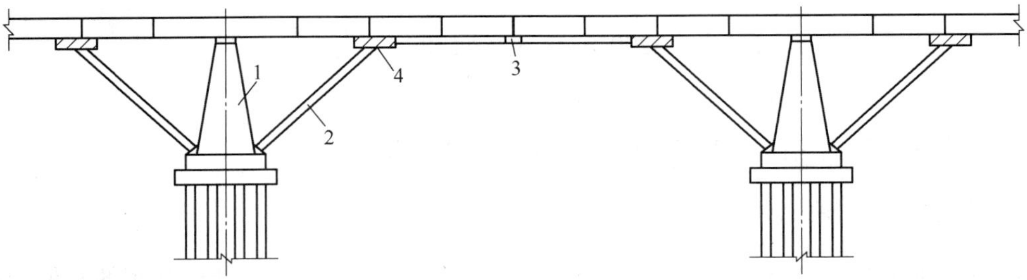

图 7.26 增设八字撑架法

1—原桥墩；2—钢筋混凝土斜撑；3—钢筋混凝土水平撑；4—转向装置

为梁拱组合的加固法。在拱肋（拱圈）上设置立柱盖梁支撑原主梁而改变原梁简支体系，减小梁的跨径及荷载作用下跨中的弯矩，从而提高桥梁加固承载能力，如图 7.27 所示。

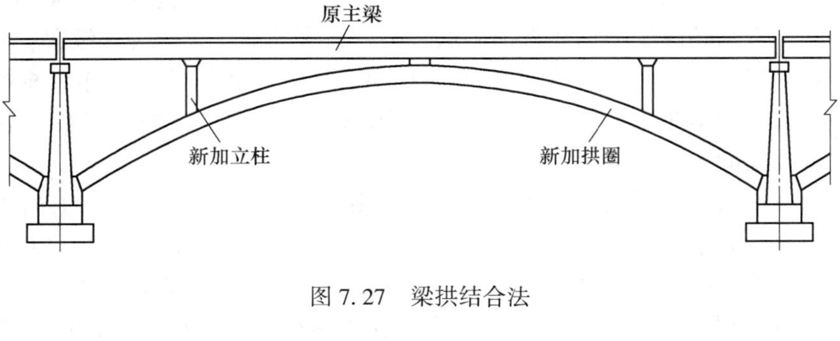

图 7.27 梁拱结合法

（4）增设斜拉索法。依靠原桥墩在桥墩两侧修筑矮塔，支柱（支柱用钢筋混凝土钢管或预制混凝土柱）顶面布置刚性或柔性拉索，拉吊起桥底已布置的钢梁或加强后的梁横隔板，为原桥上部结构提供一个或几个弹性支撑，使原简支梁变为连续梁。结构体系的改变使结构受力状况得到改善从而提高结构承载能力，如图 7.28 所示。

7.4.3.2 增大构件截面加固法

增大构件截面加固法，是采用相同材料或不同材料来加大原结构混凝土截面，达到提高结构承载能力、增大结构刚度的目的。以拱桥为例，当拱脚、拱顶因承载能力不足开裂

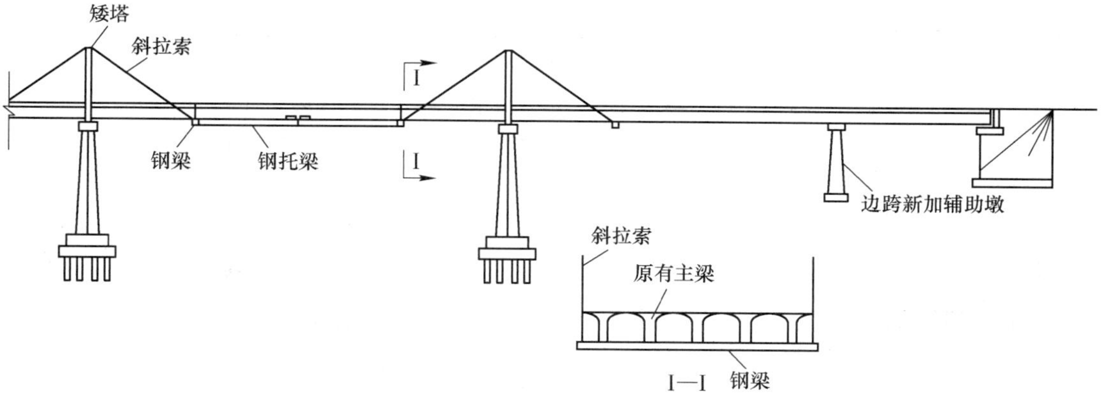

图 7.28 增设斜拉索法

后，加固拱圈截面的一般程序可采取清洗修补拱背、凿毛处理，在原拱圈中植入钢筋、铺设钢筋网，后浇筑拱圈加厚层，如图 7.29 所示。这样，不仅加固了拱圈，而且有利于桥梁排水。

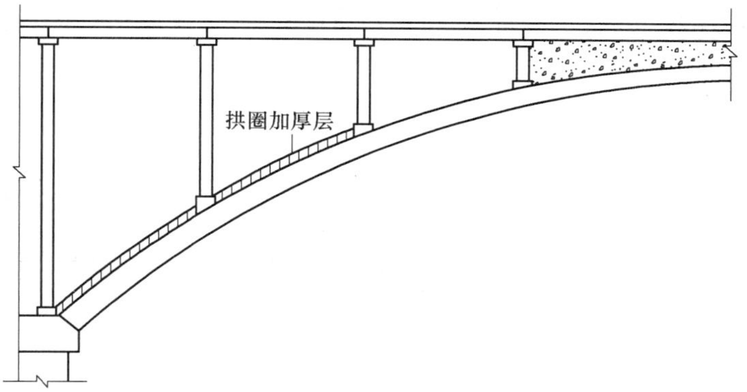

图 7.29 增大构件截面加固法

一般说来，增大构件（结构）截面是中小跨度桥梁常用的加固补强方法之一，其优点是可以有效提高结构承载能力、增大结构刚度，缺点是恒载增加较多、新旧材料的受力性能可能会存在差异。增大截面的途径有增加受力主筋、加大混凝土截面、加厚桥面铺装层和喷锚混凝土加固等。

7.4.3.3 增加辅助构件加固法

在桥梁墩台及地基安全性能好，并具有足够承载能力的情况下，可采用增设新纵梁或横梁的加固方法来提升上部结构的承载力。加固时尽可能加强新增构件与原有构件的连接构造，以便形成整体、共同受力。增设辅助构件加固法对于活载内力占总内力比例较大的中小跨度梁桥、拱桥具有比较明显的加固效果与经济优势，如图 7.30 所示。

7.4.3.4 粘贴钢板加固法

梁体外部粘贴钢板加固法是用黏结剂、螺栓将一定厚度的钢板粘贴到构件需要加固的部位上，以提高结构承载力的一种方法，如图 7.31 所示。采用粘贴钢板法加固桥梁时，应对桥梁的缺陷和病害进行具体分析，并进行结构计算。根据缺陷和病害发生的部位，设

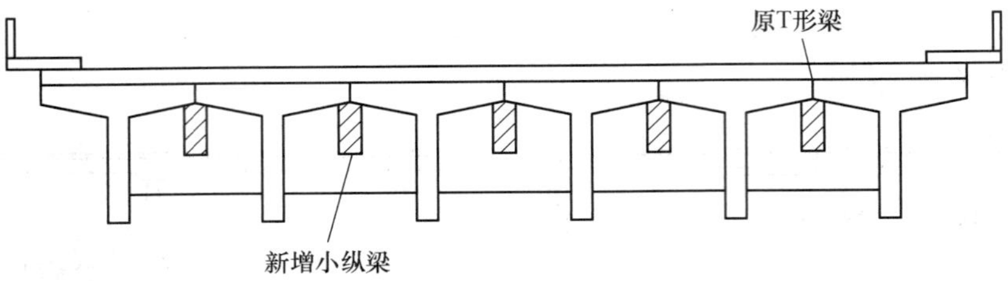

(a)

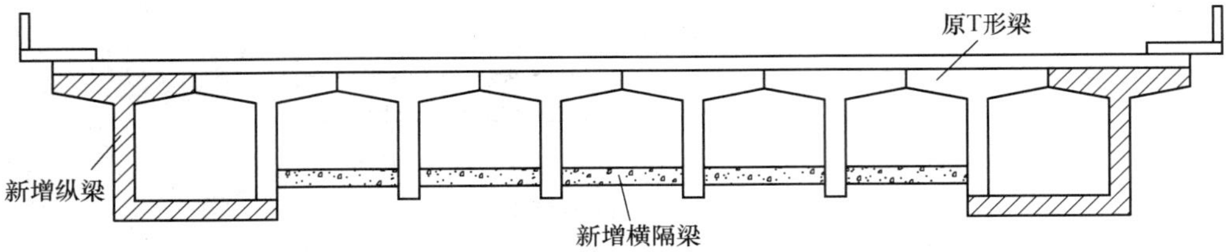

(b)

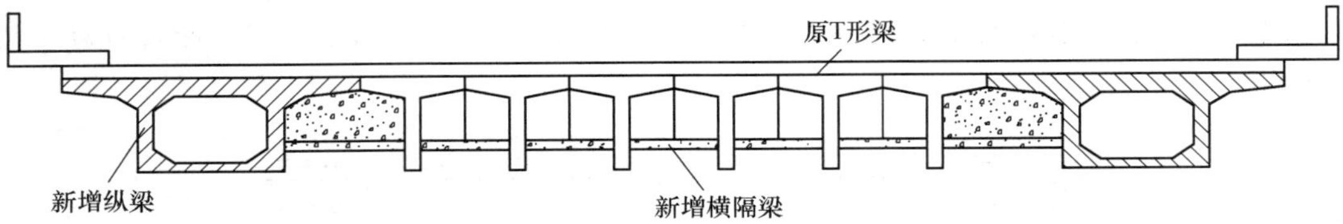

(c)

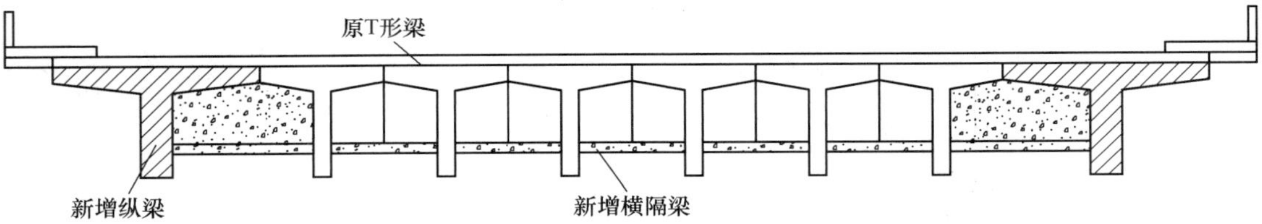

(d)

图 7.30 增设纵梁加固混凝土 T 形梁桥示意图

（a）增设小纵梁；（b）增设纵梁与原 T 形梁形成箱梁；（c）增设箱梁、纵梁；（d）增设纵梁、横梁

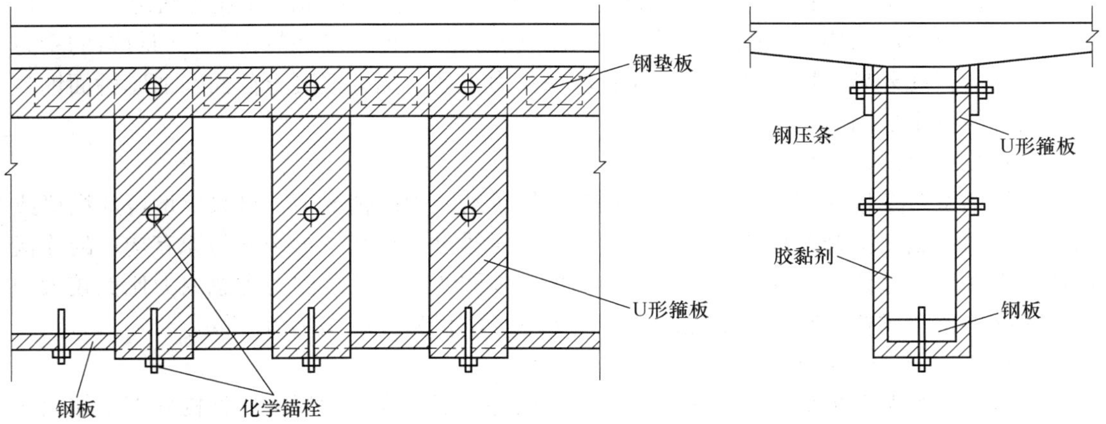

图 7.31 粘贴钢板法加固 T 形梁

计钢板粘贴的部位，其加固要点如下：

（1）提高结构抗弯能力：在构件的受拉边缘表面粘贴钢板，合理与安全的设计应控制在钢板发生屈服变形前，粘结处混凝土不出现剪切破坏。

（2）主拉应力区抗剪强度不足：将钢板粘贴在结构的侧面，并垂直于剪切裂缝的方向斜向粘贴（斜度一般为45°~60°）。

（3）构造设计：加固用的钢板可按实际需要采用不同的形状，用于抗弯能力补强的钢板尺寸应尽可能薄而宽；用于提高抗剪强度的钢板可适当厚些。

（4）钢板设计长度：应将钢板两端延伸到低应力区，以减少钢板锚固端的粘结应力集中，防止粘结部位构件出现裂缝或粘贴钢板受拉而脱落的情况发生。

（5）粘贴钢板加固：除足够的锚固长度、粘结剂具有足够的粘结强度和耐久性外，端部可用夹紧螺栓固定，并在钢板上按一定的距离用螺栓固定。

7.4.3.5　预应力高强钢丝绳加固法

既有的混凝土结构抗弯加固技术都具有施工复杂、成本高、承载力和刚度提高不明显、不防火等局限性，不能满足工程界对加固技术的期望要求。因此，针对现有加固方法的缺点并基于以上的思考，提出了预应力高强钢丝绳加固混凝土结构新技术。该加固方式优点包括：刚度提高明显，最大承载力提高明显，延性好，不会发生粘结破坏，加固材料强度得到充分发挥，承载力易于估算，工艺简单，对二次受力构件的加固效果明显耐火、耐老化，成本低等，如图7.32所示。

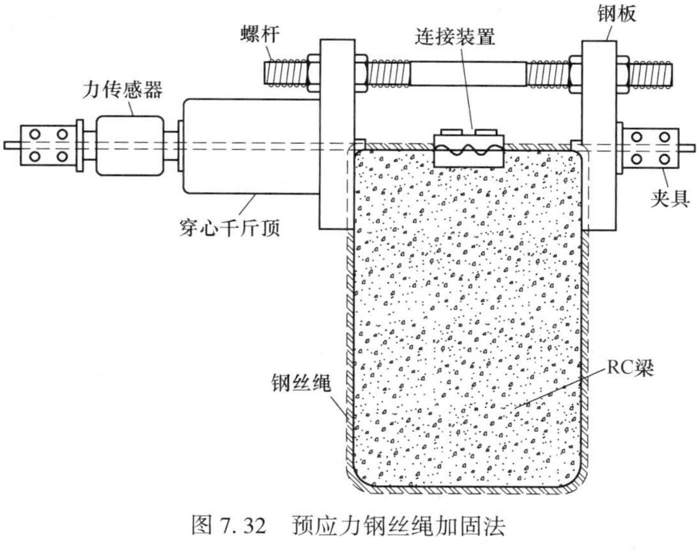

图7.32　预应力钢丝绳加固法

7.4.3.6　局部构件加固法

除上述方法之外，某些情况下，桥梁上部结构加固还会根据桥梁结构局部构件受力特点、病害特征等，采取一些局部构件的加固方法。例如，桥面板出现表面碎裂、脱落或洞穴现象后，必须采取局部加固补强的方法进行维修。加固方法可以使用粘贴钢板加固法或粘贴碳纤维加固法，见图7.33。

研究表明，铰接悬臂板采用钢板条加固后，桥面板跨中承载力提高40%以上，能够实现公路桥梁的升级改造要求。单向板采用碳纤维布满跨加固后，桥面板跨中抗弯承载能

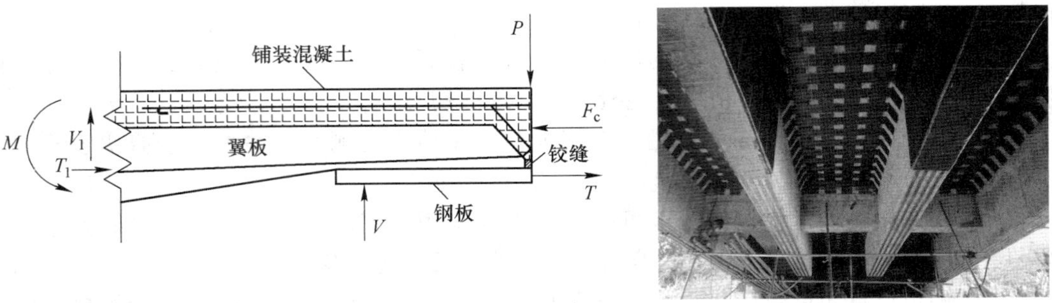

(a)　　　　(b)

图 7.33　肋梁桥桥面板加固

（a）铰接悬臂板加固；（b）单向板加固

力提高 10%以上，提高幅度不大，桥面板在达到极限承载力之前发生剥离，碳纤维布在单向板加固中具有塑性破坏特征。单向板采用钢板条满跨加固（包含螺栓锚固）后，桥面板跨中抗弯承载能力提高 65%以上，提高幅度较大，能够实现桥梁的升级改造要求，但是钢板条在单向板加固中具有脆性破坏的倾向。

7.5　桥梁下部结构加固技术

桥梁下部结构主要由桥墩、桥台和桥梁基础组成，其加固方法主要可分为墩台加固法和基础加固法。

7.5.1　墩台加固法

墩台加固中常用的方法有箍套加固、桥台滑移倾斜处理、预应力拉杆加固、桥台帽梁拓宽、桥墩加高等方法。

7.5.1.1　箍套加固法

当桥墩、桥台等下部结构承载能力不足，施工质量不好，水流冲刷磨损，风化剥落，排水不良以及其他因素如地震、火灾、船舶和漂浮物撞击等造成损坏、变形、侧移及鼓肚等各种病害时，可以对有缺陷的桥墩、桥台等采取外围浇筑一层钢筋混凝土箍套，或粘贴碳纤维布、芳纶纤维布的方法进行加固补强，其中钢筋混凝土箍套最为常用。原则上，钢筋混凝土箍套厚度不宜小于 10~15 cm，并注意通过植入钢筋、布设化学锚栓与原结构形成整体（见图 7.34）。常用的钢筋混凝土箍套加固方法流程是：在桥墩桥台或桩基上按一定间距钻孔—在桥墩桥台上植筋或布设化学锚栓—布设钢筋网—布设模板、现浇混凝土对桥墩桥台形成套箍，或采用喷射混凝土法施工。

当采用粘贴碳纤维布、芳纶纤维布加固墩台时，其加固要点、粘贴方法可参见上部结构粘贴加固法的有关施工方法。

对于水中桩基采用钢筋混凝土箍套法加固时，需布置组合式套筒并逐节下沉后，再布设钢筋网，浇筑混凝土，其施工工序工艺比较复杂，可参见有关书目。

7.5.1.2　桥台滑移倾斜的处理方法

桥台滑移倾斜的处理方法包括增设支撑、增建辅助挡土墙、减轻荷载法。

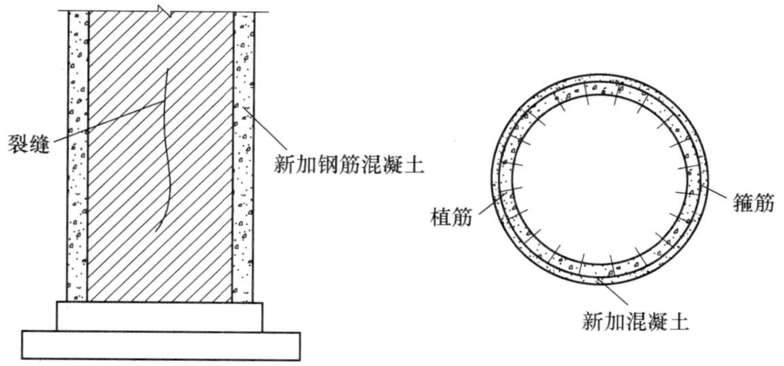

图 7.34 钢筋混凝土箍套法加固桥墩

(1) 增设支撑：对因墩台因尺寸不足，难以承受台背压力而往桥孔方向产生倾斜或滑移的埋置式桥台，可采用修筑撑壁法加固。对于单孔小跨径桥台，为防止桥台滑移，可在两台之间加建水平支撑，如采用整跨浆砌片石撑板，或用钢筋混凝土支撑梁进行加固。

(2) 增建辅助挡土墙：对于因桥台水平土压力太大而引起的桥台倾斜，应设法减少桥台后壁的土体压力，可在台背新建挡土墙，以增强挡土能力。

(3) 减轻荷载法：筑于软土地基上的桥台，常由于填土较高受到较大侧的土压力，从而使桥台产生前移，甚至发生倾斜。此时，可采取更换台背填土、加厚桥台胸墙等措施来减小土压力。

7.5.1.3 预应力拉杆加固法

当桥台尚未稳定且桥台与拱上侧墙等结构物已经变形时，可采用设置拉杆或锚索的方法进行调整加固。拉杆可采用预应力索或粗钢筋制作，也可采用预应力混凝土构件。其加固要点如下：

(1) 计算需要施加的水平力大小，根据稳定力矩和倾覆力矩绝对值相等才能保持基底应力均衡的原则，确定拟施加的水平力大小。

(2) 据水平力的大小，设计施工立柱、拉索以及地锚梁。

(3) 在桥台后墙全宽范围内人工凿除砌体，浇筑混凝土地锚梁。

(4) 安装立柱、拉索、拉杆。

(5) 逐级张拉拉杆或拉索到位，并加强监测。

7.5.1.4 桥台帽梁拓宽方法

一些情况下，需要对旧桥进行拓宽，随着上部结构的拓宽，下部结构桥墩、桥台也要随之加宽。当原结构布置有桥台或帽梁时，常常采用接长帽梁（墩台帽）的做法，如图 7.35 所示也可视情况增设新的下部结构。接长帽梁法要点如下：

(1) 移走或部分移除原上部结构。

(2) 对旧帽梁连接端部混凝土进行凿毛，凿除原帽梁挡块，使新旧混凝土连接表面粗糙、主要受力钢筋露出，进行植筋，在新旧混凝土连接表面形成剪力连接键，采用焊接和搭接的方式布设钢筋网。

(3) 当接长范围较大时，需在帽梁前后侧面布设体外预应力筋，此时帽梁接长部分内需加密钢筋网，并设置螺旋钢筋网、钢板等预埋件。

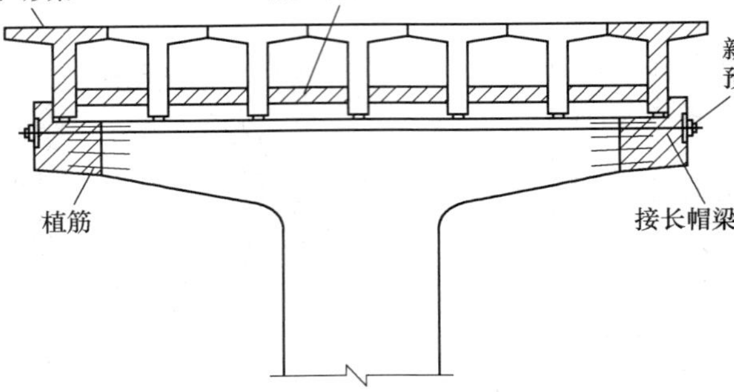

图 7.35 接长帽梁法

（4）支模板浇筑接长部分混凝土形成整体，完成其他辅助工序。

7.5.1.5 桥墩加高方法

当桥墩沉降过大影响到桥下净空，对桥梁正常安全运营构成了严重威胁时，或有些情况下，旧桥的设计高程、桥下净空不能适应新的使用条件时，可采用桥墩加高的方法，以满足使用条件。在现有的技术条件下，桥墩加高多采用不移除上部结构，直接顶升加高的施工方法。桥墩顶升加高是一项比较复杂的工法，既可以顶升梁体、加高桥墩（帽梁），也可以在剪断桥墩后，顶升桥墩，再将桥墩浇筑为整体，视需要顶升的量值而定。但不管采用哪种方法，都需要在严格计算的基础上，进行系统全面的设计，采用专业配套的顶升设备，采取周到细致的施工与监测措施。

7.5.2 基础加固法

基础加固法主要包括扩大基础加固法、增补桩基加固法、人工地基加固法。

7.5.2.1 扩大基础加固法

扩大基础底面积加固法，也称扩大基础加固法。此方法适用于基础承载力不足或埋深不够，而且墩、台又是砌筑刚性实体基础的情况。扩大基础底面积应由地基承载力计算确定。当地基承载力满足要求、而缺陷仅仅是基础不均匀沉降变形过大时，可采用扩大基础底面积加固的方法，扩大基础承压面以满足地基变形为原则。具体施工方法是：在刚性实体基础周围，加石砌圬工或少筋混凝土，扩大基础承压面。新旧基础应注意置入钢筋、牢固结合，如图 7.36 所示。

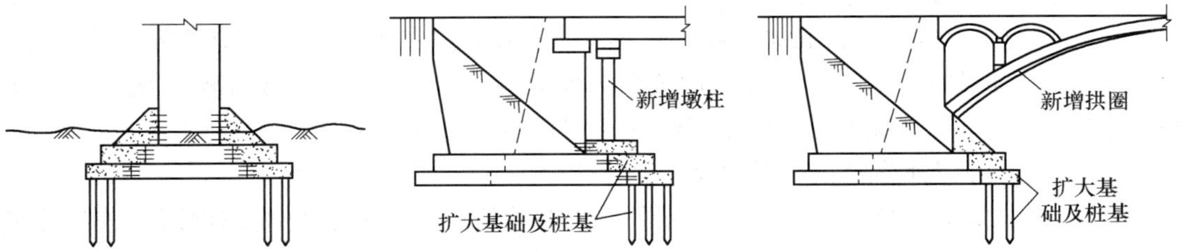

图 7.36 扩大基础加固法

7.5.2.2 增补桩基加固法

当桥梁桩基础基底下存在软弱下卧层，基础底面未设置在坚硬的持力层上，或因桩基础深度不足，由于水流冲刷过大等原因造成墩台倾斜墩台会产生沉降，或因船舶、漂流物撞击而导致桩端头损伤时，桩基础会产生沉降、倾斜、破损等各种病害。对于这一情况，采用增补桩基加固是一种有效的加固方法。增补桩基加固法是在原基础周围补加钻孔桩，或打入钢筋混凝土预制桩、钢管柱，扩大原承台或基础并牢固结合，以此提高基础承载力、增强基础稳定性。

施工时，可在桩基础周围增设钻孔灌注桩，或打入钢筋混凝土桩、钢管柱，将原承台结合部凿除、接长钢筋、扩大承台，将桥墩桥台的部分压力部分传递到新基础上，必要时在新增设的桩头上设置千斤顶、施加适当的支顶力，以利新桩基更好地分担荷载，如图 7.37 所示。增补桩基加固法有些时候受桥下净空制约，大型钻孔或打桩设备难以进场作业，此时，可采用小型钻孔或打桩设备，先施工若干根小直径桩基，小桩成型（就位）后再浇筑混凝土将其包裹、形成大直径桩基。

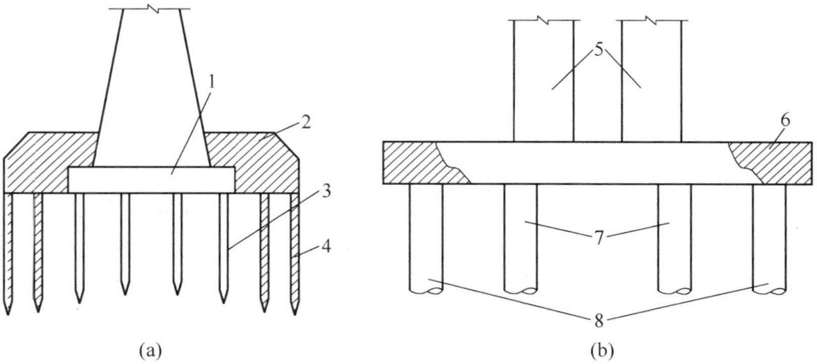

图 7.37　增补桩基础加固法

（a）刚性桥墩补桩基加固；（b）柔性桥墩增补桩基加固

1—原承台；2—新承台；3—原桩基；4—新桩基；

5—立柱；6—新接承台；7—原桩；8—新加孔灌注桩

7.5.2.3　人工地基加固法

当基础下面的天然地基松软、难以承受基础传来的荷载或上层土壤承载力足够、但在深层存在软弱土层时，可采用人工地基加固法，以提高或改善地基的承载能力。常用的人工地基加固法有砂桩法、静力压浆法和高压旋喷注浆法，具体如下：

（1）砂桩法。当软弱地基层较厚时，将钢管或木桩打入基础周围的软弱土层中，然后将桩拔出，灌入干燥的粗砂，进行捣实，达到提高地基土密实度的目的。

（2）静力压浆法。墩台基础之下，向墩台中心处斜向钻孔或打入压浆管，通过管孔及孔眼，在一定压力下将水泥浆、化学浆等注入土层中，通过浆液凝固，把原有松散土固结为有一定强度和防渗能力的整体，从而加固地基，提高地基承载力，如图 7.38 所示。

（3）高压旋喷注浆法。在墩台基础周边，用钻机将旋喷注浆管置于预计的地基加固深度，借助注浆管的旋转和提升运动，用一定压力从喷嘴中喷射液流，冲击土体，把土和浆液搅拌成混合体，固结后与原基础联成整体，地基承载力得以提高，如图 7.39 所示。

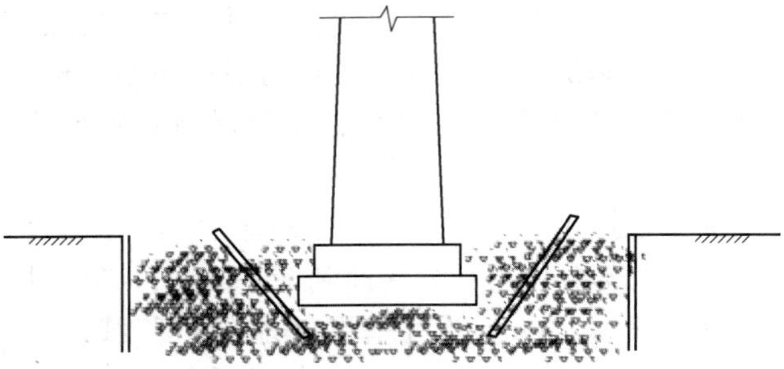

图 7.38　静力压浆法

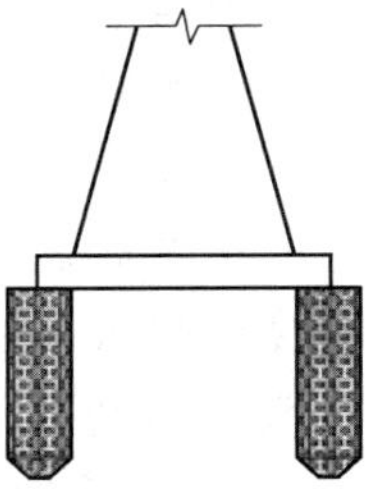

图 7.39　高压旋喷注浆法

7.6　工 程 实 例

7.6.1　工程概况

7.6.1.1　原桥工程概况

某大桥全长 722.10 m，主桥长 519.6 m。主桥为 7 孔预应力混凝土变截面铰接 T 形刚构，跨径布置为 43.3 m+5×86.6 m+43.3 m（见图 7.40），桥面宽度为 2 净 7.5 m+1 m分隔带+2×3.5 m 人行道；主梁为双箱单室箱梁；预应力钢束采用 12D12.70，单根绞线为 12ϕ7，根据施工年代及引桥预应力钢绞线情况推测其标准抗拉强度为 1725 MPa。主梁混凝土强度推定值为 47.4 MPa。该桥采用混凝土桥面铺装。桥面横坡为 1.4%～1.8%。里程 K0+237.75～K0+692.25 m，纵断面线型为二次抛物线，里程 K0+205～K0+235.75 m 及 K0+692.25～K0+725 m 为渐变段，两侧引桥部分为直线，纵坡为 0.66%。

主桥下部结构：10 号～15 号墩为空心薄壁墩，其中 9 号、10 号、15 号、16 号墩采用钻孔灌注桩基础，11 号、12 号、13 号、14 号墩采用沉井基础。在 9 号及 16 号墩上设钢筋混凝土摆式支座。

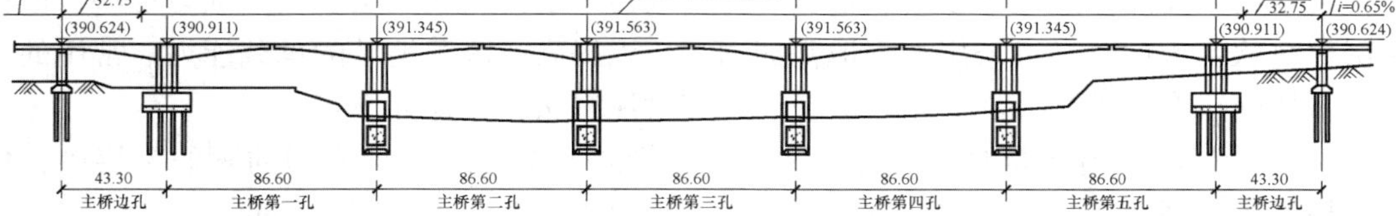

图 7.40　某桥总体布置（单位：m）

7.6.1.2　大桥状况及主要病害

2004 年 12 月，对主桥上部结构进行检测，主要结论如下：

（1）伸缩缝严重破坏，人行道缘石碎裂、脱落、丢失、人行道板沉降产生大面积坑槽，桥面铺装存在壅包、坑槽、不平整等病害，约占全桥的 60%。主桥桥跨支点横隔板发现较大裂缝，宽为 0.10～2.00 mm，距悬臂端 85 cm 主梁均有一道施工缝，缝宽为

0.15～0.50 mm，桥墩竖向裂缝宽度为 0.15～0.45 mm。

（2）桥面实测横坡与设计横坡基本相符。桥面纵断面线形与设计线形相比，产生一定下挠（见图 7.41），与理论设计线相比，主桥悬臂端下沉为 11.9～20.4 cm，严重影响正常行车。

图 7.41　栏杆顶面在悬臂端附近部位下挠状况

（3）现场实测主梁混凝土强度达到 47.4 MPa，桥墩混凝土强度达 C40。

（4）主桥能够满足鉴定荷载汽-15 的设计和使用要求，但安全储备小。

（5）主桥自振频率为 1.36 Hz，在钢筋混凝土及预应力混凝土结构一阶固有频率的常见范围 f=1.23～14.0 Hz 内。

7.6.1.3　病害成因分析

该桥病害，主要是由于预应力混凝土收缩与徐变、钢筋松弛以及日照的影响，造成桥梁的预应力损失过大，另外桥梁超载等其他原因，严重降低了桥梁的刚度、实际承载力和使用寿命，影响交通安全。

7.6.2　加固方案设计

7.6.2.1　设计标准及设计规范

（1）加固设计荷载标准：车道荷载公路Ⅱ级，人群荷载 3.0 kN/m^2。

（2）本桥此次加固设计采用的规范如下：

公路桥涵设计通用规范（JTG D60—2004）；

公路钢筋混凝土及预应力混凝土桥涵设计规范（JTG D62—2004）；

混凝土结构加固技术规范（CECS 25：90）。

7.6.2.2　加固设计的原则

对主桥进行体外预应力加固时，除遵循基本原则外，在加固设计时还采取“边设计、边施工、边调整”的原则，即实施之前，选取一个 T 构进行施工全过程监控，来验证设计效果，调整设计和完善施工工艺。

7.6.2.3　加固要达到的效果

（1）适当改善主桥设计线形。

（2）通过加固，提高主桥极限承载力，适当增加安全储备。

7.6.2.4　加固方案设计

从该桥的检测资料，决定对主梁采用体外预应力进行加固，补强预应力、恢复结构承载力、增强结构刚度。

7.6.2.5　主梁的加固

主梁采用体外预应力进行加固，具体方案如下：

（1）体外预应力束的线形布置。为便于穿束和锚固，所有体外束均布置在T构箱梁空洞内部，采用直线形布置。本桥体外束的布置靠近顶板，锚固端距顶板底缘10 cm。为了减小体外预应力筋的自由长度，在两锚固端之间每隔3 m设置一个定位支架。

（2）体外预应力束的预应力损失及张拉控制应力。与有黏结的预应力束相比较，体外束的预应力损失要小得多。因此，体外束无须减除过多的预应力损失，为避免体外束长期于高应力状态下工作，其张拉控制应力 σ_{con} 可适当降低，取0.65倍的标准抗拉强度，即 $\sigma_{con}=0.65f_{pk}$。

（3）体外束面积的确定。由于精确计算和测量应力损失存在困难，因此需试算确定。考虑梁体内布束的空间位置和结构受力需要，在桥墩中心线两侧24.05 m和39.05 m处各对称设置齿板，以锚固体外预应力束。一个T构每个箱梁设置8束体外预应力束，Ⅰ-Ⅰ断面锚固6束、Ⅱ-Ⅱ断面锚固2束，全桥共96束。体外预应力束的布置如图7.42和图7.43所示，预应力束采用270级低松弛预应力钢绞线（10D15.24），标准抗拉强度1860 MPa，张拉控制应力 $\sigma_k=1209$ MPa。考虑主梁悬臂端已发生一定程度下挠，自支点至跨中各断面下挠量不等，支架高度尺寸应根据实际情况确定。

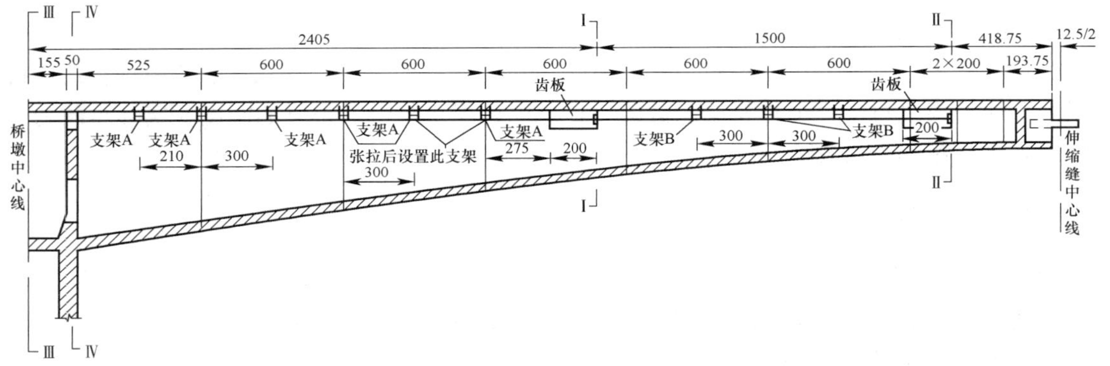

图7.42　体外预应力钢束立面布置（单位：cm）

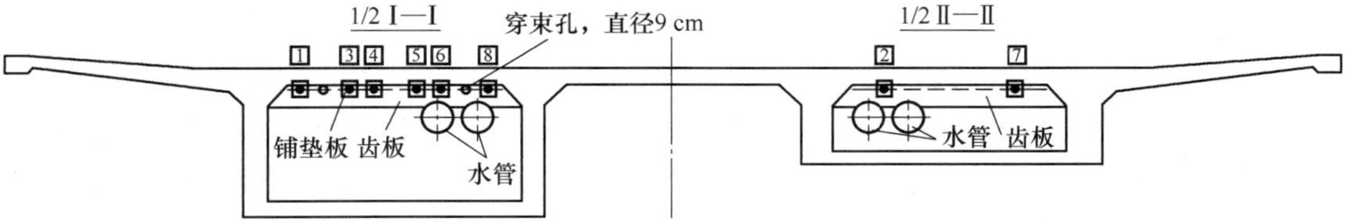

图7.43　体外预应力钢束横向布置

（4）锚固端设计。为了满足锚固端混凝土局部承压要求，齿板施工时要先植筋，后浇筑混凝土成型，T构齿板钢筋构造如图7.44所示。在构造图中，所有钢筋均使用HRB335，除③号筋公称直径为16 mm外，其他钢筋均为20 mm。植筋时要避开原预应力管道，同时保证体外预应力管道位置。锚头处应除去灰浆软弱层，顶板与齿板接触面处应凿毛，确保齿板混凝土的密实性。预应力束张拉时，应在齿板混凝土强度达到设计强度的100%时进行。在张拉体外预应力束时，应分批对称张拉，并注意随时观测齿板及箱梁有无异常情况，以便及时进行调整。

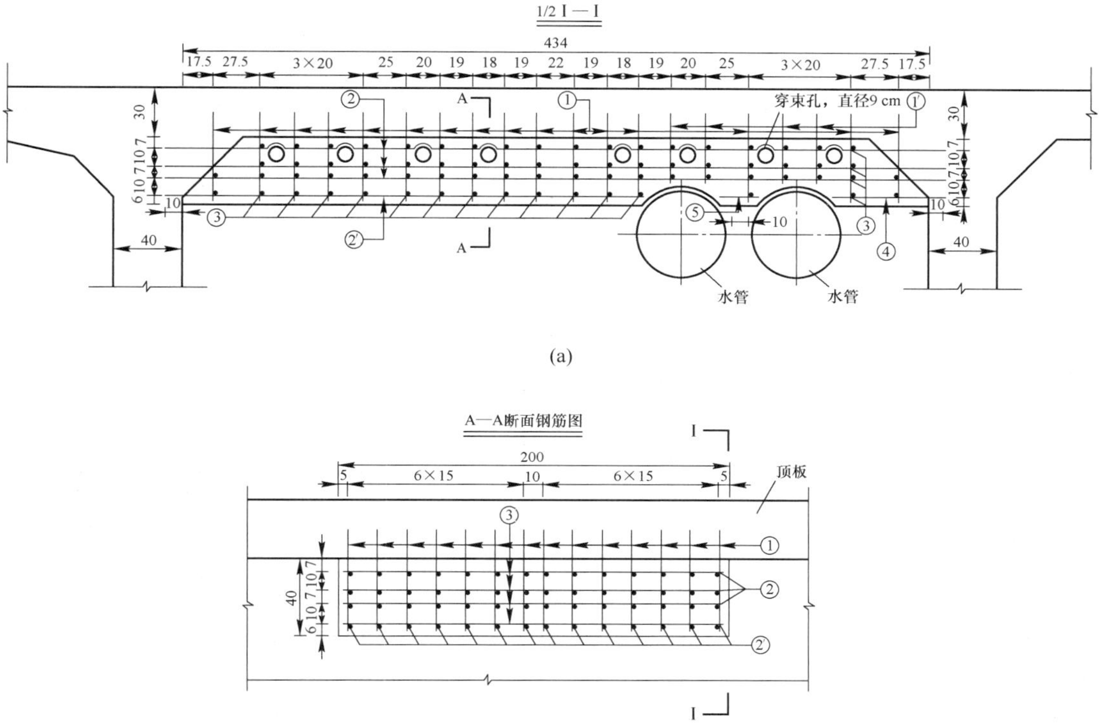

(a)

(b)

图 7.44　T 构齿板钢筋构造（单位：cm）

（a）横断面；（b）纵断面

7.6.2.6　桥面系的修复

由于原桥桥面系破损严重，因此决定凿除原桥桥面铺装层，重做桥面系，施工内容包括桥面铺装、伸缩缝、人行道、栏杆等。

7.6.2.7　确定加固设计线形

在加固中，对该桥下挠问题所采取的主要方法是在现存的桥面标高的基础上，将桥面线形顺畅，减少修复桥面所填补的重量。本桥加固后的桥面线形并未恢复到原设计桥面线形，而是在实测桥面线形的基础上采用最小二乘法来重新拟合线形。

桥面实测标高线如图 7.45 所示。若全桥均采用同一线形，所需的混凝土量太大，为了减少混凝土填补量，应根据实测线形分段拟合设计线形。首先拟合 3 号墩（K0+332.40）至 6 号墩（K0+592.20）之间的线形，采用最小二乘法进行二次抛物线拟合，拟合后的方程为 $y_1=(-1.3605\times10^{-5})x^2+0.01258x+388.8$，方程中 x 为里程，y 为标高，单位均为米。表 7.5 为 K0+332.40～K0+592.20 段墩顶点及跨中点的实测桥面标高与拟合设计线标高对比。从表中可以看到，在这一段中混凝土的最大填补厚度为 12 cm，且墩顶标高略有削低，这主要是为了适应线形，使混凝土填补厚度不致过大，以减轻桥梁所承受的荷载。

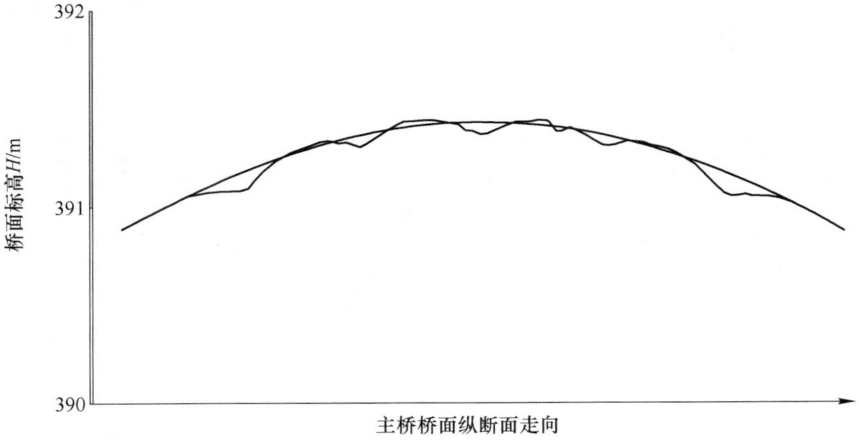

图 7.45 实际线形与设计线形对比

表 7.5 实测桥面标高与拟合二次抛物线标高对比

里程/m	332.4	375.7	419.0	462.3	505.6	548.9	592.2
实测桥面标高/m	391.49	391.50	391.71	391.59	391.71	391.5	391.49
拟合二次抛物线标高/m	391.48	391.61	391.68	391.71	391.68	391.61	391.48
高差/m	-0.01	0.11	-0.03	0.12	-0.03	0.11	-0.01

1 号墩（K0+202.50）与 3 号墩（K0+332.40）之间若采用二次抛物线拟合所需填补的混凝土量太大，经试算采用四次曲线进行拟合的效果比较好，方程为 $y_2=(-9.2929\times10^{-9})x^4+(1.0537\times10^{-5})x^3-(4.4291\times10^{-3})x^2+0.82187x+334.12$，采用该方程拟合线形，所填加的混凝土量不多，悬臂端处最厚为 15 cm，该段曲线的实测桥面标高与拟合的设计线标高对比如表 7.6 所示。

表 7.6 实测桥面标高与拟合四次曲线线标高对比

里程/m	202.50	212.50	224.15	245.80	267.45	289.10	310.75	332.40
实测桥面标高/m	390.80	390.86	390.95	391.04	391.08	391.08	391.34	391.49
拟合四次曲线标高/m	390.80	390.93	391.02	391.10	391.15	391.23	391.35	391.48
高差/m	0	0.07	0.07	0.06	0.07	0.15	0.01	-0.01

为了使相邻曲线之间光滑衔接，线形不出现折角和突变，二次抛物线 y_1 与四次曲线 y_2 之间需要设置切点，经计算其切点在 $x=338.94$ m 处。

因此该桥的加固设计线形为

（1）K0+202.5~K0+338.94 段采用四次曲线，方程为 $y_2=(-9.2929\times10^{-9})x^4+(1.0537\times10^{-5})x^3-(4.4291\times10^{-3})x^2+0.82187x+334.12$。

（2）由于整个桥跨是对称结构，因此 K0+585.66~K0+722.1 段纵曲线与 K0+202.5~K0+338.94 段纵曲线以主桥第三孔跨中线（$x=462.3$）为对称轴对称设置。

（3） K0+338.94~K0+585.66 段纵曲线采用二次抛物线，方程为 $y_1=(-1.3605\times10^{-5})x^2+0.01258x+388.8$。

图 7.45 所示为主桥的桥面纵断面设计线与桥面实测标高线对比。图中曲线为主桥面实测标高，圆滑线为加固设计线标高。从图中可以看出，悬臂端部桥面铺装最大填充量为 15 cm。桥梁虽然下挠，但对桥上行车影响已经很小，所以仅将桥面线形进行顺畅是合理的。

7.6.2.8 验算混凝土受压区高度界限系数

进行体外预应力加固时，由于是在原梁配筋的基础上增加预应力筋，因此需验算混凝土的受压区高度是否满足 $x\leqslant0.4h_0$，即 $\xi_\gamma\leqslant0.4$，避免梁因超筋而发生脆性破坏。

箱梁横断面如图 7.46 所示，想要求解 ξ_γ，首先需要求解混凝土受压区高度 x 和箱梁有效高度 h_0。若不考虑体外预应力筋的二次效应和梁内非预应力筋的影响，x 和 h_0 可由式（7.18）和式（7.19）求得。

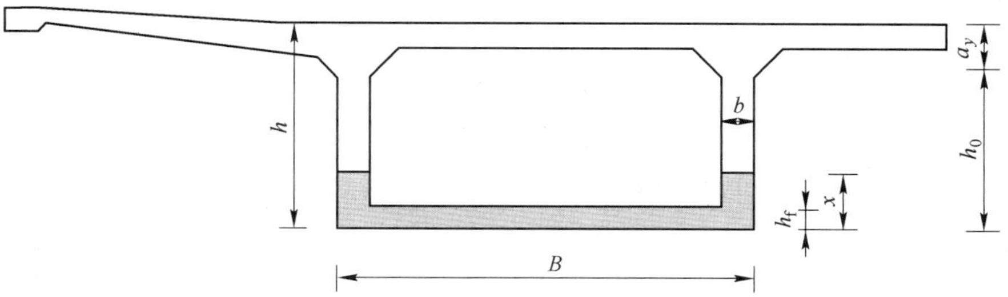

图 7.46 箱梁横断面示意图

$$h_0=h-a_\gamma \tag{7.18}$$

$$f_{pd}A_p+f_{ps}A_{ps}=f_{cd}Bh_f+2f_{cd}b(x-h_f) \tag{7.19}$$

式中 a_γ——预应力筋形心距梁顶缘距离；

f_{pd}——原梁体内预应筋抗拉强度设计值；

A_p——原梁体内预应力筋截面面积；

f_{ps}——体外预应力筋在承载能力极限状态下的抗拉强度值；

A_{ps}——加固体外预应力筋截面面积；

f_{cd}——混凝土抗拉强度设计值。

在式中只有 f_{ps} 是未知的，它为体外预应力筋的有效预应力 f_{pe} 与极限应力增量 Δf_{ps} 之和。表 7.7 是按照各种规范计算的该桥体外预应力筋在极限状态的应力增量值。

表 7.7 各种规范下该桥体外预应力筋极限应力增量计算值

标　　准	Δf_{ps} /MPa
美国 ACI 规范	98
欧洲 CEB-FIP MC90	0
英国规范 BS 8110	135
德国 DIN 4227	50
中国《部分预应力混凝土结构设计建议》	210
中国《无粘结预应力混凝土结构技术规程》	137

从表中可以看出，根据不同的规范计算出的预应力筋的极限应力增量是不同的，数值相差较大。表中公式均是经验公式，不适于本桥的极限应力增量的计算。

本桥以体内预应力为主，体外索在极限状态下的变形较小。所以对于采用体外索加固的T形刚构桥，偏安全地采用欧洲CEB-FIP MC90规范中的体外预应力索极限应力值，即

$$f_{ps}=f_{pe} \tag{7.20}$$

式中 f_{pe}——体外预应力索扣除所有预应力损失的有效预应力值。

由于各个T构的配筋情况相同，因此只取边构来进行验算。根据式（7.20）可以算出边构主要断面的ξ_y值，如表7.8所示，其中墩中心线位置为43.3 m处。表7.8中ξ_{y1}为只考虑原梁体内筋时的混凝土受压区高度界限系数，ξ_{y2}为既考虑体内筋又考虑体外预应力筋时的混凝土受压区高度界限系数。ξ_{y3}为浇注不等厚混凝土后的混凝土受压区高度界限系数。

表7.8 混凝土受压区高度界限系数表

界限系数	截面位置/m												
	18	21	24	30	33	39.8	43.3	46.8	53.6	56.6	62.6	65.6	68.6
ξ_{y1}	0.25	0.31	0.36	0.53	0.53	0.39	0.51	0.54	0.53	0.53	0.36	0.31	0.25
ξ_{y2}	0.35	0.64	0.66	0.77	0.74	0.57	0.68	0.72	0.74	0.77	0.66	0.64	0.35
ξ_{y3}	0.22	0.42	0.37	0.42	0.43	0.31	0.43	0.45	0.43	0.42	0.37	0.42	0.22

根据表中数据可知，原梁在墩中心线（43.3 m）左右13.3m范围内，ξ_{y1}已经大于0.4，说明原梁就存在超筋现象，施加体外预应力后，超筋的范围扩展到墩中心线(43.3 m)左22.3 m范围内。为了防止梁发生脆性破坏，在各桥墩中心线左右各25.3 m的范围内，在T构箱梁底板上浇注不等厚（5~22 cm）混凝土来调整混凝土受压区高度界限系数值，如图7.47所示。通过浇注不等厚混凝土，ξ_{y3}较ξ_{y2}有了明显的降低，但由于原梁就存在超筋现象，且混凝土的浇注厚度不宜过厚，否则增重太多对结构受力不利，因此个别断面仍略大于规定的限值。

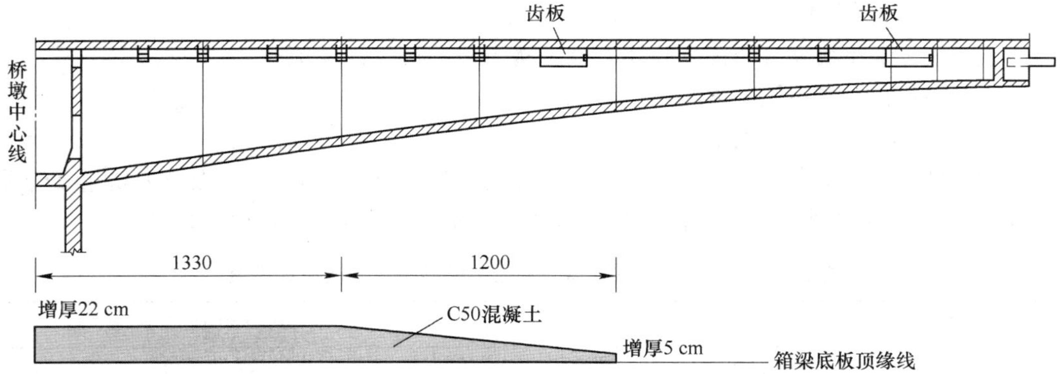

图7.47 T构箱梁底板上加厚混凝土构造

7.6.3 结构计算

A 计算程序选用

本桥整体结构的加固计算采用同济大学开发的公路桥梁设计软件——桥梁博士进行

计算。

B 主要材料

桥面铺装混凝土采用C50混凝土，箱梁加固齿板、桥面开凿孔浇注及锚头封锚均采用C50混凝土，主桥箱梁为C45混凝土，主桥桥墩为C40混凝土。体外预应力束采用10Φ^j15.24无黏结预应力钢绞线，标准抗拉强度1860 MPa，张拉控制应力σ_k = 1209 MPa；原桥体内预应力钢束采用12D12.70，单根绞线为12ϕ7，标准抗拉强度为1725 MPa，张拉控制应力σ_k = 1290 MPa。单根无黏结筋的钢绞线涂有防腐油脂，钢束外面套一层PE护套。加固中普通钢筋采用HRB335。

C 加固计算模型

整个桥跨结构按平面杆系计算，荷载横向分布系数按杠杆法计算。全桥共划分为269个单元，其中主梁241个单元，桥墩28个单元。本示例仅给出边构单元离散图，见图7.48。计算模型中采用主从约束考虑T构悬臂之间的铰接，用刚臂来模拟墩梁固结，加固用的体外预应力筋采用软件中提供的体外束来考虑，直线体外束只在锚固端与结构接触。

计算时，首先对原结构受力情况进行计算，共分为12个阶段，其中第12个阶段充分考虑了旧桥混凝土收缩、徐变已经完成的特点。然后，第13~23阶段为加固施工各阶段的受力分析。其中第22阶段施加桥面铺装、人行道纵梁、人行道板、防撞梁底座、中央分隔带、栏杆、防撞栏等二期恒载。

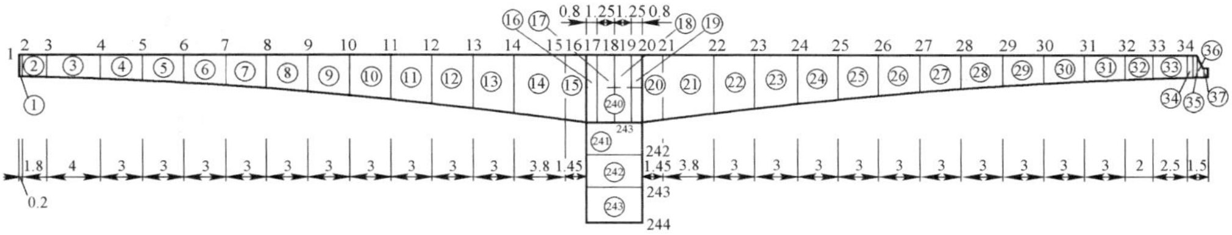

图7.48 边构单元离散图（单位：m）

D 施工阶段效果分析

在本计算模型中，第14~17施工阶段为张拉体外束阶段。由于张拉体外束阶段拆除了各T构之间的铰接，因此可取一个T构进行静定结构分析。以第2个T构为例，图7.49~图7.51为第2个T构在预加力作用下在这4个施工阶段中产生的累计位移、累计弯矩和截面上缘的累计正应力。

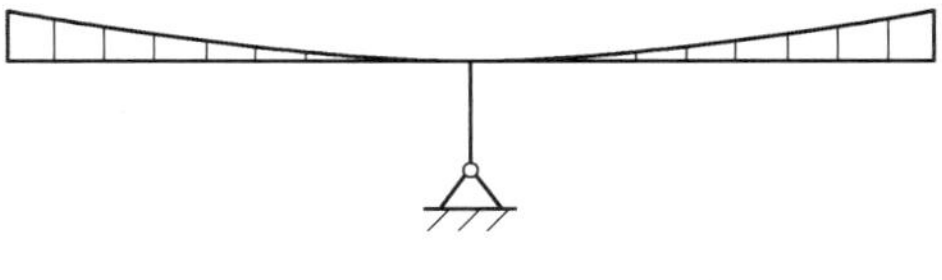

图7.49 14~17施工阶段预加力累计位移

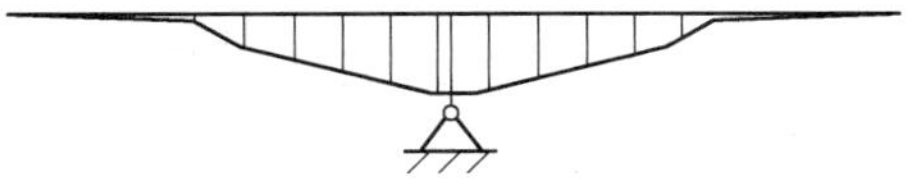

图7.50 14~17施工阶段预加力累计弯矩

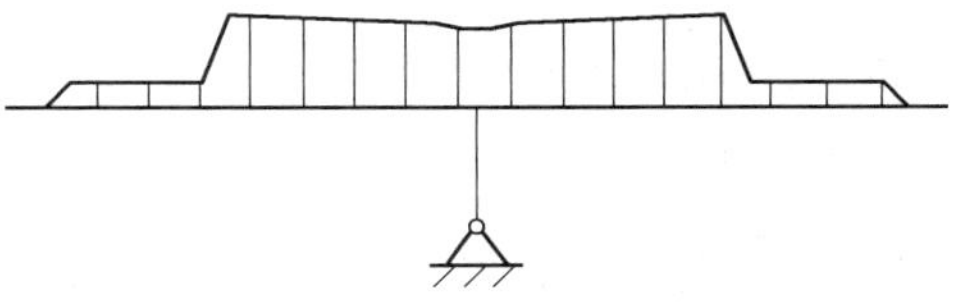

图7.51 14~17施工阶段预加力累计应力

从图中可以看出，通过张拉体外预应力束可以抵消部分恒载内力，对原结构起到了卸载作用，改善了原结构的应力水平，通过施加预加力使悬臂端产生了一定的上挠，最大累计上挠量为 1.83 cm，对于改善悬臂端下挠状况有益。

第 22 阶段为加桥面铺装等主要二期恒载阶段，由于桥面线形主要通过桥面铺装来改善，因此这一阶段的二期恒载量增加较多。图 7.52 为该施工阶段的正应力，该阶段已恢复了 T 构之间的铰接，取主桥一半结构进行分析，该阶段的最大正应力为 13 MPa，满足应力限值 21.7 MPa 的要求，说明拟定的设计线形方案可行。

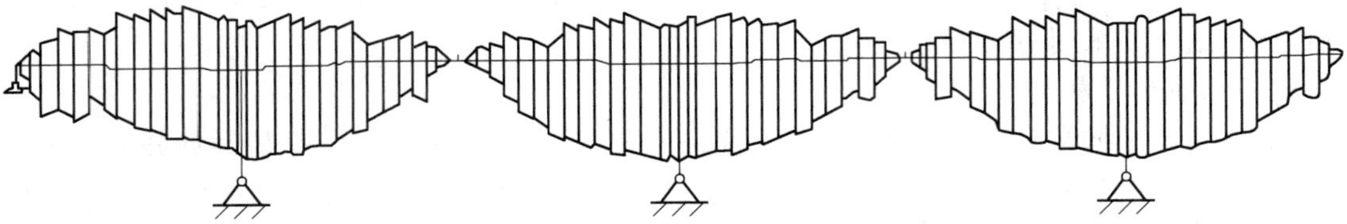

图 7.52 第 22 施工阶段正应力

E 使用阶段分析

使用阶段应对主梁进行不利组合下的应力验算，以保证其满足使用荷载受力要求。使用阶段取一半结构进行分析。图 7.53 为正常使用极限状态组合Ⅲ弯矩包络。图 7.54 为正常使用极限状态组合Ⅲ剪力包络。表 7.9 为加固后主要断面在不利荷载组合作用下的应力值。

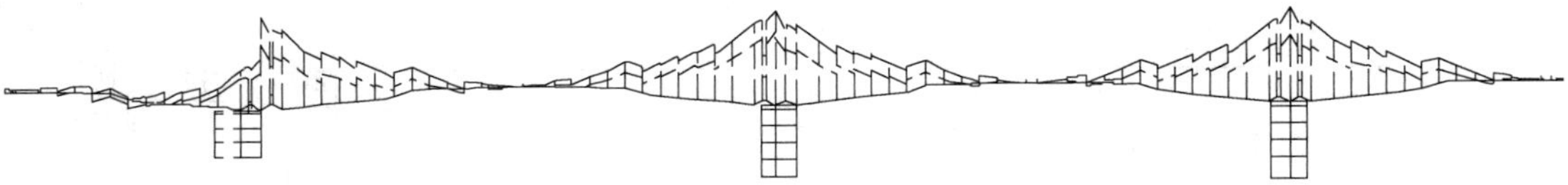

图 7.53 正常使用组合Ⅲ弯矩包络

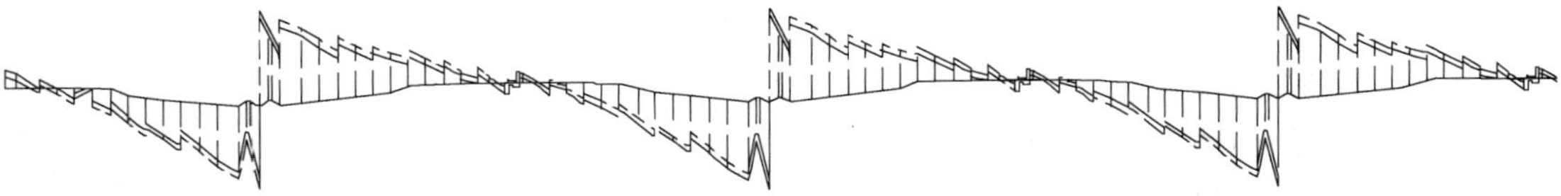

图 7.54 正常使用组合Ⅲ剪力包络

表 7.9 加固后控制截面应力值

截面位置	正应力（组合Ⅲ）/MPa				主压应力（组合Ⅲ）/MPa
	上缘		下缘		
	最大值	最小值	最大值	最小值	
10 单元左截面（1/2 悬臂）	7.91	5.93	8.01	4.56	8.01
18 单元左截面（悬臂根部）	6.62	5.13	12.0	9.88	12.0
27 单元右截面（1/2 悬臂）	6.19	3.34	12.6	7.69	12.6
51 单元左截面（1/2 悬臂）	5.55	2.92	13.3	8.72	13.3
59 单元左截面（悬臂根部）	5.42	2.89	15.4	11.8	15.4

续表 7.9

截面位置	正应力（组合Ⅲ）/MPa				主压应力（组合Ⅲ）/MPa
	上缘		下缘		
	最大值	最小值	最大值	最小值	
68 单元右截面（1/2 悬臂）	6.01	2.98	13.2	8.0	13.2
92 单元左截面（1/2 悬臂）	6.06	3.07	13.1	7.92	13.1
100 单元左截面（悬臂根部）	5.78	2.84	15.4	11.1	15.4
109 单元右截面（1/2 悬臂）	5.96	2.87	13.4	8.03	13.4

由《公路钢筋混凝土及预应力混凝土桥涵设计规范》（JTG 3362—2018）可知，使用阶段正应力限值为 15.5 MPa，主压应力限 18.6 MPa，从表中可以看出使用阶段应力均满足规范的限值要求，主梁上缘存在压应力储备，这对结构在使用阶段的受力是非常有利的。

体外预应力混凝土加固构件在正常使用阶段的变形 f 由两部分组成：一部分是荷载短期效应组合产生的挠度 f_1；另一部分是由预加力产生的反拱度 f_2，如式（7.21）所示。

$$f = f_1 - f_2 \tag{7.21}$$

结构在使用阶段的变形为

$$f = f_1 - f_2 = \eta_{\theta 1} f_s - \eta_{\theta 2} f_p = 0.097\ \text{m}\ (\text{向下})$$

对使用荷载作用阶段梁的挠度加以限制，梁的变形为

$$\eta_{\theta 1} f_s - \eta_{\theta 1} f_G = 0.072\ \text{m} < 43.3/300 = 0.144\ \text{m}$$

这说明使用荷载作用下梁的挠度满足《公路钢筋混凝土及预应力混凝土桥涵设计规范》（JTG 3362—2018）要求。

F　承载能力极限强度验算

图 7.55 为加固后结构的承载能力极限状态组合Ⅰ强度。图中的两条曲线从上到下分别表示截面最大抗力和截面的最不利荷载值，从图中可以看出，结构的极限强度满足要求。

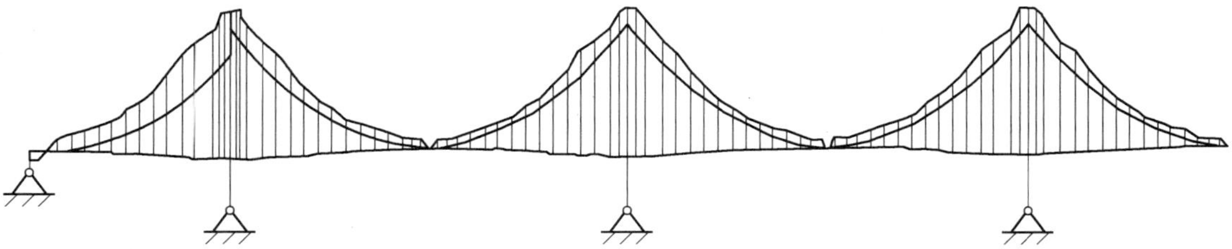

图 7.55　承载能力极限状态组合Ⅰ强度

7.6.4 施工要点

施工要点包含以下 6 个方面：

(1) 裂缝化学灌浆。检验化学浆液在裂缝中的可灌入性，胶体的强度可采用胶结两块混凝土块，作抗拉试验来鉴定。

(2) 由于箱内水管的存在，钢束锚固端距箱梁顶板底缘仅 10 cm，因此锚固施工时需要在箱梁顶板开凿天窗，来提供足够的千斤顶工作面。

(3) 伸缩缝更换。施工时凿除伸缩缝安装宽度范围内的梁端混凝土，重新绑扎钢筋，预埋伸缩缝锚固筋并浇筑混凝土。

(4) 防撞块施工。凿除原人行道缘石，采用植筋方法（不得损伤原桥预应力筋）重新浇筑人行道防撞墙。

(5) 桥面铺装。在凿除原桥面铺装时，要注意保护原箱梁顶板，对原顶板应进行凿毛或机械铣刨，用高压水清洗、风干，以保证新老混凝土能共同工作。

(6) 人行道板采用预制安装的方法，施工时保证表面平整度及横向坡度。

课程思政

一切为科研，科研为运输

在新中国交通运输事业默默奉献的科研工作者中，有一个名字不得不提，他将毕生的精力和才华都致力于中国铁路和桥梁事业。他就是中国科学院院士，中国铁道科学研究院首任院长茅以升。

1896 年，茅以升出生在江苏镇江，从小便对桥梁有着浓厚的兴趣。10 岁时，他目睹了家乡的文德桥因观看龙舟比赛而塌陷的事故，让他深刻认识到桥梁安全的重要性，并立志要造出最结实的桥。他在求学期间表现出色，以优异成绩考入唐山交通大学（现西南交通大学），并在美国获得硕士和博士学位。回国后，他致力于桥梁工程的研究和实践，提出了许多创新的加固方法和理论，推动了桥梁加固技术的发展和应用。新中国成立后，茅以升被任命为铁道科学研究院首任院长，他提出“一切为科研，科研为运输”的办院方针。

茅以升不仅在学术上有着卓越的成就，还在教育领域有着重要的贡献。他认为，科学是知，技术是行，通过实践而知行合一。他指出科技与生产是相互促进的辩证关系，倡导科技与实际相结合。他提出教育要与生产、实践相结合，提倡发展多种形式的教育。“爱国、科学、奋斗、奉献”的茅以升精神，已成为一份宝贵的红色基因，激励着一代代学子“读书不忘忧国”，自觉肩负起民族复兴、国家富强的历史重任。

练 习 题

7-1 某大桥引桥为钢筋混凝土简支 T 梁桥，截面尺寸如图 7.56 所示；标准跨径 $l_b = 20.00\ \text{m}$，计算跨径 $l = 19.50\ \text{m}$，原设计荷载为公路-Ⅱ级。主梁采用 C30 混凝土，纵向主钢筋为 HRB335 级。跨中截面受拉钢筋为 8Φ32+2Φ20，$A_s = 7062\ \text{mm}^2$，保护层厚度 $c = 35\ \text{mm}$，$a_s = 106\ \text{mm}$。因交通量日益增加，需要提高该桥的承载力，加固设计按公路-Ⅰ级汽车荷载设计。结构重要性系数 $\gamma_0 = 1.0$。荷载等级提高后跨中截面弯矩组合设计值 $\gamma_0 M_d = 2519\ \text{kN}\cdot\text{m}$。

拟采用体外预应力加固。体外预应力采用 2 束 2ϕ^s15.2 钢绞线，截面面积 $A_{p,e} = 139 \times 2 \times 2 = 556\ \text{mm}^2$，抗拉强度标准值 $f_{pk,e} = 1860\ \text{MPa}$，抗拉强度设计值 $f_{pd,e} = 1260\ \text{MPa}$，弹性模量为 $E_{p,e} = 1.95 \times 10^5\ \text{MPa}$。

加固后跨中截面的配筋见图 7.57，体外索纵向布置形式见图 7.58。试求跨中截面抗弯承载力并进行验算。

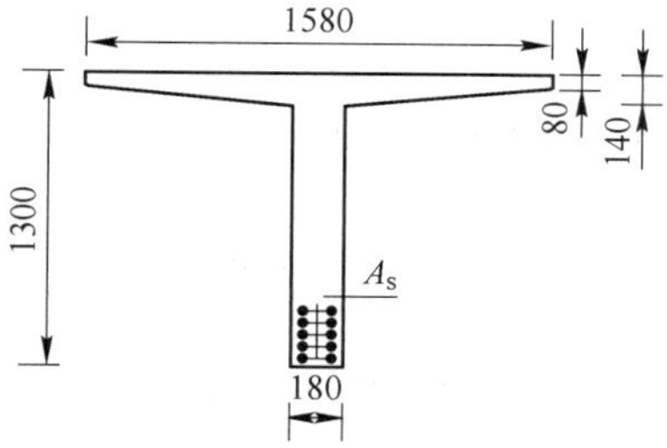

图 7.56 原桥构造（单位：mm）

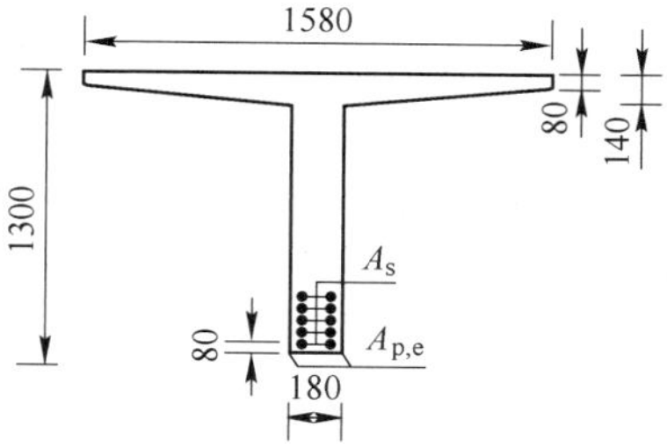

图 7.57 加固后构造（单位：mm）

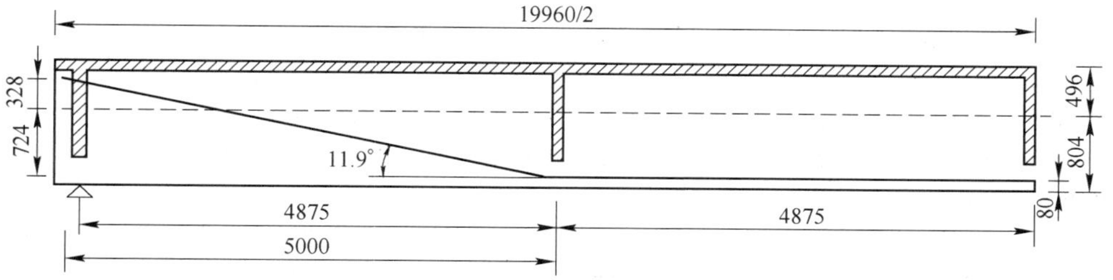

图 7.58 体外预应力束纵向布置（单位：mm）

参 考 文 献

[1] 张美珍．公路工程检测技术［M］.6版．北京：人民交通出版社，2020.
[2] 龙兴灿．公路工程检测技术［M］．北京：机械工业出版社，2018.
[3] 交通运输部公路科学研究所．公路路基路面现场测试规程：JTG 3450—2019［S］．北京：人民交通出版社，2020.
[4] 中华人民共和国交通运输部．公路工程质量检验评定标准 第一册 土建工程：JTG F80/1—2017［S］．北京：人民交通出版社，2018.
[5] 重庆市质量技术监督局．城市道路检测技术规程：DB50/T 395—2011［S］．重庆：重庆市质量技术监督局．
[6] 黄晓明．路基路面工程（第7版）［M］．北京：人民交通出版社，2023.
[7] 武建民．路面养护管理系统［M］．北京：人民交通出版社，2014.
[8] 刘朝晖，秦仁杰．路面养护管理与维修技术［M］．北京：人民交通出版社，2014.
[9] 交通运输部公路科学研究院．公路沥青路面养护技术规范：JTG 5142—2019［S］．北京：人民交通出版社，2019.
[10] 浙江省公路管理局．公路养护技术规范：JTG H10—2009［S］．北京：人民交通出版社，2009.
[11] 湖北省住房和城乡建设厅．城市道路路面维修养护技术规程：DB42/T 1713—2021［S］.2021.
[12] 中国工程建设标准化委员会．超声回弹综合法检测混凝土强度技术规程：T/CECS 02—2020［S］．北京：中国计划出版社，2020.
[13] 陕西省建筑科学研究院．回弹法检测混凝土抗压强度技术规程：TGJ/T 23—2011［S］．北京：中国建筑工业出版社，2011.
[14] 中国工程建设标准化协会．拔出法检测混凝土强度技术规程：CECS 69—2011［S］．北京：中国计划出版社，2011.
[15] 交通运输部公路科学研究院．在用公路桥梁现场检测技术规程：JTG/T 5214—2022［S］．北京：人民交通出版社，2022.
[16] 中华人民共和国住房和城乡建设部．城市桥梁检测与评定技术规范：CJJ/T 233—2015［S］．北京：中国建筑工业出版社，2015.
[17] 董祥．道桥检测技术［M］．北京：机械工业出版社，2011.
[18] 张俊平．桥梁检测与维修加固［M］.3版．北京：人民交通出版社，2011.
[19] 中交第一公路勘察设计研究院．公路桥梁加固设计规范：JTG/T J22—2008［S］．北京：人民交通出版社，2008.
[20] 中华人民共和国交通运输部．公路桥涵养护规范：JTG 5120—2021［S］．北京：人民交通出版社，2021.
[21] 邬晓光，白青侠，雷自学．公路桥梁加固设计规范应用计算示例［M］．北京：人民交通出版社，2011.
[22] 蒙云，卢波．桥梁加固与改造［M］．北京：人民交通出版社，2004.
[23] 刘明．土木工程结构试验与检测［M］．北京：高等教育出版社，2008.
[24] 中华人民共和国住房和城乡建设部．城市桥梁养护技术标准：CJJ 99—2017［S］．北京：中华人民共和国住房和城乡建设部，2018.
[25] 赵明华．桥梁桩基计算与检测［M］．北京：人民交通出版社，2000.
[26] 吴佳晔．土木工程检测与测试［M］.2版．北京：高等教育出版社，2015.
[27] 王晓谋．基础工程［M］．北京：人民交通出版社，2021.
[28] 盛丽娟．T型刚构桥的体外预应力加固技术研究［D］．哈尔滨：东北林业大学，2006.

[29] 中华人民共和国交通运输部．公路桥梁荷载试验规程：JTG/T J21-01—2015 [S]．北京：人民交通出版社，2016.

[30] 中华人民共和国交通运输部．公路桥梁承载能力检测评定规程：JTG/T J21—2011 [S]．北京：人民交通出版社，2011.

[31] 中交公路规划设计院．公路桥涵设计通用规范：JTG D60—2015 [S]．北京：人民交通出版社，2015.

[32] 中交公路规划设计院．公路钢筋混凝土及预应力混凝土桥涵设计规范：JTG 3362—2018 [S]．北京：人民交通出版社，2018.

[33] 占劲松，黄志刚．公路桥梁检测与维修加固指南 [M]．北京：人民交通出版社，2017.

[34] 魏洋，端茂军，李国芬．桥梁检测评定与加固技术 [M]．2 版．北京：人民交通出版社，2019.

[35] 李国栋．桥梁结构试验与检测技术 [M]．北京：人民交通出版社，2019.

[36] 宋一凡．公路桥梁荷载试验与结构评定 [M]．北京：人民交通出版社，2002.

[37] 贺拴海，谢仁物．公路桥梁荷载横向分布计算方法 [M]．北京：人民交通出版社，1996.

[38] 谌润水，胡钊芳．公路桥梁荷载试验 [M]．北京：人民交通出版社，2003.

[39] 程海根．公路装配式梁桥单梁荷载试验计算理论与实例分析 [M]．北京：人民交通出版社，2018.

[40] 中交公路规划设计院．公路桥涵设计通用规范：JTG D60—2004 [S]．北京：人民交通出版社，2004.

[41] 中交公路规划设计院．公路钢筋混凝土及预应力混凝土桥涵设计规范：JTG D62—2004 [S]．北京：人民交通出版社，2004.